PRAGMATISMO E ILUSIÓN:

PRAGMATISMO E ILUSIÓN:

EL AGUA Y LA GESTIÓN DEL ESPACIO Y TERRITORIO EN ARANJUEZ Y OTROS SITIOS CORTESANOS (SIGLOS XVI-XIX)

Félix Labrador Arroyo
Magdalena Merlos Romero
(dirs.)

Sílex

Editor: Ramiro Domínguez Hernanz

C/ San Gregorio, 8, 2, 2ª Madrid
España
www.silexediciones.com

ISBN: 978-84-19661-37-1
Depósito Legal: M-30347-2023
Colección: Sílex Universidad

Impreso y encuadernado en España

CONTENIDO

Parte segunda

El hecho de presentar la publicación *Pragmatismo e ilusión: la gestión del espacio y territorio en Aranjuez y otros sitios cortesanos*, supone un honor y me da ocasión para destacar la extraordinaria relación entre el Real Sitio y Villa de Aranjuez, su Ayuntamiento, y la Universidad Rey Juan Carlos. Una relación que se ha caracterizado por la colaboración mutua. Los resultados de la coordinación entre la Administración Local y las instituciones académicas han sido y son extraordinarios y benefician al interés general en el camino, necesario, pero no fácil, de acceder a una sociedad avanzada, más libre, más justa y más próspera.

Esta publicación es la primera de una colección dedicada al estudio de los Reales Sitios, fruto del Convenio de Colaboración que en 2021 fue suscrito entre la Universidad Rey Juan Carlos y el Ilustrísimo Ayuntamiento del Real Sitio y Villa de Aranjuez al objeto de ahondar en la materialización de actividades conjuntas encaminadas a la investigación, la difusión y la transferencia de conocimientos sobre el Patrimonio Histórico de Aranjuez desde su valor como Real Sitio y como bien inscrito en la lista de Patrimonio Mundial en la consideración de Paisaje Cultural. La realización de esas coordinadas acciones recae en el ámbito de acción y entendimiento entre el grupo de investigación de alto rendimiento "Corte, Imagen, Nobleza y Territorio (CINTER)" de la citada Universidad –cuyos objetivos son el estudio de la Corte, la Casa Real, el poder, las representaciones y los Sitios Reales en la Monarquía Hispana desde una perspectiva interdisciplinar– y el área de Patrimonio Histórico de este Ayuntamiento. Ambos garantizan que responsables científicos y técnicos de ambas instituciones continúen incidiendo en los próximos años, desde el más alto nivel de estudio, en el análisis de nuestro Patrimonio Histórico y en la búsqueda de respuestas desde la curiosidad intelectual.

La investigación científica debe, sin reservas, constituir la base cuando se ha de gestionar un bien patrimonial de la naturaleza, entidad y trascendencia de este Real Sitio y Villa, además de las dimensiones excepcionales de este Paisaje Cultural de Aranjuez que abarca un extenso territorio. Para mejor conservar, preservar, restaurar, difundir y disfrutar este inigualable patrimonio en el que tenemos la suerte de vivir, hay que conocerlo y analizarlo con rigor científico y en profundidad, y con la responsabilidad añadida que deriva precisamente de que es una realidad viva, un disfrute diario del que gozamos y constituye un aspecto adicional de la gestión, más complejo, como es el de armonizar esta protección del patrimonio y de sus valores de autenticidad e integridad del bien con los usos del mismo, usos que forman parte del propio concepto de Paisaje Cultural.

Este conjunto armonioso constituido no solo por el Palacio Real y los jardines, sino también por una ciudad histórica y una zona de calles arboladas y de huerta tuvo su punto de partida en la gestión del agua y del territorio. Todo el sistema hidráulico de Aranjuez que hizo y hace posible esta conformación espacial excepcional y universal es acaso el más completo y complejo de la historia de la ingeniería española. Desde otra perspectiva es preciso añadir que el agua es vida desde el pragmatismo y también desde la ilusión, un amplio abanico que abarca desde el mantenimiento mismo de la frondosidad que se buscó en la creación de este Paisaje, que pasa por el uso lúdico y ornamental del agua en las fuentes escultóricas, y que se transforma en inspiración de artistas de todos los tiempos, ya en pintores, escultores, escritores o músicos. Como en Aranjuez, la gestión del espacio y del territorio contribuyó a que los Reales Sitios sintetizasen, en sus despliegue natural y cultural, la imagen de la Monarquía española a lo largo de la Edad Moderna.

Las doctas revelaciones y conclusiones de investigadores de diversas especialidades se muestran ordenadas en las páginas de este ejemplar y nos aportan una base científica que nos acercan a la buscada e imprescindible sostenibilidad de nuestro entorno, el término que acuñó la Convención de Patrimonio Mundial en 1972: el desarrollo sostenible, es decir, la relación equilibrada y armoniosa entre sociedad, economía y medio ambiente.

El libro ante el que estamos aborda distintos aspectos que entre los siglos XVI y XIX incidieron en la gestión de los Reales Sitios, sobre las bases del pragmatismo y la ilusión y conduce a la contextualización temporal y espacial de Aranjuez en el marco de los estudios de la Corte, respecto de otros reales sitios. Su edición ha sido asumida por los mismos responsables en quienes recae la materialización del Convenio citado y que asumieron, con éxito, la dirección del Congreso Internacional: desde la Universidad Rey Juan Carlos, el catedrático de Historia Moderna, director de CINTER, Félix Labrador Arroyo, y, desde el Ayuntamiento de Aranjuez, la Jefe del Área de Patrimonio Histórico, funcionaria y doctora en Geografía e Historia, Magdalena Merlos Romero. A ellos y a todos los autores que han volcado su conocimiento en esta obra, agradecemos su interés profesional por profundizar en las peculiaridades de los Reales Sitios y su relevancia en el devenir de la Historia de España sobre las bases institucionales de la Monarquía.

María José Martínez de la Fuente
Alcaldesa de Aranjuez

INTRODUCCIÓN

Félix Labrador Arroyo
Universidad Rey Juan Carlos
Magdalena Merlos Romero
Ayuntamiento de Aranjuez. UNED

Como ha señalado el profesor Rivero Rodríguez "Hay quien cree que los estudios cortesanos son exactamente eso, una evocación de un mundo perdido y se entregan al estudio deleitoso de los fastos, las ceremonias, el lujo y la belleza de los espacios cortesanos"[1]. Esta visión surgió tras el triunfo de las revoluciones liberales burguesas, cuando los historiadores tendieron a legitimar el nuevo estado proyectando las estructuras de éste sobre la organización política de las monarquías dinásticas europeas de los siglos XIII al XVIII, a las que se denominó "Estado Moderno" o "Estado Absoluto", y en tratar de buscar los elementos que lo caracterizaban, como eran la creación de fuertes instituciones burocráticas, un gobierno centralizado que residía en la capital, identificada con la corte, y el poder absoluto del soberano, entre otros aspectos. En este proceso, se trataba de construir una realidad que justificase el nuevo modelo político, basado en nuevos sujetos: la nación y el ciudadano[2].

En este sentido, no resulta extraño que en la literatura de la época se reflejase una imagen negativa de la corte y de una de sus partes, los Sitios Reales. Así, por ejemplo, Fernández de los Ríos, señalaba: "Hemos visto que las dos dinastías [Austrias y Borbones] no habían

---

[1] Manuel Rivero Rodríguez, "El centro de la red: la Corte, lugar de la política", en Juan Francisco Pardo Molero y José Javier Ruiz Ibáñez (dirs.), *Los mundos ibéricos como horizonte metodológico. Homenaje a Isabel Aguirre Landa,* Valencia, Tirant lo Blanch, 2021, p. 382.

[2] Entre otros, José Álvarez Junco y otros (eds.), *Las historias de España. Visiones del pasado y construcción de identidad,* Barcelona-Madrid, Crítica-Marcial Pons, 2013 y José Martínez Millán, "La sustitución del "sistema cortesano" por el paradigma del "estado nacional" en las investigaciones históricas", *Librosdelacorte.es,* 1 (2010), pp. 4-16.

cuidado de otra cosa que de derrochar millones en sitios reales y palacios, en residencias para los frailes y residencias para los cortesanos, en puntos organizados para recreo de los reyes, desatendiendo en absoluto todo aquello que se refería á la vida de la población, á su comodidad y ornato"[3]; asimismo, indicaba en otra de sus obras: "cuando los males de España penetraban ya en el corazón y su grandeza agonizaba, la corte del Buen Retiro se entregaba a ruinosos festejos á cada victoria estéril, á cada rumor de ella, aunque fuera falso, y aun sin necesidad de pretexto alguno"[4].

Por señalar otro ejemplo, el castellonense Wenceslao Ayguals de Izco, al referirse al Escorial, señalaba en una de sus obras más conocidas, con un claro carácter anticlerical y de compromiso social: "¡Cuán costosos han sido siempre los reyes al pobre pueblo! ¡Qué contraste entre la grandeza de holgazanes palaciegos y el hambre de los artesanos condenados a un trabajo continuo y penoso, a la par que insuficiente para remediar sus desgracias! ¡Y aún tiene defensores el absolutismo de los reyes!", asimismo, señalaba "si en vez de campear en tan suntuosos jardines la idea de enaltecer a los reyes, si en vez de fabricar palacios y conventos, se hubiesen invertido esas cantidades inmensas que salen SIEMPRE DEL SUDOR DE LAS MASAS POPULARES, en erigir por toda España grandiosos establecimientos de beneficencia pública, casas de corrección, colegios de enseñanza gratuita, espaciosas calzadas, puentes sólidos, caminos, canales, y cuanto contribuye a la prosperidad de las naciones…"[5].

De este modo, con esta visión presentista y negativa de la corte y de los sitios reales, quedaba alterado el proceso articulador de la realidad político-institucional de las monarquías dinásticas de la Edad Moderna, en donde la corte y las diferentes partes que la componían

---

[3] Ángel Fernández de los Ríos, *El futuro de Madrid*, Madrid, Imprenta de la Biblioteca Universal Económica, 1868, p. 66. Disponible https://bibliotecavirtualmadrid.comunidad.madrid/bvmadrid_publicacion/es/consulta/registro.do?id=9515

[4] Ángel Fernández de los Ríos, *Guía de Madrid. Manual del madrileño y del forastero*, Madrid, Monterrey, 1982, p. 342 (ed. facsímil 1876).

[5] Wenceslao Ayguals de Izco, *María, la hija de un jornalero*, Madrid, Imprenta de D. Wenceslao Ayguals de Izco, 1845, tomo I, pp. 213-214 y 257 (agradecemos esta referencia al prof. Jorge Pajarín Domínguez).

tenían un lugar fundamental, al ser el elemento clave donde se hacía y ejercía la política.

Los Sitios Reales fueron auténticos referentes en investigación, gusto, arte, conocimiento y desarrollo agrícola, industrial y forestal. Centros que, en su tiempo, redujeron la brecha tecnológica y favorecieron la transferencia cultural, facilitando el acceso a las últimas tecnologías y apoyando el florecimiento de las economías locales y generando un cierto protocapitalismo, desarrollando novedosos proyectos urbanísticos, como el de Aranjuez, transformando y modificando el entorno y el paisaje próximo a los palacios reales[6].

De este modo, las casas y residencias reales fueron mucho más que simples lugares de residencia y recreo, donde nuestros soberanos pasaban los días practicando la caza. Fueron lugares que representaron la imagen de la monarquía[7], espacios de innovación, semillero de iniciativas y desarrollos industriales (recuérdese la porcelana del Buen Retiro, los paños en San Fernando o el vidrio de La Granja, etc.), agrícolas (Aranjuez o San Fernando), forestales (Soto de Roma o San Ildefonso), botánicos, en donde se introducían nuevas especies exóticas, científicos y urbanísticos. Centros de poder político desde donde se ejerció el liderazgo en el gusto, la moda, el conocimiento y las artes[8].

Además, los Sitios Reales eran, pese a su indiscutible singularidad, algo continuamente vinculado al entorno del que surgían, sobre todo desde un punto de vista geográfico-espacial y también jurisdiccional[9]. Dominios reales, separados del resto, donde los

---

[6] Concepción Camarero Bullón y Félix Labrador Arroyo, "Introducción", en *La extensión de la Corte: los Sitios Reales,* Madrid, UAM, 2017, p. 11.

[7] Marcelo Fantoni, George Gorse y Malcom Smuts (eds.), *The Politics of Space: European Courts ca. 1500-1750*, Roma, Bulzoni, 2009, especialmente la introducción y Paul Stock, "History and the Uses of Space" y Beat Kümin, "The Uses of Space in Early Modern History. An Afterword", en Paul Stock (ed.), *The Uses of Space in Early Modern History,* Nueva York, Palgrave Macmillan, 2015, pp. 1-18 y 227-234.

[8] José E. Hortal Muñoz y Gijs Versteegen, *Las ideas políticas y sociales en la Edad Moderna*, Madrid, Síntesis, 2016 y José E. Hortal Muñoz, "Los Sitios Reales como elementos clave de las monarquías europeas de la edad Moderna: una aproximación", en *Studia Histórica. Historia Moderna,* 42-2 (2020), p. 200. https://doi.org/10.14201/shhmo2020422197217

[9] Ignacio Ezquerra Revilla, "Mas allá de los Sitios Reales: la Corte como continuidad territorial", en Concepción Camarero Bullón y Félix Labrador Arroyo (dirs.), *La extensión de la Corte: los Sitios Reales,* Madrid, UAM, 2017, pp. 87-132.

monarcas extendían su poder político sobre territorios más amplios, al tiempo que estructuran y organizaban un gran espacio cortesano que polarizaba territorios y poblaciones aledañas. En este sentido, los Sitios Reales, solo se entienden con el entorno que los acoge y en el que se integran, que les confieren, además, parte de su carácter, constituyendo una nueva realidad. En este espacio, el medio físico y las actividades económicas se relacionaban dentro de un círculo funcional de uso[10].

Por señalar un ejemplo, el planteamiento originario de Aranjuez, lugar que focaliza gran parte de los ensayos que se recogen en esta obra, es fruto de un plan específico, iniciado por Felipe II en 1560, que concibe este territorio de acuerdo con una idea renacentista de organización del espacio y del territorio. Este plan conocerá cambios significativos durante los reinados de Fernando VI y Carlos III, en donde junto al valor en la configuración de la imagen de la Corona, de lugar de caza y de disfrute del monarca y de su familia, se impondrán aspectos económicos (los cuales tuvo también en sus orígenes) que afectaran a la manera de administrar y gestionar el territorio y a los recursos que allí había, especialmente al agua en este extenso ámbito del cauce fluvial del Tajo y del Jarama[11].

La intervención humana fue decisiva en la configuración del paisaje de los sitios reales, lo que no supuso, en general hasta su desamortización a finales del siglo XIX, una degradación ecológica de los recursos naturales que en ellos había. La mano del hombre en estos lugares tuvo un impacto positivo a largo plazo en la planificación y conservación del paisaje (especialmente del paisaje forestal) que ha permitido su pervivencia actual[12].

Álvarez de Quindos ya señalaba que Carlos III "deseoso de fomentar en el reino la agricultura, conociendo ser base y fundamento

[10] Miguel Aguiló, *El paisaje construido. Una aproximación a la idea de lugar,* Madrid, Colegio de Ingenieros de Caminos, Canales y Puertos, 1999, p. 21.

[11] Fernando de Terán, "Movilidad, comunicaciones y riegos en el entorno del Madrid borbónico", en *Madrid y los Borbones en el siglo XVIII,* Madrid, Consejería de la Cultura, 1984, p. 69.

[12] Pilar Chías Navarro y Tomás Abad Balboa, "La transformación de la topografía y del paisaje en la construcción del Monasterio de El Escorial", *Informes de Construcción,* 68-543 (2016), doi: http://dx.doi.org/10.3989/ic.15.142. y para Aranjuez, Manuel de

de la investigación, apreció mucho a los labradores, los distinguió como merecen, dio órdenes para facilitar la labor y quitar las trabas e impedimentos que la imposibilitaban, pensó en nuevas leyes agrarias y creó sociedades que las promoviesen y adelantasen. Quiso promover a sus vasallos su real ejemplo en este Sitio [Aranjuez] para que sirviese de superior estímulo, confiando a la dirección y gusto de Floridablanca y Grimaldi esta empresa…"[13].

Esta visión se aprecia en la construcción de los Jardines de El Príncipe, en el trazado del Real Cortijo de San Isidro, en la prolongación del Caz de Colmenar, en la creación del Mar de la Cavina o en la puesta en producción de la finca de La Flamenca o el Deleite, con hortalizas, emparrados y frutas, o la Huerta Valenciana, que estaba enfocada al secano con vides, en los cuales, no se olvida los fines estéticos[14]. El espíritu fisiocrático que las inspiró armonizaba y daba continuidad a las premisas productivas de Felipe II.

El carácter innovador de los sitios reales provocó el desarrollo de su papel económico pues en ellos se llevaron a cabo diferentes innovaciones económicas y científicas que se reflejaron en los usos de la tierra, en el desarrollo de proyectos industriales o en la gestión silvícola y forestal, que provocaron una reorganización del territorio y del espacio con consecuencias que afectarían a los municipios y señoríos circundantes, así como a sus recursos, en este caso al agua. El significado económico se acabaría imponiendo frente al resto en el siglo XIX por razones económicas de la Corona, como se desprende, entre otros, del parecer de la Junta Central Gubernativa de 23 de noviembre de 1808 en donde se trata de dar un destino distinto a los cazaderos reales por "uno más provechoso"[15]. A lo largo de esta centuria se llevarían a cabo desde la Corona planes de

---

Terán Álvarez, "Huertas y jardines de Aranjuez", en *Revista de la Biblioteca, Archivo y Museo,* 58(1949), pp. 261-296.

[13] Juan Antonio Álvarez de Quindós y Baena, *Descripción histórica del real bosque y casa de Aranjuez*, Aranjuez, Doce Calles, 1993 (ed. fac. de Madrid, 1804), p. 304.

[14] Pedro Molina Holgado y Ana Belén Berrocal Menárguez, "Dinámica fluvial, propiedad de la tierra y conservación del paisaje de ribera en el entorno de Aranjuez (Madrid, Toledo)", *Estudios Geográficos*, vol. LXXIV- 275 (2013) p. 500 y Virginia Tovar Martín, "Consideraciones al valor de los 'rústico' en los Sitios Reales (reinado de Carlos III)", *Fragmentos*, 12-14 (1988), pp. 224-225.

[15] AGP. AP. Casa de Campo, leg. 15.

desarrollo económico que provocará cambios en el territorio y en el paisaje, transformando los usos del suelo y de las estructuras de aprovechamientos[16].

En este sentido, la obra pretende presentar una visión que aborde de manera novedosa e interdisciplinar (desde la historia del arte, la arquitectura, la historia o la geografía) aspectos que afectan a la administración y gestión de los reales sitios, así como al valor que se le da a sus recursos, en este caso, el agua, que tiene un papel fundamental en su uso lúdico y ornamental, así como en el económico, vital para el desarrollo agrícola y ganadero, que se acabará imponiendo en el siglo XIX. La gestión del espacio y del territorio contribuyó a que los Reales Sitios sintetizasen, en sus despliegue natural y cultural, la imagen de la monarquía española desde el siglo XVI al XIX.

La parte primera se inicia con el estudio de la profesora Ana Duarte, aunque no se centra concretamente sobre los reales sitios analiza la importancia del agua en los cultivos, en concreto de los cítricos; una tradición hispanomusulmana de gran arraigo en los jardines reales del renacimiento español, haciendo especial referencia a las discrepancias entre la teoría agrícola y el conocimiento empírico trasmitido durante generaciones durante la Edad Media. A continuación, se presenta la primera aproximación al eje hídrico de la península ibérica –la cuenca del Tajo- y su relación con el origen de diversos reales sitios, que viene de la mano del profesor Francisco Fernández Izquierdo, quien nos describe durante los años centrales del siglo XVI los lugares de Otos, Aceca y Alhóndica ubicados entre Aranjuez y Toledo. Es el momento en que estas encomiendas propiedad de las órdenes militares pasan a depender de la Corona española y conocen un cambio sustancial en su administración.

Es el agua del río Tajo el que conoce, más allá de su gestión utilitaria para riego de jardines y suministro de fuentes, una dimensión lúdica en Aranjuez. El profesor Cristóbal Marín Tovar nos adentra en la fertilidad del real sitio y en la armonía entre el aprovechamiento científico y agropecuario y el ocio cortesano que propiciaría el

[16] Alberto Sabio Alcutén e Iñaki Iriarte Goñi, "Introducción. Historia del paisaje e historia ambiental", en *La construcción histórica del paisaje agrario en España y Cuba*, Madrid, Libros de la Catarata, 2003, p. 9.

reconocimiento de Aranjuez como paisaje cultural y su inscripción por parte de UNESCO en la lista de Patrimonio Mundial. Como contrapunto, el profesor Javier Pérez Gil estudia la gestión del agua, entre la funcionalidad y el recreo en los reales sitios de Valladolid, capital de la Monarquía Hispana durante el reinado de Felipe III. Fue la red fluvial la que determinó no sólo la distribución espacial de los espacios cortesanos sino también la adaptación a las nuevas funciones políticas y de representación monárquica de las arquitecturas prexistentes.

Sin salir de la dimensión lúdica de los reales sitios, se presenta la reconstrucción virtual del jardín de la Isla de Aranjuez sobre los grabados de Louis Meunier (1886). Los trabajos de documentación han permitido además estudiar la evolución formal del mismo jardín desde sus orígenes como huerta en la Edad Media. El proyecto acometido por los profesores Sergio Román Aliste y Magdalena Merlos Romero bajo una metodología específica, se ejemplifica, en esta publicación, en la fuente de Venus. Cierra esta primera parte el trabajo del profesor Jorge Pajarín Domínguez, que revisa el impacto del ferrocarril en el lugar a través de la literatura del siglo XIX, para observar la armonía con que se conjuga la tradición paisajística con las novedades tecnológicas de la revolución industrial, generando una percepción más popular del real sitio. Aranjuez se representa en la Edad Contemporánea como un símbolo de progreso, sin romper con la continuidad de su imagen establecida en tiempos de Felipe II.

Por su parte, Aranjuez es el protagonista casi exclusivo de la segunda parte de la presente publicación, dedicada a la administración de los reales sitios en su vertiente más pragmática, como imagen del poder monárquico primero, luego, como adaptación y evolución a las nuevas coordenadas de la Edad Contemporánea.

El profesor Ignacio Ezquerra Revilla nos aproxima al reinado de Felipe II y en las peculiaridades del gobierno doméstico regio ampliado que determinaron la configuración de Aranjuez y la concepción del palacio como elemento material y metafórico del dominio territorial de un espacio de elevadas cualidades naturales tanto en la escala inmediata del real sitio como en la dimensión total y conjunta del reino. Sin salir de las orillas del Tajo, la conformación de la ciudad cortesana a partir de 1750, exigió nuevas tipologías arquitectónicas que expresaran el poder regio más allá del núcleo palatino. El aumento del aparato cortesano durante las jornadas de Fernando VI y de Bárbara de Braganza, así como la función lúdica y suntuaria que ambos le habían otorgado al sitio de Aranjuez supondrá un marco para desarrollarse a la manera de Versalles y otras cortes europeas[17]. Es el profesor Miguel Lasso de la Vega Zamora quien realiza el recorrido por los tipos arquitectónicos de las nuevas ciudades en los sitios reales y sitúa Aranjuez como antecedente, entre 1750 y 1794, a partir de las pautas urbanísticas establecidas por Santiago Bonavía, reguladas en 1757, y su superación, ya bajo criterios ilustrados, por Juan de Villanueva, cuando se confeccionaron unas nuevas ordenanzas para asegurar la solidez de los edificios y "su buena compostura"[18].

Entre esas otras ciudades cortesanas que surgen en el siglo XVIII están las de San Lorenzo de El Escorial y La Granja de San Ildefonso. A diferencia del valle del Tajo, estos reales sitios, ubicados en paisaje de montaña, serán objeto de nuevas percepciones desde la mirada ilustrada primero y romántica después. El profesor Nicolás Ortega Cantero reconstruye desde la literatura de viajes, estas valoraciones de los reales sitios y sus entornos inspiradas por otras formas de entender la naturaleza. De regreso a Aranjuez, el profesor Félix Labrador Arroyo estudia la administración del marqués de Varese, entre 1808 y 1813. El gobierno francés introdujo en España el modelo de administración napoleónica que tuvo su ejemplificación directa en los reales sitios. En este sentido, las nuevas formas de explotación y arrendamiento de las tierras, la nueva planta de oficiales, orientadas a la mejora de los ingresos y la reducción de los gastos, traducidas en la mejora de la gestión y el gobierno del sitio, fueron borradas tras el fin de la contienda, perdiéndose una oportunidad de reactivar la economía de Aranjuez y de replicar el modelo en otros reales sitios.

---

[17] Antonio Bonet Correa, "El Real Sitio y Villa de Aranjuez en el siglo XVIII. Arquitectura y urbanismo", en AA.VV., *El Real Sitio de Aranjuez y el arte cortesano del siglo XVIII. Catálogo de exposición*, Madrid, Comunidad de Madrid-Patrimonio Nacional, 1987, pp. 19-20.

[18] AGP. AG, caja 14.160.

En el siglo XIX, Aranjuez afronta un nuevo capítulo, durante las regencias de María Cristina y Espartero. Es Cristina B. Martínez García quien analiza la reorientación del carácter productivo agrario del real sitio desde su gestión cortesana hacia el concepto empresarial, en concordancia con el liberalismo. Este modelo, impulsado por Fernando Muñoz y su familia, con núcleo inicial en Aranjuez, trasciende el ámbito económico para alcanzar a la propia estructura de la casa real en el marco de la nueva organización del Estado. La obra se cierra con la investigación de Ana Luna San Eugenio y de la profesora Concepción Camarero Bullón, contextualizada en el proceso de enajenación patrimonial de la Corona durante el reinado de Isabel II, que exigió el cartografiado de los diversos reales sitios para el conocimiento y deslinde de los bienes. La Junta General de Estadística, a través de sus geómetras, levantó, entre otras, la cartografía del Real Sitio de Aranjuez (1864-1866). Se pone en valor su alta calidad técnica, la riqueza informativa de la documentación asociada y su singularidad, como parte de un inconcluso proyecto catastral a escala nacional.

Parte primera

EARLY MODERN WATER-SAVING STRATEGIES FOR CITRUS GROWING IN GREATER SPAIN: THEORY VERSUS PRACTICE

Ana Duarte Rodrigues
Universidad de Lisboa

TOWARDS WATER WISDOM: MUSLIM ECOLOGICAL UNDERSTANDING IN GREATER SPAIN

Focusing on the irrigation of citrus groves in the early modern period, I will here demonstrate that there is a discrepancy between literary and empirical knowledge of orange watering developed in regions subject to the dual influences of both classical and Islamic cultures. This correspondingly portrays the Iberian Peninsula, Sicily and the Canary Islands as regions shaped by this mutual embracement, in accordance with Avner Ben-Zaken's conceptual framework[1], after having all experienced classical influences alongside the remainder of Europe but while additionally also undergoing varying lengths of Islamic influence.

I argue that literary agronomic knowledge produced in sixteenth century Spain and Sicily mostly conveyed theoretical observations taken from the Latin agronomists, classical authors and the medieval Pier de Crescenzi rather than describing the most ingenious solutions for dealing with water shortages developed in regions embedded with Islamic influence despite Christian governments. We may recall how Muslims ruled some part of the Iberian Peninsula for over seven centuries, with their final stronghold - Granada - conquered by the Catholic Kings in 1492. In Portugal, the Moors remained in the Algarve between the eighth and the thirteenth centuries. As already pointed out by Magnusson, in terms of water management: "The

[1] Avner Ben-Zaken, *Cross-Cultural Scientific Exchanges in the Eastern Mediterranean, 1560-1660*, Baltimore, Johns Hopkins University Press, 2010.

history of water in early modern Europe is more or less alike, with the exception of the Iberian Peninsula due to Islamic influence"[2]. Moreover, Muslims powers ruled Sicily between the nineth and the eleventh centuries even while this extended far further as the Muslim population continued to live there in the wake of the Normand conquest, giving rise to an Arab-Normand period. Additionally, a facet that usually escapes historiography stems from the Islamic influences also recognizable in the Canary Islands. For example, in 1402, Lanzarote was mainly inhabited by Moors originally from North Africa. Camels arrived on the island two years later and became the islanders' most important tool as was also the case in Moroccan agriculture. The Islamic footprint still remains very visible in these regions in architecture, language and food, while especially influential in gardening, horticulture and primarily through establishing the irrigation systems that allowed for growing fruits and vegetables from other parts of the world, such as eggplants, rice, watermelon, pistachios, sesame seeds, durum for pasta, sugar cane, as well as citrus fruits. The easiest means of interconnecting these three regions and their Islamic background derives from analysing their hydraulic systems[3]. A brief survey throughout the semantics of their water cultures highlights the Islamic influence in these regions. The basic *qanat* model from the Middle East is known as *foggara* in North

[2] Roberta J. Magnusson, *Water Technology in the Middle Ages: Cities, Monasteries, and Waterworks after the Roman Empire*, Baltimore, Johns Hopkins University Press, 2001, p. XI.

[3] The departure point for the research I present in this chapter was developed under the project 'HORTO AQUAM SALUTAREM: Water Wise Management in Gardens in the Early Modern Period' (acronym AQUA), funded by the Portuguese Foundation for Science and Technology. This study of early modern hydraulic systems in Portuguese monastic enclosures and villas not only high lightened the expertise of the labour but also the innovative technological solutions while furthermore enabling comparisons with the hydraulic systems of other regions under the same range of influences as the Iberian Peninsula. Indeed, this unveiled the similarities in the horticultural and water management solutions in three regions that history has never jointly addressed – the Iberian Peninsula, Sicily and the Canary Islands –, despite all being under the Spanish crown during the early modern period, including Portugal between 1580 and 1640. See Ana Duarte Rodrigues and Carmen Toribio Marín, "The aesthetical application of water in Iberian gardens", in Ana Duarte Rodrigues and Carmen Toribio Marín (eds.), *The History of Water Management in the Iberian Peninsula. Between the Sixteenth and the Nineteenth Centuries*, Birkhauser, Springer, 2020, pp. 253-279.

Africa, as *khattara* in Morocco, as *zanja* and *cimbra* in Andalusia, as *viage de agua* in Madrid, *font d'agua* in Catalunia and *mina de água* in Portugal and the Canary Islands, where the model is also called *gallería de agua* and *socavón*[4]. The very rich terminology linked to the irrigated agriculture of Arabic-Berber origin has also remained in the Sicilian dialect, including *gebbia* or *gibbiuni*, which indicates an artificial means of water collection and that corresponds to the Castilian term *aljibe*, which is a derivation from the Arabic *yâbiya*. More evident is the case of the Sicilian term *noria*, corresponding to the Spanish *noria*, deriving from the Arabic *nâ'ûra*, as well as the words *saia, saiuni, źachia* or *źacchia*, which in Sicilian indicate an irrigation canal and corresponds to the Spanish term *acequia*, from the Arabic *sâqyia*.

During the early modern period, the advanced state of development of well drilling and the techniques for constructing different types of galleries and mines to capture groundwater received from the Arabs were maintained in the Iberian Peninsula and Sicily, alongside other strategies for channelling, storage-regulating and otherwise managing water even while combining them with the heterogeneous devices, such as the wheels, winches and pulleys handed down by the Latin legacy. Moreover, this legacy clearly fostered the development of expertise in water machines and a multiple array of solutions for storing and applying water.

Nevertheless, this legacy was reframed in the early modern period when these regions were all under the administrative control of Spain. I refer to this as Greater Spain in keeping with how these regions were united by the Spanish crown: The Canary Islands were definitively in Spanish hands since 1479; Sicily became part of the Holy Roman Empire under Emperor Carlos V in 1513 and remained

[4] The great development of the different galleries, mines and *qanats* throughout the Spanish Southwest during the Al-Andalus was later maintained by the Christians. For the past two decades, and under the UNESCO patronage, several projects for safeguarding European and Saharan drainage tunnels have been developed (www.qanat.info; www.waterhistory.org). The location of galleries and water mines in mainland Spain, as well as the sections of the tunnels of galleries and mines of the Southeast Iberia, are now totally identified.

so until 1713; while Portugal was under the Spanish crown between 1580 and 1640.

Focusing on the irrigation of orange trees in Greater Spain, I shall demonstrate that there was not only one solution stemming from this Islamic influence just as there was no real correspondence between theory and practice. Beyond the connection existing between oranges and Moorish culture, among the predominant trees in the Mediterranean –the olive, the carob, the cork oak, the almond tree, the fig tree and the vine–, the orange tree is the only tree that actually requires irrigated cultivation and therefore adapting perfectly for this analytical exercise[5].

It is clearly in the wake of the Muslim invasion of Iberia and Sicily that citrus cultivation began rising due to the new grafting and irrigation techniques they imported. Oranges were probably already acknowledged by the Romans but they were certainly not widespread. Citrus fruits originated in Asia and made their transition from Iraq to Greece before spreading around the *Mare Nostrum* basin in around the first century. Citrons were the first citrus fruit commonly known to the Roman Empire and their dissemination is usually associated with the Jews as citron (*Citrus medica*) was chosen for the Sukkot holiday rituals. However, to what extent the Romans were also familiar with oranges remains disputed. Samuel Tolkowsky argues that oranges and lemons were used as garden plants and decorated the *villae* of patricians in Calabria and Sicily as oranges appear both in mosaics in Pompeii and in the 4th century Villa del Casale di Piazza Armerina (Enna province in Sicily). However, Luis Ramón-Laca notes that Arabic texts are the first to mention oranges and this fact points directly to the Muslims as primarily responsible for the diffusion of the different citrus fruits around the Mediterranean

[5] For a general overview on citrus' history see Samuel Tolkowsky, *Hesperides. A History of the Culture and Use of Citrus Fruits*, London, John Bale, sons & Curnow, Limited, 1938; Alessandro Tagliolini and Margherita Azzi Visentini (eds.), *Il giardino delle esperidi. Gli agrumi nella storia, nella letteratura e nell'arte*, Firenze, EDIFIR, 1996; Pierre Laszlo, *Citrus. A history*, Chicago and London, University of Chicago Press, 2007; Helena Attlee, *The Land Where Lemons Grow: The Story of Italy and Its Citrus Fruit*, New York, Penguin Books, 2015, and Ana Duarte Rodrigues, "The Role of Portuguese Gardens in the Development of Horticultural and Botanical Expertise on Oranges", *Journal of Early Modern Studies*, 6-1 (2017), pp. 69-89, among others.

basin. Accordingly, one can say whereas citron followed the path of Jews, sour orange followed that of Muslims.

There is a consensus that citrus were present in Iberia from the nineteth century onwards but almost exclusively in religious and political centres of power, such as the Patio de los Naranjos in Cordoba or the Orange Tree Courtyard of Seville's mosque, then already a cathedral, just as they were growing in the Castle of Silves in Portugal. In each of these cases, a particular system of water running through ground level channels is still observable today. The capacity to extract the maximum of value from the beauty and perfume of

Figura 1. Orange grove at Quinta da Bacalhoa (16th century), Azeitão, Portugal. Photograph from 1948

orange trees emerges in the various different modes of display that range from a regular layout in mosque courtyards as well as their cultivation at a lower level in order to be view from above. This display strategy is evident both in Portugal and in Morocco, as in both Quinta da Bacalhoa, built by the son of the Viceroy of India, Afonso de Albuquerque, and Palais-Badi in Marrakech, oranges were envisioned from the sidewalk as if a green carpet punctuated with oranges and their unique perfume when in blossom.

Figura 2. Orange grove at Palais Badi (16th century), Marrakesh, Morocco. Photograph by the author, 2014

Nevertheless, the study of growing orange trees in medieval and early modern Europe, as well as research on water devices and hydraulic structures spanning all the systems from the capture of water through to its distribution, has scarcely tackled the multiple aspects of plants subject to irrigation, especially citrus fruits as they are among the world's most demanding crops, requiring huge inputs of water and expertise.

Correspondingly, in this chapter, selected three sixteenth century agronomic and gardening treatises[6] written in Spain and Sicily in

[6] Joan Thirsk, "Making a fresh Start: Sixteenth-Century Agriculture and the Classical Tradition", in Michael Leslie and Timothy Raylor (eds.), *Culture and Cultivation in Early Modern England: Writing and the Land*, London, Timothy Raylor edition, 1992, pp. 15-34, esp. pp. 15-16, 19; G. E. Fussel, "The Classical Tradition in West-European

which oranges occupy a very special place: Gabriel Alonso de Herrera's *Libro de Agricultura* (1513)[7], Antonino Venuto's *De Agricultura Opusculum* (1516), and Gregorio de los Rios' *Agricultura de Jardines* (1592)[8]. Moreover, I also portray some the various strategies applied to irrigate citrus fruits in Greater Spain, ranging from hydraulic systems involving greater technological support structures in places more closely connected to central powers, such as the Convent of Christ, to the most ingenious artisanal practices for growing orange trees without any water supply as observed in Barrocal, in the Algarve's inland area, and on Pantelleria, an island off Sicily.

From the confrontation between the analysis of treatises and empirical knowledge strategically applied to face adverse environmental conditions, it will become evident that these treatises describe abstract theories regarding the watering of orange trees rather than

Farming: The Fourteenth and Fifteenth Centuries", *The Agricultural History Review*, 17-1 (1969), p. 5.

7 On Herrera's book there is bibliography focused on lexicography, its scientific outcome in Renaissance and on its circulation in Portugal. Among the significant bibliography I highlight the following: Thomas Capuano, *Texto y concordancias de la "Obra de agricultura" de Gabriel Alonso de Herrera*, Madison, Hispanic Seminary of Medieval Studies, 1995; Mariano Quirós García, "El Libro de Agricultura de Gabriel Alonso de Herrera em el Diccionario de Autoridades, o de la em ocasiones complicada relación entre Filología y Lexicografía", *Revista de Investigación Lingüística* 20 (2017), pp. 131-156; Consolación Baranda Leturio, "Ciencia y Humanismo: La Obra de Agricultura de Gabriel Alonso de Herrera (1513)", *Criticón*, 46 (1989), pp. 95-108; Ana Duarte Rodrigues, "Gardening Knowledge through the circulation of Agricultural Treatises in Portugal from the Sixteenth to Eighteenth centuries", in Hubertus Fisher *et alii* (eds.), *Gardens, Knowledge and the Sciences in the Early Modern Period*, Birkhauser, Springer, 2016, pp. 305-317; "500 years of Gabriel Alonso de Herrera's Obra de Agricultura", *Studies in the History of Gardens & Designed Landscapes* 37-4 (2017), pp. 294-303; Marjorie Grice-Hutchinson, "Some Spanish Contributions to the Early Activities of the Royal Society of London", *Notes and Records of the Royal Society of London*, 42-2 (1988), pp. 123-132.

8 On Gregorio de los Rios' treatise see Joaquín Fernández Pérez and Ignacio González Tascón (eds.), *A propósito de la "Agricultura de Jardines" De Gregorio de los Rios*, Madrid, Tabapress, 1991; Fernando Copello, "Milieu naturel et jardin à l'époque de Philippe II: à propos de l'Agricultura de Jardines de Gregorio de los Rios (1592)", in Nathalie Peyrebonne et Pauline Renoux-Caron (coords.), *Le milieu natural en Espagne et en Italie. Savoirs et représentations. XVIe- XVIIe siècles*, Paris, Université de la Sorbonne Nouvelle, 2011, pp. 105-120.

either providing concrete examples or establishing a repository for the empirical knowledge of their authors.

HOW TO WATER CITRUS: LITERARY CONTRIBUTIONS FROM SPAIN AND SICILY

It is no coincidence that the first agronomic treatise in a European vernacular language appeared in Iberia in 1513,[9] as heir to the enormous capital produced by Muslims and/or in Arabic in Al-Andalus. Just as it cannot be a coincidence that the second appears in Sicily in 1516. It is also no coincidence that oranges occupy a special place in sixteenth century agronomic treatises from Spain and Sicily and written in vernacular languages. In 1513, Herrera starts out by emphasizing the beauty of these fruits, especially oranges and how no garden can ever be considered perfect without these trees: "Los naranjos y estos otros árboles de su compañía son árboles muy graciosos, y en su verdor de hojas, olor de flor, vista y provecho de fruta muy agradables y provechosos; y ellos son tales que no se puede decir perfecto jardin onde no hay alguno destos árboles, mayormente

---

[9] Gabriel Alonso de Herrera, *Libro de Agricultura*, Alcalá de Henares, Arnao Guillén de Brocar, 1513. The editions published during his own life were: Alcalá de Henares, 1513; Toledo, 1520; Alcalá de Henares, 1524; Toledo, 1524; Logrono, 1528; Alcalá de Henares: Joan de Brocar, 1539. Regarding analysis of Herrera's readerships in Portugal, I indicate the edition and quote the copy analyzed. For analysis of the general agronomic aspects, this paper follows the nineteenth century annotated edition - Gabriel Alonso de Herrera, *Agricultura General de Gabriel Alonso de Herrera, corrigida segun el testo original de la primera edicion publicada en 1513 por el mismo autor, y adicionada por la Real Sociedad Económica Matritense*, Madrid, Imprenta Real, 1818-1819, vol. I, 544 pp; vol. 2, 466 pp, vol. 3, 655 pp. and vol. 4, 361 pages. The notes were made by Spanish agronomists Antonio Sandalio de Arias (1773-1839), the Spanish gardener Claudio Boutelou y Agraz (1774-1842), the Spanish botanist Simón de Rojas Clemente (1777-1827), José Elizondo, the Spanish physician and botanist, Mariano Lagasca y Segura (1776-1839), the Spanish printer Francisco de Paula Martí Mora (1761-1827), Francisco Martínez Robles, and Agustín Pascual, editor of *Semanario de Agricultura y Artes dirigido a los Párrocos*. This may be consulted online at http://bibdigital.rjb.csic.es/spa/Libro.php?Libro=258. All the Spanish and some foreign editions can be consulted at Ministerio de Agricultura, Alimentación y Medio Ambiente de España, «V Centenario del *Libro de Agricultura*», http://www.magrama.gob.es/es/ministerio/servicios/informacion/plataforma-de-conocimiento-para-el-medio-rural-y-pesquero/centenario/ediciones.aspx

naranjos"[10]. In 1516, Venuto dedicates the first chapter of his book to orange trees, as in his own words, this species is "the king and prince & lord of all trees"[11]. In 1592, Gregorio de los Rios also high lights the uniqueness of orange trees: "El Naranjo es un arbol muy delicado mas que quantos hay, y asi se requiere tener mucho mas cuidado com él que com otros árboles"[12].

It is this chapter's goal to grasp what these treatises include about orange trees' irrigation. In the case of Tuscan gardens, Anatole Tchikine concluded that the means of watering the garden remained very traditional, basically relying on the gardener and his watering can. Nevertheless, as Tchikine has also already emphasised: "The importance of properly watering in the horticultural context was reflected in the detailed descriptions contained in early modern garden and agronomic treatises"[13]. Therefore, there was a sense of the knowledge required even for this very simple operation. The analysis of these books seemed promising: they not only could generate clues about the knowledge existing on the best ways of watering orange trees, or not, but could also reveal a lot about the way of thinking in the justifications they present for this purpose, which derive from the Aristotelian understanding of the humours.

A Spanish priest and *hortelano* (hereafter translated as gardener), Gabriel Alonso de Herrera (*ca.* 1470-*ca.* 1540) was in Granada shortly after the conquest by the Catholic Kings in 1492. The decadence of Spanish agriculture led the powerful Cardinal Francisco Jiménez de Cisneros (1436-1517) to invite Herrera to write an agronomic treatise, at the cardinal's own expense, and then distribute it to farmers in order to revitalize the kingdom's agriculture[14]. In keeping with these orders, Herrera then wrote the European Renaissance's first

[10] Gabriel Alonso de Herrera, *Obra de Agricultura...*, Liv. III, cap. XXXII.

[11] Antonio Venuto, *De Agricultura Opusculum*, Napoles, 1516, p. 2.

[12] Gregorio de los Rios, *Agricultura de Jardines que trata de la manera que se han de criar, governar y conservar las plantas, y todas las demas cosas que para este se requirem*, Madrid, Antonio de Sancha, 1777, p. 465.

[13] Anatole Tchikine, "Watering the Renaissance Garden: Horticultural Theory and Irrigation Practice in Sixteenth-Century Tuscany", in *Gardens, Knowledge and the Sciences in the Early Modern Period*, Birkhäuser, Springer, 2016, pp. 269-304.

[14] Gabriel Alonso de Herrera, *Agricultura General*, Madrid, Imprenta Real, 1818, vol. I, p. XV.

agricultural treatise in a vernacular language: *Libro de Agricultura*, written in Castilian and published in 1513.

Herrera's book was also the only work to embed both Latin and Islamic sources, ranging from Columella, Palladio, Pier de Crescenzi and Ibn Wafid, through its translation into Castilian[15]. Herrera's *Libro de Agricultura* divides into six books, dedicated to soils, vineyards, trees, vegetable gardens, cattle and before ending with an almanac. Herrera's *Book of Agriculture* includes a chapter on "De los naranjos, cidros, limas y limones, y azamboos"[16] (orange trees, citrons, limes and lemons, and azamboos).

Growing citrus always involves hard work, says Herrera, as well as requiring hot or temperate climates. Herrera states that although all citrus trees suffer in cold lands, they cope with it in different ways. Therefore, when attempting to cultivated citrus in colder climes, they have to be provided with shelters. In these circumstances, they have to be left as unshaded as possible while covered during winter. This passage clearly seems to evoke greenhouses or a similar type of plant protection at a much earlier stage than usually established.

On the contrary, he states, in warm lands, there is no need to cover them at all. Among the best sites for citrus growing are sea coasts, valleys and all places sheltered from northerly winds. Places with coarse earth are better than finer soils as long as they remain cleared. Nevertheless, he recommends growing citrus trees in every type of soil apart from muddy or sandy terrain. Another disadvantage in dry areas is the general prevalence of sandy soils characterized by their low organic matter content, very low level of water retention, low aggregate stability and overall low levels of fertility.

Orange trees and all citrus fruits require soils with virtue and substance, and in preference black earth. In any case, they require a lot of water[17]. Nevertheless, in the 1528 edition, Herrera adds advice regarding excessive watering which may also be as harmful as drought

---

[15] On primary sources used by Herrera see Ana Duarte Rodrigues, "Gabriel Alonso de Herrera: o jardineiro que escreveu um tratado de agricultura", António Andrade (ed.), *Do manuscrito ao livro impresso*, Aveiro, Imprensa da Universidade de Aveiro (forthcoming 2023).

[16] Gabriel Alonso de Herrera, *Obra de Agricultura*..., Liv. III, cap. XXXII.

[17] Ibidem.

should the soil remain soaked. Moreover, wetting trunks during winter to avoid frost may also damage the trees. Moreover, Herrera recommends the usage of less cold water from wells and springs.

Agricultural wastes, such as animal manure and crop residues and some sewage sludge, were usually successfully applied to cropland. Herrera deems the soil must be well fertilised with very rotten manure, and with ashes, with citrus trees particularly appreciative of manure. He adds that when the seeds are irrigated in warm water, they sprout and grow faster; and whenever planted in pots, these require both good depth and volume.

Herrera makes some peculiar recommendations as the means to metamorphose sour orange into sweet orange, which we know is not possible as these stem from different varieties: *Citrus aurantium L.* (bitter orange) and *Citrus sinensis* (L.) Osbeck (sweet orange), notwithstanding their very similar appearances as they belong to the same genus. Herrera clearly did not have a clue about this as he believes that sour oranges can be rendered sweet by immersing the seeds in water with honey three days before sowing, or in milk from sheep although this milk should then be changed daily. Moreover, he states that others maintain that sowing these seeds inside a walnut shell filled with sugar will deliver the same result. However, in real terms, there is no way of transforming the seeds of one orange variety into another by bathing them whether in honey or sugar. What nevertheless can be obtained is seeds from crossovers between interpolinated flowers (pollinated from one to the other) or else obtaining different fruits through cross grafting processes[18].

Hybridization between citrus occurs quite often. One can easily understand it if we take into consideration the quantity of varieties extant in gardens, collections and markets, and the fact than only three true species derive from the genus *Citrus* – citron, pomelo and mandarin. In view of this, once a desirable variety has been created or discovered, it must be asexually reproduced to be perpetuated. Only grafting produces uniform and predictable results. For this

[18] I would thank Cristina Amaro for her explanations on the varieties of orange tree and the means by which they can be transformed.

reason, gardeners don't propagate citrus trees straight from seed. They build them.

Based on the peculiar recommendations Herrera makes to metamorphose sour orange into sweet orange, one might think he had no experience with oranges but, later in the chapter, he acknowledges having cultivated orange seeds from trees in Cordoba and Vera[19], a village in the Almería province, in some pots and, despite being cultivated in the same soil and under the same conditions, the Cordova orange trees turned in better levels of growth. Indeed, this difference became clear within a few days after sowing. He concludes by stating that seeds should always come from the best place and Cordoba was the best for oranges: "dígolo porque toda simiente si ser pudiere se ha de buscar y traer de donde es major"[20].

Three years later, Antonino Venuto, a farmer from Noto, a village in southern Sicily, authored the first agricultural treatise written in Sicilian, entitled *De Agricultura Opusculum,* focusing exclusively on the cultivation of fruit trees and vines, and published in 1516. This book goes onto include twenty-five types of fruits[21], but the first chapter is dedicated to orange trees.

He starts out by identifying Varro, Pliny, Columella, Palladio and Piero de Crescenzi as his main sources. Moreover, just as Herrera had made considerations about the growth of oranges in hot or cold regions, Venuto also states that oranges hate the cold more than anything.

Regarding the irrigation of orange trees, Venuto says that one secret is to water at night. Irrigation should be outside periods of peak demand to avoid evaporation losses and improve the capacity of plant roots to extract water from deep in the soil. Moreover, the Sicilian author explains how the fruit of this tree holds four

---

[19] Vera is located 10km inland but its climate is still influenced by this coastal proximity. An earthquake in 1518 destroyed much of the region but it recovered well as its orange tree growers were famous both in 1513 and in 1592, as both Herrera and los Rios mention them.

[20] Gabriel Alonso de Herrera, *Obra de Agricultura*..., Liv. III, cap. XXXII.

[21] Mulberry, cherry, carob, fig, pomegranate, almond, pear and apple and eight chapters "about vines and the soil they like". This part informs us on how they used to plant, prune and propagate grapevines.

compositions. The bark (skin) is warm and moist. The soft part (*zoe carnolite medulla*) is fresh and moist. The sour (*agrume*) is fresh and dry. The seed is hot and dry. Hence, to ensure there is more aridity than moisture at the heart of this fruit, this tree burns the soil more than other trees. In view of this, Venuto reaffirms the value of watering at night to maintain freshness in the ground to enable orange trees to live healthier and become more glamorous than other trees in the neighbourhood even with the same soil quality.

Venuto adds that, in his opinion, most of the corruption and disease which befalls these trees arises from watering during the day. At that time, the soil is as warm as the tree and, therefore, the water flows under the violence of the sun and, because of the soil quality, on reaching the tree, the water gives off great heat in such a way that the tree may become diseased[22]. Another good thing about watering at night is that the roots can spread as they sequester the freshness and moisture of the water.

Finally, I would recall Gregorio de los Rios, the gardener of King Filipe II of Spain working at Aranjuez, who wrote the first book exclusively dedicated to beautiful flowers, *Agricultura de Jardines* in 1592. As he states "I am the first to do this" and "I will not write about useful plants as there are a lot of books for those". He is clear: fruit trees are for orchards. However, there is one exception: orange trees that may be ornamental in keeping with their beauty and therefore proper to gardens and not to orchards. Thus, he dedicates a whole chapter to the species and clearly explains how they should be irrigated.

Los Rios states that one daily sees garden owners planting ever more orchards of oranges while others lose theirs because they have gardeners with no experience of cultivating them. These gardeners argue that the problems are due to the soil, the cold weather and other similar aspects. However, in reality, they are mostly lost due to bad governance by those gardeners. In principle, it is said that oranges planted in hot soil want a lot of water while those in cold lands do not. Los Rios concludes that this does not quite reflect practice because, when the quality of the soil changes, so do the

[22] Antonio Venuto, *De Agricultura...*, p. 4.

properties of the orange trees. To prove his theory, he comes up with an absolutely racist explanation. According to los Rios, the impacts caused by alterations in the land are verified in black people who, when raised in the lands where they were born, dress in loincloths and are raised on water, sugar and cinnamon and other fruits of those provinces but, when they come to Spain, they get dressed, put on shoes, and eat bread, wine, meat, and other foods typical of Spain. He also adds that if they were given in Spain only the provisions they used to have in their lands, they would not survive eight days, before suggesting maybe not even four[23].

The same considerations must be given to the watering of oranges in cold lands. In hot lands, they want to breed with water without which they would die. On the contrary, we see that orange trees planted in cold soil do not need much water as they remain delicate trees in unfertile lands given their exposure to frost, snow, cold air and abundant rain. Orange trees would die should they be watered there.

Los Rios furthermore establishes a difference between small and large orange trees and those planted in pots. Those planted in pots, as they are very small and not yet grown, have little strength in the summer months and, if not irrigated, they wither and dry up. Hence, these need watering little by little and, should they seem to be turning yellow, make a pause in the irrigation as it is preferable to leave plants thirsty than with excessive water.

Large orange trees planted in cold lands require different management because they hardly need a drop of water during winter. To keep them from freezing, you need to give them very tempered water. The oranges must have a dark green colour at this time, which means they will be able to withstand the cold season. Orange trees planted in cold soil should be watered from April to August, because in the remaining months the humidity of the night is enough to sustain them. Los Rios then adds that everyone says water should be given when there is frost. But, los Rios states, "Lo Verdadey y Seguro es, que no se han de regar"[24], as water placed in a pot freezes just as

[23] Gregorio de los Rios, *Agricultura de Jardines...*, p. 467.
[24] Ibidem, p. 468.

happens in rivers and roads and, this being so, he asks himself how can this possibly be beneficial for orange trees?

Once again, he deploys a human analogy. When a man's feet are wet, the cold spreads throughout his body and the same happens with oranges. Thus, you should avoid soaking the roots and, with water also acting to remove the warmth from the roots of the plant, he concludes by stating that "I say so with resolution, that you are wrong in watering them in Winter". And he adds "y esta es regla de Agricultura". However, this is not always true as you cannot say "donde el agua cae todo lo mata" because in the summer when you want to be in a garden or on a patio, it is necessary to water it an hour or two before and the earth becomes cool very quickly [25]. In cold weather, everything does damage because it messes with the moods. Instead, in winter, orange trees should not be watered and the plant should be kept warm by covering it and feeding it with chicken manure to give substance. He also explains that when in pots, orange trees should be kept at home in a hallway, in places where they receive sunlight during the day. When, they are planted in gardens, los Rios recommends covering orange trees with boards or tarpaulin. Therefore, there is still no reference to the greenhouses that will appear in central and northern Europe in the seventeenth century.

Although the three treatises give special attention to the cultivation of the orange tree and clearly give it the status of the most beautiful tree, suitable for gardens, they differ in the balance between theoretical and empirical knowledge with which they make recommendations, making them sometimes, necessarily, divergent.

DISCUSSION: IS THE NEVER ENDING BATTLE AGAINST WATER SCARCITY IN GREATER SPAIN EXPRESSED IN AGRONOMIC TREATISES?

By way of conclusion, let us examine this final point further. Our introduction inquired about what early modern water saving strategies were practiced and developed in areas facing water scarcity.

[25] Ibidem.

In view of this, we focused the analysis on the irrigation of oranges in the Iberian and Sicilian contexts as both had been influenced by Islamic culture and were both ruled by the Spanish crown in that period. We began this article by analysing the role occupied by citrus fruits, but especially oranges, in sixteenth century Spanish and Sicilian vernacular texts in accordance with Tchikine's hint about watering Renaissance gardens when he stated there had to be more to irrigation than the gardener with his watering can as it was such a major issue in garden and agronomic treatises. Briefly describing how the topic of citrus irrigation is addressed in the treatises by Herrera, Venuto and Los Rios raises novel questions: What is the nature of their irrigation precepts, whether empirical or theoretical? Does their content cover or express the multiple and different citrus watering strategies found in the field? What might they tell us about the nature of the knowledge disseminated by these books? Let us now briefly compare the solutions applied to growing orange trees in Greater Spain, with these theoretical contributions to explore agronomic and gardening epistemology at the interface between theory and practice. Perhaps not surprisingly, the ways in which the irrigation of orange trees are described in these three treatises do not reveal empirical knowledge and, even to an even lesser extent, the outstanding solutions applied in the field in the same regions in which they were written.

The three authors all mention that the orange is a garden tree, or patio as los Rios refers, as well as all describing how it should be watered in cold or hot lands but without describing any hydraulic system installed for such purpose and seemingly assuming this would always be the gardener with his watering can. There are also few references to water capture with only Herrera mentioning the well or the natural spring from which the water comes, as well as the existence of a pipe directing water to the plant in winter to prevent the cold, ice and snow from destroying it. Los Rios stated the opposite: water in these conditions would freeze, thus, increasing the problem, rather than contributing to its solution.

Although the development of horticultural expertise on growing oranges, including grafting and watering, clearly stems from

Islamic influences, the main sources quoted by Herrera are the Latin agronomist Palladio and the medieval writer Pier de Crescenzi. The only information deriving from the two Muslim authors he had accessed dealt with grafting and the medicinal virtues of citrus peel. Thus, Herrera quotes Ibn Wafid on the advantages of grafting for quinces and apples. Moreover, he then quotes Avicena on the health benefits of citrus peel juice, deemed useful against snake bites. Herrera is clearly influenced by Crescenzi on everything related to the different care gardeners require in cold or hot regions or seasons while highlighting the need to provide shelter for orange trees when it is cold.

Figura 3. Patio de los Naranjos, Córdoba, Spain. Photograph by the author, 2021

Herrera mentions how the best oranges come from Cordoba. However, this conclusion is not based on the literature but also on both his second-hand experience after seeing orange trees undergoing regular irrigation in Cordoba[26] as well as on his first-hand experience from cultivating orange trees from Cordoba and from la Vera, in pots and with the same soil but with the orange seeds from Cordoba growing much better[27]. Nevertheless, there is a surprising lack of reference to the open channel irrigation system in effect in the Patio de los Naranjos in the Cordoba Mosque.

Notwithstanding, for fig trees, the correlation between the horticultural methods for early fruit maturation described by Herrera perfectly match those described by sixteenth century documents in the Algarve, and to such an extent that Herrera's book of agriculture could be envisioned as a reliable source for merging into Iberian horticultural practices[28]. In the case of growing orange trees, the opposite prevails. Beyond telling us that the oranges from Cordoba are the best and that he observed a certain method of orange irrigation there, there are no other details on the Iberian reality. Thus, for this chapter, Herrera lifted almost everything from other books without cross-checking it with empirical knowledge and practical cases from Granada, Seville, Cordova or Valencia (as los Rios points out[29] for example), despite their exceptional levels of production during this period.

However, in the 1528 edition, Herrera goes on to propose building walls around orange trees to avoid their destruction by wind while also including another solution for the same purpose – cultivating three or four rows of tall cypresses around orange trees. In his opinion, this strategy is more beautiful and fruitful and is correspondingly often adopted in gardens.[30] Therefore, the walled protection of one sole orange tree, as in the Pantesco Gardens, in Pantelleria, Sicily, was not unique and gardeners were aware of this solution on the Iberian Peninsula. Nevertheless, this does not get referenced in Venuto's treatise despite being written in Sicily.

---

[26] Gabriel Alonso de Herrera, *Agricultura general...*, tomo II, p. 301.
[27] Gabriel Alonso de Herrera, *Obra de Agricultura...*, Liv. III, cap. XXXI.
[28] Ana Duarte Rodrigues, "Sustainable beauty for Algarvean gardens: cross- boundaries solutions between the humanities and the sciences", *Interdisciplinary Science Reviews*, 42-3 (2017), pp. 296-308.
[29] Gregorio de los Rios, *Agricultura de Jardines...*, p. 465.
[30] Gabriel Alonso de Herrera, *Libro de Agricultura*, Liv. III, cap. XXXI.

Pantelleria is on the same latitude than Tunisia but has long been Western territory. It is the largest island off Sicily and the only one closer to Africa than Europe (60km from Tunisia and 100k from Sicily). The Arab colonization of the island in 835 brought about various changes. The Muslims left the most visible footprints: the white-domed stone houses called *dammusi*, the circular stone *Giardini arabi* ("Arab gardens") that are built to shelter citrus trees from the relentless winds, and Arabic-sounding and looking names such as the Bukkuràm, meaning "rich in wines"[31].

Figuras 4 y 5. Pantesco Garden, Pantelleria, Sicily and Vineyards at La Geria, Lanzarote, the Canary Islands. Photgraph by the author, 2022

The *dammuso* (meaning "roof vault") is the traditional housing construction on Pantelleria, characterized by underground cisterns,

[31] The name *Bukkuram* and the design of the label of the wine Passito di Pantelleria produced by De Bartoli, evoke the island's Arabic past.

angled walls to strengthen the structure supporting the circular, domed roofs. The vaulted roof of the Pantelleria *dammusi* prevents humidity inside during winter and, exposed to the sun, served to dry local agricultural products, such as raisins, figs and tomatoes, in the summer. Moreover, the raised sides of the roof around the dome also allow for the capture of rainwater on the roof, directed through an open channel, called "cannalata", into a cistern for storage.

The conditions for cultivation are challenging, with scant precipitation (300 mm annually), no ground water, steep terrain, and fragmented land ownership. Irrigation is not feasible as Pantelleria has virtually no water resources other than its thermal springs. The soils are mostly sandy and volcanic pumice with the latter filled with tiny cavities that absorb dew at night. Similarly, circular stone walls were built both to protect the trees from winds and to capture the overnight fog and dew and ensure sufficient humidity for the growth of this botanical species. These create efficient means of citrus growing by deploying vernacular structures that become self-sufficient agronomic systems from a water point of view[32]. Appropriate management is paramount in keeping with the water supply limitations. In view of this, irrigation is mandatory but only during non-windy periods to avoid water losses as well as long duration irrigation to help ensure the full use of the soil water and decrease soil evaporation losses.

The unsuspected Islamic influence in the Canary Islands was evident for nineteenth century travellers. "Aguimes is like an Eastern city, with its mosque and palms"[33]. The same author describes Ingenio as "another Moorish-looking town"[34]. The houses were "whitewashed... with closed wooden shutters, and Moresque doorways"[35].

---

[32] Teodoro Georgiadis, "How a traditional agricultural protection structure acts in conditioning the internal microclimate: A statistical analytical approach to Giardino Pantesco (Pantelleria Islan, Italy)", *Ital. J. Agrometeorol,* 18 (2014), pp. 41–58; Giuseppe Staccioli, "L'ultima isola musulmana in Italia, Pantelleria," *Symposia Melitensia*, 11 (2015), pp. 193-225; Giuseppe Barbera, Camilla Chieco, Teodoro Georgiadis, Antonio Motisi, Federica Rossi, "The "jardinu" of Pantelleria as a paradigm of resource-efficient horticulture in the built-up environment", *Acta Hortic.*, 1215 (2018), pp. 351-356.

[33] Olivia M. Stone, *Tenerife and Its Six Stellites: Or, The Canary Islands Past and ...*, vol. 1, p. 324.

[34] Ibidem, p. 327.

[35] Ibidem, p. 24.

Moreover, Lanzarote was first occupied in 1402. Two years later the island was basically occupied by Muslims who brought camels from North Africa with them. Here, they established the same kind of agricultural system they were familiar with in northern Africa and exported those practices into the island. Lanzarote is an island with virtually no water, almost desert, buffeted by strong winds. Nearly every aspect of life was affected in some way by the lack of water. In agriculture, for example, they had to come up with ingenious and laborious solutions like making use of volcanic ash. The French traveller René Vernau noticed that "When it rains it is amazing to see the lengths to which they go to collect the water!" Records made by naturalists who visited the Canary archipelago at the beginning of the twentieth century, to analyse the endemic botanical species, provide insights into the unique agricultural systems and landraces, dwarf cultivar of corn, cropping systems based on applying volcanic lapilli as mulch, and the cultivation of wine-grapes inside pits[36]. I hypothesise that this system, similar to the one observed in Pantelleria, stems from Islamic influence, not directly but due to circulation of people and practices.

It is well known that Columbus took orange, lemon, and citron seeds from the Canary Islands with him to Hispaniola on his second voyage in 1493. Therefore, oranges were already cultivated in the island in the fifteenth century. These fruits were compared with the ones sold in Great Britain but clearly surpassing them in size and flavour as they were "two or three of those we ordinarily get in England"[37]. From this record, we get acknowledged of how difficult it was to irrigate them. In Caldera, orange groves were near the "three small cisterns [than] have been made to catch the supply, for every drop is precious in a thirsty land"[38]. Notwithstanding, in

[36] Javier Francisco-Ortega, *et al.*, "David Fairchild expeditions to the Canary Islands: Plant Collections and Research outcomes", *Springer on behalf of the New York Botanical Garden Press,* 64-4 (2012), pp. 421-437.

[37] Olivia M. Stone, *Tenerife and Its Six Stellites: Or, The Canary Islands Past and …*, vol. 1, p. 328.

[38] Ibidem, p. 334.

each of these cases there is present a certain expertise of effort in which each drop counts.

Venuto's treatise, written in Sicily, is also much more theoretical than empirical. It fails to reference the unique strategies developed in Sicily to cope with water scarcity and be nevertheless able to grow orange trees. On the contrary, Venuto discourses about the vegetal world in the Aristotelian way. His reflections range from the soul of the tree, trees as living beings and different from stones[39], and analysis of the fruit in the light of the four humours – hot, cold, humid, and dry[40]. Just like Herrera, Venuto describes with certainty how irrigating orange trees during the day represents a huge mistake. However, the reasons pointed out by Venuto do not relate to evapotranspiration, which is higher during the day and therefore driving a greater expenditure of water for the same effects. The reasons behind Venuto's advice are basically Aristotelian as he argues that the soil is as hot as the tree during the day. Thus, the "secret" lies in irrigating after the fall of darkness[41].

The los Rios treatise is more emphatic and stems from his own experience. He deems irrigation to be the most important procedure for growing orange trees and attributes success or otherwise to the hands of their gardeners. His text highlights the role played by the knowledge and skills of gardeners and farmers who constitute his main source alongside his own observations and practical experience. Despite being much more clearly grounded on empirical knowledge than Herrera and Venuto, he also enounces rules of agriculture: "Y asi digo con resolutcion, que es falso regarlos en Invierno, antes no les ha de llegar à la raiz gota de agua; y esta es regla de Agricultura"[42]. Moreover, there is reference to the most acknowledged authors from Antiquity such as Pliny, Theophrastus, and Columella on growing vines but he does not mention them for the purpose of quotations but rather to refute what they stated. However, when writing about orange trees, los Rios never makes any reference to literature despite

[39] Antonio Venuto, *De Agricultura...*, p. 2.
[40] Ibidem, p. 4
[41] Ibidem.
[42] Gregorio de los Rios, *Agricultura de Jardines...*, p. 468.

the scope for quoting Herrera. The reason might arise from how the classical authors make no mention of orange trees and they seem to reflect the authorities he seeks to draw on.

He even criticizes Theophrastus for stating that vines should be pruned under the lunar crescent, and when the day is waning but without providing any explanation. Subsequently, los Rios puts forward his own opinion: that vines should be pruned when the moon is waning and during the day as there is more virtue collected in the roots at that time.

Finally, these treatises do not also make any reference to the technological inputs used for irrigation in Greater Spain. It is not the case that garden treatises do not mention pumps used for watering the garden. For example, the application of pumps in gardens was described in 1577 by Thomas Hill and Henry Sethick's *The Gardeners Labyrinth*: "The Gardener possessing a pump in his ground, or fast by, may with long and narrow troughs well direct the water onto all debits of the Garden, by the paths between, in watering sufficiently the roots of all such herbs, which require much moisture. But for a player understanding of this, I have here in the page following demonstratch the form to the eye"[43]. However, pumps in gardens in Portugal were used at a much earlier stage.

Pumps served to lift water from cisterns in the cloisters of the Convent of Christ in Tomar, Portugal, probably to irrigate the then nearby orange grove. From a volume containing 500 folios detailing the expenses of the convent between 1535 and 1537, we got acknowledged that pumps for extracting water from the cisterns were being used and this completely changes that hitherto written about Portuguese hydraulic systems. Indeed, they did not work only through gravity and, additionally, advanced technology for the period was deployed in these gardens. Further research has discovered the same kind of device in usage in the Queen's Garden of the Palace of Ribeira in 1527, imported from the shipyard where these pumps had been installed in wooden vessels to extract excess water due to ships' leakages. Moreover, metallic pumps, such as that made by Diogo

[43] Thomas Hill, *The Gardener's Labyrinth*, London, H. Bynneman, 1577.

Ribeiro in 1524, had recently begun replacing the wooden versions then used in ships[44]. This was probably the model transferred into gardens. Therefore, we now know the orange groves at the Convent of Christ were maintained with water pumped from cisterns at a very early stage by European standards. This serves simply to highlight how early this usage of pumps in Portuguese gardens was and conveying how the Maritime Expansion period acted as a leverage modernizing every aspect of daily life.

Successful plant growth depends on the appropriate combination and interaction of a number of elements. Some are controlled exclusively by nature while some may be controlled by man. In many potentially arable lands in semi-arid areas, water accounts for a factor of limitation. Several traditional water saving techniques adapted to small pots and terraces, sometimes for a simple tree, were utilized in these semi-arid regions of Greater Spain. Their history seems like a saga of never-ending battle against water scarcity. However, treatises did not spread this traditional, local and artisanal knowledge. Their authors opted for theoretical knowledge put forward by authorities as well as for abstract knowledge translated as "rules of agriculture". In the specific case of watering orange trees, I have no doubt the strategies found on the ground are clearly more ingenious than written words. Moreover, I argue that one cannot dismiss the role played by the Muslim ecological understanding of the relationship between man and nature. According to James McGregor, the environmental crisis we are experiencing relates to the extinction of the previous relationship between man and land based on a consensus translated into practice by sustainable agriculture. His claim in *Back to the Garden* reinforces the idea than, prior to the Industrial Revolution, the Mediterranean was a beautiful and balanced landscape. Within this framework, the author then covers all the historical periods, from the Palaeolithic through to modernity to analyse the relationship between man and the environment. Muslim civilisations have already been described

[44] Germán Latorre, *Diego Ribero: cosmógrafo y cartógrafo de la Casa de la Contratación de Sevilla*, Sevilla, Publicaciones del Centro Oficial de Estudios Americanistas de Sevilla, 1919; *Dicionário de Cientistas, Engenheiros e Médicos Portugueses*, Ribeiro, Diogo, by Samuel Gessner and Thomas Horst, https://dicionario.ciuhct.org/r/ribeiro-diogo/

as the "Masters of Water"[45] due to their expertise in extracting the maximum advantage from hydric resources in semi-arid and desert environments. Moreover, although Muslim rule does not generally constraint or defines parameters for the exploitation of nature, at least as regards their most precious natural resource – water – there are established limits. In a hadith, even during the ritual cleansing in preparation for prayer, Muhammad urged conservation, as God's Messenger warned Sa'ad he was wasting water while performing ablutions[46]. This precept derives not especially from responsible usage of resources but certainly because water was a very scarce resource in the region inhabited. McGregor proposes there is a Muslim ecological understanding of nature that resorted to sustainability, especially regarding water management. Their expertise and ethics were not only revealed through their water culture. They also excelled in agriculture, horticulture and gardening to such an extent that the transformation brought about to the Iberian landscape by the Moors was once called the "Muslim Green Revolution"[47]. They deployed different and clearly more successful horticultural practices to their vegetable gardens and fruit trees. The growth of orange trees stands out as a paradigmatic example of the role played by the Muslim legacy. In view of this, citrus held a special attraction as the glossy-leaved trees with golden fruit loaded the air. For orange gardeners, work and leisure occurred within great beauty. The will to grow them despite adverse environmental conditions led to citriculture as the promised agriculture with amenities.

[45] Mohammed El-Faiz, *Les Maîtres de l'Eau. Histoire de l'Hydraulique Arabe,* Marrakesh, Actes Sud, 2005.

[46] James McGregor, *Back to the Garden. Nature and the Mediterranean World from Prehistory to the Present,* New Haven and London, Yale University Press, 2015, p. 191.

[47] A. M. Watson, "A medieval green revolution", in Abraham Udovitch (ed.), *The Islamic Middle East, 700-1900,* Princeton, Princeton University Press, 1981, pp. 29-58.

BIBLIOGRAPHY

Attlee, Helena, *The Land Where Lemons Grow: The Story of Italy and Its Citrus Fruit*, New York, Penguin Books, 2015.

Baranda Leturio, Consolación, "Ciencia y Humanismo: La Obra de Agricultura de Gabriel Alonso de Herrera (1513)", *Criticón*, 46 (1989), pp. 95-108.

Barbera, Giuseppe, Chieco, Camilla, Georgiadis, Teodoro, Motisi, Antonio and Rossi, Federica, "The "jardinu" of Pantelleria as a paradigm of resource-efficient horticulture in the built-up environment", *Acta Hortic.*, 1215 (2018), pp. 351-356.

Ben-Zaken, Avner, *Cross-Cultural Scientific Exchanges in the Eastern Mediterranean, 1560-1660*, Baltimore, Johns Hopkins University Press, 2010.

Capuano, Thomas, *Texto y concordancias de la "Obra de agricultura" de Gabriel Alonso de Herrera*, Madison, Hispanic Seminary of Medieval Studies, 1995.

Copello, Fernando, "Milieu naturel et jardin à l'époque de Philippe II: à propos de l'Agricultura de Jardines de Gregorio de los Rios (1592)", in Nathalie Peyrebonne et Pauline Renoux-Caron (coords.), *Le milieu natural en Espagne et en Italie. Savoirs et représentations. XVIe- XVIIe siècles*, Paris, Université de la Sorbonne Nouvelle, 2011, pp. 105-120.

De los Rios, Gregorio, *Agricultura de Jardines que trata de la manera que se han de criar, governar y conservar las plantas, y todas las demas cosas que para este se requirem*, Madrid, Antonio de Sancha, 1777.

Dicionário de Cientistas, Engenheiros e Médicos Portugueses, by Samuel Gessner and Thomas Horst, https://dicionario.ciuhct.org/r/ribeiro-diogo/

El-Faiz, Mohammed *Les Maîtres de l'Eau. Histoire de l'Hydraulique Arabe*, Marrakesh, Actes Sud, 2005.

Fernández Pérez, Joaquín and González Tascón, Ignacio (eds.), *A propósito de la "Agricultura de Jardines" De Gregorio de los Rios*, Madrid, Tabapress, 1991.

Francisco-Ortega, Javier *et al.*, "David Fairchild expeditions to the Canary Islands: Plant Collections and Research outcomes", *Springer on behalf of the New York Botanical Garden Press*, 64-4 (2012), pp. 421-437.

Fussel, G.E., "The Classical Tradition in West-European Farming: The Fourteenth and Fifteenth Centuries", *The Agricultural History Review*, 17-1 (1969), pp. 538-551.

Georgiadis, Teodoro, "How a traditional agricultural protection structure acts in conditioning the internal microclimate: A statistical analytical approach to

Giardino Pantesco (Pantelleria Islan, Italy)", *Ital. J. Agrometeorol,* 18 (2014), pp. 41-58.

Grice-Hutchinson, Marjorie, "Some Spanish Contributions to the Early Activities of the Royal Society of London", *Notes and Records of the Royal Society of London,* 42-2 (1988), pp. 123-132.

Herrera, Gabriel Alonso de, *Libro de Agricultura,* Alcalá de Henares, Arnao Guillén de Brocar, 1513.

Agricultura General de Gabriel Alonso de Herrera, corrigida segun el testo original de la primera edicion publicada en 1513 por el mismo autor, y adicionada por la Real Sociedad Económica Matritense, Madrid, Imprenta Real, 1818-1819, 4 vols.

Agricultura General, Madrid, Imprenta Real, 1818, vol. I.

Hill, Thomas, *The Gardener's Labyrinth,* London, H. Bynneman, 1577.

Laszlo, Pierre, *Citrus. A history,* Chicago and London, University of Chicago Press, 2007.

Latorre, Germán, *Diego Ribero: cosmógrafo y cartógrafo de la Casa de la Contratación de Sevilla*, Sevilla, Publicaciones del Centro Oficial de Estudios Americanistas de Sevilla, 1919.

Magnusson, Roberta J., *Water Technology in the Middle Ages: Cities, Monasteries, and Waterworks after the Roman Empire,* Baltimore, Johns Hopkins University Press, 2001.

McGregor, James, *Back to the Garden. Nature and the Mediterranean World from Prehistory to the Present,* New Haven and London, Yale University Press, 2015.

Ministerio de Agricultura, Alimentación y Medio Ambiente de España, «V Centenario del *Libro de Agricultura*», http://www.magrama.gob.es/es/ministerio/servicios/informacion/plataforma de-conocimiento-para-el-medio-rural-y-pesquero/centenario/ediciones.aspx

Quirós García, Mariano, "El Libro de Agricultura de Gabriel Alonso de Herrera em el Diccionario de Autoridades, o de la em ocasiones complicada relación entre Filología y Lexicografía", *Revista de Investigación Lingüística,* 20 (2017), pp. 131-156.

Rodrigues, Ana Duarte and Toribio Marín, Carmen, "The aesthetical application of water in Iberian gardens", in Ana Duarte Rodrigues and Carmen Toribio Marín (eds.), *The History of Water Management in the Iberian Peninsula. Between the Sixteenth and the Nineteenth Centuries,* Birkhauser, Springer, 2020, pp. 253-279.

Rodrigues, Ana Duarte, "Gabriel Alonso de Herrera: o jardineiro que escreveu um tratado de agricultura", António Andrade (ed.), *Do manuscrito ao livro impresso*, Aveiro, Imprensa da Universidade de Aveiro (forthcoming 2023).

—, "Sustainable beauty for Algarvean gardens: cross- boundaries solutions between the humanities and the sciences", *Interdisciplinary Science Reviews*, 42-3 (2017), pp. 296-308.

—, "The Role of Portuguese Gardens in the Development of Horticultural and Botanical Expertise on Oranges", *Journal of Early Modern Studies*, 6-1 (2017), pp. 69-89.

—, "500 years of Gabriel Alonso de Herrera's Obra de Agricultura", *Studies in the History of Gardens & Designed Landscapes* 37-4 (2017), pp. 294-303.

—, "Gardening Knowledge through the circulation of Agricultural Treatises in Portugal from the Sixteenth to Eighteenth centuries", in Hubertus Fisher *et al.* (eds.), *Gardens, Knowledge and the Sciences in the Early Modern Period*, Birkhauser, Springer, 2016, pp. 305-317.

Semanario de Agricultura y Artes dirigido a los Párrocos. http://bibdigital.rjb.csic.es/spa/Libro.php?Libro=258.

Staccioli, Giuseppe, "L'ultima isola musulmana in Italia, Pantelleria," *Symposia Melitensia*, 11 (2015), pp. 193-225.

Tagliolini, Alessandro and Visentini, Margherita Azzi (eds.), *Il giardino delle esperidi. Gli agrumi nella storia, nella letteratura e nell'arte*, Firenze, EDIFIR, 1996.

Tchikine, Anatole, "Watering the Renaissance Garden: Horticultural Theory and Irrigation Practice in Sixteenth-Century Tuscany", in *Gardens, Knowledge and the Sciences in the Early Modern Period*, Birkhäuser, Springer, 2016, pp. 269-304.

Thirsk, Joan, "Making a fresh Start: Sixteenth-Century Agriculture and the Classical Tradition", in Michael Leslie and Timothy Raylor (eds.), *Culture and Cultivation in Early Modern England: Writing and the Land*, London, Timothy Raylor edition, 1992, pp. 15-34.

Tolkowsky, Samuel, *Hesperides. A History of the Culture and Use of Citrus Fruits*, London, John Bale, sons & Curnow, Limited, 1938.

Venuto, Antonio, *De Agricultura Opusculum*, Nápoles, 1516.

Watson, A.M., "A medieval green revolution", in Abraham Udovitch (ed.), *The Islamic Middle East, 700-1900*, Princeton, Princeton University Press, 1981, pp. 29-58.

A PONIENTE DEL REAL BOSQUE DE ARANJUEZ: OTOS, ACECA Y ALHÓNDIGA EN LOS PRIMEROS TIEMPOS DE SU GESTIÓN (1531-1570)

Francisco Fernández Izquierdo
Instituto de Historia, CSIC

INTRODUCCIÓN

En el curso medio del valle del Tajo, en los siglos XII y XIII se consolidó una línea de posesiones de las órdenes militares de Calatrava y Santiago, desde Auñón y Berninches en la actual provincia de Guadalajara, hasta Villaseca de la Sagra, en las proximidades de la ciudad de Toledo. Las propiedades y derechos adquiridos por las órdenes, distribuidos entre las mesas maestrales y las encomiendas, incluían fortalezas, barcas y puentes, molinos, casas, fincas agrícolas y dehesas ganaderas, censos, salinas y diversos derechos señoriales[1]. Para la formación de un real bosque en torno a la encomienda santiaguista de Alpajés se procedió a incorporar otras cuatro encomiendas que estaban flanqueando el valle del Tajo, inmediatas a Aranjuez. En un primer paso, sus bienes y derechos quedarían adscritos a las respectivas mesas maestrales de las órdenes militares de Santiago y Calatrava, cuya administración y rentas eran disfrutadas por el rey gracias a concesiones pontificias, para finalmente quedar incorporadas

[1] Enrique Rodríguez-Picavea, *La formación del feudalismo en la meseta meridional castellana: los señoríos de la Orden de Calatrava en los siglos XII-XIII*, Madrid-México, Siglo XXI, 1994; *Agua e ingenios hidráulicos en el valle del Tajo: de Estremera a Algodor entre los siglos XIII y XVIII*, Madrid, Confederación Hidrográfica del Tajo, 1998; Pedro Andrés Porras Arboledas, *La Orden de Santiago en el siglo XV: la provincia de Castilla*, Madrid, Caja Provincial de Ahorros-Comité Español de Ciencias Históricas, 1997; Mª Magdalena Merlos Romero, *Aranjuez y Felipe II: idea y forma de un real sitio*, Madrid, Dirección General de Patrimonio Cultural de la Comunidad de Madrid-Concejalía de Educación y Cultura del Ayuntamiento de Aranjuez, 1998.

a las propiedades directas del real sitio gestionadas por la Junta de Obras y Bosques; justamente los territorios:

- Orden de Santiago: las encomiendas de Alpagés (1536) y Oreja (1539), aguas arriba de Aranjuez.
- Orden de Calatrava: las encomiendas de Otos y Aceca (desde 1535), aguas abajo de Aranjuez, y los molinos de Alhóndiga, de la mesa maestral de Calatrava.

Para compensar al comendador de Otos se creó la encomienda de El Moral y para el de Aceca la de Bolaños, con bienes de la mesa maestral de Calatrava, y en Santiago Alpajés se compensó creando la de Bienvenida y las rentas de Oreja quedaron situadas en juros sobre la sed de Granada. Estas tierras ribereñas del río Tajo acabarían pasando al término municipal de Aranjuez, y corresponden a la prolongación de la provincia de Madrid que sigue en ese valle, entre términos vecinos que quedaron en la provincia de Toledo, completadas con diferentes dehesas y fincas que fueron conformando un amplio dominio. Se sumaron al real bosque finalmente las posesiones y molinos en Aranjuez de Hernando Chacón, señor de Casarrubios, además de otras dehesas y fincas de los municipios próximos[2].

---

[2] Juan Antonio Álvarez de Quindós y Baena, *Descripción histórica del Real Bosque y Casa de Aranjuez: dedicada al rey nuestro señor*, Madrid, Imprenta Real, 1804 (Edición reciente por Doce Calles, 1993); Mª Magdalena Merlos Romero, *Aranjuez y Felipe II…*; Ana Luengo Añón, *Aranjuez: utopía y realidad: la construcción de un paisaje,* Madrid, Consejo Superior de Investigaciones Científicas-Instituto de Estudios Madrileños-Doce Calles, 2008; Virgilio Pinto Crespo, "Los espacios de la corte, territorio y jurisdicción: el Real Sitio de Aranjuez a mediados del siglo XVI", en Concepción Camarero Bullón y Félix Labrador Arroyo (eds.), *La extensión de la corte: Los sitios reales*, Madrid, Ediciones UAM, 2017, pp. 133-58; Concepción Camarero Bullón y Laura García Juan, "Geografía histórica de los espacios reales: Alóndiga, Aceca y Barciles, despoblados del rey en la vega del Tajo", *Estudios Geográficos,* 79-284 (2018), pp. 209-235, https://doi.org/10.3989/estgeogr.201809.

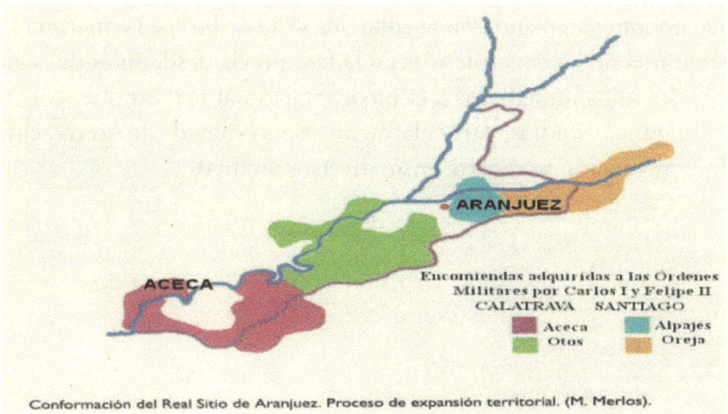

Figura 1. Extensión de las encomiendas de las órdenes militares de Santiago y Calatrava incorporadas al real heredamiento de Aranjuez. Fuente: Mª Magdalena Merlos Romero, *Aranjuez y Felipe II: idea y forma de un real sitio*

Las propiedades y derechos de las encomiendas permanecieron inicialmente bajo la jurisdicción del gobernador de Ocaña de la orden de Santiago, con don Juan de Castilla, caballero de Santiago y comendador de la Puebla de Sancho Pérez, guarda mayor de los bosques de Aranjuez, hasta su muerte en 1552. Su sucesor, Diego López Medrano, asumiría pleno y completo poder jurisdiccional independiente para el real bosque, ayudado de varios mayordomos para gestionar las fincas y posesiones. La dehesa de Barciles entre Añover y Aceca, la incorporó Felipe II en 1574 por permuta con el arzobispo de Toledo, a cambio de las dehesas de Castejón, Albaladejo, el Allozar, las Vergonzas y Alcantarilla, adquiridas por la corona en 1573 al Colegio de Doncellas Nobles de Toledo[3].

Hasta el momento actual, la investigación se ha ocupado especialmente de los aspectos arquitectónicos vinculados a estos territorios, en particular la desaparecida casa real de Aceca, en la que pernoctó y firmó algunas de sus cédulas y provisiones el rey Felipe II, de la

[3] Juan Antonio Álvarez de Quindós y Baena, *Descripción histórica del Real Bosque y Casa de Aranjuez...*, pp. 177-178.

que nos quedan planos y una conocida vista de Jusepe Leonardo[4]. La economía de las encomiendas en la fase previa desde fines del siglo XV y los años inmediatos a la incorporación al real bosque, cuenta con algunos estudios, particularmente la encomienda de Aceca[5], cuya documentación se reparte entre diversos archivos[6].

[4] Antonio José Díaz Fernández, "Aceca, de castillo a palacio", *Anales toledanos*, 27 (1990), pp. 81-96; Fernando Marías, *La arquitectura del Renacimiento en Toledo (1541-1631),* Madrid, Editorial CSIC, 1983, pp. 145-147; Gloria Martínez Leiva, "Vaciamadrid y Aceca, dos lugares de reposo para el rey", *Investigart* (blog), 2 de febrero de 2015, https://investigart.wordpress.com/2015/02/02/vaciamadrid-y-aceca-dos-lugares-de-reposo-para-el-rey/; Juan Muñoz Ruano, *Construcciones histórico-militares en la línea estratégica del Tajo*, (tesis doctoral), Madrid, Universidad Complutense, 2000. Disponible en http://purl.org/dc/dcmitype/Text.

[5] Emma Solano Ruiz, *La Orden de Calatrava en el siglo XV: los Señoríos Castellanos de la Orden al fin de la Edad Media*, Sevilla, Publicaciones de la Universidad, 1978, pp. 256-257 y 444-445; Juan Ignacio Alonso Campos y José Manuel Calderón Ortega, "Aceca, una encomienda de la Orden de Calatrava a comienzos del siglo XVI: estudio económico", en *I Congreso de Historia de Castilla-La Mancha, Vol. 7, Conflictos sociales y evolución económica en la Edad Moderna (1)*, Toledo, Junta de Comunidades de Castilla-La Mancha, 1988, pp. 45-55; Francisco Fernández Izquierdo, "Gestión privada y pública en las encomiendas de las órdenes militares: Aceca (1531-1543), Bolaños (1593) y Montanchuelos (1582-83)", en James S. Amelang et al., (eds.), *Palacios, plazas, patíbulos: la sociedad española moderna entre el cambio y las resistencias*, Valencia, Tirant Humanidades, 2018, pp. 515-530.

[6] Fundamentalmente, la sección de Órdenes Militares del Archivo Histórico Nacional, que conserva las visitas de las órdenes de Calatrava y Santiago a sus territorios, los documentos relativos a las encomiendas, los registros del sello de las provisiones, de las cédulas emitidas y, especialmente, en el denominado Archivo de Toledo se contienen los procesos judiciales del Consejo de Órdenes. Asimismo, en el Archivo General de Simancas, la Junta de Obras y Bosques y la Contaduría Mayor de Cuentas. Desde 1561 la documentación se conserva en el Archivo General de Palacio, desde la administración de los reales sitios.

Figura 2. Jusepe Leonardo. Vista del Palacio Real de Aceca - ca. 1630. Fuente: Patrimonio Nacional

Conforme a lo tratado en el capítulo general de Calatrava celebrado en Madrid en 1534 y continuado en 1535 en un capítulo definitorio, el emperador Carlos V manifestó su deseo de incorporar las encomiendas de Otos y Aceca, con sus dehesas y miembros, a la mesa maestral de Calatrava, para añadirlas al heredamiento de Aranjuez, que era de la mesa maestral de Santiago, y constituir con todo ello el bosque de Aranjuez, con efecto desde san Miguel de septiembre de 1536. Para calcular el precio de compensación a los comendadores afectados por la desmembración de sus encomiendas, el fiscal de la orden de Calatrava comisionó a frey Francisco de Zúñiga, comendador de Mestanza, que se desplazó a Otos y Aceca en junio de 1535 para averiguar su valor, recabando la administración de los años previos, cuya información habría de remitirla al contador mayor de la orden de Calatrava[7].

En las primeras décadas de la nueva situación, la adscripción de los derechos y propiedades que eran de las encomiendas de Otos y Aceca

[7] La dependencia de la contaduría mayor de las órdenes militares respecto a la contaduría mayor de cuentas de la hacienda real castellana se estudia en Francisco Fernández Izquierdo, "La gestión económica del Consejo de Órdenes: la Contaduría Mayor y sus funciones en el siglo XVI", en Ángel Alloza Aparicio, Francisco Fernández Izquierdo y Elena García Guerra (coords.), *A la sombra de la fiscalidad: estudios sobre la apropiación y gestión de rentas y patrimonios en Castilla, siglos XV-XVII*, Madrid, Silex, 2019, pp. 153-212.

quedaron bajo la dependencia del Consejo de las Órdenes Militares y del contador mayor de Calatrava, Alonso Gutiérrez de Madrid[8]. La gestión directa quedó al cuidado de un mayordomo, Pedro de Uceda, jurado de la ciudad de Toledo (1537-1544), que asumió las funciones ejercidas hasta entonces por los comendadores[9]. Debía dar cuentas al contador mayor de Calatrava y al guarda mayor de Aranjuez, don Juan de Castilla. El mayordomo cobraba 30.000 mrs de salario con cargo a las encomiendas. Le sucedió en el cargo su hijo Melchor de Torres (1544-1561)[10]. Esta mayordomía era una de las dos establecidas en Aranjuez para las fincas situadas a poniente, mientras que la otra se ocupaba de las orientales. El producto de estas encomiendas era entregado a don Juan de Castilla y se dedicaba a todo tipo de pagos necesarios, en particular en las obras que se estaban llevando a cabo en la construcción de los palacios, los jardines y la preparación de las estancias reales.

---

[8] AHN. OM, AT, 88.036. Copia de carta de 17 de marzo de 1536 de Alonso Gutiérrez de Madrid al emperador sobre cómo se podrían arrendar las encomiendas de Otos y Aceca para obtener más beneficio y el problema de la compensación con bienes de la mesa maestral, que estaban concedidos en los asientos de los maestrazgos a los alemanes hasta 1536 y con el asiento con los Fúcares a partir de 1537, de manera que no exigieran descuentos.

[9] AHN. OM, AT, exp. 88.036. Mediante poder firmado el 20 de noviembre de 1536, en Valladolid ante el escribano Fernando de Cuéllar, el tesorero Alonso Gutiérrez de Madrid, contador mayor de la orden de Calatrava, cumpliendo la orden real de que se pusiera todo el recaudo en beneficiar las encomiendas de Otos y Aceca, delegó estas funciones en Pedro de Uceda, jurado de la ciudad de Toledo. Mediante real provisión de 17 de diciembre de 1536, en Valladolid dirigida a Alonso Gutiérrez de Madrid, se le ordenaba poner recaudo en que las dehesas y posesiones de las encomiendas de Otos y Aceca se arrendaran y beneficiaran a favor de la mesa maestral de Calatrava, desde san Miguel de septiembre del año de la fecha, pues ante la permuta que se iba a hacer con bienes de la mesa maestral para incorporar las citadas encomiendas al bosque de Aranjuez, sus comendadores no estaban aplicando a su explotación el cuidado necesario.

[10] En Valladolid, a 28 de mayo de 1544, Cristóbal Suárez, contador mayor de la orden de Calatrava, dio poder a Melchor de Torres, jurado de Toledo, hijo de Pedro de Uceda, fallecido, para seguir administrando las encomiendas de Otos y Aceca, con el salario que cobraba su padre de 40.000 mrs pero sin la obligación de pagar 1.500 mrs al guarda del castillo y dehesas de Aceca, ni el marco del finiquito de las cuentas del cargo. Por real cédula de 17 de abril de 1545 se ordenaba al concejo de Borox el reconocimiento de Melchor de Torres como mayordomo de los bienes de las encomiendas de Otos y Aceca.

LA ENCOMIENDA DE OTOS, CON LA DEHESA DE ALHÓNDIGA

La encomienda de Otos radicaba en la ribera del Tajo, en el término de la villa de Borox, poseía tres dehesas: la Higuera, con dos millares, que estaba situada al este, en la margen derecha del Tajo, colindante con el término de Seseña; la dehesa de Alhóndiga al oeste, también en la misma margen, llegaba hasta el término de Añover, y a oriente quedaba separada de la Higuera por la dehesa de Requena, del duque de Maqueda, otra dehesa que también sería incorporada a Aranjuez. Alhóndiga comprendía el soto del Peral, con las salinas de Abejaricos y la isla de la Comendadora. La tercera dehesa era la de Otos, en la margen izquierda, al sur del Tajo, colindante con los términos de Ocaña, Ciruelos y Yepes. La encomienda poseía además algunas tierras de labor, con sus diezmos, un mesón en Alhóndiga, algunos derechos señoriales y jurisdiccionales, así como diversos huertos, alcaceres, un palomar, varias casas en Borox y otras en el vecino pueblo de Ciruelos[11]. Don Guillermo de Rocandolfo o Roguendolfo (Rogendorf) era comendador de Otos en el momento de la desmembración[12]. Para compensar la incorporación de esa encomienda, deberían buscarse rentas de la mesa maestral de Calatrava equivalentes, y crear otra

---

[11] Una descripción detallada, con todas las propiedades y sus mojoneras de esta encomienda de Otos, se recoge en AHN. OM, AT exp. 40.495, y un recorrido histórico, así como la incorporación al real sitio, con diversas permutas de algunas tierras con los municipios y vecinos del entorno, en Juan Antonio Álvarez de Quindós y Baena, *Descripción histórica del Real Bosque...*, pp. 115-130.

[12] Wilhelm von Rogendorf, militar al servicio de Carlos V de origen austríaco, castellanizado como Guillermo de Rocandolfo, estuvo al frente de las tropas alemanas, participando en la guerra contra Francia y en la liberación del sitio de Viena en 1529. Recibió el hábito de Calatrava en 1524, hizo su profesión expresa como caballero en noviembre en el sacro convento de Calatrava, sin cumplir todo el noviciado, para dirigirse a la guerra en Perpiñán (AHN. OM, libro 326, fol. 33v, real cédula de 3 de noviembre de 1525). Recibió la encomienda de Otos a fines de ese año, o principio de 1525, pues en febrero se quejó de que los vecinos de Borox no le guardaban respeto ni le otorgaban las rentas a que tenía derecho. (Ibidem, fol. 33v, real cédula de 12 de febrero de 1526). Más aspectos biográficos en Anna Mur i Raurell, "Rocandolfo al servicio de Carlos V: Wilhelm von Rogendorf, comendador de Otos (1481-1541)", *Anuario de Estudios Medievales*, 28 (1998), pp. 363-388. Su expediente de ingreso como caballero de Calatrava en AHN. OM, Calatrava, caballeros, exp. 2.226b.

encomienda, que fue la del Moral, con efecto desde san Miguel de septiembre de 1543[13].

En la tasación realizada en 1535[14] se preguntó a diversos testigos si la encomienda de Otos poseía tierras de pan llevar en Valdeharón, Rubial, Valdelahiguera, Acirate, Vallinajo, Valdecarrezal, más otras parcelas en el camino de Toledo, en el Pozo Airón, en los cuartos,

[13] La nueva encomienda del Moral radicaba en el Campo de Calatrava, creada con rentas que allí eran propias de la mesa maestral, incluyendo diezmos, derechos de pan y vino, la escribanía pública del Moral y las dehesas de Villagutierre, Almuradiel, Las Navas de la Condesa, Calabazas, El Sedano, La Membrilleja, Gargantiel, y Encinilla Rasa en los Palacios. También habría de incorporar las penas y calumnias, pie de altar y diezmo de cal, teja y ladrillo de la villa del Moral, que gozaba el comendador de Almagro, cuyo importe se compensaría al del Moral en otra parte. Las rentas que se producían en estas propiedades y derechos se evaluaron en 1.202.612 mrs de lo que habría que descontar la carga anual del salario del párroco del Moral, 14.000 mrs anuales. Respecto a los edificios, descontándose 126.831 mrs del valor de la bodega del Moral, que era de la mesa maestral y que pasaría al nuevo comendador, se le entregarían 561.761 mrs para edificar unas casas para la sede de su encomienda. Como las dehesas entregadas a la nueva encomienda del Moral estaban arrendadas hasta san Miguel de 1540 en el conjunto del valle de Alcudia, y no se podían transferir al nuevo comendador, se dio orden al contador mayor de Calatrava de entregar cada año a don Guillermo de Rocandolfo 922.607 mrs en que fueron tasadas dichas dehesas. En el año 1540 el contador mayor habría de arrendarlas y el precio que se consiguiera se tomaría como tasación para compensar al comendador de Otos hasta su muerte. Cuando Rogendorf falleció quedó vacante su encomienda del Moral, hasta que se le otorgó a don Luis de Zúñiga, gentilhombre de la cámara. Sin embargo, ni tomó posesión de dichas dehesas, ni había recibido la cantidad acordada para la construcción de edificios. Entonces la reclamó al capítulo definitorio de Calatrava, cuyos miembros, presididos por frey don Hernando de Córdoba, presidente además del Consejo de las Órdenes, con frey Francisco de Guzmán, comendador de Monroyo y Peñarroya, procurador general de la orden, a la vista de los arrendamientos de las dehesas arriba citadas que habían sido de la mesa maestral, determinaron que se le entregasen a Zúñiga, con las escribanías de Miguelturra y de Aldea del Rey, por un valor conjunto de 923.383 mrs correspondiente al año 1540. El rey se reservaba para la mesa maestral el medio diezmo de dichas dehesas. Por otra parte, para pagar los 561.761 mrs para edificios se ordenaba consignar esa cantidad en ese medio diezmo de las dehesas que cobraba la mesa maestral. En nota marginal se indicaba que se emitió una libranza real en Valladolid el 4 de mayo de 1551 por la cantidad citada, a favor de Bernardino de Ávila, vecino de Almagro, para construir casa para la sede de la nueva encomienda, y habría de abonarla Pedro González de León, que tenía a su cargo las rentas maestrales de 1551, en dos pagas, una a fin de agosto de 1552 y otra a fin de diciembre siguiente. La posesión de las dehesas y escribanías de la encomienda del Moral debería entregársele por el gobernador del Campo de Calatrava a su nuevo comendador con efectos desde el día de san Miguel de septiembre de 1543, y anotarlo en sus libros el contador mayor de la orden de Calatrava, Cristóbal Suárez. AHN. OM, AT, exp. 88.036.

[14] AHN. OM, AT, exp. 45.142.

más otras en término de Seseña, en Valdemabrique, Valdemal (o Valdeanal), Valdelpozuelo, Valdeseseña y Valdecampano, y si en ellas se venía sembrando antes de 1525, el año del nombramiento del último comendador. Los declarantes, vecinos de Borox, entre ellos el alcalde Francisco de Miño, mayor de 50 años, confirmaron que estaban sembradas incluso antes de la citada fecha. Miño añadió que hacía 22 o 23 años él había sido mayordomo del comendador don Hernando de Silva, a quien pagaban de terrazgo de once fanegas una. En 1511 y 1512 el comendador recibía 600 o 700 fanegas de pan anuales, incluidas las de las sernas de Alhóndiga, donde pagaban dos fanegas de cada once, una por el terrazgo y otra por diezmo. Juan Romero, vecino de Toledo, mayor de 50 años, declaró que tuvo doce años a su cargo la encomienda, cuando era comendador don Juan de Silva. Cuando entre 1528 y 1529 servía también de mayordomo al comendador Rocandolfo, los vecinos de Borox se negaron a pagarle el terrazgo como a su predecesor. Romero les demandó ante el gobernador del partido y después ante el Consejo de Órdenes, que ratificó la proporción de pagar una fanega de terrazgo por cada once de cosecha, y en las sernas dos fanegas de cada once[15]. Estimaba que cada año se percibían unas 1.000 fanegas de pan, incluido trigo, cebada, centeno, avena y "arçartén". Se remitía a los libros de cuentas que dio a Gaspar Rótulo[16] y a Orozco, alcaide del Águila, y a otras personas delegadas por el comendador don Hernando de Silva, y por Rocandolfo.

Otra pregunta del interrogatorio se ocupaba de las viñas anteriores a 1525 en los cuartos de la Fuente, el Pendón, la Viña Vieja y las del camino de los Pozos y en la Garnacha. Los testigos confirmaban que se pagaba al comendador una de cada once cargas de uva, y podrían ser más de 800 arrobas anuales. Se preguntó si los testigos estimaban que las tierras roturadas antes de 1525 llegaban a 3.000 fanegas y las

---

[15] La sentencia ejecutoria del derecho de cobro de diezmo y onzavo, de 20 de febrero de 1525, es citada por Juan Antonio Álvarez de Quindós y Baena, *Descripción histórica del Real Bosque ...*, p. 129.

[16] Gaspar Rótulo, vecino de Almagro, era regidor de Toledo y mantenía estrechos lazos con los Fúcares que tenían en asiento los maestrazgos de las órdenes militares.

viñas a 2.000 aranzadas, pero estas cifras no las corroboraron los interrogados, salvo que las trabajaban los vecinos de Borox.

El palomar de la encomienda en Borox estaba muy viejo y necesitaba obras de reparación. La encomienda poseía una huerta y alcaceres en la vega de Borox, concedidos mediante censos a vecinos del pueblo, que podían traspasarlos de unos a otros, manteniendo la obligación de pagar la renta al comendador, aunque todo ello producía poco. También tenía el comendador las penas legales, que no pasaban de 500 mrs anuales, y algunos años no había ninguna.

Respecto a la dehesa de Alhóndiga, se comprobó que tenía seis ejidos, cada uno para 500 ovejas[17], y en cada uno también se sembraban anualmente cien fanegas, en año y vez, con rendimientos unos años más y otros menos, porque se cansaban las tierras. Pagaban también queso y carretadas de paja. Los vecinos de Borox cogían atocha (esparto) libremente en la dehesa. Había una venta en Alhóndiga, en una casa deteriorada necesitada de reparaciones, y que no rentaba cada año más que algunos peces, a 250 mrs cada arroba. Los testigos declararon que cada libra de peces valía a 10 o 12 mrs. Uno de los testigos indicó que en 1535 el emperador prohibió cortar leña de los sotos del río Tajo, lo que impidió a los pescadores hacer corrales y por ello habían dejado de pescar. La pesca se arrendaba antes de que se vedase la leña.

La dehesa de la Higuera, en el término de Borox, era de poco herbaje, de poca siembra y sin abrevaderos, lo que motivaba un valor escaso, siendo tierra de atocha y retama, arrendada por vecinos de Borox.

Las salinas de la encomienda estaban en el Corral, Jarnajen y Peralejos, de las que no se podía vender la arroba de sal a más de 16 mrs, pues el comendador estaba obligado a ese precio, con una autorización de los arrendatarios de las salinas de Espartinas, situadas

[17] Denominados Valdeasturianos, Valdeabejares, Valdejuanete, Valquemado, Valdeclara y Valdeatarfal, que componían tres millares. Juan Antonio Álvarez de Quindós y Baena, *Descripción histórica del Real Bosque y Casa de Aranjuez*, p. 127.

en el cercano Ciempozuelos. Además, la sal de la encomienda era peor que la de Espartinas, floja y amargosa.

La dehesa de Otos, al otro lado del Tajo, en la ribera meridional, se extendía legua y media de largo, desde la raya de Aranjuez hasta la del término de la villa de Yepes, con un ancho en algunas partes de una legua, y por otros media o menos. La medición realizada en 1707, recogida por Álvarez de Quindós (incluida en la tabla 1), alcanzaba 10.092 fanegas[18]. Los diez millares de hierba se pacían en invierno con ovejas y en los sotos pastaban en verano algunas vacas, siendo tierra de muy poco suelo. La mitad estaba pelada, sin hierbas, solo arbustos: "carrascales, tomillares, jabonales y blanquizales". Los sotos eran muy pocos, y los más años los bañaba el río, de manera que en invierno no había pasto. Había muchos orzagales[19] que no aprovechaba el ganado por su gran espesura. En muchos años los herbajeros perdían ganado, pues se les moría por falta de hierba. También decían que los arrendatarios metían más ganado que el que se podía alimentar, por ser caro el precio, y que al ser sombría la dehesa en muchas partes, crecía poca hierba. Las vertientes abajo presentaban buen suelo para el pasto, pero no las vertientes arriba, porque eran carrascales, cerros, tierra de poca hierba, con los arbustos citados. Francisco Aguado, señor de ganados, que había recorrido la dehesa para comprobar sus lindes con don Francisco de Zúñiga, comentó que el río anegaba los sotos con sus crecidas, algunos años más, otros menos, pero en las grandes avenidas dejaba todo enarenado

[18] Como mera aproximación, considerando la fanega de 400 estadales que menciona Juan Antonio Álvarez de Quindós y Baena, *Descripción histórica del Real Bosque ...*, p. 81 a 3.758 m2 cada una, la dehesa de Otos se extendería en 3.793 ha, aplicando la fanega de Toledo de 400 estadales, según la tabla incluida en la Dirección General del Instituto Geográfico y Estadístico, *Equivalencias entre las pesas y medidas usadas antiguamente en las diversas provincias de España y las legales del sistema métrico-decimal*, Madrid, Imprenta de la Dirección General del Instituto Geográfico y Estadístico, 1886, p. 51. A finales del siglo XVI se produjeron diversas permutas de terrenos de los términos por vecinos de Yepes y Añover con tierras de la encomienda, midiéndolas con fanegas de 500 estadales, como informa Álvarez de Quindós, *Descripción histórica del Real Bosque...*, p. 29.

[19] La orzaga es una planta fruticosa de la familia de las quenopodiáceas, común en las costas españolas, que crece hasta metro y medio de altura, con tallos herbáceos, hojas alternas, pecioladas, elípticas, algo arrugadas, de color blanquecino, flores pequeñas, verdosas, en grupos axilares, separadas las masculinas de las femeninas, y fruto esférico, casi leñoso. *Diccionario RAE*, act. 2020.

y sin hierba. Comentaba cómo les había resultado el arrendamiento a ciertos ganaderos: Sebastián Pérez, vecino de Ocaña, que tenía sus rebaños en los millares de la Cabezada y el Orzagal, sacaba buen ganado; Antón Valero, serrano, había pacido tres años en el millar de San Remondo, y le había ido mal; Alonso Martín de la Paliza(sic) que había tenido durante un año el millar de Matalonguilla, había perdido mucho ganado.

La isla de Buendía, en el millar debajo del Castillejo, cercada por el río por ambas partes, estaba inundada los más de los años, sin poderse aprovechar para pasto. En el millar de la Cabezada el río bañaba dos tierras en invierno la mayor parte de los años, y estaban cubiertas de agua hasta el verano. El último año estuvieron inundadas y el agua se llevó la sementera. Siempre estaban arrendadas de tres en tres años, las tenían unos de Ciempozuelos, que plantaban melones y cáñamo cuando se secaban, aunque en aquel momento estaban sembradas de pan. La huerta de San Remondo, en la dehesa, tenía la cerca caída en su mayor parte, el ganado mayor entraba, haciendo daño. Apenas se obtenía cosecha del pan sembrado, por las nieblas formadas en la proximidad del río. Tenía plantados membrillos, "perales de malveduño" que daban frutos ásperos no comestibles, y almendros cuya fruta se comían los vaqueros y los que por allí pasaban, pues no se arrendaba. Había un espadañal en el millar del Prado de la Cabra, con hierba que se comía el ganado que allí pastaba en los años estériles, pero otros años no rentaba nada. La caza tampoco daba una renta continua, como se pudo comprobar en 1532 y 1533, antes de que se vedase la caza por el emperador. Cuando no se arrendaba, la cazaba el mayordomo de la encomienda.

Respecto a la leña de taray, orzaga, álamos y fresno, rentaba poco, porque si se cortaba un año, había que esperar tres o cuatro para volverla a cortar, y si en un año valía 20 o 30.000 mrs, había que dejar que se volviera a criar. Además, el taray era de poco valor, pues se vendía una carretada a medio real unos años, y otros a 20 o 24 mrs. Francisco Aguado, explicó que cada año se iba cortando en diferentes zonas, y otros testigos añadieron que los ganaderos cortaban en los sotos para ampliar el pastizal para sus animales. Los álamos que se cortaban en el Soto del Peral, para arcos de cubas, no era una renta continua, porque había pocos árboles. Los que se cortaban tardaban en reponerse veinte años, y muchos no volvían a crecer, como ocurrió en la salceda bajo el puente de Alhóndiga, donde nunca más volvieron a rehacerse, y se perdieron. Francisco Aguado así lo confirmó, cuando vio que los álamos que se cortaron para hacer el puente no se recuperaron.

Las casas llamada palacios de la encomienda en Ciruelos también necesitaban obras, y las sernas y viñas que tenían en su proximidad estaban descuidadas. Lo mismo las bodegas y caballerizas de Borox eran muy viejas, sus cubas muy pequeñas y otras se salían. Otras casas en Borox y en las salinas eran también pequeñas y viejas. El gasto del comendador en mayordomo en las salinas y en el alcaide del Castillejo y guardas era de unos 150.000 mrs anuales, incluido pan y vino que se les daba.

El comendador poseía la preeminencia de que cuando el concejo de Borox nombrase cinco personas para dos alcaldes, dos regidores y un alguacil, el comendador o su mayordomo eligieran entre ellos a los alcaldes y al alguacil, y los otros quedasen como regidores, recibiendo después su juramento con solemnidad para el ejercicio de tales oficios. El comendador se reservaba el cargo de juez de alzadas de la villa de Borox, pero no percibía nada de las apelaciones, que iban al gobernador de Zorita y al Consejo de Órdenes.

En la dehesa de Otos el comendador contaba con jurisdicción civil y criminal, con prevención respecto a los alcaldes de Borox. Había rollo en la dicha dehesa, en la torre del castillo, cárcel y prisiones, donde el comendador ponía un alguacil con vara de justicia. Tres de los criados del comendador estaban exentos de toda servidumbre: el mayordomo, el portolano y el salinero. Cuando se labraban las salinas del corral, cada vecino de la villa debía dar un peón, pagados por el comendador a razón de un real de salario por día, más un mantenimiento de cinco mrs. La jurisdicción directa en la encomienda de Otos y en la dehesa de Alhóndiga estuvo disputada entre el comendador y los alcaldes de Borox, de lo que había sentencia previa, y se abrió una investigación en 1525. El mayordomo del comendador Rocandolfo, Juan Romero, impedía a los alcaldes ejercer su jurisdicción, había levantado un rollo jurisdiccional en Otos y una cárcel privada en el Castillejo, con grillos. Allí había hecho ejecuciones por deudas a los ganaderos y les había incautado y vendido ovejas, sin tener derecho a ello, por lo que protestaron los alcaldes de Borox. El Consejo de Órdenes dictó sentencia en Toledo el 23 de diciembre de 1528, cuyos jueces determinaron que los alcaldes de Borox tenían jurisdicción civil y criminal en los términos de las dehesas de Otos y Alhóndiga, pero no se atendió la petición de que se derribase el rollo que tenía allí el comendador. Si una causa comenzaba a juzgarse por los alcaldes, el comendador no tenía derecho a entrometerse, pero si se iniciaba ante el comendador, tampoco los alcaldes podían entrometerse. Con esta decisión salomónica ninguna de las partes quedaba agraviada y no se condenaba en costas[20].

El informe de la tasación parecía intentar minusvalorar las rentas, para no apreciar mucho la compensación por desmembrar esta encomienda de la orden de Calatrava. La revisión de los ingresos de la encomienda de Otos, incluyendo granos, dineros y otras cosas, pero sin contar un juro de 150.000 mrs anuales, situado en el portazgo de las ovejas que pasaran por el puerto de Villaharta, que quedó para el nuevo comendador, alcanzó en 1536 la cifra de 1.197.860 mrs, 75 fanegas y 5 cuartillos de trigo, 186 fanegas y 5 celemines de cebada, cuyo valor a los precios del momento incrementó la renta hasta 1.226.173 mrs (tabla 1).

---

[20] AHN. OM, AT, exp. 35.477. Las partes apelaron, prosiguiendo el proceso con nuevas informaciones en 1532, pero se desconoce la sentencia definitiva del caso. En este proceso declararon decenas de testigos, algunos de Almagro, como Alonso de Herrera o Julián de Pisa, diciendo que en las encomiendas la jurisdicción la tenían los alcaldes de los pueblos próximos o el gobernador de la orden, pero no los comendadores.

Tabla 1. Miembros y rentabilidad de la encomienda de Otos en 1536[21]

Miembros de la encomienda de Otos en 1536 (entre paréntesis, extensión en fanegas en 1709)	maravedíes
Dehesa de Alhóndiga con el diezmo de todo lo que allí se coge, 200.000 mrs en dinero, 5 @ de queso, 20 carretadas de paja cebadaza (sic). La @ de queso se tasó a 7 reales y la carretada de paja a 5 reales	204.590
Dehesa de la Higuera, 75.000 mrs en dinero, 20 gallinas (a 40 mrs cada una) y 10 carretadas de paja cebadaza (a 120 mrs), en total, 2.000 mrs, pero sin contar, 40 fanegas de cebada en especie	77.000
Dehesa de Otos, que son diez millares, con sus diezmos, El primero era el millar del Espino, con su diezmo que es para el comendador (799 fg., incluyendo el soto Redondo)	58.000
El millar de Castillejo, con el diezmo (1.293 fg.)	68.000
La Isla del Buendía, en el millar anterior, con su diezmo	950
El millar de la Madre vieja, con el diezmo (981 fg.)	76.000
El millar de Valdepeñuelas, con el diezmo (1.066 fg.)	65.000
El millar de Hato Quedo, con el diezmo (1.144 fg.)	78.000
El millar de la Barca o Prado de Lacavin (1.061 fg.)	79.000
Un espadañal dentro del anterior	1.500
El millar de San Remondo o del Rollo (967 fg.)	62.000
El millar de Matalonguela o Matalonguilla (1.060 fg.)	58.000
El millar de Orzagal (1.065 fg.)	61.000
El millar de la Cabezada, con el diezmo, incluidas dos tierras para melones, tasadas en 2.250 mrs de renta anual (636 fg.)	77.250
La caza de la dehesa	12.120
La leña de la dehesa	57.780
Aserrador que está en dicha dehesa	750

[21] Real provisión de 30 de abril de 1544, Valladolid. AHN. OM, AT, exp. 88.036. En los años siguientes, se mantuvieron los mismos miembros, con variaciones en los contratos de arrendamiento, que agrupaban o repartían las dehesas en quintos y algún otro cambio. Abreviaturas: fg = fanega; cl= celemines; q= cuartillos; @= arroba; mrs = maravedíes.

Mesón, huerta y pesca de Alhóndiga	20.000
Pesca del río	
Soto del Peral, donde se cortan álamos	3.400
Sernas de tierras de pan llevar de la dehesa de Alhóndiga, se pagaban de 11 fanegas 2, de diezmo y terrazgo, 115 fg y 5 q de trigo, 186 fg, 5 cl de cebada. De ello se descontaban 80 fg. de pan por mitad, trigo y cebada al prior de San Benito de Toledo, de Calatrava. Quedaban 75 fg, 5q de trigo y 146 fg, 5 cl de cebada	
Tierra en la peña de los Aviones	
Vegas sacadas de algunos millares de la dehesa de Otos, por 940 fg. trigo a 166 mrs/fg, 470 fg. cebada, a 85 mrs/fg, a precios de 1540, aunque no se vendieron.	
Media Madre de Otos, en el rincón de Chachavillas, para sembrar melones	
Huerta de san Remondo, sembrada de pan	1.500
Huerta en Borox	4.000
Palomar	2.500
Los alcaceres que se sembraban en Borox	4.500
Penas y calumnias de Borox	750
Salinas y salinillas de Abejaricos, en Borox, 2.000 fg. de sal, a 50 mrs/fg, menos 7.500 mrs. de costas	92.500
226 cántaras de vino del terrazgo de Borox, a 45 mrs/cántara	10.170
40 gallinas de tributo en Borox, a 40 mrs/gallina	1.600
Heredades, casas, sernas de Ciruelos	20.000
Total, en mrs	1.197.860
Total, en grano: 75 fanegas y 5 cuartillos de trigo (a 166 mrs/fg, precio de 1540)	12.467
186 fanegas y 5 celemines de cebada (se valoran a 85 mrs/fg, precio de 1540)	15.845
Rendimiento total estimado, en mrs + cereales valorados	1.226.173

Los edificios de las casas y palacios de la encomienda se tasaron en 688.600 mrs y otras preeminencias se tasaron conforme a la relación de la real provisión de 1544 (tabla 2).

Tabla 2. Edificios de la encomienda de Otos en 1536[22]

Edificios de las casas y palacios en Ciruelos que se llaman del comendador, con la bodega sin las cubas	259.291 mrs
Casa del Castillejo con la cueva y palomar, sin el suelo	157.364
Casa de Borox, sin el suelo, con dos cubas	169.236
Caballeriza junto a dicha casa	25.198
Bodega junto las casas, sin las cubas ni tinajas	63.216
Casa de las salinas del corral, sin el suelo	24.295
Valor total de los edificios	688.600

Las condiciones habituales de los alquileres de las dehesas y de las tierras de labor de la encomienda son verificables gracias a un litigio del comendador Rogendorf con Juan de Miño, Juan Hernández del Rincón, Francisco de Miño, Pero Hernández del Rincón, Juan de la Plaza y Francisco Gutiérrez y otros vecinos de Borox, que arrendaron el millar de la Cabezada, junto a la raya de Aranjuez, para introducir sus ganados en las mojoneras que solían labrar, pacer y abrevar, durante tres años, desde san Miguel de septiembre de 1530, y los dos siguientes, hasta cinco años "si de derecho a lugar", abiertos a cualquier puja que se recibiera, pudiéndolos tomar los actuales arrendatarios por el tanto. El precio anual era de 175.500 mrs, pagados por tercios, a fin de enero, de mayo y de septiembre, más la entrega de 5 arrobas de queso y 20 carretadas de paja cada año en san Juan de junio, puestos en la villa de Borox, en la casa palacio del comendador. Con la primera paga fijada en 1531, el contrato finalizaría una vez alzado el fruto del año 1535. El arrendamiento se acordó "a riesgo y ventura" de los inquilinos, sin posibilidad de descuentos por la causa que fuera, aportando las correspondientes fianzas para garantizar los pagos. La demanda contra los arrendatarios se debía a que, entre diciembre de 1534 y marzo del 1535, habían labrado y cultivado unas 150 a 200 fanegas de tierra, de las que no querían pagar el terrazgo por el cereal cosechado, ni el valor de la leña obtenida, aparte de una indemnización por las pérdidas durante la espera necesaria para que

[22] AHN. OM, AT, exp. 88.036.

la hierba se recuperase en los pastizales roturados, lo que ascendía en conjunto a 200.000 mrs[23].

Todas las posesiones y derechos de la encomienda de Otos quedaron administradas desde la mesa maestral de Calatrava el día de san Miguel de septiembre de 1536 (tabla 3, gráficos 1 y 2).

Tabla 3. Rendimiento de la encomienda de Otos, en maravedíes + cereales a su valor de 1536-1543[24]

Concepto	1536	1537	1540	1541	1542	1543
leña	61.930	750	1.125	750	0	0
casas y censos	32.120	21.000	29.263	29.263	28.000	35.000
jurisdicción	750	0	220	0	0	200
labor	14.000	232.047	229.209	519.866	27.559	225.102
mesón/huerto/ pesca	20.000	22.500	22.900	26.000	26.000	26.500
Pasto	547.950	387.949	525.752	2.000	2.000	497.700
pasto y labor	416.840	396.000	464.890	1.008.190	1.008.190	486.190
Salinas	92.500	0	75.000	60.000	60.000	60.000
Terrazgo	11.770	1.680	6.316	3.040	2.224	2.054
Total	1.197.860	1.061.926	1.354.675	1.649.109	1.153.973	1.332.746

[23] AHN. OM, AT, exp. 87.775, que incluye la demanda y copia del contrato de arrendamiento, ante Diego Gutiérrez, escribano, en Borox, el 10 de febrero de 1530, otorgado por Hernando de Quirós en nombre del comendador. En los exps. 40.495 y 45.041 están las declaraciones de los testigos de Rogendorf. La demanda contra los arrendatarios se inició en 1534 ante los alcaldes de Borox, que rechazaron las pretensiones del comendador. Este apeló al teniente del gobernador de la orden de Calatrava en el partido de Zorita, el correspondiente a Borox, y posteriormente al Consejo de Órdenes, cuyos jueces, los licenciados Luxán, Sarmiento y Álava, confirmaron la sentencia de la justicia de Borox.

[24] AHN. OM, AT, exp. 88.036.

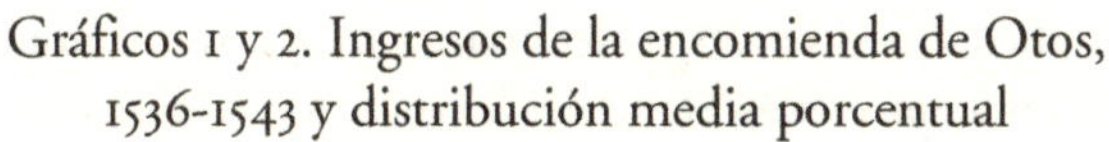

Gráficos 1 y 2. Ingresos de la encomienda de Otos, 1536-1543 y distribución media porcentual

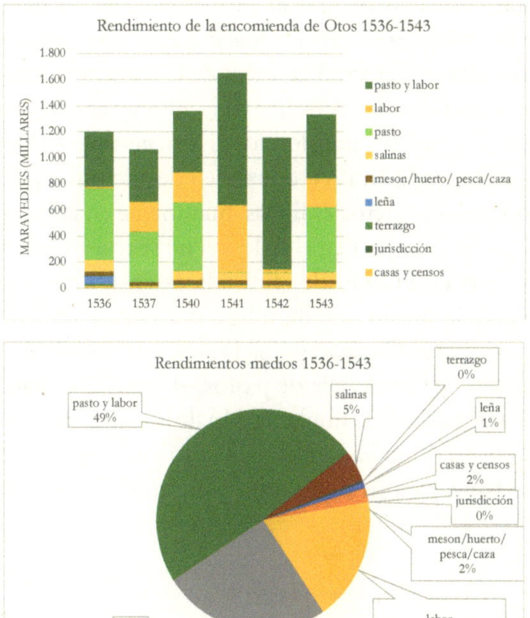

Fuente de gráficos 1 y 2: AHN. OM, AT, exp. 88.036.

El 90 % de los ingresos procedían de la explotación agropecuaria de las dehesas, arrendadas para pasto, o a pasto y labor, mediante contratos a corto plazo que se sacaban en pública almoneda y eran adjudicados, como se ha comentado, a ganaderos y labradores del entorno comarcal. Los ingresos principales se completaban con las salinas de Abejaricos, en Borox[25], el alquiler del mesón de Alhóndiga, junto con un huerto próximo y la pesca en el Tajo, además de varias casas y censos. La leña, contabilizada entre los activos en estos

[25] Sobre las salinas explotadas en esta comarca, véase Fernando Arroyo Illera y Antonio López Gómez, "Antiguas salinas de la comarca de Aranjuez", *Estudios geográficos,* 44-172 (1983), pp. 339-370.

primeros años, quedó a cargo del guarda mayor de Aranjuez desde 1540. Los conceptos más "feudales", como los tributos en gallinas o las multas derivadas de aplicar jurisdicción en las dehesas de la encomienda, apenas generaban unos ingresos testimoniales.

En una visita que efectuó la orden de Calatrava en 1720 a Borox se confirmó que todos los derechos de la antigua encomienda y de la mesa maestral se habían transferido[26]. De acuerdo con los datos del Catastro de Ensenada en 1753, que sirven de referencia para conocer la extensión de las principales fincas, puesto que en la incorporación al real bosque de Aranjuez en el siglo XVI no se realizó una medición, sino tan solo la evaluación de rentas, la extensión de la propiedad del rey en el despoblado de Alhóndiga, que correspondería solo a la parte de la antigua encomienda situada al norte del río Tajo[27] ocupaba 3.350 fanegas[28], siendo el 68% de pastos, el 22% de secano, el 9,5 de regadío, beneficiados de la implantación de la real acequia del Jarama, y el 0,6 de olivos. A mediados del siglo XVIII también se conservaba la venta y una barca para atravesar el río Tajo, en el paraje de Requena[29].

EL PUENTE Y LAS ACEÑAS DE ALHÓNDIGA

El comendador de Otos cobraba por el pasaje del río Tajo cerca de la venta de Alhóndiga, mediante una barca, pero entraba en conflicto con el derecho de portazgo que disfrutaba el comendador mayor de la orden de Santiago en todo el curso del río Tajo, desde Zorita de los Canes hasta la estacada de Higares, que comprendía este paso

---

[26] AHN. OM, AT, exp. 86.998. Visita de la dehesa y encomienda de Otos y villa de Borox, hecha en el año de 1720 por don Francisco de los Cobos y Zanoguera y frey don Melchor Díaz Salzedo, caballero y religioso de Calatrava, y visitadores del partido de Toledo, Zorita y agregados de la encomienda de Otos. Ante el notario Lucas Gómez Mexorada.

[27] Concepción Camarero Bullón y Laura García Juan, "Geografía histórica de los espacios reales", p. 220.

[28] Considerando la fanega de 400 estadales a 0,3758 ha, las 3.350 fanegas de Alhóndiga equivaldrían a 1.259 ha.

[29] Aparte del Catastro de Ensenada, se menciona dicha barca en el recorrido del Tajo realizado por Briz y Simó en 1755. Jesús López Requena, *El proyecto de navegación del Tajo de Carlos de Simón Pontero (1753-1757)*, Madrid, Fundación Juanelo Turriano, 2020, p. 173.

de Alhóndiga[30]. La costumbre había conciliado que el comendador de Otos, que tenía el derecho del pasaje, entregase un mrs de cada tres de todo lo que rentase la barca a quien tenía arrendado el portazgo de la encomienda Mayor de Castilla. A su vez, el portazguero habría de pagar uno de cada 5 mrs al arrendatario de la barca[31]. Los arrendatarios que cobraban el portazgo en nombre del comendador mayor santiaguista pleitearon en 1528 contra el comendador de Otos[32], con el amparo del comendador mayor de Santiago, don Antonio de Fonseca, señor de Coca y Alaejos[33]. El procurador de

[30] AHN. OM, AT, exp. 78.097, registro del sello de la orden de Santiago, real provisión de primero de octubre de 1525 en Madrid. Sobrecarta al gobernador de La Mancha o a su teniente, a los alcaldes ordinarios y demás justicias de la orden de Santiago, a instancia de don Fernando de Vega, comendador mayor de Castilla y del Consejo. Exponía que su encomienda poseía privilegios de los maestres pasados, confirmados por los Reyes Católicos en el Capítulo de Tordesillas, "para que persona alguna con mercaderías e bestias ni sin ellas no puedan pasar dentro de los límites contenidos en los dichos previllegios, sino por las barcas que la dicha encomienda mayor tiene en el río de Tajo, en los puertos que dizen de Fuentedueña e Oreja e Alhóndiga, e que allí paguen los derechos acostunbrados, e que no puedan pasar por otros barcos ni partes, e que, si pasaren, yncurran en ciertas penas, e que, si no quisieren pagar los dichos derechos e se fueren huyendo o se defendieren de los arrendadores o guardas de las dichas barcas, que vos las dichas justicias los prendáys e rimitáys a la jurisdición de la dicha encomienda mayor para que allí estén a justicia e sean juzgados e sentenciados; ahora algunos pasan contra ese privilegio e que pasan caminantes e bestias e mercaderías por barco que tienen para pescar e para servicio de molinos y heredades". Se ordenaba examinar tales privilegios y guardarlos. Agradezco al profesor Pedro Porras Arboledas, de la Universidad Complutense, la comunicación de este documento, así como las restantes provisiones obtenidas del registro del sello de la orden de Santiago citadas en las siguientes notas.

[31] AHN. OM, AT, exp. 78.098, real provisión de 2 de octubre de 1525, en Madrid, ordenando realizar al escribano Antonio de Abrantes una investigación sobre esta costumbre y enviarla al Consejo de Órdenes. Juan Bautista, vecino de Borox y arrendatario del portazgo había denunciado que Antón Ramírez, arrendatario de la barca, se negaba a pagarle uno de cada 5 mrs y le impedía tener un mozo en el mesón de Alhóndiga para comprobar las mercancías que atravesaban el río Tajo.

[32] AHN. OM, AT, exp. 52.955. Francisco Escribano, de Colmenar de Oreja, con Guillermo de Rocandolfo, comendador de Otos, sobre el pontazgo en el puente de Alhóndiga, 1528. En este proceso se incluye un traslado de la real provisión de 2 de julio de 1527, de Valladolid, del capítulo general de la orden de Santiago, confirmando el privilegio por real provisión de 6 de junio de 1494, de Tordesillas, por el capítulo general de la orden, presidido por los Reyes Católicos, que confirmaba otros dos privilegios dados por don Alfonso de Cárdenas, maestre de Santiago, en el capítulo general celebrado en Écija el 12 de mayo de 1486 y otra del maestre don Álvaro de Luna de 9 de febrero de 1449 y de 15 de febrero de 1421, por el maestre don Enrique, infante de Aragón. Confirman el derecho de portazgo en el paso del río Tajo desde el puente de Zorita a la estacada de Higares, cerca de Toledo, ya fuera el paso por puentes, barcas o vados.

[33] AHN. OM, AT, exp. 78.143, registro del sello de la orden de Santiago. Real provisión de 5 de diciembre de 1528, en Toledo, a las justicias de las órdenes, para que se

Rocandolfo alegó que el comendador mayor de Santiago poseía el portazgo, el de Otos el pasaje, y que cada uno llevaba los derechos que le pertenecían. Si alguna vez el arrendatario del pasaje le daba la tercera parte al del portazgo, era porque este último le ayudaba a remar y a pasar la barca, pero no porque le correspondiera ese derecho. El comendador de Otos no impedía el portazgo al comendador mayor, lo que no evitó que los responsables directos de cobrar estas imposiciones acabaron enfrentándose en los tribunales[34].

Además, en diciembre de 1528, se presentó una denuncia sobre exceso en el portazgo[35] en cuyo proceso, sentenciado en 1529, se menciona la existencia de un puente en Alhóndiga[36]. Debía ser precario, pues en 1531 se recabaron informaciones sobre la utilidad de construirlo de piedra y repartir los gastos entre los municipios de

respetase el privilegio de cobrar portazgos en el paso del río Tajo por el comendador mayor de Santiago. También ha sido proporcionada esta referencia por el profesor Porras Arboledas.

[34] AHN. OM, AT, exp. 78.145, registro del sello de la orden de Santiago. Varias reales provisiones de Toledo de 19 de diciembre de 1528. El Consejo de Órdenes envió al licenciado Mancio de León a realizar una comisión informativa sobre los hechos. Juan de León, alcaide del Castillejo de Otos, ejerciendo la jurisdicción que el comendador de Otos tenía en su encomienda, apresó a García González, arrendatario del paso y portazgo del puente de Alhóndiga, y le tuvo detenido en dicho castillejo una semana. García González y su compañero de arriendo Juan de Arellano, escribano vecino de Borox, denunciaron por ello a Juan de León y a Hernando de Quirós, mayordomo del comendador, que fue encarcelado por el licenciado Mancio. AHN. OM, AT, exp. 78.143.

[35] AHN. OM, AT, exp. 78.145. Registro del sello de la orden de Santiago. Real provisión de Toledo de 19 de diciembre de 1528 dirigida al comisionado licenciado Mancio de León, para que indagara en el caso. Pedro de la Cadena, hidalgo vecino de Colmenar de Oreja, al atravesar el puente de Alhóndiga se enfrentó con Andrés López, vecino de Poyatos, arrendatario del portazgo, de lo que el primero se sintió ofendido como hidalgo y por cobrarle más derechos que los señalados por el arancel.

[36] AHN. OM, AT, exp. 89.231. En la primera sentencia de enero de 1529, se condenó a 30 días de prisión a Andrés López por blasfemar y también por haber llevado derechos excesivos, a pagar 110 mrs y el cuarto tanto, porque le llevó de 20 carretas cargadas a dos tarjas, no pudiendo llevar más de 12 mrs, y de 15 carretas vacías a tarja, que eran 6 mrs, que serían las vacías a 30 mrs y las cargadas a 80, y se le retiró del oficio de cobrador del pontazgo de por vida.

la comarca[37]. La construcción se inició hacia 1532 por Ortín Pérez[38], maestro de cantería, vecino de Ocaña, como adjudicatario de los pilares de sillería, pero falleció antes de acabar el encargo. Le sucedió el también maestro de cantería Alonso Escuderos, vecino de Yepes, que recibió las obras del receptor Sebastián Pérez, quien junto al famoso arquitecto Alonso de Covarrubias, maestro veedor de esta obra, en noviembre de 1535, "donde su Magestad mandó hazer la puente que se haze donde solía andar la varca del Alhóndiga", tasaron los materiales y las inversiones realizadas por Ortín Pérez, lo que conocemos a instancia de una demanda presentada por su viuda, Ana Alzola[39]. Covarrubias participó en el diseño de otros puentes[40]. En ese mismo año, el maderero madrileño Andrés Rebeco demandó a Ana Alzola en 500 ducados, por las piezas de madera que el primero traía navegando por el Tajo, que le fueron tomada en Alhóndiga por Ortín Pérez con destino a las obras, aunque la sentencia liberó a la demandada al determinar que la incautación se hizo para compensar los daños que habían hecho los troncos en el puente y en las aceñas[41]. En las

---

[37] Hay diversas referencias del registro del sello de la orden de Santiago, de 1531, que me ha indicado el profesor Pedro Porras. Respecto a los repartimientos, se autorizó a algunos pueblos, como a Corral de Almaguer, que solicitó al Consejo de Órdenes licencia para arrendar sus dehesas en 1541, para financiar la derrama, junto a otros gastos municipales. AHN. OM, AT, exp. 89.265.

[38] Ortín Pérez fue maestro de obra en San Juan Bautista de Albacete, entre 1522-1531 y también intervino en obras en Murcia. Luis G. García-Saúco Beléndez, "Noticias sobre la construcción de la capilla del Hospital de Hellín a fines del siglo XVI", *Al-Basit: Revista de estudios albacetenses*, 6 (1979), p. 215; Cristina Gutiérrez-Cortines Corral, *Renacimiento y arquitectura religiosa en la antigua Diócesis de Cartagena, Reyno de Murcia, Gobernación de Orihuela y Sierra del Segura*, Murcia, Colegio de Aparejadores y Arquitectos Técnicos, 1987, pp. 293, 295.

[39] AHN. OM, AT, 15.840. Ana de Alzola, viuda de Ortín o Hururín Pérez, vecino de Ocaña, demandó en esa localidad el 8 de mayo de 1537 que se tomaran cuentas al receptor Sebastián Pérez, de los pertrechos que sobraron cuando cesó la obra, que eran propiedad de su marido, más diversos pagos que había efectuado, estimados en 300.000 mrs. La tasación alcanzó 401.759 mrs, efectuada por Covarrubias y el citado Sebastián Pérez, quienes suscribieron el documento con sus firmas.

[40] Covarrubias presentó al concejo madrileño un diseño para el puente de Viveros, sobre el río Jarama, en 1543. Pedro Navascués Palacio, "Un dibujo de Alonso de Covarrubias", *Archivo Español de Arte*, 41-162 (1968), p. 141. En 1560 tasó la obra de un puente sobre el río de Guadajaroz, en el camino de Toledo a Polán. Verardo García Rey, "El famoso arquitecto Alonso de Covarrubias (datos inéditos de su vida y obras): I Datos biográficos", *Arquitectura: órgano de la Sociedad Central de Arquitectos*, 97 (1927), pp. 167-175, esp. p. 173.

[41] AHN. OM, AT, exp. 52.433.

inmediaciones del puente funcionó un secadero y aserradero de las maderas que navegaban por el Tajo desde las sierras de Cuenca y de Molina[42]. Al entrar en servicio el puente en 1543, una barca nueva, que apenas tenía medio año de uso, se trasladó a Aceca, donde era necesaria[43]. Este puente se mantuvo intermitentemente en los años posteriores del siglo XVI[44]. Las respuestas a las *Relaciones Topográficas* en 1575 dan cuenta del puente de madera y de las seis ruedas de las aceñas de Alhóndiga, comentadas a continuación[45]. En 1600, don Francisco Gómez de Sandoval, duque de Lerma, comendador mayor de Santiago, ordenó tomar posesión de los portazgos tradicionales

[42] En diversos procesos judiciales tratados por el Consejo de Órdenes se citan el puente y el aserradero de Alhóndiga, como estos fechados entre 1575 y 1577. AHN. OM, AT, exps. 505, 39.512, 39.520, 40.404.

[43] AHN. OM, AT, exp. 44.935. Real provisión de Valladolid de 25 de mayo de 1543 al gobernador del partido de Zorita ordenándole informase sobre esa barca y la conveniencia de su traslado. En el exp. 42.559 se contiene la información previa iniciada en Toledo el 11 de diciembre de 1542 a instancias del mayordomo Melchor de Torres.

[44] AHN. OM, AT, exp. 44.933. Real provisión de 14 de junio de 1558 hecha en Valladolid por el gobernador o juez de residencia del partido de Zorita, para que se informase de la petición presentada en el Consejo de Órdenes por la villa de Ocaña, quejándose de que el concejo de Borox cobraba el barcaje a sus vecinos cuando pasaban el río Tajo donde decían que estaba el puente de Alhóndiga. El puente debería ser mantenido por la villa de Borox, y como no estaba en uso, había que atravesar el río mediante una barca, obligándose a pagar barcaje a todos los vecinos de Illescas y de la comarca. Los de Ocaña pedían que no se cobrara a quienes llevaran bastimentos a su localidad y que se devolviera lo que se les había exigido por dicho barcaje.

[45] "En término de esta villa no hay molinos ni aceñas, ni barcos, ni puentes, pero en el dicho río de Tajo, jurisdición de esta villa una legua della hay una puente de madera, por do pasa la gente y ganados, para de madera es cosa principal, la cual es de Su Magestad, y el sustento della es libre de pontage y portadgo y todo pecho. Ansí mismo hay en el dicho rio en la jurisdición de esta villa una legua de ella unas aceñas, que son de Su Magestad, donde se muele el pan, el aprovechamiento de ellas es de Su Magestad, y las dichas aceñas tienen seis ruedas en dos casas". Carmelo Viñas Mey y Ramón Paz Remolar, *Relaciones histórico-geográfico-estadísticas de los pueblos de España: hechas por iniciativa de Felipe II. Reino de Toledo,* Madrid, Instituto Balmes de Sociología-Instituto Juan Sebastián Elcano de Geografía-CSIC, 1963, p. 137.

de su encomienda en el Tajo, en Zorita de los Canes, Fuentidueña, Higares, mientras que en Alhóndiga[46] encontró la oposición de Borox[47].

En Alhóndiga se situaban también unas aceñas propias de la mesa maestral de Calatrava. Conforme a las reparaciones efectuadas tras las avenidas de los años previos, en 1549 se realizó una visita a estos molinos de rueda vertical, en la que comprobaron que había cuatro casas de aceñas repartidas a lo largo del azud que represaba las aguas del Tajo: una llamada del Batanejo, con una rueda; la Repisa, con otra rueda en marcha, aunque solía tener dos; la de debajo la Cámara y la del Canalejo[48]. Las crecidas periódicas del Tajo dañaban estas instalaciones, y requerían intervenciones constantes para mantenerlas. Así consta en las provisiones enviadas desde el Consejo de Órdenes a los alcaldes de Borox y al gobernador de Zorita para que evaluasen los trabajos y los sacaran a subasta en el verano 1535, antes de que subieran las aguas del río[49]. En mayo de 1536 el arrendatario Pedro Bueno informó de que las crecientes abrieron un portillo en la presa[50]. En enero de 1537 el agua derribó paredes y techumbres de dos de las casas de las aceñas[51], ordenándose reparaciones en julio[52]

[46] AHN. OM, AT, exp. 80.233. El 3 de agosto de 1600, el licenciado don Martín Ibáñez de Uvayara presentó una comisión en nombre del comendador mayor de Castilla a los alcaldes de Borox. Ese día, junto con el escribano y testigos, en el "paso y puente que llaman del Alhóndiga, rivera del dicho río Taxo, a donde ay una puente hecha de madera cerca de una venta que dicen que es de su Magestad, más abajo de Aranjuez, término de la villa de Borox" tomó posesión del paso y puesto de Alhóndiga, puente, barcas y portazgos, pacíficamente.

[47] AHN. OM, AT, exp. 36.589. El comendador mayor de Santiago había arrendado el pontazgo del puente de Alhóndiga a Alonso de Burgos y Pedro López de Valmaseda, vecinos de Borox, en 15.000 reales por tiempo de 15 meses, y había pedido poner una cadena para cobrarlo. El procurador de Borox se opuso y les denunció por vía criminal, diciendo que no había obligación ni costumbre de pago, el puente era del rey y estaba incorporado a la real hacienda de Aranjuez. Los alcaldes de Borox ordenaron hacer una información en el puente de Alhóndiga, el alcalde de hijosdalgo de esta villa sentenció que no había derecho a pontazgo y condenó en costas a los arrendatarios, que apelaron al Consejo de Órdenes. Se conserva una real provisión de Madrid de 7 de febrero de 1601 para seguir la apelación, pero el proceso está incompleto.

[48] AHN. OM, AT, exp. 42.490.

[49] AHN. OM, AT, exp. 44.390, reales provisiones de Madrid de 2 y 3 de julio de 1535.

[50] AHN. OM, AT, exp. 44.849, real provisión de Madrid de 16 de mayo de 1536.

[51] AHN. OM, AT, exp. 44.941, real provisión de Valladolid de 15 de enero de 1537.

[52] AHN. OM, AT, exp. 44.940, real provisión de Valladolid de 7 de junio de 1537.

y también en agosto del año siguiente, 1538[53]. Intervenían en ellas maestros de obras y carpinteros del entorno: Francisco Martínez Rubio, vecino de Ocaña, Gregorio de Robles, vecino de Toledo, y Juan Juárez y Juan Alguacil de Borox, en 1539[54], o los albañiles que en 1540 se adjudicaron 120.000 mrs en obras que resultaron fallidas y se cayeron[55]. Los arrendatarios solicitaban rebajas en los alquileres contratados a causa de las paradas en la molienda[56]. En 1549, tras acometer una importante reforma, se había conseguido reparar tres ruedas y tener seis disponibles. Tres molían bien y las otras tres estaban a punto de ponerse en funcionamiento cuando se concluyera una canal, pero sería útil hacer un batán que rentaría más que cualquiera de las ruedas. Se decía que hacía más de veinte meses que las tres ruedas acabadas quedaron molientes, pero en tiempo de otoño no había agua suficiente para las seis, y en invierno, que era cuando venía más agua, bastarían cuatro ruedas en funcionamiento. Se solicitó un informe a Juan Guerrero, vecino de Ocaña, sobre la idoneidad de construir el batán[57]. La incorporación de estas aceñas al real bosque de Aranjuez se verificó en 1554[58]. Ese mismo año, se

[53] AHN. OM, AT, exp. 44.897, reales provisiones de Valladolid de primero y 30 de agosto de 1538, tasando una nueva caballeriza en 19.000 mrs.

[54] AHN. OM, AT, exp. 44.898, reales provisiones de Madrid de 12 y 27 de septiembre de 1539.

[55] AHN. OM, AT, exp. 44.961, real provisión de Madrid de 21 de agosto de 1540. Eran Juan de Ervás y Castañeda y Juan de Huerta, y Antonio García, vecinos de Ocaña,

[56] AHN. OM, AT, exp. 42.235. Juan y Pedro Bueno, vecinos de Borox y de la Alameda, subarrendaron durante cinco años las aceñas de Alhóndiga entre 1538 y 1542 por 900 fanegas de trigo anuales, a Juan de Juren y compañía, de los Fúcares, que eran los tesoreros de los maestrazgos de las órdenes militares en ese mismo periodo. En el intento de excusarse del pago de parte de la renta por 130 días que las aceñas dejaron de moler en septiembre de 1539, porque "se hiçieron çiertas amataduras y otros reparos, con que çesó el agua entre tanto que se reparaban", los molineros fueron embargados por 1.000 fanegas de trigo. Entonces presentaron una demanda en 1546 contra los Fúcares, con ejecutoria en Valladolid de 10 de octubre de 1549, que hubieron de devolverles lo embargado.

[57] AHN. OM, AT, exp. 44.877, real provisión de Valladolid de 20 de diciembre de 1549.

[58] AHN. OM, AT, exp. 41.870, real provisión de Valladolid de 5 de mayo de 1554, dirigida a Diego López de Medrano, gentilhombre de la casa del príncipe don Felipe, alcaide y guarda mayor del Bosque de Aranjuez. Incorporación de las aceñas de Alhóndiga al Real Bosque desde primero de enero de 1555, situadas en el Tajo, junto a la villa de Borox, desmembrándolas de la mesa maestral de Calatrava, juntamente con las rentas que solían ser de las encomiendas de Otos y Aceca. Con ello, la administración y arrendamiento de dichas aceñas pasaba a depender del alcaide y guarda mayor

ordenaba en agosto una información sobre un alfacén[59] caído en las aceñas de Alhóndiga[60].

El licenciado Antonio de Luján, del Consejo de Órdenes, obtuvo una licencia del definitorio que siguió al capítulo general de la orden de Calatrava celebrado en Madrid en 1538, para instalar otro molino aguas abajo de Alhóndiga, pagando un censo a la mesa maestral de Calatrava de 100 mrs anuales[61]. Sin embargo, no debieron ponerse en marcha o funcionaron poco tiempo, pues Juan de Luján, vecino de Madrid, caballero de Santiago y sobrino del concesionario, obtuvo en 1552 una confirmación a su favor de aquella licencia[62], pero no se mencionan estos molinos en las relaciones topográficas de Borox ni de Añover[63].

LA ENCOMIENDA DE ACECA

Frey Francisco de Zúñiga, el citado comendador de Mestanza, procedió a tasar la encomienda de Aceca, junto al escribano Diego Gil,

de Aranjuez. Se debería averiguar la cuantía del arrendamiento en los años 1555 a 1558, cuyo importe debería administrar López de Medrano.

[59] *"Alfacén"* (interesante término que define al canal del molino). Miguel Méndez-Cabeza Fuentes, "Las enfermedades del molino", *La mejor tierra de Castilla* (blog), 10 de junio de 2021, http://lamejortierradecastilla.com/las-enfermedades-del-molino/. Méndez Cabeza es autor de un libro sobre los molinos hidráulicos en la provincia de Toledo. Alfacén se define también como un tipo de arco, con lo que podríamos pensar en la cárcava del molino o en el arco que sustentase el canal donde se situaba la rueda vertical en una aceña.

[60] AHN. OM, AT, exp. 44.871, real provisión de Valladolid de 18 de agosto de 1554 a Diego López de Medrano, caballero de Santiago, gobernador del partido de La Mancha y Ribera de Tajo, alcaide y guarda mayor de los bosques y heredamientos de Aranjuez. Melchor de Torres, mayordomo de las encomiendas de Otos y Aceca, incorporadas a la mesa maestral de Calatrava, informó que en la parada de las aceñas de Alhóndiga estaba caído un alfacén que si no se reparaba con urgencia, las aceñas podrían sufrir graves daños. Proceda a realizar una información tasada por maestros de obras sobre la reparación, y la entregue a Melchor de Torres para que se estudie en el Consejo de Órdenes.

[61] AHN. OM, AT, exp. 44.897, real provisión de Madrid de 27 de agosto de 1538. Se situarían en la parte de Borox, más abajo de la iglesia que se decía de Alhóndiga, conforme a la información que hizo el bachiller Ginés de Mora, teniente del gobernador del partido de Zorita.

[62] AHN. OM, AT, exp. 44.847, real provisión de Madrid de 3 de junio de 1552.

[63] Carmelo Viñas Mey y Ramón Paz Remolar, *Relaciones histórico-geográfico-estadísticas...*, pp. 22 y 151.

tomando declaraciones a testigos,[64] y apoyándose en la contabilidad de 1531 a 1534 efectuada por Diego de Paredes, mayordomo de don Juan Pimentel, comendador de Aceca y del Viso[65]. Las yerbas de la encomienda, beneficiada hasta ese momento por don Juan Pimentel, se asignarían al rey a partir de san Miguel de septiembre de 1536, añadiéndole desde primero de enero de 1537 en adelante la renta y frutos de pan y cualquier otra cosa que se que cogiera. A cambio de la encomienda de Aceca se creó la encomienda de Bolaños, por real provisión de don Carlos y la reina doña Juana, en Valladolid, de 11 de diciembre de 1536[66].

De 1531 a 1534 la dehesa de los prados y sotos del Castillo, con sus tierras de pan llevar, estaban arrendadas al concejo de Villaseca de la Sagra. Los invernaderos en los cuartos de las dehesas de pasto se repartían entre ganaderos serranos, incluido Juan de Cifontes, mayordomo de la duquesa de Medinaceli, y diversos vecinos de aquellas tierras sorianas: Miguel de Anguita, de Benañita (¿Benamira?); Juan Paniz, de Luzaga; Andrés de Sauca, de Pelegrina, y Bernardo de Sevilla, de Torresaviñán. Los agostaderos y algunos de los cuartos estaban acaparados por ganaderos del vecino pueblo de Yepes: Pero Alonso, Alonso de Granada y su yerno Juan Gómez, Juan Serrano, Alonso Gómez y Juan de Villareal, que también tenía en renta la venta de Bel, Francisco Pascual y Gaspar de Mayorga. Se mencionan también arriendos a vecinos de Villaseca de la Sagra y de Villasequilla. Las tierras en Pantoja eran alquiladas por vecinos de Illescas, y las de Mazarabuzaque por don Luis de Calatayud, señor del Provencio. El ya citado Andrés Rebeco y los Alcoceres eran los madereros que pagaban a la encomienda un canon por un solar en

---

[64] AHN. OM, AT, exp. 87.781. Comisión de averiguación de la renta de la encomienda de Aceca para su incorporación a la mesa maestral de Calatrava y al bosque de Aranjuez en 1535. Los interrogatorios a los testigos que declararon sobre los bienes y el valor de la encomienda, en exps. 45.140 y 45.143.

[65] AHN. OM, AT, exp. 87.781.

[66] AHN. OM, AT, exp. 87.781. Se detallan estos trámites en Francisco Fernández Izquierdo, "Gestión privada y pública en las encomiendas de las órdenes militares…".

Aceca donde mantenían sus almacenes para secar los troncos y los aserraderos.

Tabla 4. Rendimiento de la encomienda de Aceca, en maravedíes + cereales a su valor 1531-1537[67]

Concepto	1531	1532	1533	1534	1537	Promedio
leña y paso de maderadas	12.650	14.762	11.271	20.841	1.625	12.230
Barca					3.750	750
casas, censos	1.772	1.772	1.772	1.772	1.772	1.772
Caza	8.500				2.250	2.150
Molino	103.084	108.084	108.084	108.084	108.200	107.107
Labor	53.210	54.335	54.335	54.335	61.506	55.544
Pasto	370.675	370.675	360.375	365.375	366.400	366.700
pasto y labor	274.830	274.830	282.040	282.040	271.400	277.028
Total	824.721	824.458	817.877	832.447	816.903	823.281

En esta encomienda los ingresos del arrendamiento de fincas para pasto y labor, las dehesas del Castillo, Aceca y el Soto, más las dehesas de la Madre Vieja, Ortigal y Peñuelas, diversas tierras en Pantoja y otros emplazamientos, alcanzaba el 86%, una proporción algo menor que en la encomienda de Otos. La diferencia principal entre ambas encomiendas era la explotación de los molinos impulsados gracias a un azud en el río Tajo, que aportaban el 13% de la renta de Aceca, pues las aceñas existentes en Alhóndiga pertenecían a la mesa maestral de Calatrava. La barca de paso del río, una venta y diversos censos, más el derecho de paso de maderadas por el azud y un solar para aserradero, completaban los ingresos. Cuando la gestión pasó a cargo de Pedro de Uceda, informó que contaban con cuatro ruedas de molinos y el cañal de agua como pesquera, arrendados ante Pedro González, escribano público de Toledo en 28 de agosto de 1534, por 105.000 mrs, 60 gallinas y 4 arrobas y 4 arreldes de peces y anguilas por mitad. Las gallinas se contaban a real, y la

[67] AHN. OM, AT, exps. 87.781 y 88.036.

libra de peces y anguilas a 10 mrs, que todo montaba 108.200 mrs. En 1531 el molino y canal de Aceca estaban arrendados al también maderero Andrés Rebeco. Posteriormente, desde enero de 1538 los alquiló el molinero Diego Hernández por 110.000 mrs anuales, y desde 1541 al mismo y a su mujer por 115.000.

Tabla 5. Miembros y rentabilidad de la encomienda de Aceca en 1537[68]

Concepto	maravedíes
Dehesas de los prados del Castillo, Aceca y el soto, y las tierras de pan llevar	271.400
Huerta mayor de Aceca, con el río que le pertenece	15.000
Tierras de Pantoja	18.750
Tributos de Pantoja sobre ciertas casas y solares	443
Molinos de Aceca, 4 ruedas y el cañal	108.200
Dehesa de la Madre Vieja	54.000
Cuartillejo de los Escobares	20.000
Millar y medio de la dehesa de Ortigal y Peñuelas	73.400
Quinto de los Arenales	66.250
Cuarto de los Escobares	18.000
Cuarto de la dehesa del Hoyuelo	27.250
Cuartillejo de Velezilla de las Dos Hermanas	25.000
Cuartillejo de Velezilla del Pozo	24.500
Mitad del cuartillejo de Albuhara	29.000
Otra mitad del cuartillejo de Albuhara	29.000
Venta de Bel, dada a censo perpetuo	1.329
Huerta menor de Aceca, al otro lado del río	5.750
La isla del Arenal y de los Molinos y de los Sauces, 10 ducados	3.750
junto con la barca otros 10 ducados	3.750
Cuatro yugadas de tierras en la dehesa de Mazarabuzaque	8.906
Paso de la madera	1.125
Suelo para poner los aserraderos	500

[68] AHN. OM, AT, exp. 88.036.

Leña de taray en el soto de Aceca, no hubo por el maltrato en años previos, aunque se valoraba 9.000 mrs	0
Caza del soto de Aceca	2.250
50 fs. de trigo, a 3,5 reales/fanega	5.950
40 fs. De cebada a 85 mrs/fanega	3.400
Total	816.903

Gráficos 3 y 4. Ingresos de la encomienda de Aceca 1531-37 y distribución media porcentual

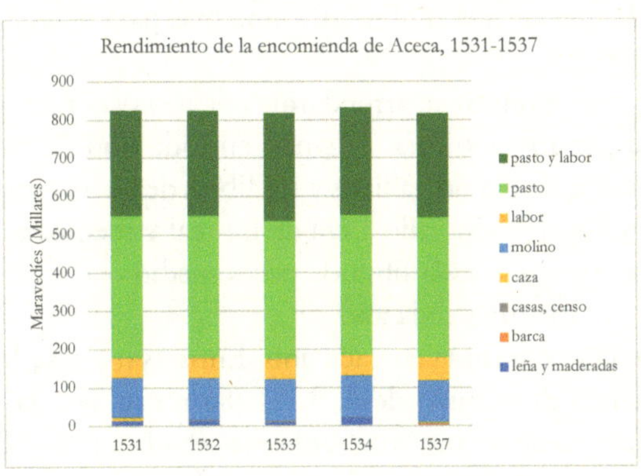

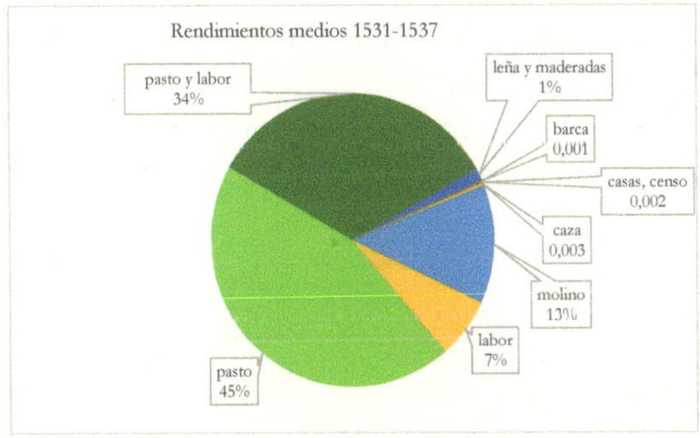

Fuente: AHN. OM, AT, exp. 88.036.

En el Catastro de Ensenada la transformación de tierras en Aceca situadas al norte del Tajo había sido notable, pues de las 2.422 fanegas medidas, el 98% eran de regadío, mientras que solo el 0,8% eran de secano y el 0,6% eran pastos[69].

EL MOLINO DE ACECA

En las descripciones de tasación de la encomienda en 1535, el molino de Aceca en el río Tajo, ocupaba tres casas de molinos, con cuatro ruedas molientes, con su azud y cañal (pesquera) para la presa, que eran muy buenos molinos, bien labrados. Había otra casa más abajo, en la que vivía el molinero, y una más para el servicio de los iban a moler[70].

En 1531 los molinos se arrendaron por 100.000 mrs, y en 1532, 1533 y 1534 por 105.000 mrs. Además, en cada uno de esto años el molinero había de dar 60 gallinas y 116 libras de peces y anguilas por mitad. El valor de cada gallina era de un real y medio, y cada libra de anguilas 24 mrs y cada libra de peces medio real (17 mrs). Esto suponía 1.972 mrs más cada año.

La renta era continua en cada año. Entre 1531 y 1534 la renta de la encomienda disminuyó desde 1.322.389 mrs a 385.751 mrs, más 650-700 fanegas de trigo y otras tantas de cebada anuales. El molino pasó de representar el 7,7 % de la renta en dinero en 1531 a 27,8% en 1534, con una inversión de mantenimiento anual media en 1531-34 del 27,53% en este periodo.

---

[69] Concepción Camarero Bullón y Laura García Juan, "Geografía histórica de los espacios reales", pp. 217 y 226. Considerada la fanega a 0,3758 ha, la finca se extendería por 910.19 ha.

[70] AHN. OM, AT, exp. 45.140.

Tabla 6. Rentabilidad de la encomienda de Aceca (mrs de vellón)[71]

	Ingresos del molino (mrs)	Presa y molino (A)	Castillo y otros (B)	Gasto A+ B %	Salarios mayordomo	Otros salarios	Otros gastos	Total gastos (mrs)	Total gastos %	Ingresos netos %
1531	101.972	34.292	0	1,9	37.343	3.332	58.063	114.132	13,84	86,16
1532	106.972	18.898	697	2,4	25.000	3.332	0	47.927	5,81	94,19
1533	106.972	53.609	272	6,6	25.000	5.355	0	84.236	10,30	89,70
1534	106.972	23.906,5	562	2,9	25.000	4.356	14.608,5	68.433	8,22	91,78

[71] AHN. OM, AT, exp. 87.781, fols. 163r-237v.

LA ADMINISTRACIÓN CONJUNTA DE OTOS Y ACECA

Una vez separadas de la orden de Calatrava, y con Pedro de Uceda como mayordomo, entre 1537 y 1539, las encomiendas de Otos y Aceca, ingresaron en conjunto 5.523.714,5 mrs, como constaba en el cargo de su cuenta. En su data, por importe de 3.294.492 mrs se anotaban libranzas mediante reales cédulas dirigidas a Alonso Gutiérrez de Madrid, la primera por 500 ducados para don Juan de Castilla, destinados gastos a su cargo en el Bosque de Aranjuez (11 de diciembre de 1536) y otra de 2.000 ducados (750.000 mrs) a Tomás Rodríguez, escribano de Ocaña, asimismo para las obras de Aranjuez (5 de mayo de 1537). Meses más tarde, se ordenaba destinar al real bosque todas las rentas del año 1537 cobradas de las encomiendas y miembros incorporados (Monzón, 14 de septiembre de 1537)[72]. Otra real cédula, de Valladolid, de 17 de diciembre de 1538, reiteraba idéntico mandato a Gutiérrez de Madrid respecto a las rentas de 1538, con la posterior comunicación de este a Pedro de Uceda. Tras fallecer Gutiérrez, el contador interino Sancho de Paz firmó una libranza (Toledo, 24 de abril de 1539) para que Pedro de Uceda entregase todas las rentas de las antiguas encomiendas de Otos y Aceca de 1537, 1538 y 1539 a don Juan de Castilla. Debería trasladarle el dinero que se fuera cobrando en el plazo de un mes siguiente al de su recepción, conforme los arrendatarios le fueran pagando a él según los plazos fijados en sus contratos[73]. Don Juan de Castilla, comendador de la Puebla de Sancho Pérez, guarda mayor de los bosques de Aranjuez, firmó dos cartas de pago a Pedro de Uceda, en Aranjuez, una en 10 de marzo de 1540, por valor de 5.040.000 mrs, recibidos entre el 11 de diciembre de 1536 y 10 de marzo de 1540, y otra por 104.729, en 16

[72] La cédula estaba errada en el título, que denominaba a Gutiérrez de Madrid contador de Alcántara, en lugar de Calatrava, lo que se advirtió para que fuera válida. El contador trasladó la orden (Madrid, 25 de septiembre de 1537) al jurado Pedro de Uceda, en Borox, para que este entregara a don Juan de Castilla todo lo necesario para que no se interrumpieran las obras de Aranjuez.

[73] AHN. OM, AT, exp. 88.036. Se inserta real cédula dirigida a Sancho de Paz, que ejercía interinamente el oficio de contador mayor de Calatrava, por muerte de Alonso Gutiérrez de Madrid, para que se hiciera cargo de todos los libros y escrituras que llevaba el fallecido, especialmente en lo relativo a las rentas de las antiguas encomiendas de Otos y Aceca.

de abril de 1540[74]. El objetivo de la corona era obtener ingresos para financiar las obras en palacios y jardines, el personal que las atendía y las estancias reales. Aranjuez, con sus dehesas, molinos y rentas era un activo importante en los ingresos, pese a que el crecimiento de los gastos de la casa real requiriese de muchos más recursos[75]. El mayordomo Pedro de Uceda mejoró considerablemente el rendimiento de ambas encomiendas (tabla 7 y gráfico 5). El cuidado y mantenimiento del molino de Aceca se documenta en las inversiones necesarias para reparar los daños que sufría por las sucesivas avenidas del río Tajo, que en promedio aumentaron en un 90 % respecto a lo que había invertido el comendador en el periodo inmediato a la incorporación al real bosque, aunque sus ingresos crecieron apenas un 12,8% (tabla 8).

Gráfico 5. Ingresos de Otos y Aceca, en maravedíes 1537-1543.

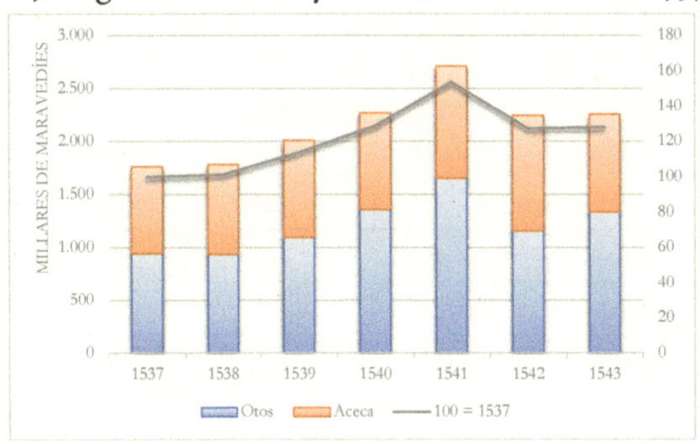

Fuente: AHN, OM, AT, exp. 88.036.

[74] AHN. OM, AT, exp. 88.036. Se conserva borrador también de las cuentas de 1540 y 1541.

[75] En el reinado de Felipe IV, en 1623, las rentas de Aranjuez se encontraban entre las más cuantiosas de las procedentes de los reales sitios, 12.890.312 mrs. Félix Labrador Arroyo, "La financiación de los sitios reales (1599-1665)", en José Martínez Millán y José E. Hortal Muñoz (coords.), *La corte de Felipe IV (1621-1665): reconfiguración de la Monarquía católica*, vol. 3, Madrid, Polifemo Ediciones, 2015, p. 2185. Véase también, más en relación con gastos que con ingresos Félix Labrador Arroyo, "El gasto y la financiación de las obras y oficiales de los bosques y Sitios reales de Castilla entre 1609 y 1625", disponible en BURJ Digital http://hdl.handle.net/10115/5668; Carlos J. de Carlos Morales, "Gasto y financiación de las Casas Reales", en José Martínez Millán y Mª Antonietta Visceglia (coords.), *La monarquía de Felipe III: la casa del rey*, vol. 1, Madrid, Fundación Mapfre-Instituto de Cultura, 2008, pp. 1227-1257.

Tabla 7. Rendimientos de Otos y Aceca, en maravedíes + cereales valorados en maravedíes 1537-1543[76]

	1537	1538	1539	1540	1541	1542	1543
Otos	944.090,5	934.383,5	1.092.355,5	1.354.675	1.649.109	1.153.973	1.332.746
Aceca	816.903	847.196	913.682	911.931	1.059.303	1.087.003	921.263
Total	1.760.994	1.781.580	2.006.038	2.266.606	2.708.412	2.240.976	2.254.009

Tabla 8. Encomienda de Aceca. Rentabilidad y peso del molino en ingresos y gastos (mrs)[77]

Años	Valor total (mrs)	Molino ingresos (mrs)	Molino / valor total (%)	Gastos en presa y molino (mrs)	Molino gastos / ingresos (%)
1531	824.721	101.972	12,4	15.394	15,1
1532	824.458	106.972	13,0	18.898	17,7
1533	817.877	106.972	13,1	53.609	50,1
1534	832.447	106.972	12,9	23.906,5	22,3
promedio			12,8	27.952	26,3
1537	816.903	108.200	13,2	85.000	78,6
1538	847.196	110.000	13,0	0	0,0
1539	913.682	110.000	12,0	10.000	9,1
1540	911.931	110.000	12,1	0	0,0
1541	1.059.303	115.000	10,9	31.500	28,6
1542	1.087.003	115.000	10,6	220.000	191,3
1543	921.263	115.000	12,5	25.200	21,9
promedio			12,0	54.529	48,4
100 = promedio	1531-34	108,8		190,0	

[76] AHN. OM, AT, exp. 88.036.

[77] Años 1531-1534. AHN. OM, AT, exp. 87.781. Años 1537-1543, exp. 88.036.

LAS OBRAS EN LOS MOLINOS DE ACECA Y ALHÓNDIGA

La incorporación a la corona dio paso a inversiones en mantenimiento descuidadas por los comendadores. En 1537, bajo la administración del mayordomo Pedro de Uceda se adjudicaron obras de reparación en los molinos y la presa de Aceca (85.000 mrs) y en sus casas (14.000 mrs), además de las casas de la encomienda de Otos en Borox (36.000 mrs) y en la alberca y noria de su huerta (11.000 mrs), en las casas de Ciruelos (9.500 mrs) y en la venta de Alhóndiga (7.000). Se solicitó el peritaje de maestros de albañilería y carpintería de la zona: Juan de Erbas, Diego Muñoz, Juan de Huerta y Sebastián de Olivares, vecinos de Ocaña; Bernardino de Vega y Diego de Vega, de Illescas y Juan Alguacil, de Borox. El día 5 de agosto, los maestros de obras dictaminaron la intervención en los molinos de Aceca. Se describe el azud, que estaba trazado con un ángulo en el medio, donde crecía un álamo. Tenía problemas en uno de sus estribos junto a la orilla opuesta a las casas de los molinos. Faltaba parte del recubrimiento del paramento, siendo necesario colocar vigas y rellenar con piedra los cajones formados por las vigas cruzadas. Las vigas habían de estar horadadas, unidas por colas de milano para alcanzar más longitud. El armazón formado por las maderas debería estar fuertemente sujeto con clavos, y a su vez clavado al fondo del río por puntales (hitos). El presupuesto de licitación por 95.000 mrs se adjudicó en subasta a Juan Alguacil, vecino de Borox, en 85.000 mrs. Estas obras deberían financiarse con cargo a la dotación anual de 400.000 mrs anuales que reservaba la orden de Calatrava, con preferencia de ejecución en la reparación de la presa[78].

En 1539 se añadió otra intervención de 10.000 mrs que fue adjudicada a Pedro de Hazaña, vecino de Borox[79]. Las avenidas estacionales del Tajo provocaron que dos de los molinos no funcionasen, por existir portillos en la presa por los que se escapaba el agua. Se elaboró un pliego de condiciones técnicas, para secar las canales de los molinos que no funcionaban y reparar las partes dañadas de la

[78] AHN. OM, AT, exp. 40.490.
[79] AHN. OM, AT, exp. 87.777.

presa. El 19 de septiembre de 1540 se adjudicaron en Borox trabajos por 31.500 mrs a Juan Esteban, maestro de obras vecino de Mocejón. Nuevamente en 1542 se plateó una reparación más intensa, a cuya subasta acudieron los maestros Pedro de Santa Cruz, Andrés Granado, Gonzalo de Córdoba, Alonso Tremeroso, vecinos de Toledo; Juan Alguacil y Pedro de Hazaña, vecinos de Borox; Diego Moreno y Juan Mancebo, vecinos de Ocaña; Diego de Vega y Pedro de Vega, vecinos de Illescas; Juan Franco y Pedro Pérez, vecinos de Villaseca de la Sagra; Pedro Vaquerizo y Juan Esteban, vecinos de Mocejón. Abierta en 500.000 mrs, la obra fue adjudicada a Diego de Paredes por 220.000 mrs[80].

En 1543, el mayordomo Melchor de Torres, hijo y sucesor de Uceda, informó al Consejo de Órdenes que una crecida del Tajo a fines de agosto había roto la presa de los molinos de Aceca, por la mucha madera que venía para los alcázares de Madrid y de Toledo y para otras obras de particulares. La presa quedó aportillada y el agua había levantado parcialmente los enrejados de madera que sujetaban las piedras del azud. Frey Alonso Carrillo Margarite, gobernador del partido de Zorita, para ver y tasar la reparación mandó llamar a los peritos Pedro Vaquerizo, vecino de Villaseca, "maestro de fazer presas de rrío", y Alonso Vaquerizo, de la misma vecindad. La gravedad de los daños exigía expertos más acreditados, por lo que el gobernador convocó a que vieran la presa y los molinos Juan de Castro, maestro de obras del río y presas, vecino de Valdemoro, que había construido la presa del Rey; Diego de Jaén, también maestro de obras de río, vecino de Toledo; Pedro de Hazaña, vecino de Borox; y Bartolomé Gómez, vecino de Villaseca de la Sagra. Aunque era necesaria una reforma integral, lo urgente era reparar el portillo abierto y uno de los molinos, con una obra de urgencia valorada en 30.000 mrs, que fue adjudicada el 11 de noviembre a Miguel Hernández, vecino de Villaseca de la Sagra, en 25.200 mrs[81]. En diciembre de ese mismo año 1543 el mayordomo Melchor de Torres informó que la barca con la que se cruzaba el Tajo

[80] AHN. OM, AT, exp. 42.536. Diego de Paredes, vecino de Toledo, había sido mayordomo con el comendador de Aceca Juan Pimentel.

[81] AHN. OM, AT, exp. 42.504.

en Aceca había sido arrastrada y hundida en la avenida de agosto, pero podría reponerse con la barca que estaba en Alhóndiga, que con la crecida también fue a parar aguas abajo hasta los pontones de los molinos de Higares, de donde se podría rescatar con menor coste que fabricando una nueva[82]. En ese mismo año también se repararon las casas en Borox, por 7.000 mrs[83].

La intervención en la presa resultaba insuficiente, pues en junio de 1544 Juana Hernández, viuda de Diego Hernández, arrendatario de los molinos de Aceca, se quejó de que hacía ocho meses que el canal de los molinos estaba aportillado, y por ello no habían podido moler casi nada. El mayordomo Melchor de Torres respondió diciendo que tanto la presa como los molinos habían estado cubiertos de agua por las crecientes, y que por eso no habían podido moler, aunque hubieran estado en buen estado. Pero explicaba Torres en una carta al rey que, aunque se habían ejecutado las obras urgentes, las crecientes del río a lo largo del invierno habían ocasionado otros muchos daños, se habían destruido los arreglos y los molinos habían dejado de moler. El arrendatario había exigido su reparación, pues en caso contrario iba a dejar de pagar y rescindiría el contrato. Torres solicitaba que se acometiera una reforma perdurable, ordenándose a don Juan de Castilla, como receptor de las rentas, que pusiera un veedor presente en su ejecución. La experiencia de las reparaciones anteriores en las que no hubo veedor resultó mala, pues siendo trabajos bajo el agua, habrían de ser vigilados por un experto especializado en ellos. Torres y Juan Guerrero, vecino de Ocaña, procedieron a valorar la reforma, acompañados de los ya citados "maestros de presas y otros edifiçios de açeñas y molinos" Gaspar de Castañeda, Pedro de Hazaña y Juan de Ervás. También declararon Diego de Paredes y Francisco de Jerez sobre el coste de los carros de piedra necesarios para el azud. El presupuesto alcanzaba 86.870 mrs.

Juan Guerrero envió un informe al Consejo de Órdenes estimando que hacer una nueva presa costaría más de 2.000 ducados, sin que se mejorarse con ello el rendimiento del molino y que sería

[82] AHN. OM, AT, exp. 42.559.
[83] AHN. OM, AT, exp. 42.530.

más económico reparar el azud existente, que era suficiente para dar agua a las ruedas[84].

Finalmente, en 1545, tras nuevos informes de Juan de Castro, maestro de presas de Aranjuez, y de Gaspar de Castañeda, el Consejo de Órdenes ordenó a Melchor de Torres rehacer completamente la presa de Aceca[85], en administración directa, para lo que se invirtieron 1.759.498 mrs en las obras que se ejecutaron hasta 1548, más trabajos menores posteriormente. Al mismo tiempo, en estos años, se reformarían las aceñas de Alhóndiga, por importe de 1.494.227,5 mrs. Ambas inversiones, un total de 8.676 ducados solo para las presas y los molinos, que superaban los ingresos conjuntos de las dos encomiendas más las aceñas de Alhóndiga en un año, pretendían evitar los gastos ordinarios derivados de las crecidas anuales del Tajo, con una supuesta amortización en los años posteriores.

LA INCORPORACIÓN DE OTOS, ACECA Y ALHÓNDIGA A LA ADMINISTRACIÓN DE ARANJUEZ

Tras la incorporación directa a la gestión de Pedro de Uceda y de Melchor de Torres, desde 1543 a 1561, cabe destacar dos hechos notables. El primero, el considerable incremento de los ingresos en la gestión de estas fincas y derechos, que en 1561 ascendían a 3.314.075 mrs, un 47 % más que en 1544. En ese tiempo, se destinaron importantes partidas de los ingresos con destino a los sitios reales, no solamente al inmediato de Aranjuez[86]. El segundo, la sucesiva inver-

[84] AHN. OM, AT, exp. 42.533.

[85] AGS. CMC, 3ª época, leg. 2.002, núm. 7. Instrucción hecha en Valladolid el 22 de junio de 1545, firmada por el licenciado Sarmiento, el doctor Arteaga, el doctor de Goñi y don Pedro de Acuña de Avellaneda.

[86] AHN. OM, AT, exp. 28.868. En las cuentas de 1555 a 1561 se anotan resultas de partidas pagadas por Melchor de Torres: Obras del Alcázar de Madrid y casa de El Pardo, al pagador Cristóbal de Rivera: 500.000 mrs; Obras de Aranjuez, pagador Cristóbal de Carrión, 34.686 mrs; obras del Bosque de Segovia, pagador Pedro Osorio 1.500.000 mrs; Aranjuez, gobernador Rugier Patie 215.000 mrs; Bauter Bonrosclare, por ir a comprar cosas para la casa del bosque de Aranjuez 1.053.750 mrs.

sión en reparaciones y construcciones que se aplicó en los edificios, y especialmente, en los molinos, como se ha comprobado.

En el análisis de los ingresos cabe señalar el dominio porcentual de las rentas procedentes de arrendamientos de tierras y dehesas para pasto, labranza, o conjuntamente para pasto y labor, que suponían el 57% del total. El segundo capítulo alcanzaba el 17% de los ingresos: eran los molinos en el río Tajo, pues al de Aceca (con renta de 1.094 fanegas de trigo y 9 de cebada, valoradas en 340.400 mrs) se sumaban ahora las aceñas de Alhóndiga (688 fanegas de trigo, 213.280 mrs), incorporadas a la administración del mayordomo Torres. La caza de conejos en Otos, que estuvo prohibida durante algunos años, se había arrendado a Alonso Fernández del Rincón y Jácome Serrano en 405.000 maravedíes, aunque se volvió a vedar, descontando la mitad, 202.500 mrs, a estos cazadores. En las últimas cuentas rendidas por Melchor de Torres del año 1561, su distribución se sintetiza en la tabla 9 y gráfico 6[87].

Tabla 9. Cuentas realizadas por Melchor de Torres en 1561

Tipo de renta	maravedíes
barca	7.000
censos	8.150
pesca	28.811
mesón	41.000
salinas	61.292
diezmos	71.210
labor	77.061
leña/madera	256.861
pasto y labor	400.550
caza de conejos	405.000
molinos	553.680
pasto	1.403.460
total	3.314.075

[87] Cuenta del cargo y data de la mayordomía de Otos y Aceca del mayordomo Melchor de Torres en 1561. AGP. AP, Aranjuez, caja 165 exp. 4.

Gráfico 6: Distribución porcentual de los ingresos de Otos, Alhóndiga y Aceca en 1561

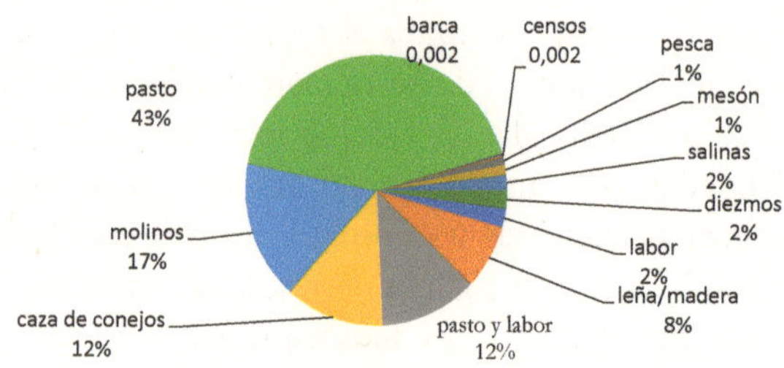

Fuente: AGP. AP, Aranjuez, caja 165 exp. 4

Resulta especialmente destacable la extracción de leña, que apenas aportaba ingresos en los balances previos, y en este alcanzaba el 8 % de los ingresos. Se anotó la venta de 36 álamos negros de la alameda de san Remondo, rematados en Alonso Pérez en 67.000 mrs. Pero el aporte mayor procedía de la leña cortada en el Soto de la Madre Vieja de Otos que produjo 189.762 mrs, en régimen de administración, pagando a los leñadores y vendiendo la leña que distribuía en carros por los pueblos próximos. Cada carretada de taray se pagaba a 3 reales, cada carga mayor a medio real y la carga menor a diez mrs. La carretada de orzaga a real y la carga, a cuatro maravedíes; por cortarla, la carretada de taray a medio real y la carga a 2 mrs[88]. Se puso como "vaderos" para que viesen cómo se sacaba y para cobrar la leña a dos vecinos de Borox: en la margen derecha de Tajo, la de Borox, a Miguel Rodríguez, y en la otra, la ribera del Castillejo o de Yepes, a Pedro Galán. La leña se comenzó a sacar el 20 de julio de

[88] Estos precios de 1561 eran muy similares a los que se aplicaban en la dehesa de Zacatena, en las riberas del Guadiana y del Cigüela, junto a Daimiel, en los años centrales del siglo XVI. Las carretadas de leña de encina cortada en la dehesa se vendían a 3-4 reales, y las cargas de medio real (17 mrs) a 19 mrs. Francisco Fernández Izquierdo, "La extracción de leña y madera de la dehesa de Zacatena (Daimiel, Ciudad Real) en el siglo XVI y su situación a mediados del siglo XVIII", *Memoria y Civilización* 25 (2022), p. 70, https://doi.org/10.15581/001.25.042.

1561 y la extracción concluyó a principios de diciembre, con 2.661 carros vendidos, y un beneficio, descontados los gastos, de 5.581 reales. La mayor parte de la leña era de taray, con algunas orzagas y fresnos. El considerable volumen (tabla 10 y gráfico 7).

Tabla 10. Leña obtenida en la Madre Vieja de Otos en 1561 (maravedíes).

	carros de leña	ingresos	gastos	neto
julio	269,2	26.909	7.343	19.560
agosto	1.287,4	130.917	30.937	99.978
septiembre	665,2	67.730	22.872	44.858
octubre	266,0	27.010	10.773	16.237
noviembre	165,5	16.772	7.116	9.656
diciembre	8,4	840	1.368	-528
total	2.661,7	270.178	80.408	189.762

Gráfico 7. Leña obtenida en la Madre Vieja de Otos en 1561

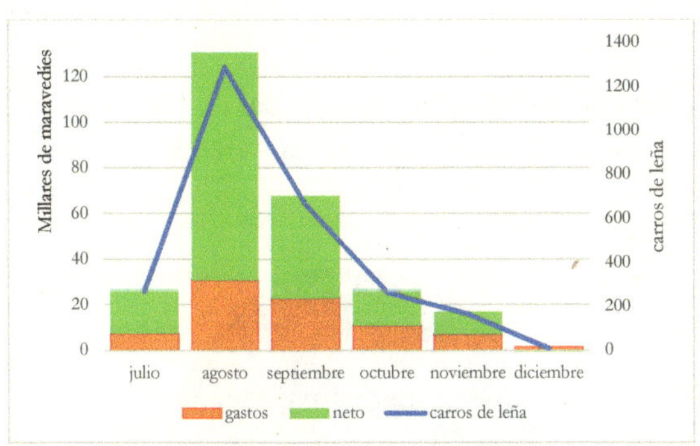

Fuente: AGP. AP, Aranjuez, caja 165, exp. 4.

La rentabilidad de las propiedades analizadas en este periodo fue del 84%, e incluso habría que incrementarla por un descuento y un alcance pendiente de regularización en las cuentas analizadas. Podemos entender que el sistema de arrendamiento generaba pocos gastos directos y los que se acometieron tenían como principal objetivo el mantenimiento de las instalaciones, como eran los molinos y la explotación de las salinas, (tabla 11 y gráfico 8).

Tabla 11. Gastos y entregas de Otos, Alhóndiga y Aceca en 1561

concepto	maravedíes
caja de Aranjuez	2.792.514
descuento	202.500
alcance	147.881
administración	99.158
molinos	38.329
salinas	18.584
obras	9.749
alquiler	5.360
total	3.314.075

Gráfico 8. Distribución porcentual de los gastos y entregas de Otos, Alhóndiga y Aceca en 1561

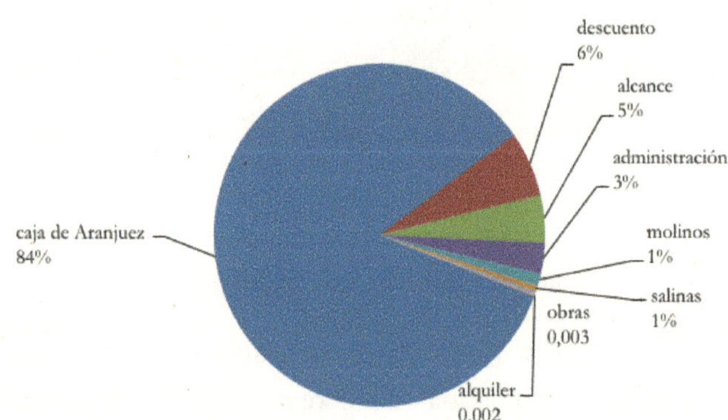

Desde 1562 pasará la administración al mayordomo de Aranjuez Alonso de Mesa, quedando solo un veedor en Aceca, que supervisaba también las obras de la casa que allí se construía para aposento real. La distribución de ingresos de los años siguientes mantuvo la primacía de las rentas derivadas de los arrendamientos de dehesas y tierras para pasto y labranza (tabla 12 y gráfico 9), con incrementos crecientes en sus cuantías, en línea con los que se observan en estos años en la renta de la tierra toledana[89]. Se mantendría el alquiler separado por miembros de la encomienda a diferentes labradores y ganaderos, individualmente o en grupos, entre ellos algunos concejos del entorno. El arrendamiento se subastaba, y se admitían los "prometidos", cuando se mejoraban las pujas. Se estableció una normativa para los contratos, que era similar a la del arrendamiento de cobro de las alcabalas. En determinados capítulos se prefería la administración, llevando directamente ingresos y gastos y pagando salarios a los trabajadores, como así se aplicó en los molinos. Puede observarse en las cláusulas del arrendamiento de Aceca para los años 1560-1563, de las tierras, prados, la isla del Arenal y los molinos:

- Tres años, desde san Miguel de 1560, con las mismas condiciones de los cuadernos de arrendamiento de las alcabalas.
- No se podrían labrar las tierras incluidas en unos mojones hacia la parte del castillo, solamente se podrían pastar sus hierbas, hasta el camino real que dividía los sotos con dichas tierras.
- Las tierras restantes se podrían sembrar y barbechar hasta la raya de la dehesa, sin romper los prados y salmorales que se dedicaban en aquel momento a yerba.
- El arrendatario podría gozar de todos los prados y salmorales como los tenía hasta el momento arrendados el concejo de Villaseca, salvando los sotos marcados con rayas que los dividían de los prados y tierras, que estaban dedicados al servicio de su Majestad, que no entraban en el contrato, y se dedicaban a yeguas y caza del rey.

[89] David González Agudo, *Población, precios y renta de la tierra en Toledo, siglos XVI-XVII.* Tesis doctoral, Madrid, Universidad Complutense, 2015, pp. 187 y ss.

• Si la caza hacía daño en las tierras o prados, el arrendatario no podría solicitar descuento en la renta que pagase.
• No se podría entrar en las islas, salvo para meter o sacar ganado de ellas, con la excusa de ir a coger espárragos.
• Se le daría al arrendatario leña de taray del soto para el hato y abrigo de ovejas en los prados, en el primer año la mitad de media docena de carretadas de ramas de álamo para las chozas, pidiéndoselo al mayordomo del rey, para que marcara dónde podría cortarse.
• La cal necesaria para las obras del rey se sacaría donde solían hacerlo, sin dañar las tierras de labor.
• El coste de la escritura lo pagaría el arrendatario.
• En el último año, 1563, el arrendatario o concejo no podría sembrar más de la mitad de las tierras de labor, dejando el resto calmo, para que el siguiente arrendatario pudiera entrar barbechando las tierras que habían quedado calmas.
• La pagas serían por mitad cada año, a fin de agosto y de diciembre, mediante trigo "bueno, enjuto, de dar, de tomar", en el alfolí de la venta de Alhóndiga, puesto y pagado a costa del arrendatario.
• Las aceñas se habían de entregar al final del contrato con el mismo estado y valor en que las hubiera recibido el arrendatario, pagando la demasía de su valor al arrendatario previo, o exigiéndole el menoscabo, si se hubiera sufrido, y lo mismo cuando concluyese su contrato. El valor de renta anual de las aceñas era de 114.799 mrs
• Las reparaciones y gastos de mantenimiento de las aceñas serían a costa del arrendatario, excepto quiebra mayor, y se llevaría cuenta de ello en un libro.
• Del paso de las maderadas por las aceñas, sería el rey el beneficiario, mientras que el arrendatario solo podría pedir por el impedimento de moler, y los daños que hicieran las maderas en las dichas aceñas.
• Los gastos de la escritura del contrato serían a cargo del arrendatario.

• Quedó sin acabar de redactar una condición que decía que cuando se arrendaban algunas aceñas de particulares, como eran las del Acirate, Botifuera, Aldegüela, se ponía por condición que el molinero que las tomara a molinería diera cierta cantidad de carretadas de piedra para la presa, y que adobase los malos pasos de los caminos.

Tabla 12. Distribución de ingresos de Otos, Alhóndiga y Aceca, 1561-1563, 1568 y 1570 (maravedíes).

Tipo de renta	1561	1562	1563	1568	1570	Promedio
barca	7.000	8.925	8.925	10.000	10.000	8.970
censos y casas	8.150	73.356	61.448	79.280	7.204	45.888
caza de conejos	405.000	244.000	244.000	0	0	178.600
diezmos	71.210	0	0	76.613	13.260	32.217
mesón	41.000	117.400	41.000	59.125	59.533	63.612
labor	77.061	162.798	254.668	313.512	409.187	243.445
leña/madera	256.861	409.817	404.513	0	0	214.238
pasto y labor	400.550	400.550	400.550	1.442.456	1.442.456	817.312
pasto	1.403.460	1.530.840	1.602.240	1.510.910	1.698.750	1.549.240
molinos	553.680	729.100	616.600	281.361	515.825	539.313
pesca	28.811	38.435	37.925	42.750	56.150	40.814
salinas	61.292	70.678	70.678	0	0	40.529
jurisdicción		3.220	3.220	1.580	725	2.186
Total	3.314.075	3.789.119	3.745.767	3.817.587	4.213.089	3.775.927

Gráfico 9. Distribución porcentual media de los ingresos de Otos, Alhóndiga y Aceca 1561-1563, 1568 y 1570

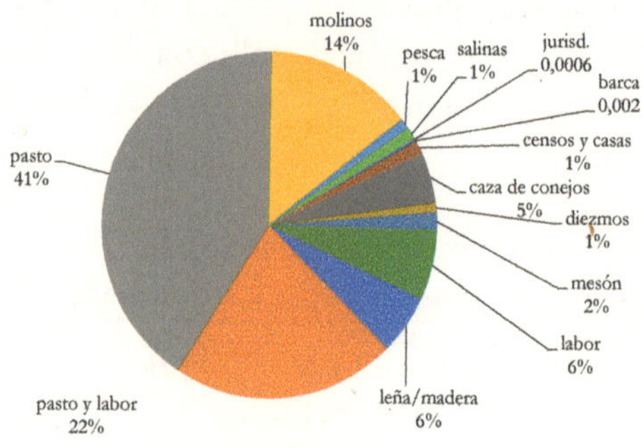

Fuente: AGP. AP, Aranjuez, cajas 165, exps. 4 y 6; 166, exp. 2; 170, exps. 5 y 11.

CONCLUSIONES

El paso a la administración a cargo de los oficiales de la corona de las antiguas propiedades y derechos de la orden de Calatrava en las encomiendas de Otos y Aceca, más las aceñas de Alhóndiga supuso un incremento notable de los ingresos necesarios para la construcción y mantenimiento del inmediato real bosque de Aranjuez, donde quedaron integradas, junto a otras fincas próximas. La intervención primero del Consejo de Órdenes, y posteriormente de la Junta de Obras y Bosques, más la supervisión del gobernador de Aranjuez, verificó la voluntad de Carlos V y Felipe II en la gestión racional y económica de unas grandes dehesas y fincas de labor, completadas con dos importantes molinos en el Tajo, que se sumaban a los de Aranjuez, y el intento de consolidar un puente en Alhóndiga, con inversiones notables que superaban la búsqueda de beneficios a corto plazo, como preámbulo de la construcción de la casa de Aceca, donde pernoctó Felipe II en repetidas ocasiones.

BIBLIOGRAFÍA

Alonso Campos, Juan Ignacio y Calderón Ortega, José Manuel, "Aceca, una encomienda de la Orden de Calatrava a comienzos del siglo XVI: estudio económico", en *I Congreso de Historia de Castilla-La Mancha, Vol. 7, Conflictos sociales y evolución económica en la Edad Moderna,* Toledo, Junta de Comunidades de Castilla-La Mancha, 1988, I, pp. 44-55.

Álvarez de Quindós y Baena, Juan Antonio, *Descripción histórica del Real Bosque y Casa de Aranjuez: dedicada al rey nuestro señor,* Madrid, Imprenta Real, 1804 (edición reciente Doce Calles, 1993).

Arroyo Illera, Fernando y López Gómez, Antonio, "Antiguas salinas de la comarca de Aranjuez", *Estudios Geográficos,* 44-172 (1983), pp. 339-370.

Camarero Bullón, Concepción y García Juan, Laura, "Geografía histórica de los espacios reales: Alóndiga, Aceca y Barciles, despoblados del rey en la vega del Tajo", *Estudios Geográficos,* 79-284 (2018), pp. 209-235. https://doi.org/10.3989/estgeogr.201809.

Carlos Morales, Carlos Javier de, "Gasto y financiación de las Casas Reales", en José Martínez Millán y Mª Antonietta Visceglia (coords.), *La monarquía de Felipe III. La casa del rey,* Madrid, Fundación Mapfre-Instituto de Cultura, 2008, I, pp. 1227-1257.

Confederación Hidrográfica del Tajo (ed.), *Agua e ingenios hidráulicos en el valle del Tajo: de Estremera a Algodor entre los siglos XIII y XVIII,* Madrid, Confederación Hidrográfica del Tajo, 1998.

Díaz Fernández, Antonio José, "Aceca, de castillo a palacio", *Anales toledanos,* 27 (1990), pp. 81-96.

Dirección General del Instituto Geográfico y Estadístico, *Equivalencias entre las pesas y medidas usadas antiguamente en las diversas provincias de España y las legales del sistema métrico-decimal,* Madrid, Imprenta de la Dirección General del Instituto Geográfico y Estadístico, 1886.

Fernández Izquierdo, Francisco, "La extracción de leña y madera de la dehesa de Zacatena (Daimiel, Ciudad Real) en el siglo XVI y su situación a mediados del siglo XVIII", *Memoria y Civilización,* 25 (2022), pp. 47-88. https://doi.org/10.15581/001.25.042

—, "La gestión económica del Consejo de Órdenes: la Contaduría Mayor y sus funciones en el siglo XVI", en Ángel Alloza Aparicio, Francisco Fernández Izquierdo y Elena García Guerra (coords.), *A la sombra de la fiscalidad: estudios sobre la apropiación y gestión de rentas y patrimonios en Castilla, siglos* XV-XVII, Madrid, Silex, 2019, pp. 153-212.

—, "Gestión privada y pública en las encomiendas de las órdenes militares: Aceca (1531-1543), Bolaños (1593) y Montanchuelos (1582-83)", en James S. Amelang *et al* (eds.), *Palacios, plazas, patíbulos: la sociedad española moderna entre el cambio y las resistencias*, Valencia, Tirant Humanidades, 2018, pp. 515-530.

García Rey, Verardo, "El famoso arquitecto Alonso de Covarrubias (datos inéditos de su vida y obras): I Datos biográficos", *Arquitectura: órgano de la Sociedad Central de Arquitectos*, 97 (1927), pp. 167-175.

García-Saúco Beléndez, Luis G., "Noticias sobre la construcción de la capilla del Hospital de Hellín a fines del siglo XVI", *Al-Basit: Revista de estudios albacetenses*, 6 (1979), pp. 207-215.

González Agudo, David, *Población, precios y renta de la tierra en Toledo, siglos* XVI-XVII, (Tesis doctoral), Madrid, Universidad Complutense, 2015.

Gutiérrez-Cortines Corral, Cristina, *Renacimiento y arquitectura religiosa en la antigua Diócesis de Cartagena, Reyno de Murcia, Gobernación de Orihuela y Sierra del Segura*, Murcia, Colegio de Aparejadores y Arquitectos Técnicos, 1987.

Labrador Arroyo, Félix, "El gasto y la financiación de las obras y oficiales de los bosques y Sitios reales de Castilla entre 1609 y 1625", disponible en BURJ Digital http://hdl.handle.net/10115/5668.

—, "La financiación de los sitios reales (1599-1665)", en José Martínez Millán y José E. Hortal Muñoz (coords.), *La corte de Felipe IV (1621-1665): reconfiguración de la Monarquía católica*, Madrid, Polifemo Ediciones, 2015, vol. 3, pp. 2150-2282.

López Requena, Jesús, *El proyecto de navegación del Tajo de Carlos de Simón Pontero (1753-1757)*, Madrid, Fundación Juanelo Turriano, 2020.

Luengo Añón, Ana, *Aranjuez: utopía y realidad: la construcción de un paisaje*, Madrid, Consejo Superior de Investigaciones Científicas-Instituto de Estudios Madrileños-Doce Calles, 2008.

Marías, Fernando, *La arquitectura del Renacimiento en Toledo (1541-1631)*, Madrid, CSIC, 1983.

Martínez Leiva, Gloria, "Vaciamadrid y Aceca, dos lugares de reposo para el rey". *Investigart* (blog), 2 de febrero de 2015. https://investigart.wordpress.com/2015/02/02/vaciamadrid-y-aceca-dos-lugares-de-reposo-para-el-rey/.

Méndez-Cabeza Fuentes, Miguel, "Las enfermedades del molino", en *La mejor tierra de Castilla* (blog), 10 de junio de 2021. http://lamejortierradecastilla.com/las-enfermedades-del-molino/.

Merlos Romero, Mª Magdalena, *Aranjuez y Felipe II: idea y forma de un real sitio*, Madrid, Dirección General de Patrimonio Cultural de la Comunidad de Madrid-Concejalía de Educación y Cultura del Ayuntamiento de Aranjuez,1998.

Muñoz Ruano, Juan, *Construcciones histórico-militares en la línea estratégica del Tajo*, (Tesis doctoral), Madrid, Universidad Complutense, 2000. Disponible en http://purl.org/dc/dcmitype/Text.

Mur i Raurell, Anna, "Rocandolfo al servicio de Carlos V: Wilhelm von Rogendorf, comendador de Otos (1481-1541)", *Anuario de Estudios Medievales*, 28 (1998), pp. 363-388.

Navascués Palacio, Pedro, "Un dibujo de Alonso de Covarrubias", *Archivo Español de Arte*, 41-162 (1968), p. 141.

Pinto Crespo, Virgilio, "Los espacios de la corte, territorio y jurisdicción: el Real Sitio de Aranjuez a mediados del siglo XVI", en Concepción Camarero Bullón y Félix Labrador Arroyo (eds.), *La extensión de la corte: Los sitios reales*, Madrid, Ediciones UAM, 2017, pp. 133-158.

Porras Arboledas, Pedro Andrés, *La Orden de Santiago en el siglo XV: la provincia de Castilla*, Madrid, Caja Provincial de Ahorros-Comité Español de Ciencias Históricas, 1997.

Rodríguez-Picavea, Enrique, *La formación del feudalismo en la meseta meridional castellana: los señoríos de la Orden de Calatrava en los siglos XII-XIII*, Madrid-México, Siglo XXI, 1994.

Solano Ruiz, Emma, *La Orden de Calatrava en el siglo XV: los Señoríos Castellanos de la Orden al fin de la Edad Media*, Sevilla, Publicaciones de la Universidad, 1978.

Viñas Mey, Carmelo y Paz Remolar, Ramón, *Relaciones histórico-geográfico-estadísticas de los pueblos de España: hechas por iniciativa de Felipe II. Reino de Toledo*, Madrid, Instituto Balmes de Sociología-Instituto Juan Sebastián Elcano de Geografía-CSIC, 1963.

EL AGUA Y EL DELEITE CORTESANO EN ARANJUEZ

Cristóbal Marín Tovar
Universidad Rey Juan Carlos

Una de las virtudes que mejor definen la belleza del real sitio de Aranjuez es su potente base natural, compuesta por bosques, paseos arbolados, sotos, jardines, huertas y tierras fértiles, que son felizmente regadas por las aguas de dos ríos navegables, generosos y ricos en pesca, que son el Tajo y su afluente, el Jarama[1].

A lo largo de su recorrido por tierras ribereñas, ambos cauces han ido modelando el paisaje debido a que, hasta que fueron dominados por la mano del hombre, se han venido registrado violentas y destructivas avenidas de agua del Tajo desde el siglo XVI, especialmente durante los meses de marzo y abril, alcanzando especial intensidad en el llamado soto de las Cabezadas donde se unía su cauce con el del Jarama. La fuerza que alcanzaban las aguas era tal que arrastraban puentes, molinos, norias, batanes y empalizadas, por lo que los gastos en la reparación de esos elementos eran casi continuos y muy elevados. Además, las crecidas anegaban grandes extensiones de terreno y de cultivos, formándose en algunos tramos meandros sinuosos, que hoy le otorgan identidad propia al paisaje. El lógico interés por evitar la interrupción de la actividad económica de la vega, y procurar la seguridad e integridad de los ribereños, impulsará la construcción de puentes y medios de contención que fuesen más sólidos y capaces de resistir el embate de las riadas.

En torno al foco palacial se llevó a cabo un proceso de adaptación de todos esos componentes naturales, dirigido a completar un proyecto ambicioso que combinase el aprovechamiento agrario, ganadero, botánico y científico, con el disfrute y el ocio cortesano

[1] Manuel de Terán, "Huertas y jardines de Aranjuez", *Revista de la Biblioteca, Archivo y Museo*, 58 (1949), pp. 261-296; VV.AA., *Aranjuez*, Barcelona-Madrid, Lunwerg, 1999.

en un entorno paisajista único, que tuvo su principal impulso hacia la mitad del siglo XVI por la intervención de diferentes monarcas, y que hoy goza del reconocimiento de Paisaje Cultural Patrimonio de la Humanidad por la UNESCO desde diciembre de 2001[2].

En Aranjuez, el aprovechamiento y gestión del agua trasciende la disposición de una serie de complejas obras hidráulicas para el regadío de huertas y el suministro para las bellas fuentes que adornan sus jardines. Las diversas obras de ingeniería han ido marcando con su geometría el paisaje en forma de canales, acequias, caces y caceras, que distribuían el agua por todos los rincones del amplio territorio. En la actualidad siguen en funcionamiento algunas de esas canalizaciones, y a modo de ejemplo, podemos citar el caz de las Aves, que está en la zona sur, en la orilla izquierda del Tajo; al norte y en la orilla derecha, se ubican los caces de la Cola Alta y de la Cola Baja, que riegan la vega de Colmenar y discurren al pie de las ladeas de la Montaña hasta desaguar en el Jarama.

Gracias al abanico de posibilidades que se abría al poder controlar la repartición del agua, se pudieron acometer con éxito proyectos como el de la creación de las Reales Huertas de Picotajo, que fueron diseñadas por Juan Bautista de Toledo y Juan de Herrera en el siglo XVI, por el impulso del rey Felipe II. Hoy nos sigue admirando la precisión de su trazado y la sabia regularización de los elementos naturales, prefigurando el aspecto que tendría ese espacio cuando creciesen los diferentes y numerosos árboles dispuestos en largas y rectas alineaciones o calles, para que su frondosidad proporcionase extensas zonas de sombra que aliviase a los paseantes del calor húmedo del real sitio. Otro ejemplo del interés que se tuvo para el embellecimiento vial y natural de Aranjuez lo tenemos en el conjunto conocido como Doce Calles, que en los últimos años han ido recuperando su aspecto original tras décadas de abandono y decadencia[3].

El fluir de las aguas de dos ríos a su paso por Aranjuez invitaba a la serena y ociosa contemplación de sus cauces desde las orillas, o

---

[2] Mª Magdalena Merlos Romero, *Aranjuez Paisaje Cultural Patrimonio de la Humanidad*, Barcelona-Madrid, Lunwerg, 2001.

[3] Miguel Ángel Troitiño Vinuesa, "Aranjuez: Patrimonio Cultural, recuperación urbana y turismo", *Anales de Geografía de la Universidad Complutense*, vol. extraordinario

a admirar el paisaje desplazándose en una embarcación. El agua es un elemento deslizante en el que se reflejaba la arquitectura palatina, duplicando su belleza; a la vez relajaba con el suave rumor que nacía de los surtidores de sus fuentes, y refrescaba cuando llegaban los rigores estivales a la vega. Se podían aprovechar sus posibilidades para conformar un escenario adecuado y original en el cual desarrollar el recreo y el entretenimiento cortesano, contribuyendo a la elaboración de una imagen idílica de Aranjuez que fue consagrada a través de las crónicas de los numerosos viajeros españoles y extranjeros que lo visitaron, como veremos en la última parte de nuestro trabajo, así como en bellas composiciones literarias y musicales, siendo la más conocida en este último campo artístico el *Concierto de Aranjuez* del maestro Joaquín Rodrigo, que escribió en París en 1939[4].

En la literatura, el agua es un elemento que se mueve, que se transforma, que se relaciona de formas diversas con los demás elementos y que, aunque puede provocar catástrofes y ser causa de fallecimientos, es fundamentalmente fuente de vida. En este sentido, Aranjuez suele aparecer en los textos como un vergel rodeado de tierras áridas y secas, y esa descripción ha sido interpretada por algunos autores y viajeros como una visión del Edén o del Paraíso religioso por la belleza de sus jardines, o con la pagana Arcadia[5].

El paisaje ribereño, el discurrir de sus aguas, los elementos arquitectónicos asociados a ellas, como embarcaderos o presas, o la diversión cortesana, han sido fuente de inspiración para los asuntos pictóricos de diversos artistas. Aunque veremos con detalle la obra de algunos pintores, ahora podemos mencionar a Juan Bautista Martínez del Mazo en el siglo XVII, a Jacopo Amiconi, Antonio Joli, Francesco Battaglioli, Michel-Ange Houasse e Isidoro González Velázquez en el siglo XVIII, siendo muy curiosa la representación que tenemos de mano de Antonio Carnicero del primer vuelo aerostático realizado

---

(2002), pp. 495-518; Luís Miguel Aparisi Laporta, *Aranjuez: paisaje cultural*, Aranjuez, Doce Calles, 1998; Carmen Díaz Gallegos y María Leticia Sánchez Hernández, *Real Sitio de Aranjuez*, Madrid, Patrimonio Nacional, 1985.

4 VV.AA., *Aranjuez y los libros*, Aranjuez, Ayuntamiento, 1987; Susana Montemayor, *Aranjuez, paisaje literario*, Aranjuez, Ayuntamiento, 2004; VV.AA., *Homenaje a doña Victoria y don Joaquín Rodrigo*, Madrid, UCM, 1993.

5 Susana Montemayor, *Aranjuez...*

en España, en su obra *Globo Montgolfier en Aranjuez*, fechada en 1794 y que podemos contemplar en el Museo del Prado de Madrid. Respecto al siglo XIX tenemos a Fernando Brambilla, y en el XX, las vistas de los jardines de Aranjuez que pintó Santiago Rusiñol, que precisamente falleció en el real sitio el 13 de junio de 1931[6].

Volviendo al uso y gestión del agua en el real sitio, las comentadas intervenciones hidráulicas fueron prioritarias para el proceso de transformación del lugar desde que estaba en manos de la Orden de Santiago. Estas obras continuaron sin apenas interrupciones desde la segunda mitad del siglo XVI hasta inicios del siglo XX, con el objetivo de domesticar y reconducir el discurrir de las aguas fluviales, y así minimizar los destrozos ocasionados por las periódicas riadas[7].

Carlos V, por ejemplo, fue ampliando la extensión del territorio que, en manos de la Corona, iba a convertirse en real sitio. Realizó algunas intervenciones interesantes, como fueron la construcción de las presas del Embocador, cuya ejecución estuvo a cargo de Luís de Vega, Alonso de Covarrubias y Juan de Castro, o la de Valdajos. Felipe II quiso poner en marcha algunas de las técnicas de ingeniería hidráulica que había conocido en sus viajes siendo príncipe, encargando muchos de los trabajos a Juan Bautista de Toledo[8]. Las noticias de archivo y las crónicas consultadas nos hablan de la colocación de represas, canalizaciones, caces, acequias, molinos, norias, etc. También es cierto que muchas de esas instalaciones necesitaron ser reparadas a menudo tras las brutales embestidas de las aguas, como ya hemos señalado anteriormente[9].

La implicación de este monarca en obras relacionadas con la gestión del agua fue intensa, y en el último tercio del siglo XVI intervinieron

---

[6] VV.AA., *Un reinado bajo el signo de la paz. Fernando VI y Bárbara de Braganza. 1746-1759*, Madrid, Ministerio de Educación, Cultura y Deporte, 2002; José Luís Sancho, *Las vistas de los Sitios Reales por Brambilla: Aranjuez. Solán de Cabras. La Isabela*, Aranjuez, Doce Calles, 2002; Isabel Coll, *Rusiñol y la pintura europea*, Barcelona, Sitges, Consorci del Patrimoni de Sitges, 2006.

[7] Pedro Delgado, *La Real Acequia del Jarama*, Aranjuez, Doce Calles, 1995.

[8] VV.AA., *Felipe II. El Rey íntimo. Jardín y naturaleza en el siglo XVI*, Aranjuez, Doce Calles, 1998.

[9] Ana Luengo Añón, *Aranjuez, utopía y realidad. La construcción de un paisaje*, Madrid-Aranjuez, CSIC-Doce Calles, 2008; Adoración González Pérez, "Obras de ingeniería hidráulica en el Real Sitio de Aranjuez", en Actas del Congreso *El Arte en las cortes*

en este tipo de proyectos por su particular deseo técnicos e ingenieros de diversas nacionalidades, como flamencos, italianos y franceses, que, junto a los españoles, se afanaron en aplicar medidas para contener, reconducir y distribuir las aguas del Tajo y del Jarama. Incluso cumplieron en parte el deseo del monarca para hacer navegables sus corrientes, y de este modo, poder desplazarse en barcas para evadirse y disfrutar de los bellos rincones del real sitio[10].

Otra gran estructura relacionada con el embalsamiento de las aguas que se construyó gracias al impulso de Felipe II, fue la del Mar de Ontígola, hoy conocido como Reserva Natural de El Regajal. En el lugar donde había una balsa de agua llamada El Fondón o Fuentecillas, levantó finalmente la primera presa con contrafuertes del Renacimiento[11]. Desde mediados del siglo XVI, los diseños de la obra estuvieron sucesivamente a cargo de Pietre Jansen y Juan Bautista de Toledo, que es el que introdujo la novedad de reforzar la estructura con cinco contrafuertes trapezoidales de tres metros de ancho por tres metros de longitud, a los que añadió otra serie de contrafuertes internos. Tras otras labores de refuerzo llevadas a cabo por Francisco Sánchez en 1570, la conclusión de la obra se puede fechar en 1572, con las aportaciones finales de Jerónimo Gili y Juan de Herrera[12]. Entre los diferentes propósitos de este gran depósito de agua estaban el de proporcionar agua para regar algunas huertas y los jardines de que se estaban organizando cerca del palacio, y que llegase ésta con presión suficiente como para dar vida a las fuentes que los está adornando. Más adelante señalaremos cómo también tuvo

europeas del siglo XVIII, Madrid, Patrimonio Nacional y Comunidad de Madrid, 1989, pp. 307-314.

[10] Fernando Checa Cremades y Miguel Morán Turina, *Las Casas del Rey. Casas de Campo, Cazaderos y Jardines. Siglos XVI y XVII*, Madrid, El Viso, 1986.

[11] Nicolás García Tapia y Javier Rivera Blanco, "La presa de Ontígola y Felipe II", *Revista Obras Públicas*, (1985), pp. 477-490; Nicolás García Tapia y Javier Rivera Blanco, "Juan Bautista de Toledo, Jerónimo Gili y Juan de Herrera: autores del mar de Ontígola", *Boletín del Seminario de Estudios de Arte y Arqueología*, LI (1985), pp. 319-344.

[12] Ana Luengo Añón, *Aranjuez. La construcción …*

Ontígola unos usos cinegéticos y otros relacionados con actividades lúdicas para el entretenimiento de diferentes monarcas.

A medida que se fue controlando el curso de las aguas de cara a proteger las labores agrícolas, la caza, la pesca y favorecer actuaciones de carácter festivo, se fueron reconstruyendo o reemplazando aquellos puentes que, debido a sus frágiles estructuras, eran arrasados por la fuerza de las riadas. El caso más significativo fue el de la construcción del llamado Puente Largo, que hoy sigue en uso y que, de hecho, ha sido reforzado en su estructura en estos últimos años[13].

Hasta mediados del siglo XVIII, el acceso a Aranjuez sobre el Jarama se resolvía utilizando puentes de madera o empleando barcazas que comunicaban las dos márgenes del río. Los inevitables daños y deterioros que sufrían estas débiles construcciones provocaron que se tomase la decisión de erigir un puente más grande y sólido, pues el último, que era de barcas, quedó arruinado por completo a causa de la avenida de agua de 1749[14].

Por orden de 12 de septiembre de 1757, y aprovechando que se estaban ejecutando las obras del Camino Real de Andalucía, se ordenaba construir un puente de piedra sobre el Jarama a Marcos de Vierna. En ese momento, Vierna era maestro de cantería, aunque posteriormente desempeñó los cargos de comisario de Guerra y director de Puentes y Caminos del Reino[15].

La obra demostró ser muy problemática casi desde su inicio debido a las características del terreno arenoso del lecho del río, a lo que se añadió las interrupciones que se sufrían en el suministro de piedra. Las repentinas crecidas del río acababan a veces con los avances que se habían producido, como sucedió con una riada de 1758 que, además, arrastró casi todo el material de construcción. Entre los documentos que se conservan tenemos escritos de mano del propio Vierna en los que se quejaba también de la falta de medios humanos, ya que

[13] Fernando Chueca Goitia, "El puente sobre el río Jarama en el camino de Aranjuez", *Boletín de La Real Academia de Historia*, CCXI (1967), pp. 59-64.

[14] Juan Antonio Álvarez de Quindós y Baena, *Descripción Histórica del Real Bosque y Casa de Aranjuez*, Madrid, Imprenta Real, 1804.

[15] Pilar Corella Suárez, "Puentes y barcas en el Real Sitio de Aranjuez", *Anales del Instituto de Estudios Madrileños*, XLIII (2003), pp. 191-238.

estimaba que necesitaba unos 500 obreros y solo contaba con 160, y de estos, una gran parte estaba enferma con tercianas[16].

Los retrasos en las obras hicieron que Carlos III mandase acelerar la ejecución final del proyecto, puesto que creía que la solidez, tamaño y belleza del puente, servirían de propaganda para afianzar su figura como soberano. Finalmente, esta magnífica obra de ingeniería se inauguró en 1761, y tan satisfecho estaba el monarca con el resultado, que lo bautizó como el Rey de los Puentes.

Sus dimensiones eran espectaculares para esa época, pues el puente tenía 340 metros de longitud y estaba fabricado en piedra blanca de Colmenar; contaba con 25 arcos y tajamares; el ancho de su tablero era de 11 metros, y la altura máxima de rasante era de 11,8 metros. Por un comentario de un visitante alemán, parece ser que se tenía que pagar un peaje o pontazgo para cruzarlo[17].

Tanto a la entrada como a la salida se crearon sendos ensanchamientos, a modo de glorietas, y en los remates de los pretiles se colocaron unos leones que sujetaban unas tarjetas entre sus garras que en latín y castellano rezaban: "En el feliz reynado de Carlos III hizo este puente Marcos de Bierna, año de 1761". En la actualidad estos leones se encuentran en un estado de conservación tan lamentable que están irreconocibles.

Pero en la configuración de Aranjuez como un real sitio en el que se mezclaban la cultura, el arte, la naturaleza y el entretenimiento, son fundamentales sin duda sus jardines[18]. Éstos demostraron ser aptos para acoger actos festivos de carácter cortesano, como veremos. Así sucedió por ejemplo que, a medida que se iba desarrollando la construcción del palacio, se fue diseñando el llamado Jardín de la Isla, que es un ejemplo magnífico de jardinería del Renacimiento en España, en el que la naturaleza se ordena y se domina siguiendo un elaborado proyecto en el que se tienen en cuenta todos los factores

[16] Cándido López y Malta, *Historia Descriptiva del Real Sitio de Aranjuez escrita en 1868 por...sobre lo que escribió en 1804 D. Juan Álvarez de Quindós,* Aranjuez, Doce Calles, 1988 (ed. Facsímil 1876).

[17] "Pasamos el precioso puente del Jarama (...) donde se paga peaje". Hiltrud Friederich-Stegmann, *La imagen de España en los libros de los viajeros alemanes del siglo XVIII*, Alicante, Universidad de Alicante, 2014, p. 102.

[18] Manuel de Terán, *Huertas y jardines de Aranjuez...*

que participan en esta actividad. Evidentemente, el agua tenía que ser uno de los protagonistas principales en este espacio idílico, vivo y en constante transformación, por ejemplo, deleitando con el suave rumor de los surtidores de las fuentes ornamentales el paseo de damas y caballeros por sus calles durante la Jornada de Primavera[19].

Este jardín está situado entre un gran meandro del río Tajo que va desde la presa del Tajo hasta los restos del puente Verde, y la Ría, que es un canal enlosado situado al norte del palacio. El acceso a la isla se puede realizar a través de cuatro puentes que ayudan a cruzar la Ría, que son el puente rampa del Jardín del Parterre; otro escalonado que está próximo a la Cascada de las Castañuelas llamado del Canal; el de la calle de Madrid, llamado de En medio, y el de la Isleta, que conserva una bella portada con reja[20].

En 1931, el Jardín de la Isla recibió la categoría de bien de interés cultural (BIC), en la categoría de Jardín Histórico, y le ampara la citada declaración de Aranjuez como Paisaje Cultural Patrimonio de la Humanidad de 2001.

La iniciativa de transformar los elementos naturales que contenía la isla en un jardín íntimo y ordenado de aire flamenco e italiano fue del emperador Carlos V. La continuó Felipe II quien, desde que era príncipe, tenía las ideas muy claras en cuando a la jardinería apropiada para los lugares reales gracias a los que conoció en sus viajes. Se encargó un primer trazado a Gaspar de Vega y Alonso de Covarrubias, que se ocuparon de la preparación del terreno para acomodar en él la infraestructura hidráulica necesaria. Pero no se configuró el jardín de forma definitiva hasta el arco temporal que va desde 1561 hasta 1564, siendo Felipe II rey, que había puesto la obra en manos del arquitecto Juan Bautista de Toledo. También intervinieron en el proyecto jardineros extranjeros, como el flamenco Juan Hoivecq o el italiano Jerónimo de Algora[21]. Se niveló el terreno, se trajeron y

---

[19] Consuelo Martínez-Correcher y Gil, "El Jardín de la Isla", en *Los Jardines de Aranjuez: dos años de vida. Catálogo de la Exposición,* Hospital de San Carlos, Aranjuez, Ayuntamiento, 1981.

[20] VV.AA., *Arquitectura y desarrollo urbano, Comunidad de Madrid. Zona Sur. Aranjuez,* tomo IX, Madrid, Comunidad de Madrid, 2004.

[21] Carmen Añón Feliú, "Jardín y Naturaleza en el siglo XVI: Palacio de Aranjuez (Madrid)", *Álbum, letras, artes,* 56 (1998), pp. 28-36.

plantaron diversas especies arbóreas y se organizó la llegada de agua a las fuentes desde el Mar de Ontígola, que ya estaba activo en 1563. A partir de 1660 y hasta 1669, Sebastián Herrera Barnuevo terminó de darle forma definitiva al jardín, su disposición vial y la distribución ordenada de sus bellas fuentes.

El trazado de este jardín presenta un fuerte eje axial, a lo largo del cual se fueron disponiendo una serie de fuentes con un efecto algo teatral en su perspectiva. Desde ese eje o calle principal se fueron creando de forma geométrica espacios rectangulares y cuadrados, en los que se podría aplicar el *ars topiaria*, así como calles transversales que remataban a su vez en plazoletas que estarían adornadas con fuentes muy sencillas con surtidores de taza.

Como se refleja en numerosos grabados y estampas, como las de Meunier, en la calle central se disponían las llamadas folías o pérgolas, que eran unas estructuras en arco con entramados de madera que quedaban recubiertas casi por completo por plantas trepadoras y olorosas. De este modo se creaban unos túneles o galerías con ventanitas a los lados, para resguardar a los paseantes del calor del sol durante algunos tramos del recorrido que iban entre los espacios abiertos en los que estaban colocadas las diferentes fuentes.

El agua que manaba de las fuentes reverberaba al sol, amenizaba los sentidos y embellecía el entorno. Además, para provocar sorpresa, burla y diversión, unos pequeños surtidores a ras de suelo podían empapar a los desprevenidos paseantes. Este tipo de dispositivos se pusieron de moda en otros jardines del Renacimiento[22].

En cuanto a las fuentes, se fueron colocando en diferentes etapas a partir del citado primer planteamiento de Juan de Herrera de finales del siglo XVI, puesto que durante los reinados de Felipe III y Felipe IV se incorporaron algunas piezas. Además, se conoce una gran intervención en la distribución de las fuentes fechada en 1660, que estuvo a cargo de Sebastián Herrera Barnuevo[23].

---

[22] Alfredo Aracil Ávila, *Juego y artificio. Autómatas y otras ficciones de la cultura del Renacimiento a la Ilustración*, Madrid, Cátedra, 1998.

[23] Adoración González Pérez, "Las fuentes del Jardín de la Isla en el Real Sitio de Aranjuez durante los siglos XVII y XVIII", *Reales Sitios*, 85 (1985), pp. 57-64; Javier Portús, "El Conde de Sandwich en Aranjuez (las fuentes del Jardín de la Isla en 1668)", *Reales Sitios*, 159 (2004), pp. 46-59.

Si hoy accedemos al Jardín de la Isla desde el Parterre, encontramos la siguiente distribución: al cruzar el puente vemos la fuente de Hércules o del Ochavo, que ocupa el espacio en el que estaba una fuente dedicada a la diosa Diana; a su derecha y fuera del eje principal, podemos observar la fuente de la Boticaria; cerca de la de Hércules se ubica la fuente de Apolo; le sigue la llamada de las Horas o del Anillo; pasamos a la de las Harpías, que fue conocida también como la fuente del Negrillo, de las Folías, y actualmente como la del Niño de la Espina; le sigue la de don Juan de Austria o de Venus; luego otra dedicada al dios Baco, y torciendo en diagonal, encontramos la fuente de los Cuatro Elementos o de Neptuno.

En la llamada Isleta, que fue acondicionada por Esteban Marchand en 1731 en el reinado de Felipe V como una especie de terminación del jardín de la Isla, y en la que trabajaba el arquitecto italiano Santiago Bonavía desde 1735, se colocó la llamada fuente de los Tritones o de las Tres Gracias. Dicha fuente fue encargada por Felipe IV, y su ejecución se fechó en 1656, siguiendo el modelo de otra fuente que estaba ubicada en el Buen Retiro[24]. Posteriormente, en 1845, se desmontó y trasladó a los jardines del Campo del Moro del Palacio Real de Madrid, donde la podemos contemplar.

También forma parte del conjunto del Jardín de la Isla la Cascada de las Castañuelas, situase en la entrada de la Ría. Se trata de un proyecto de Pedro Caro Idrogo de 1730, que fue terminado por Santiago Bonavía en 1750. Estaba cercana a las habitaciones de la reina Bárbara de Braganza, y se llegó a decir que su construcción fue idea de Fernando VI para agradar a su esposa, que podría así escuchar el rumor de las aguas, que sin duda evocarían el sonido del océano Atlántico al que estaba acostumbrada en Lisboa, y que tanto extrañaba. La cascada se formó colocando unos elementos semicirculares sobre otros, y disponiéndolos en orden decreciente provocando la sonora caída del agua.

Por lo que respecta al ocio cortesano, el deleite y la fiesta barroca, el real sitio de Aranjuez demostró ser un lugar óptimo para el

[24] Mª Magdalena Merlos Romero, *Aranjuez y Felipe II. Idea y forma de un Real Sitio*, Madrid, Dirección General de Patrimonio Cultural de la Comunidad de Madrid-Concejalía de Educación y Cultura del Ayuntamiento de Aranjuez, 1998.

entretenimiento y la evasión tanto de la familia real como de los otros miembros de la corte que los acompañaban[25]. Su belleza bucólica y pastoril funcionaba a la perfección como escenario natural para el ejercicio de la caza, la pesca, el paseo a caballo o en carroza, y como decorado vivo para otras manifestaciones culturales y artísticas relacionadas con el teatro y la música. En ese sentido, el agua también tuvo una función importante y diferenciadora respecto a otros sitios reales en los que tenía lugar la actividad lúdica cortesana[26].

Los paseos por el río aparecen registrados desde la época de Felipe II, y se realizaban sobre barcas, góndolas o chalupas que eran ricamente engalanadas dada la categoría y rango de sus ocupantes, y adaptadas para que fuesen lo más confortables posible. Según relata Alvarez de Quindós, en el año de 1584 llegaron a Aranjuez cinco marineros de la villa de Abrantes, en Portugal, a servir en las chalupas de la navegación del rey[27].

Como recoge Magdalena Merlos, el ingeniero Juan Bautista Antonelli construyó dos barcas "con ocho columnas y sus arcos de madera con toldo de damasco verde", que pasearon al rey Felipe II, sus hijas y damas de palacio para "gozar de los muy regalados y deliciosos jardines, verduras y arboladas" desde Vaciamadrid hacia Aranjuez, por el Jarama[28]. Y completa el relato señalando que, en las ocasiones en las que Felipe II paseaba en barca con su familia, la música de Sebastián de Santollo amenizaba dicho trayecto, estando algunos músicos interpretando las piezas desde las orillas del río. Al parecer, en 1599, siendo rey Felipe III, se hicieron chalupas nuevas.

En el reinado de Felipe IV se va a producir un hecho que constituye un magnífico ejemplo de las posibilidades de Aranjuez para

---

[25] Antonio Bonet Correa, *Fiesta, poder y arquitectura. Aproximaciones al barroco español*, Madrid, Akal, 1990.

[26] Eduardo Blázquez Mateos, "Lugares de recreo en el Renacimiento español: la escena paisajística en El Pardo y Aranjuez", *Anales del Instituto de Estudios Madrileños*, XXXIV (1994), pp. 105-120.

[27] Juan Antonio Álvarez de Quindós y Baena, *Descripción Histórica …*

[28] Mª Magdalena Merlos Romero, *Aranjuez y Felipe II …*

conjugar naturaleza, cultura y divertimento, en este caso con motivo de una celebración que afectaba directamente al monarca[29].

La noche del 15 de mayo de 1622, Pascua de Pentecostés, tuvo lugar en el Jardín de la Isla una gran fiesta teatral con ocasión "de los felicísimos años que cumplió el rey nuestro señor don Felipe Cuarto"[30]. La idea de aprovechar la belleza natural de ese espacio para organizar esta original sorpresa, parece que partió de la joven reina Isabel de Borbón, pues ya se había cumplido el luto que se había guardado en la corte por el fallecimiento de Felipe III[31], y además contaba con la colaboración para las funciones de otras damas destacadas, como doña Leonor Pimentel, o doña Francisca de Tabora.

En rigor, se trataba de la representación de dos comedias: una sería *La Gloria de Niquea*, de materia caballeresca, cuyo autor era don Juan de Tassis y Peralta, conde de Villamediana y correo mayor del reino; y la otra, de asunto mitológico, sería de mano de don Lope de Vega que con el título *El Vellocino de Oro*, se representaría sobre un tablado dispuesto en el llamado Jardín de los Negros, dentro del actual Jardín del Príncipe.

Los preparativos comenzaron en el mes de marzo, ya que la fecha prevista para la fiesta era el 8 de abril, pero por diversos motivos, como que hiciese muy mal tiempo en esos días, o querer prolongar unas semanas más la estancia en Aranjuez, se decidió posponer el acto hasta la tarde del 15 de mayo.

El espacio dentro de la isla fue seleccionado en el mes de febrero por el hijo de Doménico Fontana, el capitán Julio César Fontana, que ostentaba el cargo de ingeniero mayor y superintendente de las Fábricas Reales del Reino de Nápoles, acompañado por el citado

---

[29] Victoria Soto Caba, *Aranjuez, un paisaje para el recreo*, Aranjuez, Ayuntamiento, 2001; José Deleito y Piñuela, *El Rey se divierte*, Madrid, Alianza, 1988.

[30] Felipe B. Pedraza Jiménez, "Ecos literarios de la fiesta real de 1622 en Aranjuez", en VV.AA., *Aranjuez en los libros*, Aranjuez, Ayuntamiento, 1987, pp. 43-61; Consuelo Gómez López, "El gran teatro de la Corte: Naturaleza y artificio en las fiestas de los siglos XVI y XVII", *Espacio, Tiempo y Forma. Serie VII. Historia del Arte*, 12 (1999), pp. 199-220.

[31] María Teresa Chaves Montoya, "La Gloria de Niquea. Una invención en la Corte de Felipe IV", en VV.AA., *La Gloria de Niquea. Una invención en la Corte de Felipe IV*, Riada, 2, Aranjuez, Doce Calles, 1991, pp. 43-125.

don Juan de Tassis y Peralta, conde de Villamediana, y el ingeniero Pedro Álvarez.

Se decidió acondicionar el terreno elegido para levantar un gran teatro efímero de inspiración clásica, hecho en su totalidad de madera, bajo la dirección de Fontana y asistido por Pedro Álvarez. No se conservan las trazas, pero se cree que sería un teatro "a la italiana" por lo que se desprende de la descripción que hizo del mismo el escritor Antonio Hurtado de Mendoza[32].

La construcción debería adaptarse perfectamente al entorno natural, y aprovechar todas las ventajas que ofrecía el frondoso arbolado y el rumor del agua que provenía de las fuentes y del río Tajo. Conocemos muchos detalles de las labores constructivas gracias a la documentación conservada en el archivo de Simancas, relativa a las cuentas sobre gastos en materiales y sobre los diferentes operarios que participaron en la ejecución de un escenario adecuado para la representación de la citada comedia. Su carácter efímero aparece recogido en las fuentes que hemos señalado, pues indican que se desmontó todo a los dos días de finalizada la celebración del evento.

Hurtado de Mendoza nos señala que se trataba de un teatro de ciento quince pies de largo y setenta y ocho de ancho, en forma de U, y que estaría decorado con siete arcos por cada parte, pilastras de orden dórico, y contaría con una galería con balaustrada dispuesta en tono al anfiteatro, pintada en azul, oro y plata. Los espectadores estarían distribuidos en gradas en torno al escenario, reservando los asientos centrales para el rey y los infantes, de modo que estuviesen sentados justo frente al escenario en el que habrían colocado dos esculturas representando a Mercurio y Marte. Contaba el conjunto con un adecuado sistema de iluminación artificial para activarlo cuando llegase la noche. En lo que coinciden las distintas descripciones de la función era en el asombro y regocijo que provocó la creación por Fontana para la misma "de una montaña de cincuenta pies de latitud, y ochenta de circunferencia, que se dividía en dos; y con ser máquina tan grande, la movía un solo hombre con mucha

[32] Antonio Hurtado de Mendoza, *Fiesta que se hizo en Aranjuez a los años del rey nuestro señor*, Madrid, Juan de la Cuesta, 1623. Cita por Antonio Hurtado de Mendoza, *Obras poéticas I* (Rafael Benítez Claros, ed.), Madrid, Real Academia Española, 1947.

facilidad"[33]. Auditorio y participantes se rindieron igualmente a la fantasía creativa del ingeniero italiano en los cambios de decorado para las distintas escenas de la comedia.

La Gloria de Niquea entraría dentro de las llamadas representaciones "de invención", en las que cobraban especial protagonismo los mejores efectos sonoros, lumínicos y visuales que se podían conseguir gracias a la compleja tramoya y los cambios de decorado que se dispusieron. Todos ellos fueron magníficamente ponderados y alabados por los asistentes.

Sabemos que el espectáculo comenzó sobre las 3 de la tarde de ese día 15 de mayo, y que se extendió en el tiempo hasta que llegó la noche. El colofón fue la participación de la reina Isabel de Borbón, que interpretaba a la diosa de la hermosura, la infanta María, en su papel de Niquea, y otras damas de la corte, que aparecieron danzando en el escenario, vestidas con trajes ricamente adornados y aparatosos complementos. La grandiosidad de la fiesta tuvo una gran repercusión no solo en España, sino también en Europa, lo que hizo que se despertase la curiosidad en viajeros y artistas por conocer en persona el real sitio de Aranjuez y sus maravillas artísticas y naturales.

La otra comedia que mencionamos, *El Vellocino de Oro*, cuya organización fue encomendada a doña Leonor de Pimentel, se representó dos días después con idéntica pompa, tramoya y artificio. Como en la anterior, participarían damas principales interpretando diferentes papeles, pero se produjo un incendio al poco de comenzar la actuación que destruyó por completo la instalación, pero sin tener que lamentar daño físico alguno afortunadamente.

Como ya señalamos al hablar de su creación, el Mar de Ontígola fue otro de los escenarios donde se desarrolló el entretenimiento cortesano en un entorno natural[34]. Hay noticias de la celebración de naumaquias en el siglo XVI, y contamos con una detallada información de mano de Álvarez de Quindós, que nos dice que en 1625 se creó una isleta en el centro del Mar, y que se instaló en ella un cenador rodeado de barandillas que contaba con su propio embarcadero. Se accedía a

[33] Antonio Hurtado de Mendoza, *Fiesta …*, citado en María Teresa Chaves Montoya, "La Gloria de Niquea …".

[34] Ana Luengo Añón, *Aranjuez. La construcción …*

la isleta por medio de góndolas y chalupas, de las que hicieron uso tanto Felipe IV como Carlos II, para evadirse deslizándose por las mansas aguas, o practicando la pesca. Relata Quindós que la reina doña Mariana de Austria, viuda y madre de los reyes mencionados anteriormente, se embarcó el año de 1668 en una lujosa góndola, cuya cámara de popa tenía columnas y adornos de plata.

En el Mar de Ontígola se llevaba a cabo un acto de caza cruel, que se llamaba la fiesta de los despeñaderos, y que se llevaba a cabo desde el citado cenador de la isleta. Básicamente consistía en hacer que diferentes animales que estaban encerrados en jaulas colocadas en los cerros del Mediodía, se deslizasen por un puente estrecho hecho con tablones untados con grasa, de forma que los pobres animales no podían evitar caer al agua del Mar. Una vez que comenzaban a nadar para salvarse eran abatidos con arcabuces por el rey desde el cenador. De esta manera, nos dice que el 23 de mayo de 1725, Felipe V acabó con la vida de doce toros, tres jabalíes y un camello[35].

Aunque este rey sintió predilección por La Granja, su segunda esposa, Isabel de Farnesio se sentía muy bien en Aranjuez, y por ello se realizaron intervenciones en el real sitio, de cara también a diferenciarse de la dinastía anterior, e ir imponiendo el sello de los Borbones en tan representativo lugar. Entre los cambios que se van a llevar a cabo en el palacio, está la creación del jardín del Parterre o jardín Nuevo. Esta ampliación del terreno se extiende ante la fachada meridional del edificio, y va a servir para unir dos pequeños jardines ya existentes, que eran los del Rey y de la Reina[36].

El jardín del Rey, como era habitual, estaba en un extremo de la parte posterior del palacio y estaba cerrado con un muro. Databa de tiempos de Felipe II, y contaba con una gruta y hornacinas con estatuas en los muros. Había también una galería abierta que fue cerrada por orden de Felipe V. Al crearse el Parterre, en 1733 se derribó el muro que lo cerraba quedando su espacio incorporado al

---

[35] Antonio Hurtado de Mendoza, *Obras líricas y cómicas,* Madrid, Francisco Medel de Castillo, 1728.

[36] José Luís Sancho, "Los jardines de Aranjuez bajo los primeros Borbones, una nueva imagen: el Parterre", en *El arte en las cortes europeas del siglo XVIII*, Madrid, Patrimonio Nacional-Comunidad de Madrid, 1989, pp. 663-674.

nuevo y más amplio terreno ajardinado. Hubo también una tribuna sobre la terraza que fue mandada hacer por Fernando VI al arquitecto Santiago Bonavía, que estaba orientada hacia la plaza de Parejas, y que fue derribada en 1760 por deseo de Carlos III. Podemos conocer su aspecto gracias al cuadro de Francesco Battaglioli de 1756 titulado *Vista del Palacio de Aranjuez*, que se conserva en el Museo del Prado en Madrid, y que comentaremos más adelante.

Por lo que respecta al jardín de la Reina, en los planos aparece reflejado con las mismas dimensiones que el del Rey, pero al terminar la construcción en el siglo XVIII, se podía apreciar que no se correspondía al de la traza inicial, aunque quedaba igualmente integrado en el gran Parterre.

Como se ha indicado, el Parterre fue mandado hacer en 1727 por deseo de Felipe V, y fue diseñado con un claro gusto francés por Etienne Marchand. Desde 1730 intervino también el jardinero Esteban Boutelou. El nuevo jardín, amplio y preparado para su disfrute sensorial, estaba rodeado por un muro con una entrada en su extremo, orientada a la actual plaza de san Antonio. Hoy tal cerramiento no existe, pues fue convertido en foso en 1760, por orden de Carlos III, obra de Jaime Marquet. La eliminación del muro le ha otorgado una mayor amplitud visual al conjunto del jardín y palacio tanto desde la ciudad, como desde el propio Parterre hacia el casco urbano.

El agua está aquí presente a través de dos bellas fuentes. Una es la fuente de Ceres, que estuvo en principio ubicada en el Jardín del Príncipe y fue trasladada al Parterre a principios del siglo XX. La otra fuente, que es monumental y compleja en su composición, es la de Hércules y Anteo. Fue un encargo del rey Carlos IV al escultor Juan Adán que se hizo el 4 de abril de 1795, para colocarla en el jardín del Príncipe. El proyecto se fue retasando por distintos motivos, de modo que, habiendo fallecido Juan Adán el 14 de julio de 1816 en Madrid, se encargó de finalizar la erección de la fuente el arquitecto Isidro Velázquez. Finalmente se inauguró en 1825, pero justo en la entrada del Parterre, donde permanece hoy en día, otorgándole espectacularidad al acceso al palacio por dicha puerta.

Pero para entender lo fructífera que podía ser la relación ente el impulso real y la belleza natural de un entorno, es fundamental la llegada al trono de Fernando VI y su mujer, Bárbara de Braganza, y que trabajase en el real sitio un hombre de extraordinario talento, que era el cantante castrato de voz prodigiosa don Carlo Broschi, conocido como Farinelli[37]. Gracias al concurso de estas personalidades, el esplendor que llegó a alcanzar la fiesta cortesana en Aranjuez en el siglo XVIII obtuvo una fama sorprendente, y sirvió para el propósito de ensalza la imagen del rey y transmitir una sensación de la prosperidad que bajo su mandato vivían sus reinos.

Carlo Maria Michelangelo Nicola Broschi, Farinelli. era natural de Andria, en Nápoles, donde nació el 24 de enero de 1705. Llegó a Madrid en agosto de 1737 invitado por la reina Isabel de Farnesio, y en un principio ejerció de terapeuta musical tanto de Felipe V como de su hijo Fernando VI, pues parece ser que la belleza de su canto tenía propiedades curativas para aliviar los episodios depresivos y estados de melancolía en los que caían ambos monarcas con relativa frecuencia[38].

Fernando VI y su mujer Bárbara de Braganza, que tuvieron la fortuna de disfrutar en su reinado de trece años de paz, tenían muy claras las posibilidades lúdicas de Aranjuez, y aunque solo pasaban en el real sitio los meses de mayo y junio, las fiestas que allí se celebraron alcanzaron fama internacional[39].

Ambos reyes amaban la música y eran aficionados a las representaciones de ópera. La reina había recibido una cuidada educación musical en la corte de su padre Juan V de Portugal, donde Doménico Scarlatti fue su maestro. Sobre esa base, el gusto por la ópera italiana enteramente cantada llegaría a Madrid, y por ello, a Aranjuez, jugando un papel esencial en este proceso Farinelli. El fenómeno tuvo tan

---

[37] Carlos Sambricio, "El Real Sitio de Aranjuez, reflejo del saber de una corte ilustrada", *Reales Sitios*, núm. extraordinario (1989), pp. 105-116; Antonio Bonet Correa, *Fiesta...*

[38] Eugène Scribe, *Carlos Broschi*, Create Space Independent Publishing Platform, 2013; Nicolás Álvarez Solar Quintes, "Nuevas aportaciones a la biografía de Carlos Broschi (Farinelli)", *Anuario musical. Revista de musicología del CSIC*, 3 (1948), pp. 187-204.

[39] Antonio Bonet Correa (comisario), *El Real Sitio de Aranjuez y el arte cortesano del siglo XVIII*, Catálogo de la exposición, Palacio de Aranjuez, Madrid, Patrimonio Nacional y Comunidad de Madrid, 1987; Cristóbal Marín Tovar, "El Real Sitio de Aranjuez como escenario de la fiesta cortesana durante el reinado de Fernando VI y Bárbara de Braganza", *Enlaces, Revista del CES Felipe II*, 14 (2012), pp. 1-15.

buena aceptación, que entre los años 1748 y 1758 se estrenaron entre el Buen Retiro y Aranjuez, quince óperas, seis serenatas y diecisiete intermedios[40].

Farinelli empleaba a fondo no solo su talento para el canto, sino también su capacidad para organizar eventos a la altura de la corte. Son razones por las que recibió diversos honores y reconocimientos, como la imposición de la Cruz de la Real Orden Militar de Calatrava y el disponer de una casa en el mismo Aranjuez cerca del palacio, la cual rehabilitó para su uso Giacomo Bonavía. Esa edificación pasó a ser el palacio de Osuna, y sufrió un aparatoso incendio el 2 de mayo de 2018[41].

La emergente ciudad bullía durante los meses de primavera, siendo la celebración principal de ese tiempo la fiesta que se organizaba con motivo del día de san Fernando, el 30 de mayo. Fueron célebres algunas de aquellas puestas en escena, como la de mayo de 1751, cuando Farinelli iluminó artificialmente el real sitio disponiendo más de 60.000 fanales por los lugares más emblemáticos del lugar, desde el palacio a los jardines, pasando por las orillas del río, que habían sido convenientemente saneadas liberándolas de cañas, ramas y fango, para lograr un efecto casi mágico el con el reflejo de tan numerosas luces sobre la superficie del agua.

Fue el 30 de mayo del año siguiente 1752, cuando se estrenó en Aranjuez el melodrama heroico *Il Natal di Giove* de Pietro Trapassi, conocido como Metastasio, con música de Gaetano Latilla, con enorme éxito. Pero sin duda una de las empresas más sorprendentes que emprendió Carlos Broschi en Aranjuez para halagar a los monarcas y potenciar su imagen áulica, aunque en realidad fue un regalo de la reina a su marido, fue la creación de la llamada Escuadra Real del Tajo. Se trataba de una auténtica flota en miniatura compuesta por quince barcos de recreo en los cuales los reyes navegaban y se

---

[40] Margarita Torrione, "La sociedad de Corte y el ritual de la ópera", en *Un reinado bajo el signo de la paz. Fernando VI y Bárbara de Braganza (1746-1759)*, Madrid, Real Academia de Bellas Artes de San Fernando-Ministerio de Educación, Cultura y Deporte, 2002, pp. 165-195.

[41] Margarita Torrione, "La casa de Farinelli en el Real Sitio de Aranjuez, 1750-1760 (nuevos datos para la biografía de Carlos Broschi)", *Archivo Español de Arte*, 275 (1996), pp. 323-333.

deleitaban con la voz de Farinelli y la música de los instrumentos mientras contemplaban el paisaje ribereño.

Afortunadamente contamos con una serie de registros gráficos que nos muestran cómo era dicha flota y el efecto que tenía cuando navegaba plácidamente por el río. Uno de esos testimonios es un manuscrito de mano del propio Farinelli, cuya segunda parte está dedicada a "las diversiones que anualmente tienen los Reyes Nrs. Srs. en el Real Sitio de Aranjuez. Dispuesto por Don Carlos Broschi Farinelli, criado familiar de S.s Ms. Año 1758"[42].

El texto aparece ilustrado por una serie de aguadas en las que aparecen representadas cada una de las embarcaciones, que son las siguientes: *La Real*, la falúa de *Respeto*, la fragata de *San Fernando y Santa Bárbara*, el jabeque *Orfeo*, el jabeque *Tajo*, un bote de nueve remos, siete pequeños de a seis remos, uno con la figura de pavo real y otro con la figura de venado. Todo el contenido de la obra aparece acompañado de una descripción minuciosa de diferentes datos concernientes a esas notables celebraciones[43].

El pintor Antonio Joli pintó una serie de vistas de Aranjuez hacia 1754, y dos de ellas muestran a la Escuadra del Tajo desplegada en su navegación. En una de ellas, la que se expone en el Palacio Real de Nápoles, vemos también el aspecto que tendría la ciudad en ese año, desde la iglesia de san Antonio en el extremo izquierdo, hasta los meandros del río Tajo y la escuadra surcando sus aguas a la derecha rumbo al puente de Barcas; en el otro cuadro podemos ver solo la parte que va desde el palacio hasta el embarcadero, pero con un detalle delicadísimo tanto de las naves como de los ocupantes[44].

También aparece la gente que acudía a las orillas del río para deleitarse con tan brillante espectáculo y la música que llenaría el aire. Son unas bellísimas *vedute*, pero hay que tener en cuenta que el

[42] Carlo María Michelangelo Nicola Broschi, Farinelli, *Descripción del estado actual del Real Theatro del Bueno Retiro ... según se expresa en este primer libro. En el segundo se manifiestan las diversiones que anualmente tienen los Reyes Nrs. Sers. en el Real Sitio de Aranjuez*, Mss., 1758, Biblioteca del Palacio Real, Madrid; - *Fiestas reales en el reinado de Fernando VI*, Mss. s. a. Biblioteca del Palacio Real, Madrid.

[43] Consolación Morales Borrero, "La Escuadra del Tajo. Un manuscrito de Farinelli", *Reales Sitios*, 11 (1967), pp. 32-43.

[44] Michael Wynne, "Una vista de Aranjuez por Joli redescubierta", *Archivo Español de Arte*, 53-211 (1980), pp. 382-383.

pintor se ha tomado algunas licencias en cuanto a las distancias reales que existen entre alguno de los elementos de los cuadros en aras de posibilitar que todos ellos aparezcan reflejados en los lienzos, como es el caso del embarcadero real, que en la realidad estaría algo más retirado. Pese a todo, nos proporcionan una información valiosísima sobre el aspecto que tendría el real sitio durante una celebración cortesana en esa mitad del siglo XVIII.

Todo estaba perfectamente medido, y por eso sabemos que la flotilla partía del embarcadero del Sotillo y bogaba hasta el jardín de la Isla. Se desarrollaba dicho recorrido entre las siete de la tarde y las nueve de la noche, momento en que se encendían los más de 20.000 fanales que estaban repartidos por los jardines, en fuentes y cenadores, a lo largo de la orilla del río, en los puentes y sobre las mismas naves, con la intención de que dichas luces reverberasen sobre el agua acompañando el movimiento de las embarcaciones[45].

Nos podemos hacer una idea bastante precisa de cómo eran esos paseos leyendo la descripción que en el manuscrito que hemos citado antes hace el propio Farinelli del recorrido que tuvo lugar el día 17 de julio de 1757, cuando señala:

> Se embarcaron a las seis y cincuenta y cinco minutos (...), siguió la navegación río abajo, y por estar tan bella la noche sin la humedad de otras, cantó D. Carlos dos arias a que acompañó el rey. Se viró en la Puerta del Sotillo y desembarcaron Ss. Ms. A las nueve y cinco minutos. Fue esta la mejor noche de todas, por estar totalmente en calma, con cuyo motivo, de las más brillantes la iluminación, la cual se componían de cuarenta mil luces, sueltas y en faroles, 8.000 de cera y las 32.000 de sebo. Toda la estacada del Sotillo, que tiene de largo 335 varas, estaba revestida, por la escarpa que hace el río de 8 órdenes de luces. Esta última puerta y la del Rastrillo tenían innumerables luces, causando la mayor delicia que se puede imaginar. Frente del embarcadero había una gran playa, en la cual con la noche se formaba con la luz varios motes que

---

[45] Consolación Morales Borrero, *Fiestas Reales en el Reinado de Fernando VI*, Madrid, Patrimonio Nacional, 1987.

> decían Viva el Rey y la Reina; otras representaban una tarjeta u obra de dibujo. La tienda del desembarcadero, la plaza Cuadrada, y la orilla de aquella parte tenían en el suelo, y en alambres pendientes, innumerables luces, la mayor parte de cera; la calle que sigue hasta la de la Reina, y tiene de largo 650 varas, tenía dos órdenes de luces, por ser también dos órdenes las de los árboles. Distribúyanse a los lados de ella 18 pirámides, cada una con 450 luces, que iluminaban todo el ámbito del arsenal (...). Esta iluminación (...) la dirige con el mayor celo, y esmero Dn. Carlos Farinelo[46].

Como era habitual en las celebraciones cortesanas de cierta solemnidad, los fuegos de artificio marcaban el fin del espectáculo, en este caso con una descarga de artillería que se lanzaba desde las tres embarcaciones principales, tal y como lo tenía planeado Farinelli.

Broschi acompañaba a los monarcas a bordo de *La Real*, e interpretaba arias junto a ocho músicos; otros quince músicos iban en la fragata *San Fernando y Santa Bárbara*, y el público, apostado en ambas orillas del río, disfrutaba de esas bellas melodías, maravillado tanto por el espectáculo estético como musical que se le brindaba.

Algunas de las naves de la Escuadra del Tajo se divisan al fondo de uno de los más conocidos retratos de Farinelli, obra del primer pintor de cámara del rey, Jacopo Amiconi, y en el que el cantante acaricia un perro carlino mientras sujeta una partitura con el aria *Vi conosco amate stelle* de la *Zenobia* de Metastasio, con música de Gaetano Latilla.

Lamentablemente no se conserva ninguna de las naves originales de la Escuadra del Tajo, y tenemos solamente las ilustraciones que aparecen en la citada descripción de Farinelli, pero en el Museo de Falúas Reales de Aranjuez se pueden ver piezas tan interesantes como la góndola llamada "*de Felipe V*", que, en realidad data del reinado de Carlos II, pues es anterior a 1668[47]. Probablemente se habría construido en Nápoles y fue utilizada en el estanque del Buen Retiro en Madrid. El nombre se puede deber a que, en 1725, esta embarcación de trasladó a La Granja de San Ildefonso por orden

[46] Carlo María Michelangelo Nicola Broschi, Farinelli, *Descripción del estado* ...

[47] José Luís Sancho, "Una góndola real del siglo XVIII conservada en la Casa de Marinos del Real Sitio de Aranjuez", *Reales Sitios*, 87 (1986), pp. 53-60.

del rey Luís I, para que su padre, Felipe V, disfrutase de ella en el real sitio que más estimaba. Finalmente se trajo a Aranjuez para que formase parte de la colección del museo.

El resto de las falúas reales ahí conservadas sí son de Aranjuez. Destacan la de Carlos IV, la de Fernando VII y la regalada a Isabel II por la ciudad de Mahón, además de las de Alfonso XII y Alfonso XIII. Todo ello nos puede dar una idea de la importancia que tuvo la navegación por las aguas del Tajo para estos monarcas durante sus momentos de esparcimiento en el real sitio.

Otra fuente de información importantísima para conocer el fasto y la pompa con la que se desarrollaba la fiesta por la onomástica de Fernando VI, la constituye un par de lienzos de mano de Francesco Battaglioli, que reflejan el aspecto que ofrecía el real sitio en la jornada referida del 30 de mayo del año 1756. Este pintor-escenógrafo también realizó una serie de lienzos para decorar distintas óperas por encargo de Farinelli, entre 1754 y finales de 1759.

Desgraciadamente, el impulso de Farinelli se mantuvo hasta que el día 27 de agosto de 1758 murió Bárbara de Braganza en el palacio de Aranjuez. La reina había llegado al real sitio a primeros de mayo en muy delicado estado de salud, y pudo aguantar, aunque fatigada, la celebración del día de San Fernando, asistiendo incluso al espectáculo de fuegos artificiales. Pero no llegó a sanar y murió semanas después, a la edad de cuarenta y seis años. Nada volvería a ser lo mismo. Un año más tarde, el 10 de agosto de 1759, murió enfermo y enloquecido Fernando VI en la localidad de Villaviciosa de Odón.

Le sucedió su hermanastro, Carlos III, que ocupaba el trono de Nápoles y de Sicilia desde 1734. Tuvo que abdicar de aquel cargo en la persona de su hijo Fernando, y se embarcó rumbo a España para asumir la dirección de la Monarquía Hispánica. A diferencia de los anteriores soberanos, este rey no era aficionado ni a la música ni al teatro, y tal vez por ello se cree que licenció a Farinelli el 1 de diciembre de 1759 para que volviese a Italia tras pasar los últimos veintidós de su vida en España. Hay quien apunta que hasta 1782, año de su muerte en Bolonia, el castrato siguió percibiendo una remuneración anual de 135.000 reales por orden de Carlos III, en reconocimiento de los leales servicios prestados a su padre, Felipe V, y a su hermanastro, Fernando VI. Otras fuentes apuntan a que fue Isabel de Farnesio la que permitió a Farinelli abandonar España tras la muerte de Fernando VI, temiendo que no fuese del gusto de su hijo Carlos mantenerle en la corte, dada la estrecha relación que había mantenido con el difunto rey.

El nuevo soberano se inclinaba claramente por los placeres campestres tradicionales como eran la caza, la pesca y los paseos tranquilos[48], pero Juan Martínez señala que la reina María Amalia de Sajonia, mujer de Carlos III, hubiese mantenido a Farinelli a su servicio, pues ella era muy aficionada al canto italiano[49].

El caso es que, tras su llegada a Madrid desde Nápoles en diciembre de 1759, Carlos III comenzó a visitar los reales sitios, siendo Aranjuez el primero de ellos que quiso conocer acompañado de toda su familia. No era casual la elección, pues su intención era empezar a implantar su imagen como nuevo monarca justo en el lugar que más estaba relacionado con la figura de Fernando VI, debido a la modernización y crecimiento del casco urbano y a las fiestas llenas de magia que allí tuvieron lugar en el mes de mayo, y que pusieron el nombre de Aranjuez en el mundo.

Por eso Carlos III tenía que impulsar una serie de acciones que funcionasen como una ocupación simbólica del territorio. Teniendo en cuenta el poder de las imágenes, el 14 de febrero de 1760, el rey dio una instrucción a Jaime Marquet, que era el nuevo arquitecto del real sitio tras la muerte de Santiago Bonavía en septiembre de 1759, para que quitase la escultura de su hermanastro que remataba la fuente de la plaza de san Antonio[50].

La creación de esta fuente formaba parte del plan de embellecimiento urbano de Aranjuez que impulsó Fernando VI y ejecutó

[48] Giuseppe Caridi, *Carlos III. Un gran Rey reformador en Nápoles y España*, Madrid, La Esfera de los Libros, 2015; Roberto Fernández Díaz, *Carlos III. Un monarca reformador*, Madrid, Espasa Calpe, 2016; Virginia Tovar Martín, "Consideración al valor de lo rústico en los Reales Sitios (reinado de Carlos III)", *Fragmentos: revista de Artes* 12-14 (1988), pp. 219-231.

[49] Juan Martínez Cuesta, "Apuntes sobre el mecenazgo real femenino. Doña María Amalia de Sajonia, esposa de Calos III", en *La mujer en el arte español*, Actas de las VII Jornadas de Arte CSIC (1996), Madrid, Alpuerto, 1997, pp. 239-246.

[50] María Luisa Tárraga Baldó, "La fuente del Rey", en AA.VV., *Plaza de San Antonio: arte, historia y ciudad*. Riada 1, Aranjuez, Doce Calles, 1989, pp. 51-101; Javier M.

Santiago Bonavía a partir de 1750[51]. Estaba destinada a adornar la plaza más importante que se estaba conformando a los pies de la iglesia de san Antonio, y que llevaría en principio el nombre de fuente del Rey. Era un espacio que se estaba habilitando para el paseo y disfrute de los ribereños, y al que le otorgaba monumentalidad esta gran fuente, pero también ganaba en espectacularidad por el juego de agua que se formaba gracias a la disposición de sus ocho surtidores. Además, proporcionaba notoriedad a la figura del monarca, que coronaría este conjunto y dominaría visualmente todo el entorno. De la parte escultórica, es decir, la estatua de Fernando VI y tres leones, se encargó el italiano Giovan Domenico Olivieri, que ocupaba el cargo de escultor real ya con Felipe V. La fuente se inauguró el 30 de mayo de 1752.

La imagen del monarca destacaba especialmente al estar ejecutada en mármol de Carrara y llevar el toisón de oro, un collar, un espadín y un bastón de mando, realizados en bronce dorado, por lo que cuando entró en Aranjuez, la sensación que debió tener Carlos III era que le recibía su hermanastro y le eclipsaba como nuevo monarca. Para sustituir esa estatua, el 22 de junio de 1761 se firmó contrató con el maestro escultor Juan Martínez Reyna para que crease una figura de la diosa Hera, que popularmente se conoció como Venus o Mariblanca. La colocación de la estatua en la fuente se efectuó el 13 de marzo de 1762[52].

Para esa primera visita partió la comitiva real de la capital el 12 de abril de 1760. El palacio llevaba unos dos años cerrado, desde la muerte de Bárbara de Braganza en él el 28 de agosto de 1758, y por eso se tuvieron que hacer algunas obras de urgencia, como las que se ejecutaron para acomodar a los infantes don Gabriel y don Antonio en habitaciones independientes[53].

Atienza, "El paisaje arquitectónico de la Plaza de la Mariblanca", en AA.VV. *Plaza de San Antonio: arte, historia y ciudad.* Riada 1, Aranjuez, Doce Calles,1989, pp. 15-22.

[51] Virginia Tovar Martín, "Santiago Bonavía, arquitecto principal de las obras reales de Aranjuez", *Anales de Historia del Arte*, 7 (1997), pp. 123-156.

[52] Cristóbal Marín Tovar, "Intervenciones en Aranjuez en la época de Carlos III" en *III Centenario del nacimiento de Carlos III*, Biblioteca de Estudios Madrileños XLV, Ciclo de conferencias, Madrid, Instituto de Estudios Madrileños, 2017, pp. 261-294.

[53] Juan Martínez Cuesta, *Don Gabriel de Borbón y Sajonia. Mecenas ilustrado en la España de Carlos III*, Valencia, Pre-Textos, 2003.

Tal vez para mantener la tradición festiva de la Jornada de Primavera en el real sitio, hubo una serie de celebraciones en el emblemático mes de mayo. El día 6, por san Felipe, se hizo un acto en honor al duque de Parma, hermano de Carlos III, por su onomástica; el día 11 cumplía años el infante don Gabriel, y el día 30, día de san Fernando, se conmemoró la onomástica del hijo del rey que había quedado al frente del trono de Nápoles y Sicilia tras haber abdicado en él su padre el 6 de octubre de 1759, como ya indicamos.

Fueron festejos mucho más sencillos, que no tenían nada que ver con los que organizara Farinelli para Fernando VI y Bárbara de Braganza. Quizá el más aparatoso de todos ellos fue el baile que tuvo lugar el 1 de junio en el gran salón del palacio real, conocido como teatro-coliseo, con ocasión del próximo final de la estancia del monarca y su familia en Aranjuez. El ambiente musical napolitano, tan añorado por los monarcas, lo marcó el violinista Felipe Sabatini, llegado de aquella ciudad para ocupar de alguna manera el lugar de Farinelli.

No hay constancia del empleo del potencial de los ríos para la diversión o el esparcimiento de la familia real navegando plácidamente por el Tajo, como en años precedentes, pero es lógico pensar que en algún momento hiciesen uso de alguna de las embarcaciones. Lo que es cierto es que el sábado 14 de junio regresó la corte a Madrid.

Lo que Carlos III sí impulsó a lo largo de su reinado fue la creación de teatros en los reales sitios, ordenando al arquitecto Marquet que edificase tres, que se correspondieron a los reales sitios de El Escorial, El Pardo (desaparecido) y el de Aranjuez, que tras muchos años de abandono, ha sido reformado y recuperado para su uso, conservando en lo fundamental los diseños de Marquet[54].

Sucedió a este monarca su hijo, Carlos IV, que en lo que respecta a Aranjuez y su aprovechamiento natural y cultural, su mejor

[54] Virginia Tovar Martín, "Jaime Marquet, un arquitecto en la Corte de España: nuevos datos sobre la actividad en el Real Sitio de Aranjuez", *Anales del Instituto de Estudios Madrileños*, XXXIV (1994), pp. 167-206; Pilar Nieva Soto, "Aportaciones documentales a la figura del arquitecto Jaime Marquet y a su obra en Aranjuez", *Anales del Instituto de Estudios Madrileños*, XXIV (1987), pp. 79-103.

aportación fue la creación del espacioso jardín del Príncipe, que era una idea que fue tomando forma siendo príncipe de Asturias. La enorme extensión de terreno aparece cerrada en la parte que rodea el río Tajo, por el llamado Malecón de la Solera, y en la opuesta, que se corresponde con la calle de la Reina, está cercado por una larga verja compuesta por un zócalo de piedra y numerosos machones de ladrillo visto con adornos ovales de piedra en sus remates[55]. A lo largo de ese cerramiento se fueron abriendo numerosas puertas de acceso, alguna monumental, como la llamada del Embarcadero o del Príncipe, obra de Juan de Villanueva y esculturas de Pedro Mitchel, que fue erigida entre 1785 y 1791.

A diferencia del jardín de la Isla, en este caso no encontramos un trazado para crear un jardín nuevo, ya que el proyecto del que se encargó Pablo Boutelou entre 1789 y 1808, estaba dirigido a integrar o enlazar cinco jardines ya existentes en un espacio único, a los que se añadieron otros, como la Huerta de Primavera y diversos elementos arquitectónicos que eran el embarcadero de Fernando VI y los cinco pabellones próximos al mismo, y la Casita del Labrador. Igualmente integra dentro de su recinto el mencionado Museo de Falúas Reales, o Casa de Marinos[56].

El resultado, aunque ha sufrido modificaciones significativas a lo largo del tiempo, se puede calificar de jardín paisajista en el que se advierten algunos detalles románticos[57]. El agua la podemos oír, sentir y contemplar en diversas fuentes, aunque realmente destacan dos, que son las de Apolo y la de Narciso; también encontramos agua en el Estanque Chinesco, y en una especie de foso que, en un momento temprano, rodeaba la Casa del Labrador[58].

La fuente de Apolo es excepcional por su carácter arquitectónico, aunque la estatua que le da nombre no se hizo para esta estructura,

---

[55] María José Rubio Aragonés, "Rejería artística cortesana del siglo xviii en los Reales Sitios II. El Real Sitio de Aranjuez", *Reales Sitios*, 126 (1995), pp. 19-31.

[56] Margarita Mielgo de Castro y Ricardo de la Torre Campo, "La restauración de jardines históricos: el Jardín del Príncipe de Aranjuez", *Reales Sitios*, 120 (1994), pp. 56-62.

[57] Adrian von Buttlar y Victoria Soto Caba, *Jardines del Clasicismo y el Romanticismo. El jardín paisajista*, Madrid, Nerea, 1993.

[58] Miguel Ángel Elvira Barba, "Las antigüedades romanas en el Jardín del Príncipe y la Casa del Labrador", *Reales Sitios*, 122 (1994), pp. 57-65; Carmen Añón Feliú, "El arte

sino que estuvo en el palacio de La Granja hasta que se trajo a Aranjuez en 1789, y su factura podría ser italiana o francesa y del siglo XVII. La construcción de la fuente se prolongó mucho en el tiempo, pues se comenzó en 1803 por encargo de Carlos IV, y se concluyó en 1829, con proyecto de Isidro González Velázquez, ya en el reinado de su hijo, Fernando VII. En el año 2000, la estatua de Apolo se devolvió a La Granja. y en su lugar se colocó una reproducción.

La fuente de Narciso fue otro encargo de Carlos IV, y en su origen obedecía a un diseño de Joaquín Dumandré. Pero sufrió daños a causa de la invasión francesa de 1808, y fue Isidro González Velázquez quien se encargó de diseñar los correspondientes reparos, mientras que al mismo tiempo le proporcionó mayor monumentalidad y altura por la incorporación de cuatro atlantes y otros elementos que multiplicaron sus surtidores. La labor escultórica corrió a cargo de Esteban de Ágreda, que la ejecutó en 1827.

Pero el elemento que va a destacar en este jardín es el llamado Estanque de los Chinescos, ya que va a contener unos elementos que se han vuelto representativos de la imagen de Aranjuez. Se trata de un estanque artificial de trazado irregular, que fue construido hacia 1790. Se bordearon sus orillas por una pequeña baranda rústica hecha de cañas, y se dispusieron tres elementos destacables diseñados por Villanueva, que iban sobre sendos islotes: un templete chinesco, el templete clásico griego y el obelisco egipcio. Al parecer, se podía llegar a los islotes a través de unos puentecillos, e incluso era posible navegar por esas aguas en una pequeña góndola.

El templete chinesco que vemos hoy no es el original, pues este sufrió serios daños durante la Guerra de Independencia. Fue Fernando VII quien mandó su reconstrucción a Isidro González Velázquez, quien le imprimió una serie de elementos nuevos que desdibujaron el diseño original.

El pabellón griego, obra también de Juan de Villanueva, es circular y presenta diez columnas de orden jónico y de mármol vede

del jardín en la España del siglo XVIII", en *El Real Sitio de Aranjuez y el arte cortesano del siglo XVIII*, Madrid, Comunidad de Madrid, 1987, pp. 255-270.

oscuro procedente de La Granja, que sujetan un techo en casquete que aparece coronado por una gran piña de bronce pintada de color mármol, aunque originalmente el adorno era un dragón dorado[59]. En el intercolumnio estarían colocadas unas esculturitas egipcias, que fueron robadas durante la ocupación francesa.

La real Casa del Labrador, o Casita del Labrador, es un edificio neoclásico que se levantó entre 1794 y 1803 por orden de Carlos IV en el extremo más oriental del jardín[60]. Es obra de Juan de Villanueva, con la colaboración de Antonio López Aguado e Isidoro González Velázquez[61]. La casita estuvo rodeada de agua a modo casi de foso por una ría, de forma que se accedía a la misma a través de tres puentes de madera. En 1828, Isidro González Velázquez eliminó el agua para evitar humedades en la edificación y posibles enfermedades transmitidas por los mosquitos, y su lugar lo ocuparon unos jardines[62]. Destaca la Casita por su delicada decoración interior y exterior, en la que colaboraron diferentes artistas, como el francés Jean-Dèmostjéne Dugourc[63].

Los acontecimientos históricos y políticos que sacudieron España prácticamente desde los inicios del siglo XIX afectaron también al real sitio. El ejemplo más claro es el Motín de Aranjuez, que tuvo lugar entre los días 17 y 18 de marzo de 1808, en el marco de la Guerra de la Independencia contra los franceses, que se desarrolló entre el citado

---

[59] Ramón Guerra de la Vega, *Juan de Villanueva, arquitecto del Príncipe de Asturias. Jardines y Casas de Recreo en Aranjuez, El Escorial, El Pardo*, Madrid, 1986.

[60] Javier Jordán de Urríes y de la Colina, *La Real Casa del Labrador*, Madrid, Patrimonio Nacional, 2009.

[61] Marqués de Lozoya, "Las "Casitas" en los Sitios Reales: la Casa del Labrador", *Reales Sitios*, 15 (1968), pp. 12-20; Pedro Moleón Gavilanes, *Juan de Villanueva*, Madrid, Akal, 1998.

[62] Ramón Andrada, "Restauraciones en la Casa del Labrador", *Reales Sitios*, 15 (1968), pp. 29-36; Enrique Lafuente Ferrari, "Sobre la Casa del Labrador y el arquitecto D. Isidro González Velázquez", *Archivo Español de Arte y Arqueología*, 25 (1933), pp. 68-71; Modesto López Otero, "Don Isidro González Velázquez", *Revista Nacional de Arquitectura*, 85 (1949), pp. 43-47.

[63] Miguel Ángel Elvira Barba, "Las antigüedades romanas en el Jardín del Príncipe y la casa del Labrador", *Reales Sitios*, 122 (1994), pp. 57-65; Paulina Junquera y María Teresa Ruíz Alarcón, *Palacio Real de Aranjuez. Casa del Labrador y Jardín del Príncipe*, Madrid, Patrimonio Nacional, 1985.

año 1808 y 1814[64]. A partir de ese momento, y en el desarrollo que ha tenido la ciudad hasta la actualidad, sus jardines y ríos no volvieron a ser escenario de fiesta alguna que alcanzase la fantasía y brillantez que se tuvieron en el Barroco. Afortunadamente, la vinculación de los habitantes del real sitio con la navegación del Tajo se mantiene gracias a la labor del Club Escuela de Piragüismo de Aranjuez.

Por último, citaremos solo algunos de los visitantes ilustres y viajeros que a lo largo del tiempo visitaron Aranjuez y que, por lo general, alabaron sus virtudes y deleites[65]. Reinando Felipe II, monseñor Camilo Borghese llegó al real sitio en 1596, y apreció en el diseño de sus jardines un aire italianizante[66]. En 1659, François Bertaut escribió que el palacio real "es la casa de placer más hermosa del rey de España, y puede decirse que es una de las más bellas del mundo". En su obra refleja lo extraordinario de las largas avenidas y paseos arbolados del lugar [67]. La condesa D'Aulnoy también escribió cumplidos sobre Aranjuez en su relación del viaje que hizo por España en 1679[68]. Ya comentamos que se ha publicado una relación de visitantes alemanes en el siglo XVIII[69], pues en 1799 estuvieron Alexander von Humboldt y el botánico francés Aimé Bonpland, antes de iniciar uno de sus viajes[70].

Como en todos los casos en los que analizamos la literatura de viajes, tenemos que aplicar una visión crítica, porque las licencias e

[64] Ángel Ortiz Córdoba, *Amados vasallos míos. Los hombres del motín*, Aranjuez, Doce Calles, 2008; Antoine Laurent Apollinaire Fée, *Recuerdos de la guerra de España, llamada de la Independencia, 1809-1813*, Madrid, Ministerio de Defensa, 2007; VV.AA., *De Aranjuez a Cádiz: Por la libertad y la Constitución*, Aranjuez, Ayuntamiento, 2010; Juan José Sañudo Bayón y Luís Aragón Martín, *El combate de Aranjuez (5 de agosto de 1809)*, Aranjuez, Ayuntamiento, 2009.

[65] Antonio Bonet Correa, "Cronología del Real Sitio de Aranjuez", en Catálogo de la Exposición *El Real Sitio de Aranjuez y el arte cortesano del siglo XVIII*, Madrid, Patrimonio Nacional-Comunidad de Madrid, 1987, pp. 137-140.

[66] José García Mercadal, *Viajes de extranjeros por España y Portugal*, Madrid, Aguilar, 1952.

[67] François Bertaut, *Journal d'un voyage d'Espagne*, París, 1659.

[68] Condesa D'Aulnoy, *Viaje por España en 1679 y 1680*, Barcelona, Iberia, 1962; Cristóbal Marín Tovar, "Impresiones e imprecisiones de la condesa D'Aulnoy sobre Madrid", *Anales de Historia del Arte*, 7 (1997), pp. 211-229.

[69] Hiltrud Friederich-Stegmann, *La imagen de España ...*

[70] Selina Blasco Castiñeyra, "Viajeros por Aranjuez en el siglo XVIII, antología de descripciones del Real Sitio" en el Catálogo de la Exposición *El Real Sitio de Aranjuez y el arte cortesano del siglo XVIII*, Madrid, Patrimonio Nacional-Comunidad de Madrid,

invención que se pueden permitir estos autores llegaron en algunos casos a provocar la ira de los propios monarcas. Este es el caso de la obra *Voyage de Figaro en Espagne*, que escribió Jean-Marie Fleuriot, marqués de Langle, en 1784, sin haber estado en nuestro país. Carlos III se quejó al gobierno francés, pero parece que causó el efecto contrario, pues el libro alcanzó fama internacional.

Creemos que, para finalizar, esta frase del abad Delaporte escrita en 1755, sintetiza perfectamente los valores que hemos querido transmitir del real sitio de Aranjuez como lugar idílico para el desarrollo del deleite cortesano: "Sus principales bellezas son la extensión de sus jardines, la abundancia de las aguas, sus múltiples fuentes, grutas, cascadas, la variedad de sus perspectivas, la frescura de sus bosques, la altura de sus árboles, etc."[71].

1987, pp. 41-135; Alfonso de Figueroa y Melgar, *Viajeros románticos por España*, Madrid, Escuelas Profesionales "Sagrado Corazón", 1971.

[71] Delaporte, 1755. Citado por Antonio Bonet Correa, *"Cronología..."*, dentro de la obra de Susana Montemayor, *Aranjuez, paisaje literario ...*

BIBLIOGRAFÍA

Andrada, Ramón, "Restauraciones en la Casa del Labrador", *Reales Sitios*, 15 (1968), pp. 29-36.

Álvarez de Quindós y Baena, Juan Antonio, *Descripción histórica del real bosque y casa de Aranjuez*, Madrid, Imprenta Real, 1804.

Álvarez Solar Quintes, Nicolás, "Nuevas aportaciones a la biografía de Carlos Broschi (Farinelli)", *Anuario musical. Revista de musicología del CSIC*, 3 (1948), pp. 187-204.

Añón Feliú, Carmen, "Jardín y Naturaleza en el siglo XVI: Palacio de Aranjuez (Madrid)", *Álbum, letras, artes*, 56 (1998), pp. 28-36.

—, "El arte del jardín en la España del siglo XVIII", en *El Real Sitio de Aranjuez y el arte cortesano del siglo XVIII*, Madrid, Patrimonio Nacional-Comunidad de Madrid, 1987, pp. 255-270.

Aparisi Laporta, Luís Miguel, *Aranjuez: paisaje cultural*, Aranjuez, Doce Calles, 1998.

Aracil Ávila, Alfredo, *Juego y artificio. Autómatas y otras ficciones de la cultura del Renacimiento a la Ilustración*, Madrid, Cátedra, 1998.

Condesa D'Aulnoy, *Viaje por España en 1679 y 1680*, Barcelona, Iberia 1962.

Bertaut, François, *Journal d'un voyage d'Espagne*, París, 1659.

Blasco Castiñeyra, Selina, "Viajeros por Aranjuez en el siglo XVIII, antología de descripciones del Real Sitio" en Catálogo de la Exposición *El Real Sitio de Aranjuez y el arte cortesano del siglo XVIII*, Madrid, Comunidad de Madrid-Patrimonio Nacional, 1987, pp. 41-135.

Blázquez Mateos, Eduardo, "Lugares de recreo en el Renacimiento español: la escena paisajística en El Pardo y Aranjuez", *Anales del Instituto de Estudios Madrileños*, XXXIV (1994), pp. 105-120.

Bonet Correa Antonio, *Fiesta, poder y arquitectura. Aproximaciones al barroco español*, Arte y Estética 22, Madrid, Akal, 1990.

—, (comisario), *El Real Sitio de Aranjuez y el arte cortesano del siglo XVIII*, Catálogo de la exposición, Palacio de Aranjuez, Madrid, Patrimonio Nacional-Comunidad de Madrid, 1987.

—, "Cronología del Real Sitio de Aranjuez", en Catálogo de la Exposición *El Real Sitio de Aranjuez y el arte cortesano del siglo XVIII*, Madrid, Patrimonio Nacional-Comunidad de Madrid, 1987, pp. 137-140.

Broschi, Carlo María Michelangelo Nicola, Farinelli, *Descripción del estado actual del Real Theatro del Bueno Retiro … según se expresa en este primer libro. En el segundo se manifiestan las diversiones que anualmente tienen los Reyes Nrs. Sers. en el Real Sitio de Aranjuez*, Mss., 1758, Biblioteca del Palacio Real, Madrid.

—, *Fiestas reales en el reinado de Fernando VI*, Mss. s. a. Biblioteca del Palacio Real, Madrid.

Buttlar, Adrian von y Soto Caba, Victoria, *Jardines del Clasicismo y el Romanticismo. El jardín paisajista*, Madrid, Nerea, 1993.

Chaves Montoya, María Teresa, "La Gloria de Niquea. Una invención en la Corte de Felipe IV", en VV.AA., *La Gloria de Niquea. Una invención en la Corte de Felipe IV*, Riada, 2, Aranjuez, Doce Calles, 1991, pp. 43-125.

Checa Cremades, Fernando y Morán Turina, Miguel, *Las Casas del Rey. Casas de Campo, Cazaderos y Jardines. Siglos XVI y XVII*, Madrid, El Viso, 1986.

Chueca Goitia, Fernando, "El puente sobre el río Jarama en el camino de Aranjuez", *Boletín de La Real Academia de Historia*, CCXI (1967), pp. 59-64

Coll, Isabel, *Rusiñol y la pintura europea*, Barcelona-Sitges, Consorci del Patrimoni de Sitges, 2006.

Corella Suárez, Pilar, "Puentes y barcas en el Real Sitio de Aranjuez", *Anales del Instituto de Estudios Madrileños*, XLIII (2003), pp. 191-238.

Caridi, Giuseppe, *Carlos III. Un gran Rey reformador en Nápoles y España*, Madrid, La Esfera de los Libros, 2015.

Deleito y Piñuela, José, *El Rey se divierte*, Madrid, Alianza, 1988.

Delgado, Pedro, *La Real Acequia del Jarama*, Aranjuez, Doce Calles, 1995.

Elvira Barba, Miguel Ángel, "Las antigüedades romanas en el Jardín del Príncipe y la Casa del Labrador", *Reales Sitios*, 122 (1994), pp. 57-65.

Díaz Gallegos, Carmen y Sánchez Hernández, María Leticia, *Real Sitio de Aranjuez*, Madrid, Patrimonio Nacional, 1985.

Fée, Antoine Laurent Apollinaire, *Recuerdos de la guerra de España, llamada de la Independencia, 1809-1813*, Madrid, Ministerio de Defensa, 2007.

Fernández Díaz, Roberto, *Carlos III. Un monarca reformador*, Madrid, Espasa Calpe, 2016.

Figueroa y Melgar, Alfonso de, *Viajeros románticos por España*, Madrid, Escuelas Profesionales "Sagrado Corazón", 1971.

Friederich-Stegmann, Hiltrud, *La imagen de España en los libros de los viajeros alemanes del siglo XVIII*, Alicante, Universidad de Alicante, 2014.

García Mercadal, José, *Viajes de extranjeros por España y Portugal*, Madrid, Aguilar, 1952.

García Tapia, Nicolás y Rivera Blanco, Javier, "La presa de Ontígola y Felipe II", *Revista Obras Públicas*, (1985), pp. 477-490.

—, "Juan Bautista de Toledo, Jerónimo Gili y Juan de Herrera: autores del mar de Ontígola", *Boletín del Seminario de Estudios de Arte y Arqueología*, LI (1985), pp. 319-344.

Gómez López, Consuelo, "El gran teatro de la Corte: Naturaleza y artificio en las fiestas de los siglos XVI y XVII", *Espacio, Tiempo y Forma. Serie VII. Historia del Arte*, 12 (1999), pp. 199-220.

González Pérez, Adoración, "Obras de ingeniería hidráulica en el Real Sitio de Aranjuez", en *El Arte en las cortes europeas del siglo XVIII*, Madrid, Patrimonio Nacional-Comunidad de Madrid, 1989, pp. 307-314.

—, "Las fuentes del Jardín de la Isla en el Real Sitio de Aranjuez durante los siglos XVII y XVIII", *Reales Sitios*, 85 (1985), pp. 57-64.

Guerra de la Vega, Ramón, *Juan de Villanueva, arquitecto del Príncipe de Asturias. Jardines y Casas de Recreo en Aranjuez, El Escorial, El Pardo*, Madrid, 1986.

Mendoza, Antonio Hurtado de, *Fiesta que se hizo en Aranjuez a los años del rey nuestro señor*, Madrid, Juan de la Cuesta, 1623.

—, *Obras poéticas I* (Rafael Benítez Claros ed.), Madrid, Real Academia Española, 1947.

—, *Obras líricas y cómicas*, Madrid, Francisco Medel de Castillo, 1728.

Jordán de Urríes y de la Colina, Javier, *La Real Casa del Labrador*, Madrid, Patrimonio Nacional, 2009.

Junquera, Paulina y Ruíz Alarcón, María Teresa, *Palacio Real de Aranjuez. Casa del Labrador y Jardín del Príncipe*, Madrid, Patrimonio Nacional, 1985.

Lafuente Ferrari, Enrique, "Sobre la Casa del Labrador y el arquitecto D. Isidro González Velázquez", *Archivo Español de Arte y Arqueología*, 25 (1933), pp. 68-71.

López y Malta, Cándido, *Historia Descriptiva del Real Sitio de Aranjuez escrita en 1868 por...sobre lo que escribió en 1804 D. Juan Álvarez de Quindós*, Aranjuez, Doce Calles, 1988.

López Otero, Modesto, "Don Isidro González Velázquez", *Revista Nacional de Arquitectura*, 85 (1949), pp. 43-47.

Luengo Añón, Ana, *Aranjuez, utopía y realidad. La construcción de un paisaje*, Madrid-Aranjuez, CSIC-Doce Calles, 2008.

Marín Tovar, Cristóbal, "Intervenciones en Aranjuez en la época de Carlos III", en *III Centenario del nacimiento de Carlos III*, Biblioteca de Estudios Madrileños XLV, Ciclo de conferencias, Madrid, Instituto de Estudios Madrileños, 2017, pp. 261-294.

—, "El Real Sitio de Aranjuez como escenario de la fiesta cortesana durante el reinado de Fernando VI y Bárbara de Braganza", *Enlaces, Revista del CES Felipe II*, 14 (2012), pp. 1-15.

—, "Impresiones e imprecisiones de la condesa D'Aulnoy sobre Madrid", *Anales de Historia del Arte*, 7 (1997), pp. 211-229.

Marqués de Lozoya, "Las "Casitas" en los Sitios Reales: la Casa del Labrador", *Reales Sitios*, 15 (1968), pp. 12-20.

Martínez Cuesta, Juan, *Don Gabriel de Borbón y Sajonia. Mecenas ilustrado en la España de Carlos III*, Valencia, Pre-Textos, 2003.

—, "Apuntes sobre el mecenazgo real femenino. Doña María Amalia de Sajonia, esposa de Calos III", en *La mujer en el arte español*, Actas de las VII Jornadas de Arte CSIC (1996), Madrid, Alpuerto, 1997, pp. 239-246.

—, Martínez-Atienza, Javier, "El paisaje arquitectónico de la Plaza de la Mariblanca", en AA.VV., *Plaza de San Antonio: arte, historia y ciudad.* Riada 1, Aranjuez, Doce Calles, 1989, pp. 15-22.

Martínez-Correcher y Gil, Consuelo, "El Jardín de la Isla", en *Los Jardines de Aranjuez: dos años de vida. Catálogo de la Exposición.* Hospital San Carlos de Aranjuez, Aranjuez, Ayuntamiento, 1981.

Merlos Romero, Mª Magdalena, *Aranjuez Paisaje Cultural Patrimonio de la Humanidad*, Madrid-Barcelona, Lunwerg, 2001.

—, *Aranjuez y Felipe II. Idea y forma de un Real Sitio,* Madrid, Dirección General de Patrimonio Cultural de la Comunidad de Madrid-Concejalía de Educación y Cultura del Ayuntamiento de Aranjuez, 1998.

Mielgo de Castro, Margarita y Torre Campo, Ricardo de la, "La restauración de jardines históricos: el Jardín del Príncipe de Aranjuez", *Reales Sitios*, 120 (1994), pp. 56-62.

Moleón Gavilanes, Pedro, *Juan de Villanueva*, Madrid, Akal, 1998.

Montemayor, Susana, *Aranjuez, paisaje literario*, Aranjuez, Ayuntamiento, 2004.

Morales Borrero, Consolación, *Fiestas Reales en el Reinado de Fernando VI*, Madrid, Patrimonio Nacional, 1987.

—, "La Escuadra del Tajo. Un manuscrito de Farinelli", *Reales Sitios*, 11 (1967), pp. 32-43.

Nieva Soto, Pilar, "Aportaciones documentales a la figura del arquitecto Jaime Marquet y a su obra en Aranjuez", *Anales del Instituto de Estudios Madrileños*, XXIV (1987), pp. 79-103.

Ortiz Córdoba, Ángel, *Amados vasallos míos. Los hombres del motín*, Aranjuez, Doce Calles, 2008.

Pedraza Jiménez, Felipe B., "Ecos literarios de la fiesta real de 1622 en Aranjuez", en VV.AA., *Aranjuez y los libros*, catálogo y exposición, Aranjuez, Ayuntamiento, 1987, pp. 43-65.

Portús, Javier, "El Conde de Sandwich en Aranjuez (las fuentes del Jardín de la Isla en 1668)", *Reales Sitios*, 159 (2004), pp. 46-59.

Rubio Aragonés, María José, "Rejería artística cortesana del siglo XVIII en los Reales Sitios II. El Real Sitio de Aranjuez", *Reales Sitios*, 126 (1995), pp. 19-31.

Sambricio, Carlos, "El Real Sitio de Aranjuez, reflejo del saber de una corte ilustrada", *Reales Sitios*, núm. extraordinario (1989), pp. 105-116.

Sancho, José Luís, *Las vistas de los Sitios Reales por Brambilla: Aranjuez. Solán de Cabras. La Isabela*, Aranjuez, Doce Calles, 2002.

—, "Los jardines de Aranjuez bajo los primeros Borbones, una nueva imagen: el Parterre", en *El arte en las cortes europeas del siglo XVIII*, Madrid, Patrimonio Nacional-Comunidad de Madrid, 1989, pp. 663-674.

—, "Una góndola real del siglo XVIII conservada en la Casa de Marinos del Real Sitio de Aranjuez", *Reales Sitios*, 87 (1986), pp. 53-60.

Sañudo Bayón, Juan José y Aragón Martín, Luis, *El combate de Aranjuez (5 de agosto de 1809)*, Aranjuez, Ayuntamiento, 2009.

Scribe, Eugène, *Carlos Broschi*, Create Space Independent Publishing Platform, 2013.

Soto Caba, Victoria, *Aranjuez, un paisaje para el recreo*, Aranjuez, Ayuntamiento, 2001.

Tárraga Baldó, María Luisa, "La fuente del Rey", en AA.VV., *Plaza de San Antonio: arte, historia y ciudad*, Riada 1, Aranjuez, Doce Calles, 1989, pp. 51 101.

Terán, Manuel de, "Huertas y jardines de Aranjuez", *Revista de la Biblioteca, Archivo y Museo*, 58 (1949), pp. 261-296.

Torrione, Margarita, "La sociedad de Corte y el ritual de la ópera", en Catálogo *Un reinado bajo el signo de la paz. Fernando VI y Bárbara de Braganza (1746-1759)*, Madrid, Real Academia de Bellas Artes de San Fernando-Ministerio de Educación, Cultura y Deporte, 2002, pp. 165-195.

—, "La casa de Farinelli en el Real Sitio de Aranjuez, 1750-1760 (nuevos datos para la biografía de Carlos Broschi)", *Archivo Español de Arte*, 275 (1996), pp. 323-333.

Tovar Martín, Virginia, "Santiago Bonavía, arquitecto principal de las obras reales de Aranjuez", *Anales de Historia del Arte*, 7 (1997), pp. 123-156.

—, "Jaime Marquet, un arquitecto en la Corte de España: nuevos datos sobre la actividad en el Real Sitio de Aranjuez", *Anales del Instituto de Estudios Madrileños*, XXXIV (1994), pp. 167-206.

—, "Consideraciones al valor de los 'rústico' en los Sitios Reales (reinado de Carlos III)", *Fragmentos: revista de Artes*, 12-14 (1988), pp. 219-231.

Troitiño Vinuesa, Miguel Ángel, "Aranjuez: Patrimonio Cultural, recuperación urbana y turismo", *Anales de Geografía de la Universidad Complutense*, vol. extraordinario (2002), pp. 495-518.

VV.AA., *Aranjuez y los libros*, Aranjuez, Ayuntamiento, 1987.

VV.AA., *Homenaje a doña Victoria y don Joaquín Rodrigo*, Madrid, UCM, 1993.

VV.AA., *Felipe II. El Rey íntimo. Jardín y naturaleza en el siglo XVI*, Aranjuez, Doce Calles, 1998.

VV.AA., *Aranjuez*, Madrid-Barcelona, Lunwerg, 1999.

VV.AA., *Un reinado bajo el signo de la paz. Fernando VI y Bárbara de Braganza. 1746-1759*, Madrid, Ministerio de Educación, Cultura y Deporte, 2002.

VV.AA., *Arquitectura y desarrollo urbano, Comunidad de Madrid. Zona Sur. Aranjuez*, tomo IX, Madrid, Comunidad de Madrid, 2004.

VV.AA., *De Aranjuez a Cádiz: Por la libertad y la Constitución*, Aranjuez, Ayuntamiento, 2010.

Wynne, Michael, "Una vista de Aranjuez por Joli redescubierta", *Archivo Español de Arte*, 53-211 (1980), pp. 382-383.

PROVECHO Y RECREO: EL AGUA EN LOS REALES SITIOS DE VALLADOLID

Javier Pérez Gil
Universidad de Valladolid

La repentina mudanza de la corte de Felipe III a Valladolid en enero de 1601 supuso el punto de partida para la creación de una nueva capital. Aunque todo parece indicar que se trataba de una decisión menos sobrevenida de lo que oficialmente aparentaba (al menos para el prevenido duque de Lerma y a juzgar por el ajetreo de los mentideros cortesanos el año anterior), lo cierto es que la premura provocó que Felipe III y Valladolid tuvieran que hacer frente a tres problemáticos retos para garantizar el correcto funcionamiento de la nueva capital: la instalación de la corte, la disposición de un palacio real del que entonces se carecía y la redefinición del sistema de reales sitios, hasta entonces vertebrado en torno a Madrid. En esos tres retos el agua jugó un papel necesario, pero también determinante, pues condicionó la localización y disposición de los espacios cortesanos y forzó la transformación de las instalaciones preexistentes[1].

En primera instancia, la red fluvial rigió en cierta medida el diseño de la ciudad cortesana y la ordenación de las propiedades reales que la complementaban. Analizados en su conjunto, se colige que el grueso de los reales sitios de Valladolid se asentó en torno a la ribera del río Duero, con cierta preferencia por la ruta Valladolid-Lerma[2]. En su misma ribera se asentaban la casa y bosque real de El Abrojo (Laguna de Duero, Valladolid) y el vetusto palacio real de

---

[1] Este estudio se inserta en el Proyecto de Investigación "El Paisaje Urbano Histórico como recurso de planificación en los conjuntos históricos menores de la España interior" (ref. PGC2018-097135-B-I00), financiado por Ministerio de Ciencia, Innovación y Universidades (MCIU) de España, Agencia Estatal de Investigación (AEI) y Fondo Europeo de Desarrollo Regional (FEDER).

[2] Javier Pérez Gil, *Los Reales Sitios vallisoletanos,* Valladolid, Universidad de Valladolid-Instituto Universitario de Urbanística, 2016, p. 11.

Tordesillas. Y la ruta hacia la villa de Lerma, auténtica "corte ducal" con sus propios "sitios ducales" al servicio del valido y su monarca, seguía la línea del Duero con las escalas del cazadero de Ventosilla (Gumiel de Mercado, Burgos) y el real sitio de La Quemada (Olivares de Duero, Valladolid), adquirido en 1605.

VALLADOLID: LAS ESGUEVAS Y EL PISUERGA

Valladolid ha estado históricamente determinada por la presencia de sus dos ríos: el Esgueva y el Pisuerga. Ambos jugaron un papel importante en el transcurso de los movimientos cortesanos a principios del siglo XVII. De una parte, dependiendo del discurso de partidarios o detractores de la presencia de la corte en la ciudad, su presencia se entendía como una ventaja o un inconveniente para su permanencia. Así, mientras que en 1601 Lope de Vega ponía en boca de Valladolid sus ventajas ("Qué será ver un Pisuerga/ con sus corrientes tan claras,/ con sus barcos y galeras,/ a señas presas paradas./ Y un Esgueva que me limpia,/ y como fuente me lava,/ sirviendo de purga propia,/ con él se junta y abraza"[3]), informes como el de Gil González de Vera en las Cortes de 1602 denunciaban su insalubridad: "los dos ríos que la cercan, la humedecen y obscurecen con sus continuos vapores y nieblas, y aun la inundan a veces con sus crecientes y avenidas; de manera que en mucho tiempo no se enjuga el lugar ni ve el sol, de do resulta con esta humedad y frialdad del invierno y calor y humedad del verano y las inmundicias que se echan y detienen en Esgueva, la corrupción experimentada en las pestes y trabajos pasados"[4].

---

[3] Lope de Vega, *Aquí se contienen quatro Romances nueuos muy curiosos. El primero del gran sentimiento que lo noble villa de Madrid hizo por la yda de su Magestad a Valladolid. El segundo trata de las tiernas quexas que se propusieron a la partida. El tercero de don Áluaro de Luna. Y el quarto la respuesta que da Valladolid a las quexas de Madrid*, Sevilla, 1601.

[4] *Actas de las Cortes de Castilla*, t. XX, Madrid, Establecimiento Tipográfico Sucesores de Rivadeneyra, 1901, pp. 702-711. Dispobible en https://bvpb.mcu.es/es/consulta/registro.do?id=576803

Figura 1. Inscripción en el convento de las carmelitas de Valladolid, recordando la crecida del río Pisuerga de 1636. Fotografía del autor

Además, los dos ríos condicionaron la disposición de las propiedades reales en la ciudad. La presencia de las corrientes fluviales y sus cursos se tuvo en cuenta en la instalación de las dependencias áulicas y cortesanas, con preferencia por las zonas mejor saneadas. Y en ocasiones esos espacios cortesanos se adaptaron al curso fluvial para exprimir todas sus posibilidades, como sucedió con la Huerta del Duque a orillas del Pisuerga, posterior real sitio de Huerta del Rey.

Históricamente, el Esgueva ha sido el verdadero río de la ciudad, en torno al cual se realizó su primitivo poblamiento por la facilidad de acceso a sus aguas, de caudal menos bajo que el Pisuerga[5]. La villa resultante se expandió aprovechando sus dos ramales –las Esguevas, especialmente la norte–, convertidos a su vez en albañales que

[5] Jesús Misiego y José I. Díaz-Caneja (coords.), *Valladolid y el río Esgueva. Una historia de encuentros y desencuentros. Aproximación histórica y arqueológica al paso del cauce fluvial por la ciudad de Valladolid*, Valladolid, Ayuntamiento de Valladolid, 2019.

modelaban junto con la topografía la morfología urbana, los pasos, los recorridos o su paisaje urbano mismo, descrito crudamente en 1605 por el portugués Pinheiro da Veiga[6].

Ese escenario condicionó sin duda la elección de los distintos edificios de la nueva corte en 1601. Atendiendo a sus ubicaciones, se constata una tendencia a situarlos en la zona norte de la ciudad –la mejor saneada y ventilada– y alejados a su vez del curso de las Esguevas. Así, el palacio de los condes de Benavente, aposento de los reyes durante los diez primeros meses de capitalidad y sede de los Consejos, se ubicaba en un enclave estratégico, en la margen izquierda del curso alto del Pisuerga, a la salida del Puente Mayor y con vistas a su amena ribera. Y el conjunto palacial nucleado por el Palacio Real lo hacía en la zona más septentrional de la Corredera de San Pablo, suficientemente alejado del ramal de la Esgueva y en un barrio bien saneado, presidido hasta entonces por el convento dominico de san Pablo, en torno al cual fueron construyéndose notables casas principales como las de los condes de Ribadavia, antiguo aposentamiento regio de Carlos I y lugar de nacimiento de su hijo Felipe.

En la misma zona norte de la ciudad se ubicaron las extensiones del núcleo palacial, como el embarcadero del Pisuerga o la Galería de San Pablo, a los que se llegaba por medio de pasadizos urbanos. Y aunque los reyes disfrutaron también del Prado de la Magdalena a orillas del Esgueva, se trataba del tramo más alto y limpio de este, a la entrada de la ciudad, donde abastecía unas aceñas, de modo que "refresca el Prado y se divide en brazos, con una arena tan clara que, con andar los coches todo el día por ella, no se ensucia"[7]. El Prado era el lugar de esparcimiento y encuentro de todos los cortesanos en verano, desde el mediodía hasta la madrugada, y fue descrito con gran colorido por viajeros como Joly o Pinheiro da Veiga, quien le dedicó su capítulo "Pratología". Precisamente con vistas a su adecentamiento, en el verano de 1601 se construyeron una serie de puentes

[6] Tomé Pinheiro da Veiga, *Fastiginia. Vida cotidiana en la Corte de Valladolid*, Valladolid, Ámbito Ediciones, 1989, pp. 289-290.

[7] Tomé Pinheiro da Veiga, *Fastiginia*, Valladolid, Imprenta del Colegio de Santiago, 1916, p. 176.

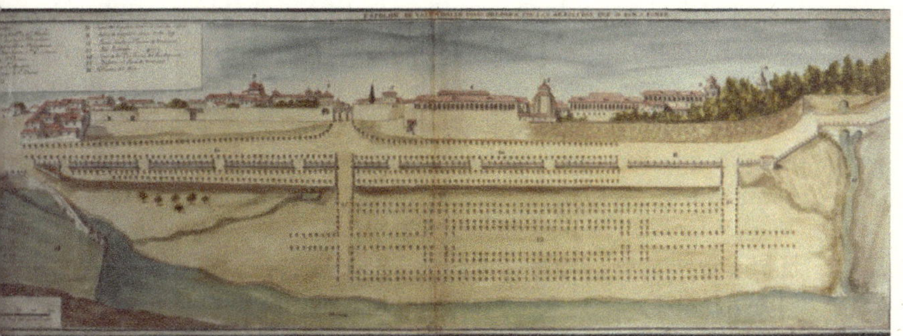

Figura 2. Diego Pérez Martínez, Vista de Valladolid desde la Huerta del Rey, con el paseo del Espolón y la desembocadura del ramal norte del Esgueva (ca. 1785). Archivo Municipal de Valladolid (AMVA), PL 2914

con pretil sobre el río[8] y el mismo Pinheiro informa de que todos los días de una a cinco se regaba el Prado con veinticuatro carros de mulas con cisternas. Estas labores corrieron paralelas a otras mejoras en el Pisuerga, como la construcción en su margen izquierda del pretil del Paseo del Espolón (1603), trazado por Diego de Praves y Pedro de Mazuecos.

Otra de las grandes obras de la época fue el viaje de aguas de Argales, que permitió el nuevo abastecimiento de agua a la capital[9]. El proyecto, sostenido por el regimiento vallisoletano, tenía una especial trascendencia en el contexto de las demandas cortesanas. Los debates sobre la localización idónea de la corte no ignoraban las ventajas de disponer de buenas aguas y, de hecho, al regreso de la corte a Madrid, esta villa centró buena parte de sus esfuerzos públicos en mejorar la traída de aguas y las fuentes[10], soluciones de mejora que ya habían sido propuestas los años anteriores por autores como

---

[8] AHMV, Libro de actas, núm. 25, fol. 129r-v.

[9] Carlos Carricajo Carbajo et alii, *El viaje de las Arcas Reales*, Valladolid, Ayuntamiento de Valladolid, 2003.

[10] Alicia Cámara Muñoz, "Derramar el agua en la ciudad: dioses y fuentes", en Alicia Cámara Muñoz y Bernardo Revuelta Pol (coords.), *Arquitectura hidráulica y forma urbana*, Madrid, Asociación Cultural y de Estudios Jamilenudos (ASCUESJA), 2019, pp. 87-110.

Juan de Jerez, Lope de Deza y Cristóbal Pérez de Herrera[11]. En el caso del núcleo palacial vallisoletano, con posterioridad a la salida de la corte, en febrero de 1608, la corona solicitó al regimiento de la ciudad la traída del agua de una fuente del caño de Argales a palacio, petición que fue aprobada con la condición de que no supusiese perjuicio para las siete fuentes urbanas planificadas[12].

El otro río de Valladolid –el Pisuerga– no se integró en la ciudad hasta bien avanzado el siglo xx. Hasta entonces pasaba por ella y funcionaba ante todo como un límite; límite, no obstante, que transformó la vida cotidiana de los vecinos y la percepción de su entorno. Como extremo, contuvo la expansión de la localidad hacia el oeste y junto con el histórico paso del Puente Mayor modeló su morfología y ordenó el recorrido de sus vías. Desde la ciudad, paseos como el citado del Espolón Viejo abrían sus vistas a la ribera, siendo al decir de Pinheiro el preferido por los vallisoletanos en invierno, al ser el más soleado[13].

Del otro lado del río, desde la margen derecha los propietarios de las huertas advertían el bullicio urbano que traspasaba el telón de fondo de casas y torres. Una de estas huertas era precisamente el real sitio de la Huerta del Rey –Huerta del Duque en tiempos de la capitalidad–, a la que los reyes podían acceder tanto desde el Puente Mayor como por medio de una flotilla que conectaba con un embarcadero en la otra orilla, a su vez comunicado por pasadizos con el núcleo palacial, tal y como expresaba el propio Pinheiro: "Vino *(a la Huerta del Duque)* el rey y la reina y las damas por un pasadizo y

---

[11] Juan de Jerez y Lope de Deza, *Razón de Corte*, León, Universidad-Secretariado de Publicaciones, 2001, pp. 214-215 (ed. de A. T. Reguera); Cristóbal Pérez de Herrera, *Discvurso a la católica y real Magestad del Rey D. Felipe nuestro Señor, en que se le suplica, que considerando las muchas calidades y grandezas de la villa de Madrid, se sirua de ver si convendría honrarla, y adornarla con muralla, y otras cosas que se proponen, con que meresciese ser Corte perpetua, y asistencia de su gran Monarquía*, Madrid, 1597 (BNE, R-28762/1); Cristóbal Pérez de Herrera, *A la Católica y Real Magestad del Rey Don Felipe III Nuestro Señor, cerca de la forma y traça como parece podían remediarse algunos peccados, excessos y desórdenes en los tratos, vastimentos y otras cosas de que esta villa de Madrid al presente tiene falta; y de qué suerte se podrían restaurar y reparar las necesidades de Castilla la Vieja, en caso que Su Magestad fuesse servido de no hacer mudança con su Corte a la ciudad de Valladolid*, Madrid, 1600 (BNE, VC/1136/32).

[12] AHMV, Libro de actas, núm. 32, fols. 314 r-v y núm. 33, fol. 289v.

[13] Tomé Pinheiro da Veiga, *Fastiginia*..., p. 295.

pasaron en sus galeras, estando las orillas cubiertas de toda clase de gentes, y el río de barcos enramados, que era cosa hermosa de ver..."[14].

La navegabilidad del Pisuerga era una idea que ya había sido puesta sobre la mesa el siglo anterior, recogiéndose también en el manuscrito de Francisco Lobato[15]. Con motivo de su regencia y estancia en Valladolid, el príncipe Maximiliano hizo estudiar la viabilidad de una ruta náutica entre Aguilar de Campoo (Palencia) y Valladolid, objetivo que posteriormente Felipe II proyectaría para otros ríos ibéricos a través de planes de navegación como el del italiano Antonelli.

Con la corte de Felipe III en Valladolid, a la par que se aprovechaban las posibilidades náuticas del tramo urbano del Pisuerga, se reactivaron las propuestas de navegación por este, por el Esgueva y por el Duero de la mano de técnicos como Martín de Córdoba y Constantino Cabezudo[16]. Más tarde, fue el regimiento el encargado de liderarlas. En agosto de 1607 se constituyeron unas comisiones de ingenieros para evaluar la navegabilidad del Pisuerga y del Esgueva y el 26 de noviembre acudieron a la sesión plenaria para explicar sus conclusiones. Ese día el ingeniero portugués Juan Bautista de la Baña y Jerónimo de Soto,

> personas nombradas por su magestad para la nabegación del río y Esgueba [...] dieron quenta al dicho ayuntamiento cómo en compañía del señor don Diego de Enebro abían ydo Esgueba arriba asta Santibañez y de allí avía hido al Burgo de Osma y abían bajado por el río que llaman huçero e bajaron por Duero abajo asta do se junta por Pisuerga y desde allí abían ydo por Pisuerga arriba asta el río de Carrión ques ençima de Dueñas y abían ido

[14] Ibídem, p. 108.

[15] Juan Helguera Quijada, "Un proyecto de canales de navegación y riego en Castilla la Vieja a mediados del siglo XVI", *Investigaciones Históricas*, 4 (1983), pp. 7-39; José Luis Cano de Gardoqui, "Noticias sobre un proyecto de navegación por el río Pisuerga hecho por ingenieros alemanes (1550)", *BSEAA*, 53 (1992), pp. 365-374; José Antonio García-Diego y Nicolás García Tapia, *Vida y técnica en el Renacimiento. Manuscrito de Francisco Lobato, vecino de Medina del Campo*, Valladolid, Universidad de Valladolid, 1990, pp. 91-94 y 121-122.

[16] Nicolás García Tapia, "El ingenio de Zubiaurre para elevar el agua del río Pisuerga a la huerta y el palacio del Duque de Lerma", *BSEAA*, 50 (1984), pp. 299-324.

> por el dicho río a Palençia y buelto a Pisuerga y a Burgos por el río Arlançón y abían benido aquí y que todos los dichos ríos y Esgueba eran nabegables...[17].

El criterio favorable de los expertos empujó a los regidores a encomendarles proseguir su navegación hasta Zamora, pero el proyecto acabó abandonándose por el excesivo coste que suponía para una ciudad que ya no contaba con la ayuda incondicional de la corona. Valladolid tendría que esperar más de dos siglos para ver materializada una infraestructura de comunicación fluvial de ese nivel con el Canal de Castilla. No obstante, durante la capitalidad acontecieron otros hitos náuticos de interés, como la demostración que Martín de Córdoba hizo para Felipe III de un innovador proyecto de embarcación, narrado por Sangrador de esta manera:

> ...escribió una instructiva memoria..., en forma de representación, se elevó a la consideración del Rey Don Felipe III, y a fin de interesarle con eficacia a condescender a los deseos de la ciudad, se construyó una gran nave dispuesta de tal modo que sin necesidad de remeros cruzó las aguas del Pisuerga con admirable ligereza en diferentes direcciones. S. M. desde los balcones del palacio de la huerta del Duque, situada a la margen opuesta, vio con placer esta prodigiosa máquina, y aun en medio del entusiasmo que le inspiró tal invención, dio visibles muestras de aprobar el proyecto[18]

Esta demostración nos habla de los avances científicos y técnicos de la época, bullendo en torno al poder de la corte. También en esos años, Pedro de Zubiaurre puso en práctica su célebre ingenio de irrigación en la Huerta del Duque y Jerónimo de Ayanz inventó una campana de bucear con renovación continua de aire. Esta última, como ha explicado García Tapia, permitía permanecer bajo el

---

[17] Juan Agapito y Revilla, "La navegación en Pisuerga y Esgueva", *Castilla*, suplemento literario de *El Norte de Castilla*, I-VIII, 1915, reeditado en *Arquitectura y Urbanismo del antiguo Valladolid*, Valladolid, Ayuntamiento de Valladolid, 1991, pp. 257-265.

[18] Matías Sangrador y Vítores, *Historia de Valladolid*, Valladolid, Universidad de Valladolid, 1979, t. I, p. 167.

agua más tiempo del que hasta entonces se había podido imaginar. Felipe III quiso ver una demostración de ese ingenio, y en agosto de 1602 fue testigo de la primera inmersión prolongada de la Historia:

Su Majestad quiso ver lo que parecía más dificultoso, que era poder un hombre trabajar debajo del agua espacio de tiempo. Así, por agosto del año pasado de 1602, fue con sus galeras por el río de esta ciudad al jardín de don Antonio de Toledo, donde hubo mucha gente. Eché un hombre debajo del agua, y al cabo de una hora le mandó salir Su Majestad y, aunque respondió debajo del agua que no quería salir tan presto porque se hallaba bien, tornó Su Majestad a mandarle que saliese. El cual dijo que podía estar debajo del agua todo el tiempo que pudiese sufrir y sustentar la frialdad de ella y el hambre[19].

En cuanto a las embarcaciones, la presencia de galeras recreativas en el Pisuerga había sido algo común en las visitas reales anteriores a la capitalidad[20]. En el verano de 1600, ya coronado, Felipe III volvió a visitar la ciudad en lo que fue un ensayo de la inminente mudanza cortesana, encargando el regimiento con aquel motivo la construcción de dos galeras de las mismas características y dimensiones "que las pasadas", por haber entusiasmado estas al monarca en su visita de 1592[21].

A partir del año siguiente, con la corte establecida en Valladolid, el Pisuerga adquirió un especial protagonismo, quedando "la ribera cuajada igualmente de infinidad de barcos enramados, pasando gente a la otra parte del río, que, entrando más el verano, se pasan a merendar debajo de los árboles..."[22]. Y a este animado tráfico hemos

[19] Nicolás García Tapia, *Patentes de invención españolas en el Siglo de Oro*, Madrid, Ministerio de Industria y Energía, 1994, p. 97.

[20] Esteban García Chico, *Documentos para el estudio del Arte en Castilla, t. I, pintores*, Valladolid, Universidad de Valladolid, 1946, pp. 227-229; Anastasio Rojo Vega, *Fiestas y comedias en Valladolid, siglos XVI-XVII*, Valladolid, Universidad de Valladolid, 1999, p. 179; Enrique Cock, *Relación del viaje hecho por Felipe II, en 1585 a Zaragoza, Barcelona y Valencia*, Madrid, Aribau, 1879, *Cfr.*: J. García Mercadal, *Viajes de extranjeros por España y Portugal*, t. I, Madrid, Aguilar, 1999, p. 1416; Jean Lhermite, *Le passetemps*, tomo I, edición Ch. Ruelens, Anvers, Busschmann, 1890, pp. 157-158; Javier Castán Lanaspa, "Fiestas que ofreció la villa de Valladolid a Felipe II en el año de 1592", *BSEAA*, LXII (1996), pp. 387-394.

[21] AHMV, Libro de actas, núm. 24, fol. 75.

[22] Tomé Pinheiro da Veiga, *Fastiginia...*, p. 57.

de sumar pescadores y bañistas. Pinheiro da Veiga fue testigo de la destreza de los nadadores vallisoletanos, aunque le extrañaba que no se prohibiera el baño, por morir ahogadas del orden de 25 o 30 personas cada año, siendo él mismo testigo del ahogamiento de un nadador y del hundimiento de un barco, a consecuencia del cual perecieron tres mujeres[23].

La monarquía restringió el tráfico náutico por el Pisuerga y dispuso una plantilla de empleados encargados de mantener las condiciones de navegabilidad, así como de la puesta a punto de la escuadra real. Su mantenimiento con dos personas costaba 800 ducados al año, la construcción de cada galera 500 y cuando el rey embarcaba eran necesarias al menos 2 galeras y 32 hombres para tripularlas, a los que se pagaba un jornal de 4 reales[24]. Como el total en 1605 ascendía a casi 2.000, eso significa que el rey navegaría algo menos de quince días al año.

En 1602 Antonio Gómez, capitán de las galeras, tenía entre sus cometidos comprobar que la profundidad del río fuese la suficiente para la navegación e impedir la intromisión de otras embarcaciones en el tramo reservado al uso regio[25]. Mientras, el ingeniero Andrés García de Udías se encargaba del adecentamiento de las márgenes del río, desde el embarcadero hasta la ermita de san Cosme, río arriba, y hasta el monasterio de Prado, río abajo. En 1603 fue sustituido por su hijo Andrés García "el mozo", que continuó la labor de su padre, reforzando las márgenes de los ríos y construyendo canales para salvar sus azudes, trabajos en los que fue ayudado por el ingeniero napolitano Constantino Cabezudo, al que se denomina "maestre de las galeras"[26].

Aquella escuadrilla de naves ligeras tenía un carácter totalmente lúdico, como demuestra la profusión y lujo de su decoración. Aunque

---

[23] Ibídem, pp. 186-187.

[24] Pedro Gutiérrez Ramírez, *Papeles sobre el asiento hecho con Antonio Gómez, para la conservación de los barcos de Felipe III en el Pisuerga*, 1606, BNE. Mss. Micro 18.516, fols. 2r-4v.

[25] AGS. CSR, Valladolid, leg. 1/1. Algunas de estas noticias ya habían sido publicadas por José Martí y Monsó, *Estudios histórico-artísticos relativos principalmente a Valladolid*, Valladolid, Leonardo Miñón, 1898, pp. 608-609.

[26] El 18 de septiembre de 1604 se promulgaba una cédula real concediendo 400 ducados a doña Mencía de Ribadeneira, en cuya huerta camino del monasterio de san

no disponemos de ninguna descripción detallada de la misma –al menos, como la de Farinelli sobre Aranjuez–, y a pesar de que son muy escasos los documentos gráficos de embarcaciones en el Pisuerga, como el retrato de la infanta Ana Mauricia de Pantoja de la Cruz (1602) o el posterior dibujo de la *Historia* de Antolínez de Burgos sobre la Huerta del Rey, tenemos noticias suficientes para aproximarnos a ellas. Sabemos que se reunieron varias galeras y góndolas –tres galeras de agua dulce, según Pinheiro, "con sus remos, cuerdas de seda, velas y gallardetes"[27]–, algunas de estas últimas construidas por el propio Constantino Cabezudo. Destacaba, sin embargo, la galera "San Felipe", que fue dorada y pintada por Santiago de Cuevas en 1602[28]. Se cubría con "un cielo de damasco azul y dorado cercado de puntas por goteras alrededor y guarnecidas con franjón de oro... y aforros uno de bocací y otro de tafetán de colores cortado a jirones...", obra del sastre Jusepe Pascual, y posiblemente contase también con unas "sedas y pasamanos de oro" realizadas por Ana de Herrera[29]. Otros artistas más renombrados llegaron también a participar en la decoración de estas embarcaciones, como Bartolomé Carducho, que en 1602 pintó dos escudos reales en los estandartes de una nueva góndola[30].

Estos barcos sirvieron para trasladar a los reyes desde el embarcadero de la margen izquierda hasta la Huerta del Duque y para viajes de recreo por el tramo capitalino, pero en ocasiones se llevaron a otros

---

Cosme, en la ribera del Pisuerga, se había mandado hacer tiempo atrás una zanja para permitir la navegación de las galeras (AGS. CSR, Valladolid, leg. 58, fol. 27v). AGS. CSR, Valladolid, leg. 1/1 y 58, fol. 23. Nicolás García Tapia, "Ciencia y técnica en Valladolid en torno a 1596", *Valladolid. Historia de una ciudad*, vol. II, Valladolid, Ayuntamiento de Valladolid, 1999, pp. 525-541 e *Historia de la ciencia y de la técnica en la Corona de Castilla* (J. Mª. López Piñero, dir.), t. III, Valladolid, Junta de Castilla y León-Consejería de Educación y Cultura, 2002, pp. 117-118.

[27] Tomé Pinheiro da Veiga, *Fastiginia*, p. 70.

[28] AGS. CSR, Valladolid, leg. 1/1.

[29] AGS. CSR, Valladolid, leg. 1/1; Luis Cervera Vera, *El conjunto palacial de la villa de Lerma*, Valencia, Editorial Castalia, 1967; Javier Pérez Gil, *El Palacio de la Ribera. Recreo y boato en el Valladolid cortesano*, Valladolid, Ayuntamiento de Valladolid, 2002, p. 75.

[30] AGS. CSR, Valladolid, leg. 1/1 y leg. 58, fols. 17v-18r. García Chico publicó una detallada "Memoria de las piezas que se pintaron para las galeras", probablemente en esos años de la capitalidad, que recoge la actividad de artistas como Santiago Remesal o Antonio Martínez (Esteban García Chico, *Documentos...*, t. I, pp. 233-234).

enclaves más lejanos. En 1605 se pagaron 649 reales a una cuadrilla dirigida por Juan Domínguez por trasladar, con siete pares de mulas, un barco de la flota regia a Ventosilla (Burgos), y después a Lerma, "para servicio y recreación de Sus Majestades"[31].

En septiembre de 1606, con la corte ya en Madrid, el rey reinstauró el tráfico náutico por el Pisuerga, manteniendo, eso sí, la prohibición de desembarcar en la Huerta del Rey[32]. Eso no supuso, sin embargo, el fin inmediato de la navegación de las galeras reales, tal y como en ocasiones se ha afirmado. Así se lo recordaba en 1606 a Valladolid, a modo de consuelo, un poeta santanderino ("¿Non dexó las sus galeras/ en vuestro río mayor/ para folgaros las tardes/ y de San Juan el albor?"[33]). El 25 de agosto de ese año se presentaron las condiciones para el nuevo encargado de conservar las tres galeras y los cuatro barcos que había en el Pisuerga. En ellas, además de regularse su conservación, el tráfico náutico entre san Cosme y la presa del monasterio de Prado, e incluso la pesca, se especificaba que "siendo necesario açer las galeras nuevas y barcos para su conserbaçión las ará buenas y perfetas..."[34], teniéndolas siempre a punto para un eventual uso regio, lo que sugiere una inicial voluntad de continuidad. Es más, en 1619 se compraron tres barcos[35].

Sin embargo, en esas condiciones de 1606 también se reconocía la dificultad de encontrar personal cualificado para la ocasión –al menos 16 tripulantes vestidos de librea– tras el despido de los oficiales ordinarios. Como era de esperar, con el paso de los años la flotilla y sus oficios se vieron abocados a la desaparición. La "Relación de los oficios y personas que asisten y sirven en las obras reales de la ciudad de Valladolid y sus contornos" de 1607 recoge en su nómina el alta

[31] AGS. CSR, Valladolid, leg. 1/1. El pago se certificó el 1 de julio de 1605. El 21 de octubre se hizo lo propio con Francisco Zacarías y Francisco Castellano –1.120 reales– por los 10 días que les llevó trasladar "un barco que se hizo por cuenta de S.M. a Lerma y traer otro a Ventosilla". El 24 se pagó a Constantino Cabezudo por los hombres que contrató para "llevar un barco grande que se hiço por quenta de Su Magestad en esta ciudad a Lerma y lebar otro de allí Ventosilla" (*sic*).

[32] AHMV, actas, libro 31, fols. 167r-v; AGS. CSR, Valladolid, leg. 58, fol. 56.

[33] *El desconsuelo que un montañés haze a las ciudades de Valladolid, y Burgos, y montañas de Castilla la vieja en la ausencia de la Corte con una sátyra a los poetas que han tratado mal la insigne y noble Valladolid*, Alcalá de Henares, 1606.

[34] Pedro Gutiérrez Ramírez, *Papeles*.

[35] AGS. CSR, Valladolid, leg. 4/2. Javier Pérez Gil, *El Palacio de la Ribera...*, p. 75.

de Antonio Gómez, "a cuyo cargo están las galeras y barcos que su magestad tiene en el río Pisuerga desta ciudad"[36], pero ya no se registra personal alguno en la de 1627. Se desvanecía así una actividad que quedó en la memoria de aquellos intensos años cortesanos.

Hoy, con la margen derecha del Pisuerga plenamente integrada en la ciudad y la existencia de muchos otros puentes, a pesar de las evidentes transformaciones todavía pueden leerse los vestigios de todos los estratos culturales superpuestos, desde los límites de ese real sitio o el monasterio de Nuestra Señora de Prado hasta las sucesivas explotaciones fabriles (aceñas, tenerías, Canal de Castilla…) o la memoria del cúmulo de vivencias colectivas y expresiones literarias. Todo ello constituye un paisaje urbano de alto valor patrimonial que debe ponerse en valor facilitando la lectura y reconocimiento de lo que hay y de lo que hubo.

EL AGUA EN EL PALACIO REAL DE VALLADOLID

En tiempos de la capitalidad vallisoletana el palacio real de Valladolid fue un auténtico conjunto palacial que se extendía más allá de su actual manzana, la cual se encuentra sensiblemente alterada por la incorporación del antiguo solar del convento de san Diego y la pérdida de su extremo occidental. Ahí radica precisamente el gran mérito de Francisco de Mora y los arquitectos cortesanos: en integrar en una unidad funcional y representativa diferentes espacios disgregados en torno a las antiguas casas de la familia Cobos y modelar a su alrededor un urbanismo áulico.

La organización espacial de ese conjunto partió del innovador proyecto de Luis de Vega para el palacio real de Francisco de los Cobos, ordenado en torno a tres patios: central o de honor, de la Reina a oriente y del Rey a occidente. El agua tuvo una presencia importante en los tres, aunque con funciones diferentes. Mientras que el sector occidental del núcleo palacial tuvo un carácter más lúdico, dedicándose la mayor parte de los recursos a fuentes e irrigación de

[36] AGP. AP, Valladolid, caja 10.977, n.º 6.

jardines, en el oriental –a pesar de albergar parte del cuarto de la Reina– el agua hay que relacionarlo con la actividad de las cocinas y otras piezas de servicio.

El antiguo patio de la Reina –el más pequeño de los tres principales y del que tan solo quedan restos de la galería septentrional–, forma parte hoy de un patio irregular y alargado que se extiende hasta el estrechamiento de la manzana en la calle del León. Sin embargo, en ese solar existieron tres patios con cometidos diferentes: el citado de la Reina, el del pozo y otro pequeño que mediaba entre ambos. Su antigua existencia puede comprobarse todavía hoy a través de la lectura estratigráfica de su lienzo oriental, en el que se aprecian discontinuidades de trazado y alineación. Así era en el siglo XVIII, cuando los maestros Francisco Pérez y Matías Machuca se referían a los "tres pationes"[37] del sector de la calle de los pasadizos, recogidos en el plano de Machuca como "sitio que ocupan los tres patios" y en el de la otra serie del Archivo de la Fundación Casa Ducal de Medinaceli como "patio de la nieve", "segundo patio" y "terzer patio"[38].

Ese tercer patio –el de la Reina– es el que Ventura Rodríguez identificó en su informe de 1761 como "patio del aljibe"[39] y, efectivamente, contó –como el principal– con un aljibe, redescubierto hace veinte años con motivo del desarrollo del Plan Director del Palacio Real de Valladolid (Instituto Español de Arquitectura, 2002). Se trata de un depósito abovedado y con suelo cerámico que según los estudios arqueológicos podría datarse en las primeras décadas del siglo XVI, época de la construcción de las casas de los Cobos-Mendoza[40].

Próximo a este patio del aljibe Rodríguez mencionó el patio del pozo, "que es el que da paso desde la pieza antecedente a la calle de las Cocinas". Ese pozo –o pozos, en plural– parece estar referido a los pozos de la nieve. Es más, la actual calle del León –o de las Cocinas, o de los pasadizos– fue también conocida como "de los pozos de la

[37] AGS. CSR, Valladolid, leg. 53/1.
[38] Archivo de la Fundación Casa Ducal de Medinaceli, núms. 561 y 563.
[39] AGP. Reinados, Carlos III, Patrimonio de Valladolid, leg. 276, núm. 12.
[40] Miguel Martín Montes y Javier Moreda Blanco, "Estudio Arqueológico", *Plan Director del Palacio Real*, Madrid, Instituto Español de Arquitectura, 2002, t. I, pp. 193-203.

Figura 3. Interior del aljibe del patio de la Reina. Palacio Real de Valladolid. Fotografía del autor

nieve" y podía accederse desde ella a las neveras, por medio de una puerta abierta bajo la portería de las damas.

La nieve era el estado más sofisticado y lujoso del agua, y no faltó en palacio en tiempos de la capitalidad vallisoletana. Como señalaba Pinheiro, el mayor regalo que tenía Castilla la Vieja era la posesión de nieve en verano, "y aquí en la tierra no hay mayor deleite que agua fría en el verano y fruta con nieve"[41]. Sin embargo, documentos más tardíos aseguran que no fue hasta 1622 cuando se construyeron esos pozos, en previsión del regreso de los monarcas[42]. Allí se depositaba la nieve y el hielo que se traían desde las montañas hasta las dos neveras reales ubicadas a la salida del camino de Renedo, fuera de la puerta del Prado, las cuales estaban también soterradas, con fábrica de piedra y ladrillo. La "Relación de criados y oficiales" de 1627 da cuenta de la existencia de un alguacil a cargo de los dos pozos de la nieve, así como de un carretero que transportaba la nieve

[41] Tomé Pinheiro da Veiga, *Fastiginia...*, p. 299.
[42] AGP. AP, Valladolid, caja 10.977, exp. 46.

con ayuda de dos cabalgaduras[43]. Esta nieve, además de ser un lujo al servicio de los monarcas, reportaba beneficios económicos a las obras reales, pues se vendía en puestos públicos, lo cual generó algunos litigios entre los administradores del Palacio y la ciudad[44]. En 1775 se concedió a esta última el aprovechamiento de los materiales de los dos pozos reales de la nieve del camino de Renedo –que ya no tenían uso y estaban ruinosos–, para construir la puerta del Campo Grande. Por el peligro que representaban, poco después debieron ser inutilizados, aunque la propiedad siguió correspondiendo a la corona, a pesar de que en 1820 fuesen efímeramente expropiados por el Crédito Público[45].

A continuación del patio de los pozos se encontraba el patio o corral de las cocinas, ubicadas desde tiempos de Francisco de los Cobos en las traseras del palacio, en su extremo oriental, para aislar su funcionamiento y evitar molestias y olores. El plano de Matías Machuca (nº 563) nos ofrece la primera imagen detallada de la distribución de este sector, aunque ya en el siglo XVIII –cuando en tiempos de la corte las cocinas se habían ampliado al otro lado de la calle– y advirtiendo también que se trata de un documento gráfico que hay que tratar con cautela[46]. En él se ve un patio irregular –“corral de las cozinas”– al que se accedía desde la antigua escalera claustral y desde la calle de san Diego. En torno a él se ubicaban tres piezas de cocina independientes (una con despensa y otra “que oi es pozo de nieve”) y varios hornos. Por su parte, el plano número 561, a pesar de ser coetáneo y pertenecer al mismo expediente, interpreta la zona

[43] Ibidem, exp. 34. En 1642 eran 61 peones y diez carros de bueyes los que se afanaban en recoger y empozar los hielos en los pozos del camino de Renedo. Jesús Anta Roca, *Pozos de nieve y abastecimiento de hielo en la provincia de Valladolid*, Valladolid, Diputación Provincial Valladolid, 2016, pp. 25-30.

[44] AGP. Reinados, Felipe V, Patrimonio de Valladolid, leg. 155; Juan José Martín González, *La Arquitectura doméstica del Renacimiento en Valladolid*, Valladolid, Impr. Castellana, 1948, pp. 193-194.

[45] AGP. AP, Valladolid, leg. 276, exp. 34 y 10.981, exp. 25; AGS. CSR, Valladolid, leg. 60, fol. 54.

[46] Archivo de la Fundación Casa Ducal de Medinaceli, núm. 563. Sobre el análisis de estos planos, véase Javier Pérez Gil, “Arquitectura y ciudad: el espacio representativo del Palacio Real de Valladolid”, en Javier Pérez Gil, (coord.), *El Palacio Real de Valladolid y la ciudad áulica*, Valladolid, Instituto Universitario de Urbanismo-Universidad de Valladolid, 2021, pp. 97-142.

sin el ensanchamiento de la calle del León y con cocinas enfiladas en esa fachada[47].

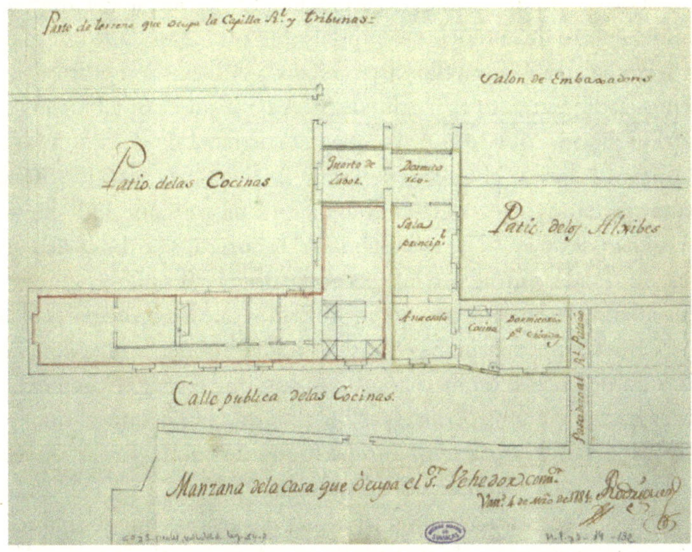

Figura 4. Antolín Rodríguez, *Planta de la parte que se desea habilitar para vivienda de un oficial de correos en el Palacio Real* (1781). España. Ministerio de Cultura. Archivo General de Simancas, MPD, 14/132

Unas décadas más tarde, en 1781, el arquitecto Antolín Rodríguez representó en su "Planta de la parte que se desea rehabilitar para vivienda de un oficial de Correos en el Palacio Real"[48] el tramo meridional de la calle de las Cocinas, desde el pasadizo, todavía en pie, que comunicaba el palacio con la veeduría. Recogió una distribución más simplificada del patio de las cocinas, más acorde también a la que llegó al siglo XIX. Allí se representa un patio de las cocinas más regular en su parte oriental y separado del patio de los "Alxibes" por un cuerpo destinado entonces a habitaciones. El patio de los aljibes es denominado así, en plural, mientras que Ventura Rodríguez lo

[47] Archivo de la Fundación Casa Ducal de Medinaceli, núm. 561.
[48] AGS. Mapas, Planos y Dibujos, XIV-132; AGS. CSR, Valladolid, leg. 54/7.

hacía siempre en singular, síntoma quizás de la nueva continuidad entre el antiguo patio del aljibe y el del pozo.

Del otro lado de la calle de las Cocinas se encontraba la ampliación del cuarto de la reina, extendida sobre otras casas que se unían al núcleo palacial por medio de pasadizos[49]. Allí existieron otros pequeños jardines, como el "jardín de Su Alteza", que contaba con un pozo con bomba que suministraba agua corriente desde el estanque de ese jardín hasta "el tercer (suelo) de la dicha casa, con los caños necesarios para volver a echar el agua en una caja que se le ha de dar hecha para ello"[50]. Tras la salida de la corte los jardines de esas casas, destinadas entonces a los jueces de Obras y Bosques, siguieron manteniéndose, aunque con menos cuidados que los principales. Tal era el caso del que disfrutaba en 1652 Juan de Estrada, "muy pequeño y es todo de bojes y está a la sombra y con que se riegue cada ocho días es bastante para su conservación y no que por acudir al que no es de importancia se pierdan los que lo son de tanta, siendo así está el jardín tan bueno como todos los demás"[51].

Existió, efectivamente, una jerarquía de jardines que se traducía en un determinado grado de atenciones. Tres eran los principales, figurando por encima de todos ellos el de la Galería de Saboya o "jardín principal". A este seguían el jardín de los Leones, ubicado en el extremo occidental del Palacio, y el del Salón, extendido hacia las traseras del antiguo palacio del conde de Miranda. Los tres contaban con su correspondiente noria, que era mantenida por el "ingeniero" de Palacio –encargado también de la bomba del jardín de los infantes– o por otras personas que la reparaban y limpiaban periódicamente, descubriendo "todos los manantiales hasta llegar al suelo de la peña"[52].

Entre las fuentes destacaba la que todavía preside hoy la Galería de Saboya, popularmente conocida como "de los Delfines". El Duque de Lerma la hizo traer en 1602 desde Génova a través del banquero

[49] Javier Pérez Gil, *El Palacio Real de Valladolid. Sede de la Corte de Felipe III (1601-1606)*, Valladolid, Ediciones Universidad de Valladolid, 2006, pp. 413-432.

[50] AGS. CSR, Valladolid, leg. 1/1.

[51] AGS. CSR, leg. 346, exp. 24, pl. 410.

[52] AGS. CSR, Valladolid, leg. 10/3, pl. 40; AGS. CMC, 3ª época, legs. 698/3, 1893/1, 2891/10, 3097/19 y 3203/5.

Figura 5. Valladolid, Palacio Real. Fuente de los Delfines del patio de la Galería de Saboya. Foto del autor

Marco Antonio Judici, junto con otra fuente también de mármol blanco –ambas con un valor de 415.800 maravedís[53]– y distintas piezas como vidrios venecianos[54]. Ese mismo año Antonio de Arta afirmaba haber "echo, adereçado y asentado una fuente de mármol blanco con sus gradas de piedra rústrica a la redonda con su predestal en medio también de mármol, toda engrapada y emplomada" en el jardín principal[55], así como "otra fontecilla questá encima del çenador de mármol pardo con su pedrestal, en un jardinico que ay allí". Unos meses más tarde, era Pedro de Armolea quien veía finiquitada su cuenta por hacer, entre otras labores, los remates de la "fuente ochavada del jardín grande" y asentar nueve hembras de

[53] José Martí y Monsó, *Estudios*..., p. 605.

[54] AGS. CSR, Valladolid, legs. 1/2 y 58, fols. 19v-20v. También el cuarto de los alcaides, antiguo palacio de los condes de Fuensaldaña y residencia del Duque tras la venta del palacio a Felipe III, contó con una fuente (Javier Pérez Gil, "El palacio de los condes de Fuensaldaña en Valladolid, cuarto de los alcaides duques de Lerma", *De Arte*, 3 (2004), pp. 85-104).

[55] AGS. CSR, Valladolid, leg. 1/1.

cobre y cuatro lenguas de los delfines de esta, dorándolas[56]. Para entonces la fuente ya estaría en funcionamiento, surtida por el agua de la noria de las antiguas casas de Suero de Quiñones, para lo cual se hizo necesario construir un encañado de madera de pino de más de 50 metros[57].

A partir del jardín de la Galería de Saboya se iniciaba un itinerario fragmentado que pasaba por los jardines de las antiguas casas del conde de Miranda –denominados "huerta" hasta la década de 1660 y "jardín" desde entonces, título que recoge también el plano número 562 de la Fundación Casa Ducal de Medinaceli– y los del conde de Benavente para culminar en el Pisuerga y, atravesando el río, en la Huerta del Duque:

> ...por detrás (de la delantera de Palacio) hay una gran extensión de jardín y galerías, por las que el rey puede ir al viejo palacio donde los príncipes de Saboya se alojan... Los jardines (del palacio del conde de Benavente) se extienden hasta el río Pisuerga, sobre el cual da una galería de madera recién construida, a fin de que el rey, que desde su palacio va cubierto a ver a los príncipes, pueda pasar al jardín del duque de Lerma...[58].

Ese sector occidental del núcleo palacial era el más desvinculado de la vida doméstica y representativa de palacio. A partir del siglo XVIII sufrió una serie de cambios de uso y titularidad que acabarían borrando la huella de su primitiva forma y función –como pasa con el actual patio de cocheras– e incluso desgajándolo del núcleo palacial, como sucedió con el extremo occidental, cedido en beneficio de la prolongación de la calle de San Ignacio. Allí se extendieron tras las ampliaciones del duque de Lerma y Felipe III otros espacios denominados "huertas" –a veces citados también como "jardines"– que, a juzgar por las descripciones, pudieron presentarse menos ordenados

[56] Ibídem, leg. 1/2.
[57] Ibídem, leg. 1/1.
[58] Bartolomé Joly, *Viaje hecho por M. Bartolomé Joly, consejero y limosnero del rey, en España, con el señor de Boucherat, abad general de la orden de los cistercienses, 1603-1604*, en J. García Mercadal, *Viajes*, t. II, Madrid, M. Aguilar, 1952, p. 727.

y suntuosos. Las citas a la "huerta nueva", "jardín de los leones", "huerta de los pájaros" o "huerta de San Diego", a veces referidas a los mismos espacios, señalaban una amplia huerta subdividida y extendida entre la actual plaza de Santa Brígida y la calle de San Quirce, aquí contenida por los cubos de la antigua cerca de la ciudad que permanecieron hasta el siglo XVIII.

EL SISTEMA DE SANEAMIENTO

Uno de los tópicos recurrentes de los detractores de la mudanza cortesana y sus poetas fue el de la secular suciedad de las calles vallisoletanas, la cual no pudieron impedir ni las ordenanzas de 1549 –que prohibían, entre otras cosas, el arrojo de inmundicias a la vía pública o el lavado de cueros para curtir en el Esgueva; así como la obligación de barrer cada vecino su acera[59]– ni la Junta de policía instituida en 1601 a imitación de la madrileña[60]. Bartolomé Joly la atribuía a la ausencia generalizada de "retretes ni sillas agujereadas, verdes y limpias, como en Francia; únicamente (tienen) ciertos cacharros de barro, hechos como campanas invertidas, que son puestas en las habitaciones en un rincón o debajo de la cama, cubiertos con una tela, y se llaman servidores"[61]. Para mejorar esta situación, al menos en el sector áulico de la ciudad, durante los años de la capitalidad se llevaron a cabo una serie de infraestructuras destinadas a crear un sistema de saneamiento que se ocupase tanto de la recogida de las distintas secretas del conjunto palacial como de la evacuación de aguas de las cocinas.

Las principales secretas o necesarias se ubicaban en las casas accesorias de la calle del León, aunque existieron otras como las del convento de san Diego, que eran limpiadas en 1603 cada sábado de la semana por dos hombres que arrojaban la inmundicia al Esgueva[62].

---

[59] *Ordenanzas con que se gobierna la república de Valladolid* (1549), Valladolid, Universidad de Valladolid, 1988, s.f.

[60] Luis Cabrera de Córdoba, *Relaciones de las cosas sucedidas en la Corte de España desde 1599 hasta 1614*, Madrid, Imprenta de J. Martín Alegría, 1857, p. 109.

[61] Bartolomé Joly, *Viaje...*, p. 729.

[62] AHPVa, caja 505, protocolos de Mateo de Olmos, fol. 273r.

Las primeras se encontraban en el piso bajo de una casilla situada en el extremo meridional de la citada acera, perteneciente a Inés de Monjaraz. Allí en 1602 se pagaban distintas libranzas; al albañil Felipe González por hacer una bóveda de cañón y al carpintero Lorenzo de Quesada por hacer su vaciadero y un corredorcillo[63]. Dos años más tarde Diego de Praves cobraría el finiquito de otras labores realizadas los años anteriores, entre ellas el socalce de las necesarias y trece escalones para bajar al fondo de estas[64]. No obstante, dado que esta casilla, "adonde están las secretas de palaçio y encima muchos aposentos de mugeres de él"[65], aun pertenecía en 1606 a Monjaraz, se propuso entonces adquirirla para el real patrimonio, a fin de ofrecer el patio a dichas mujeres y poner fin así a las repetidas solicitudes de los dueños de retirar las necesarias, operación que supondría un elevado coste económico y funcional, pues "no ay dónde ponerlas y desde allí están ya encañadas al río"[66].

Ese encañado de las secretas de palacio al Pisuerga que se cita en 1606 servía también para conducir las aguas sobrantes de las cocinas, ubicadas al otro lado de la calle. Su obra fue sin duda el proyecto más ambicioso del saneamiento del palacio real durante los años de la capitalidad, y su infraestructura daría servicio las centurias siguientes. No podemos asegurar quién dirigió la obra, aunque es probable que siguiese trazas de Francisco de Mora, a quien vemos por las mismas fechas al frente de la modernización del viaje de las fuentes de Argales. El trabajo se inició en los primeros meses de 1604 y se contrató por partes a los albañiles Diego Hernández, Juan de Alonso, Jacome Hernández, Juan y Blas Rodríguez, Felipe González, Mateo Hernández, Lucas Ferrer, Pedro Mejía, Hernando de la Cruz y Pablo Rodríguez[67]. Los maestros de cantería Juan García y Antonio de Arta se encargaron de realizar las losas para las arquetas de la alcantarilla y un año después las obras estaban ya concluidas,

---

63 AGS. CSR, Valladolid, leg. 1/1.
64 Ibídem, leg. 2/1.
65 AGP. AP, Valladolid, caja 10.977, exp. 5.
66 Ibídem.
67 Javier Pérez Gil, *El Palacio Real de Valladolid...*, pp. 386-391.

de modo que a finales de mayo se limpiaba la alcantarilla, ejercicio que se repetiría en los años siguientes[68].

Por otra parte, relacionado con estas obras de saneamiento y desagüe, aunque quizás no con el mismo proyecto, se encuentra el conducto cubierto de losas que en enero de 1604 se pagaba al maestro de albañilería Bernardo de la Cruz y que iba desde el centro del patio de las antiguas casas de Suero de Quiñones hasta la calle, conducto que tuvo más de 25 metros de longitud, 35 cm. de ancho y 56 de alto y para el que fue necesario deshacer algunas gradas y abrir un trozo de la cerca de la ciudad[69]. Aunque esta alcantarilla siguió conservándose con regularidad hasta el último cuarto del siglo XVII[70], la posterior relajación en su mantenimiento condujo con el paso de los años a su inutilidad.

LA HUERTA DEL REY

De entre todos los reales sitios de Valladolid –excepción hecha de los del antiguo sistema madrileño– el de la Huerta del Rey –primitiva Huerta del Duque– fue sin duda el que más protagonismo dedicó al agua, aprovechando para ello las corrientes del Pisuerga que la flanqueaban de norte a sur. Otros sitios cercanos como la casa y bosque de El Abrojo o el palacio de Tordesillas también contaron con similares ventajas, bañados ambos por el Duero, pero no explotaron todas sus posibilidades; el primero por tratarse de un cazadero y el segundo por ver frustrado el proyecto de parque evaluado por Francisco de Mora[71].

---

[68] AGS. CSR, Valladolid, legs. 2/1, 2/2, 2/3 y 58, fols. 88 y ss.

[69] Ibídem, leg. 2/1.

[70] AGS. CMC, 3ª época, legs. 698/3 y 1.893/1. Juan José Martín González, *La Arquitectura*, p.… 190, afirma sin embargo que la conducción de aguas residuales del palacio al río Pisuerga se inició en 1612 y que no llegó a verse terminada. Explica asimismo que cuando la obra alcanzó las puertas principales del conde de Salinas, comenzó a salir agua al quebrarse una peña que la retenía, con lo que se secaron las fuentes y pozos de las inmediaciones. Ello generó la protesta de los monjes de la Trinidad, acordándose finalmente "no pasar adelante y aprovechar lo hecho para instalación de unos lavaderos".

[71] AGS. CSR, Valladolid, leg. 5/2.

La localización de la Huerta era idónea. Se asentaba a las puertas de la ciudad, aunque en la otra margen del Pisuerga, lejos del bullicio de la urbe y con unas comunicaciones rápidas y cómodas. Su principal acceso se encontraba en la puerta abierta ante el Puente Mayor, en plena encrucijada de caminos, aunque los reyes también podían llegar a la Huerta en alguna de las embarcaciones antes citadas. Para ello se crearon sendos embarcaderos. El de la ciudad, además de contar con un cenador en el agua con "sus madres metidas en el agua"[72], estaba comunicado con el palacio de los condes de Benavente –sede de los Consejos– y, desde allí, con el palacio real por medio de pasadizos, que atravesaban calles y casas para permitir el traslado secreto de los monarcas.

Desde la entrada principal del Puente Mayor, la Huerta se desplegaba en una serie de ámbitos ordenados que seguían el curso del río[73]. En primer lugar, se encontraba el denominado Parquecillo, que respondía a una ampliación efectuada en 1604. Su recorrido estaba flanqueado por hileras de árboles y, en tiempos de la capitalidad, por una magnífica rosaleda y una pérgola que daba sombra a un agradable paseo. Su irrigación, como la del resto de la Huerta y sus fuentes, se realizaba por medio de pozos, norias, estanques y un ingenio hidráulico que tomaba las aguas directamente del Pisuerga: el conocido como "ingenio del agua" o "juanelo", que permaneció hasta el siglo XIX. Este ingenio, del que aún se conserva el arranque del edificio, fue obra de Pedro de Zubiaurre, quien copió su mecánica de la célebre bomba hidráulica londinense de Peter Morris sobre el río Támesis, la cual conoció en 1581, mejorándola y obteniendo la patente española en 1603[74]. Ventura Rodríguez lo describió en 1761 como una "máchina hydráulica que consistía en una bomba de

---

[72] Ibídem, leg. 2/1.

[73] Javier Pérez Gil, "Jardines y parques de la Huerta de Felipe III en Valladolid", en *IV Jornadas sobre «El Bosque» de Béjar y las Villas de Recreo del Renacimiento*, Béjar, Instituto universitario de urbanística de la Universidad de Valladolid, 2003, pp. 179-198.

[74] Nicolás García Tapia, "El ingenio de Zubiaurre en el Pisuerga", en *Conocer Valladolid 2011. V curso de patrimonio cultural*, Valladolid, Ayuntamiento de Valladolid, 2011, pp. 77-88.

compresión de dos émbolos"[75] y Pinheiro tuvo ocasión de conocerla de mano de su creador, describiéndola de esta manera:

> ...como no había manantiales para la fuente, se hizo una invención, con que muy fácilmente llevaron del río, y está corriendo sin intermitencia y elévase del río ciento cincuenta palmos o más, con mucha facilidad, con unas bombas de metal, con bombardas y unas ruedas que se mueven con la corriente del río, cosa, después de vista, muy fácil y de ningún coste[76]

El *Inventario* de 1607 constata la existencia de "un ingenio para dar agua a la Ribera con dos ruedas grandes y quatro pequeñas con sus cadenas e quatro tizinicas de bronce con quatro baquetones de hierro y otras dos ruedas con parte de caños que se empeçava hazer"[77]. La obra de esas conducciones se prolongó más allá de la salida de la corte, pues todavía en 1614 se pedía al veedor y contador de las obras reales que se "termine la encañadura para el agua desde el ingenio de Zubiaurre al estanque del Serrado"[78]. Hubo que esperar a 1618 a ver finalizada toda la infraestructura con el encañado hasta el estanque del jardín –"por devaxo de tierra con sus encañaduras de varro vridriado y piedra y ladrillo y cal, con tres torres de cantería repartidas como la otra questava hecha"[79]–, aunque para entonces los canales de madera estaban ya podridos y hubieron de retirarse: "todo lo que hiço la çiudad no sirvió de nada, solo nos aprobechamos del plomo y se a vendido a cinquenta reales el quintal, que montó casi siete mill reales, lo qual se a gastado en esta dha ovra y así queda esto perpetuo y se aorran tantos reparos como tenía de antes"[80].

Los libros de cuentas mencionan, al menos, la existencia de dos estanques en la Huerta: el conocido como estanque grande, que estaba

[75] AGP. Reinados, Carlos III, Patrimonio de Valladolid, leg. 276/12.
[76] Tomé Pinheiro da Veiga, *Fastiginia...*, p. 70.
[77] AGP. AP, Valladolid, caja 10.977, exp. 7.
[78] Nicolás García Tapia, *Ingeniería y Arquitectura en el Renacimiento español*, Salamanca, Secretariado de Publicaciones-Universidad de Salamanca-Caja Salamanca, 1990, p. 303.
[79] AGS. CSR, leg. 303, fol. 249. Véase anexo III de Javier Pérez Gil, *El Palacio de la Ribera...*
[80] Ibídem.

en las inmediaciones de la huerta de los árboles frutales –quizás el mismo que estaba construyendo en la primavera de 1602 Diego de Praves–, y el estanquillo del parque, que debía ubicarse en el Parquecillo[81]. Existieron además norias, como la construida por Gaspar de Poza hacia 1602 o la que hizo en 1672 Mateo Fernández "en la huerta de la fruta y verdura de la Ribera"[82]. E incluso se recurrió a aguadores en tiempos de sequía, cuando el bajo caudal del Pisuerga impedía mover las ruedas del ingenio, documentándose pagos a peones que regaban el jardín principal con cántaros en los años de 1662, 1664, 1669, 1683 y 1685[83].

Para el mantenimiento del ingenio y del resto de la infraestructura hidráulica y de irrigación existía una nómina de ingenieros y jardineros, que menguó a partir de 1606. En agosto de ese año Andrés de Soto se hacía cargo del conjunto de la Huerta del Rey, obligándose a conservar el ingenio y encañaduras que surtían al jardín, huerta de ensaladas y plantío, desde la máquina hasta la plaza de toros, salvo que el río se llevase el ingenio –ruedas y mecanismos– en cuyo caso correría a cuenta del patrimonio real[84].

Sin embargo, no duró mucho como conserje o casero y jardinero. En 1607 se certificaba el inventario de todo lo que entregó tras su despido a su sustituto, Jerónimo de Angulo[85]. Ese mismo año el ingeniero Gaspar de Poza figura cuidando "los ingenios del agua, encañaduras, fuentes y norias"[86]. Se le documenta en activo hasta 1617 y en 1619, ya fallecido, ocupaba su puesto Roberto Reviller, quien murió en 1620. Pasó entonces el oficio a su mujer, la "ingeniera" Susana Beujer, si bien el maestro de cantería Bartolomé de la Calzada –denominado a veces "ingeniero"– habría de participar también activamente en el mantenimiento del ingenio[87]. En 1632

[81] Luis Cervera Vera, *El conjunto palacial*, Valencia, Editorial Castalia, 1967, p. 37; Javier Pérez Gil, *El Palacio de la Ribera*, Valladolid, Ayuntamiento de Valladolid, 2022, pp. 59 y ss.
[82] AGS. CMC, 3ª época, leg. 698/3.
[83] Ibídem, legs. 1.893/1, 1.916/3, 1.915/9, 1.959/2 y 2.891/10.
[84] BNE. Mss. Micro/18.516, fols. 42r-43v.
[85] AGP. AP, Valladolid, caja 10.977/7; Javier Pérez Gil, *El Palacio de la Ribera*, anexo IV.
[86] AGS. CSR, Valladolid, leg. 3/2 y 4 y CMC, 3ª época, leg. 3.510/6.
[87] Javier Pérez Gil, *El Palacio de la Ribera*..., pp. 59-69.

fue cesada por negligencia y poco después murió, sucediéndole otros ingenieros también ligados a la saga de los Reviller-Beujer, según una inercia nepotista que fue habitual en las obras reales vallisoletanas[88].

Un siglo más tarde Ventura Seco identificaba en su plano (1738) "la Huerta del Rey, donde está el celebrado artificio de Juanelo que, movido del agua, la hace subir por diferentes conductos hasta lo alto del palacio, desde donde se reparte para surtir las fuentes y regar los jardines". Sin embargo, para entonces su futuro no era nada halagüeño, fruto del imparable deterioro de la infraestructura, de un mantenimiento insuficiente y de las citadas crecidas de los ríos vallisoletanos, que obstruían las canalizaciones y dañaban la maquinaria, como sucedió con las del Pisuerga de 1636, 1643 o 1739[89]. Esta última se llevó incluso el tejado de su edificio. En 1761 el informe de Ventura Rodríguez evaluaba el estado del ingenio y sentenciaba su futuro:

> En el río Pisuerga al lado de la entrada del Parque, cerca del Puente Mayor, se hallan los fundamentos del edificio de una máchina hydráulica..., que efectuó Juanelo Turriano, y servía de elevar el agua y conducirla a un depósito que se halla en una de las piezas de la expresada casa de campo para riego del jardín y juego de aguas en sus fuentes, el qual edificio y máchina parece la arruinó una creciente del río años pasados, y sin embargo de que sería fácil ponerla en uso sirbiéndose de algunas piezas que quedaron y se guardaron en la tenedurría de materiales, sería de mucho coste por que quasi todo se necesita hacer nuevo, además de que no habiendo jardines que regar ni fuentes que jueguen queda inútil la máchina, y por consiguiente no es precisa esta obra y se debe escusar su gasto[90].

[88] Ibídem y Javier Pérez Gil, *El Palacio Real de Valladolid. Sede...*

[89] AGS. CMC, 3ª época, legs. 698/3, 1.893/1, 1.940/6 y 1.959/2; AGS. CSR, Valladolid, legs. 8/3 y 10/2; *Suceso lastimoso que en la ciudad de Valladolid ha causado la inundación del Rio Pisuerga, y la Esgueua que va por dentro, y fuera de la ciudad desde el lunes de Carnestolendas por la mañana, que fue quatro de febrero, hasta el martes en todo el día de este año de 1636*, Francisco Ruiz de Valdivielso, 1636, BNE. Mss. 2.367 (H.308r-309v).

[90] AGP. Reinados, Carlos III, Patrimonio de Valladolid, leg. 276/12.

Figura 6. Restos del edificio del ingenio del agua de Zubiaurre para la Huerta del Rey (Valladolid). Fotografía del autor

Acto seguido los administradores de las obras vallisoletanas desestimarían la reparación del ingenio, abandonándose a su suerte. En las décadas siguientes se vendieron algunos de sus materiales y poco a poco fue perdiéndose, aunque todavía Antonio Ponz llegó a proponer su recuperación[91]. Hoy los restos de su edificio son usados por el servicio municipal de aguas, recordando en cierta medida su función primigenia.

El Parquecillo conducía al visitante al núcleo principal de la Huerta, presidido por el palacio de la Ribera y sus jardines[92]. Tras ellos, el citado parque del rey –vasto coto de caza– se extendía de una forma mucho más libre y extensa hacia el sur. La planta del palacio se componía de un pabellón perpendicular al río que, junto con otras tres crujías, cerraba al norte un patio rectangular, la conocida como "plaza de los toros". Esta era una plaza de festejos privada, en torno a la cual se dispuso un terrado y una sala de trucos. Allí se celebraron los más variados espectáculos, como corridas de toros, juegos de cañas o el célebre despeño del toro que recoge la ilustración de la *Historia*

[91] Antonio Ponz, *Viage de España, en que se da noticia de las cosas más apreciables, y dignas de saberse, que hay en ella*, Madrid, D. Joachin Ibarra, 1782, t. XI, p. 123.
[92] Javier Pérez Gil, *El Palacio de la Ribera*.

Figura 7. Huerta del Rey y despeño del toro, según Ventura Pérez para la *Historia* de Antolínez de Burgos. BNE. Mss. 19.326

de Antolínez de Burgos. El despeñadero debía estar destruido en 1660, pues como advertía el holandés Lodewijck Huygens, "nos quisieron mostrar asimismo el despeñadero, que servía para arrojar o echar los toros al río después de haberlos perseguido un buen rato por el jardín; sin embargo, como estaba totalmente destruido solo pudieron indicarnos el lugar donde estuvo"[93]. Sin embargo, volvió a utilizarse en diciembre de 1679, con motivo de los festejos de la frustrada visita de Carlos II:

> Está la huerta del Rey en la otra parte del Puente, y en ella ay una hermosa Plaça que haze una eminencia encima del río, donde está el despeñadero; y en apretando el toro, se arroja por él, dando

[93] *Un holandés en la España de Felipe IV. Diario del viaje de Lodewijck Huygens (1660-1661)*, Madrid, Fundación Carlos de Amberes- Doce Calles, 2010, pp. 158-159.

> un gran golpe en el agua, donde muchas embarcaciones le aguardan con varas largas, y hazen suertes, encaminándole a una plaça portátil que estaba hecha en la otra parte del río...[94].

El pabellón principal del palacio separaba la plaza del jardín. El plano de Ventura Seco representa este último hacia 1738 con catorce parterres cuadrados, dispuestos geométricamente en dos líneas y en torno a seis fuentes, según el esquema heredado del siglo anterior. Entonces, con la corte en Valladolid, el luso Pinheiro afirmaba que "está el jardín repartido en cuatro cuadros, con cuatro fuentes de invenciones, y en el medio una de alabastro que al duque mandó el duque de Florencia, que tiene las figuras de Caín y Abel, cosa tan perfecta que, como si fuera de Mirón o Policleto, la hallo digna de mandarse de Italia a España"[95].

Esa fuente de "Caín y Abel" o de "Sansón matando a un filisteo" era obra de Giambologna y el duque de Lerma la compró al embajador de Florencia[96]. La escultura presidió el jardín principal del palacio de la Ribera hasta 1623, cuando Felipe IV la regaló al príncipe de Gales, y hoy se encuentra expuesta en el Museo Victoria y Alberto de Londres. A la par que se firmaba el certificado de esa entrega, el 23 de septiembre de 1623 el veedor y contador de las obras vallisoletanas Jerónimo de Angulo pidió licencia para colocar un nuevo remate[97], enviando a Madrid al mes siguiente dos posibles

---

[94] Biblioteca Real, III/6.474, Cfr.: Concepción Ferrero Maeso, "Visita frustrada de Carlos II a Valladolid en 1679", *Valladolid. Historia de una ciudad*, t. I, Valladolid, Universidad de Valladolid, 1999, pp. 85-95.

[95] Tomé Pinheiro da Veiga, *Fastiginia...*, p. 69.

[96] José Martí y Monsó, *Estudios...*, p. 616; Julián Paz, "Consulta de la Junta de Obras y Bosques sobre la taza y pilar de la fuente que había en Valladolid y que se llevó el Príncipe de Gales", *BSCE*, III-69 (1908), p. 499; Juan Arribas, "Obras de arte en el Palacio de la Huerta del Rey de Valladolid", *BSAA*, XII (1946), pp. 159-160; Juan José Martín González, "Una estatua del Palacio de la Ribera, en Londres", *BSAA*, XXVI (1960), pp. 196-199; José María Azcárate, "La fuente de Caín y Abel del Palacio de la Ribera", *BSAA*, XXVIII (1962), pp. 263-264; Luis Cervera Vera, *El conjunto palacial...*, p. 37; Paul Williamson, *European Sculpture at the Victoria and Albert Museum*, Londres, Victoria & Albert Museum, 1996; José Luis Sancho, "S.M. ha estado estos días en Aranjuez a ver una fuente que allí se le hace...' Felipe IV y las fuentes del Jardín de la Isla", *Reales Sitios*, 146 (2000), pp. 26-39; Javier Pérez Gil, *El Palacio de la Ribera*, pp. 114-118.

[97] AGS. CSR, leg. 303, fol. 374.

modelos para que decidiese sobre ellos Juan Gómez de Mora: "el uno de bronce dorado; el otro de piedra de Nabares finxido de jaspeados al olio, quel de piedra costará asta tres mill reales poco menos; el de bronçe costará quinientos ducados"[98]. Afirmaba entonces que "valían estas figuras mucho y eran de grande estimaçión por lo menos no ay ahora en España quien las pueda hazer aunque ay en este lugar un escultor exçelente artífice de los buenos que ay en España y Ytalia que hiço el modelo de las dhas figuras a dho que no se atreberá açerlas tan buenas con muchos quilates. Diçe que se las ubiera de hazer abía de menester tres años de tiempo, valían las figuras por lo menos veynte mill ducados...". Es posible que ese escultor fuese Gregorio Fernández, quien en 1628 supervisó la cabeza y brazo que su discípulo Francisco Fermín hizo para una escultura de mármol con ancla de madera traída a la Huerta del Rey desde el palacio real, "y asentarla y fijarla sobre la puertta que enttra de los jardines al bosque que estava en unas casas azesorias desttos Alcazares, en una ofizina dellas de donde se llebo a la dicha Ribera"[99]. Sin embargo, y aunque en 1625 la secretaría de Obras y Bosques de Valladolid volvió a enviar un "papel y traças para que Su Magd se sirba de elejir el remate que se ha de poner donde estaba esta fuente"[100], nada se decidió al respecto.

Taza y pilar, ya entonces en mal estado, quedaron en Valladolid sin remate, hasta que en noviembre de 1653 se ordenó su entrega a Blas de Morata para llevarlos a El Pardo, reiterándose la misma orden en enero de 1654[101]. No obstante, como advierte Fernando Loffredo, esa taza finalmente acabó en el Jardín de la Reina del Buen Retiro, como soporte de la fuente del Tritón[102]. Allí permaneció hasta su destrucción, quizás durante la guerra de la Independencia,

---

[98] Ibídem, fol. 376.
[99] AGS. CSR, Valladolid, legs. 8/3 y 10/1, pl. 3 y 49/1 y CMC, 3ª época, leg. 2.683/13.
[100] AGS. CSR, leg. 331, pl. 356.
[101] AGS. CSR, leg. 346, exp. 26, pl. 218-221 y Valladolid, leg. 58, fols. 323-324.
[102] Fernando Loffredo, "La vasca del *Sansone* del Giambologna e il *Tritone* di Battista Lorenzi in un'inedita storia di duplicati (con una nota sul *Miseno* di Stoldo per la villa dei Corsi)", *Saggi e memorie di storia dell'arte*, 36 (2012), pp. 57-115.

Figura 8. Giambologna, *Sansón matando al filisteo* (Albert & Victoria Museum, Londres)

pero conservamos una copia del siglo XVII en la fuente de Baco del jardín de la isla de Aranjuez[103].

El lugar de la fuente de Giambologna fue ocupado ese mismo año de 1654 por otra encargada por el conserje y sobrestante mayor Santiago Vaca, la cual se mantuvo hasta la desaparición del jardín[104]. Desconocemos su autoría, pero sabemos que tuvo un coste de 100 ducados y conservamos un dibujo que la representa con tres cuerpos. El bajo estaba formado por un estanque hexagonal y un pedestal ornado en sus caras con leones sentados de frente y teniendo escudos cuartelados con las armas de León y Castilla. Por encima se disponía una taza circular con diversos caños y de su centro emergía

[103] Javier Portús, "El Conde de Sandwich en Aranjuez (las fuentes del Jardín de la Isla en 1668)", *Reales Sitios*, 159 (2004), pp. 46-59.

[104] AGS. Mapas, Planos y Dibujos, XV-32 y CSR, leg. 346, exp. 26, pl. 241.

Figura 9. Fuente de Baco (Jardín de la Isla de Aranjuez). Fotografías del autor

la continuación del pedestal estriado, con más surtidores, el cual sostenía una estatua femenina, quizás una alegoría de la Esperanza. Si se trataba en realidad de la misma escultura que restauró Francisco Fermín en 1628, como sugiere Francisco Plaza[105], es algo que no podemos afirmar.

Nada sabemos acerca del destino de esta fuente, aunque es bastante probable que sucumbiese en el siglo XVIII, cuando en 1772 el tenedor de materiales recibió una estatua de alabastro que servía en la fuente de los jardines de la Ribera, llamada de *Mariblanca*, entonces sin cabeza ni brazos –quizás los ya restaurados por Fermín– y muy maltratada[106]. Tiempo después, en mayo de 1819, se cedieron a la

[105] Francisco Javier de la Plaza Santiago, "El taller vallisoletano de Gregorio Fernández y la escultura en piedra: dos precisiones", *BSAA*, 60 (1994), pp. 445-452.

[106] AGS. CSR, Valladolid, leg. 15/1.

Sociedad Económica para la construcción de una fuente en Campo Grande los que pudieron ser restos de esta otra: "un estanque de piedra y su embaldosado completo, cuatro leones con su escudo de armas reales en los pedestales de los subientes completos, y una taza rota en cuatro pedazos"[107].

Figura 10. *Modelo de taça que se ha hecho y puesto en lugar de la que Su Magestad mandó traer de la Guerta de la Rivera* (1654). España. Ministerio de Cultura. Archivo General de Simancas, MPD, 15/32

El jardín contaba además con una gran pajarera repleta de "pájaros de música", cuyos trinos impregnaban el ambiente de una penetrante sonoridad que se mezclaba con la del arrullo de las fuentes.

[107] Ibídem, leg. 55/6.

El espacio se convertía así en un sugestivo regalo para los sentidos, que podían ser halagados con las fragancias del jardín, las vistas al río que ofrecían sus miradores, los manjares servidos en su cenador o las sorpresas que deparaba su "gruta", probable ninfeo manierista que podría corresponderse con la sala rescatada en la reciente intervención de los restos del palacio.

Sin embargo, todos estos deleites se fueron desvaneciendo tras el regreso de la corte a Madrid, aun cuando este coincidiese con el traspaso del sitio a la corona. A partir de esos momentos, la Huerta del rey siguió conservando su estatus de real sitio, pero poco a poco cayó en un progresivo abandono. La plantilla de oficiales encargados de su mantenimiento menguó de manera drástica, el mobiliario se trasladó a otros palacios y los jardines dieron paso a cultivos más rentables. En 1750 su estado debía ser lamentable, como reconocía con tristeza el arquitecto Pontones:

> la realidad de esto es tan patente a cuantos lo miran que está por demás toda ponderación, así en el expresado palacio como Huerta del Rey en la que se incluye; así esta como el Bosque Real y varios sitios adonde hubo jardines enteramente ya perdidos, una casa real sumamente deteriorada, como una excelente ribera y asimismo enteramente quitado aquel célebre artificio de Juanelo Turriano, con el que todo se regaba y beneficiaba, bien que muchas de sus piezas se hallan existentes y mui capaces de servir[108].

Finalmente, el maltrecho palacio acabó siendo derribado, aprovechándose sus despojos en el palacio real, cuando no convertidos en mero material de obra. De la memoria del antiguo sitio apenas queda más que el nombre del barrio en el que se asientan sus ruinas –Huerta del Rey–, aunque en los últimos años sus restos e historia se han puesto en valor con el fin de recuperar la legibilidad de lo que un día fueron los reales sitios vallisoletanos.

[108] AGS. CSR, Valladolid, leg. 49/8.

BIBLIOGRAFÍA

Actas de las Cortes de Castilla, t. XX, Madrid, Ministerio de Educación, Cultura y Deporte-Subdirección General de Coordinación Bibliotecaria, 1901.

Agapito y Revilla, Juan, "La navegación en Pisuerga y Esgueva", *Castilla*, suplemento literario de *El Norte de Castilla*, I-VIII, 1915, reeditado en *Arquitectura y Urbanismo del antiguo Valladolid*, Valladolid, Ayuntamiento de Valladolid, 1991, pp. 257-265.

Anta Roca, Jesús, *Pozos de nieve y abastecimiento de hielo en la provincia de Valladolid*, Valladolid, Diputación Provincial Valladolid, 2016.

Arribas, Juan, "Obras de arte en el Palacio de la Huerta del Rey de Valladolid", *BSAA*, XII (1946), pp. 159-161.

Azcárate, José María, "La fuente de Caín y Abel del Palacio de la Ribera", *BSAA*, XXVIII (1962), pp. 263-264.

Cabrera de Córdoba, Luis, *Relaciones de las cosas sucedidas en la Corte de España desde 1599 hasta 1614*, Madrid, Imprenta de J. Martín Alegría, 1857.

Cámara Muñoz, Alicia, "Derramar el agua en la ciudad: dioses y fuentes", en Alicia Cámara Muñoz y Bernardo Revuelta Pol (coords.), *Arquitectura hidráulica y forma urbana*, Madrid, Asociación Cultural y de Estudios Jamilenudos (ASCUESJA), 2019, pp. 87-110.

Cano de Gardoqui, José Luis, "Noticias sobre un proyecto de navegación por el río Pisuerga hecho por ingenieros alemanes (1550)", *BSEAA*, LVIII (1992), pp. 365-374.

Carricajo Carbajo, Carlos *et al.*, *El viaje de las Arcas Reales*, Valladolid, Ayuntamiento de Valladolid, 2003.

Castán Lanaspa, Javier, "Fiestas que ofreció la villa de Valladolid a Felipe II en el año de 1592", *BSEAA*, LXII (1996), pp. 387-394.

Cervera Vera, Luis, *El conjunto palacial de la villa de Lerma*, Valencia, Editorial Castalia, 1967.

Cock, Enrique, *Relación del viaje hecho por Felipe II, en 1585 a Zaragoza, Barcelona y Valencia*, Madrid, Aribau, 1879.

De la Plaza Santiago, Francisco Javier, "El taller vallisoletano de Gregorio Fernández y la escultura en piedra: dos precisiones", *BSAA*, 60 (1994), pp. 445-452.

Ferrero Maeso, Concepción, "Visita frustrada de Carlos II a Valladolid en 1679", *Valladolid. Historia de una ciudad*, t. I, Salamanca, Universidad de Salamanca,

1999, pp. 85-95. García Chico, Esteban, *Documentos para el estudio del Arte en Castilla, t. I, pintores*, Valladolid, Universidad de Valladolid, 1946.

García Mercadal, José, *Viajes de extranjeros por España y Portugal*, t. I, Madrid, Aguilar, 1999.

García Tapia, Nicolás, "El ingenio de Zubiaurre en el Pisuerga", *Conocer Valladolid 2011. V curso de patrimonio cultural*, Valladolid, Ayuntamiento de Valladolid, 2011, pp. 77-88.

—, "Ciencia y técnica en Valladolid en torno a 1596", en *Valladolid. Historia de una ciudad*, vol. II, Valladolid, Ayuntamiento de Valladolid, 1999, pp. 525-541.

—, *Patentes de invención españolas en el Siglo de Oro*, Madrid, Ministerio de Industria y Energía, 1994.

—, *Ingeniería y Arquitectura en el Renacimiento español*, Salamanca, Universidad de Salamanca-Caja Salamanca, 1990.

—,"El ingenio de Zubiaurre para elevar el agua del río Pisuerga a la huerta y el palacio del Duque de Lerma", *BSAA*, Seminario de Estudios de Arte y Arqueología, 50 (1984), pp. 299-324.

López Piñero, José María (dir.), *Historia de la ciencia y de la técnica en la Corona de Castilla*, t. III, Valladolid, Junta de Castilla y León-Consejería de Educación y Cultura, 2002.

García-Diego, José Antonio y García Tapia, Nicolás, *Vida y técnica en el Renacimiento. Manuscrito de Francisco Lobato, vecino de Medina del Campo*, Valladolid, Universidad de Valladolid, 1990.

Gutiérrez Ramírez, Pedro, *Papeles sobre el asiento hecho con Antonio Gómez, para la conservación de los barcos de Felipe III en el Pisuerga*, 1606, BNE. Mss. MICRO/18.516.

Helguera Quijada, Juan, "Un proyecto de canales de navegación y riego en Castilla la Vieja a mediados del siglo XVI", *Investigaciones Históricas*, 4 (1983), pp. 7-39.

Jerez, Juan de y de Deza, Lope, *Razón de Corte*, León, Universidad-Secretariado de Publicaciones, 2001 (ed. de A. T. Reguera).

Joly, Bartolomé, *Viaje hecho por M. Bartolomé Joly, consejero y limosnero del rey, en España, con el señor de Boucherat, abad general de la orden de los cistercienses, 1603-1604*, en José García Mercadal, *Viajes*, t. II, Madrid, M. Aguilar, 1952, pp. 45-125.

Lhermite, Jean, *Les Passetemps*, tomo I, edición Ch. Ruelens, Anvers, Busschmann, 1890.

Loffredo, Fernando, "La vasca del *Sansone* del Giambologna e il *Tritone* di Battista Lorenzi in un'inedita storia di duplicati (con una nota sul *Miseno* di Stoldo per la villa dei Corsi)", *Saggi e memorie di storia dell'arte*, 36 (2012), pp. 57-115.

Martí y Monsó, José, *Estudios histórico-artísticos relativos principalmente a Valladolid*, Valladolid, Leonardo Miñón, 1898 (ed. de la Junta de Castilla y León de 2009-201).

Martín González, Juan José, *La Arquitectura doméstica del Renacimiento en Valladolid*, Valladolid, Impr. Castellana, 1948.

—, "Una estatua del Palacio de la Ribera, en Londres", *BSAA*, XXVI (1960), pp. 196-199.

Martín Montes, Miguel y Moreda Blanco, Javier, "Estudio Arqueológico", *Plan Director del Palacio Real*, Madrid, Instituto Español de Arquitectura, 2002, t. I.

Misiego, Jesús y Díaz-Caneja, José I. (coords.), *Valladolid y el río Esgueva. Una historia de encuentros y desencuentros. Aproximación histórica y arqueológica al paso del cauce fluvial por la ciudad de Valladolid*, Valladolid, Ayuntamiento de Valladolid, 2019.

—, *Ordenanzas con que se gobierna la república de Valladolid* (1549), Valladolid, Universidad de Valladolid, 1988.

Paz, Julián, "Consulta de la Junta de Obras y Bosques sobre la taza y pilar de la fuente que había en Valladolid y que se llevó el Príncipe de Gales", *BSCE*, III-69 (1908), p. 499

Pérez de Herrera, Cristóbal, *A la Católica y Real Magestad del Rey Don Felipe III Nuestro Señor, cerca de la forma y traça como parece podían remediarse algunos peccados, excessos y desórdenes en los tratos, vastimentos y otras cosas de que esta villa de Madrid al presente tiene falta; y de qué suerte se podrían restaurar y reparar las necesidades de Castilla la Vieja, en caso que Su Magestad fuesse servido de no hacer mudança con su Corte a la ciudad de Valladolid*, Madrid, 1600. BNE. VC/1136/32.

Discvurso a la católica y real Magestad del Rey D. Felipe nuestro Señor, en que se le suplica que, considerando las muchas calidades y grandezas de la villa de Madrid, se sirua de ver si convendría honrarla, y adornarla con muralla, y otras cosas que se proponen, con que meresciese ser Corte perpetua, y asistencia de su gran Monarquía, Madrid, 1597. BNE. R-28762/1.

Pérez Gil, Javier, "Arquitectura y ciudad: el espacio representativo del Palacio Real de Valladolid", en Javier Pérez Gil (coord.), *El Palacio Real de Valladolid y la ciudad áulica*, Valladolid, Instituto Universitario de Urbanismo-Universidad de Valladolid, 2021, pp. 97-142.

—, *Los Reales Sitios vallisoletanos*, Valladolid, Universidad de Valladolid-Instituto Universitario de Urbanística, 2016.

—, *El Palacio Real de Valladolid. Sede de la Corte de Felipe III (1601-1606)*, Valladolid, Ediciones Universidad de Valladolid, 2006.

—, "El palacio de los condes de Fuensaldaña en Valladolid, cuarto de los alcaides duques de Lerma", *De Arte*, 3 (2004), pp. 85-104.

—, "Jardines y parques de la Huerta de Felipe III en Valladolid", en *IV Jornadas sobre «El Bosque» de Béjar y las Villas de Recreo del Renacimiento*, Béjar, Instituto universitario de urbanística de la Universidad de Valladolid, 2003, pp. 179-198.

Pinheiro da Veiga, Tomé, *Fastiginia*, Valladolid, Imprenta del Colegio de Santiago, 1916.

—, *Fastiginia. Vida cotidiana en la Corte de Valladolid*, Valladolid, Ámbito Ediciones, S.A. 1989.

Ponz, Antonio, *Viage de España, en que se da noticia de las cosas más apreciables, y dignas de saberse, que hay en ella*, Madrid, D. Joachin Ibarra, 1782, t. XI.

Portús, Javier, "El Conde de Sandwich en Aranjuez (las fuentes del Jardín de la Isla en 1668)", *Reales Sitios*, 159 (2004), pp. 46-59.

Rojo Vega, Anastasio, *Fiestas y comedias en Valladolid, siglos XVI-XVII*, Valladolid, Universidad de Valladolid, 1999.

Sancho, José Luis, "'S.M. ha estado estos días en Aranjuez a ver una fuente que allí se le hace...' Felipe IV y las fuentes del Jardín de la Isla", *Reales Sitios*, 146 (2000), pp. 26-39.

Sangrador y Vítores, Matías, *Historia de Valladolid*, Valladolid, Universidad de Valladolid, 1979, t. I.

Un holandés en la España de Felipe IV. Diario del viaje de Lodewijck Huygens (1660-1661), Madrid, Fundación Carlos de Amberes-Doce Calles, 2010.

Williamson, Paul, *European Sculpture at the Victoria and Albert Museum*, Londres, Victoria & Albert Museum, 1996.

LA VENUS DIGITAL: RECONSTRUCCIÓN DE LA FUENTE Y SU ESPACIO EN EL JARDÍN DE LA ISLA (ARANJUEZ) SEGÚN LOUIS MEUNIER (1665)

Magdalena Merlos Romero
Ayuntamiento de Aranjuez. UNED
Sergio Román Aliste
Universidad Rey Juan Carlos

INTRODUCCIÓN

El presente trabajo ejemplifica en la Fuente de Venus el proyecto de reconstrucción virtual del jardín de la Isla de Aranjuez sobre la serie de grabados de Louis Meunier de en 1665[1], mediante la interpretación visual del conjunto y de su documentación gráfica y textual.

Figura 1. Louis Meunier, *La fontaine de dom Jovan d'Atriche*, 1665. (BNE)

[1] El proyecto de los autores de reconstrucción en 3D del Jardín de la Isla de Aranjuez, a partir de los grabados de Louis Meunier forma parte del Proyecto I+D+i "Digitalizando la Fiesta Barroca. Reconstrucciones virtuales del ornato efímero en España y Portugal (siglos XVII y XVIII)", PID2019-108233GB-100. (MINECO/FEDER),

El jardín de la Isla fue trazado en el siglo XVI mediante las pautas arquitectónicas de Juan Bautista de Toledo y las jardinísticas de Juan de Holbeque. La inserción de fuentes fue progresiva, si bien el reinado de Felipe IV trajo ciertos cambios. En 1665 Louis Meunier elaboró una serie de grabados de estas fuentes que ilustran las novedades, pero también la pervivencia de elementos del jardín renacentista. La información que aportan estos grabados se complementa con otros documentos gráficos y cartográficos, siendo fundamental el plano más cercano en el tiempo, trazado por Alejandro de Cuéllar en 1737[2]. Este plano ha servido de base a la reconstrucción digital 3D que se presenta en este texto, cuya traza se ha superpuesto a los modelos digitales del terreno a partir de datos LIDAR del Instituto Geográfico Nacional. Sobre este plano resultante, se ha procedido a la reconstrucción de las distintas fuentes sobre los grabados de Meunier. Del mismo modo, esta investigación de archivo ha permitido definir varias fases en la formación de la plaza y profundizar en el aspecto original que esta zona del jardín tuvo en el siglo XVI, con anterioridad a las reformas acometidas por Felipe IV.

De la edición de Meunier –sin data– de la Biblioteca Nacional de España[3] (fig. 1), existe una réplica casi idéntica publicada por de Van der Merle de 1665 en París, *Veüe du palais, jardins, et fontaine Darangouesse, maison de plaisance du roy d'Espagne,*[4] (fig. 2).

Estas vistas serán reproducidas con variaciones por Van der Berge[5] (c.1690) (fig. 3) y Pieter Van der Aa (Álvarez de Colmenar, 1707) (fig. 4). Las diferentes versiones, así como el dibujo de la fuente de John Werden para el conde de Sandwich del mismo 1665[6],

Ministerio de Economía y Competitividad (España). IP principal: Dra. Victoria Soto Caba. UNED.

2 AGP. Planos, 591.

3 Biblioteca Nacional de España (BNE), ER/5844.

4 Dumbarton Oaks Research Library Washington, D.C. RARE RBR O-2-3 MEU. Louis Meunier, *Veüe du palais, jardins, et fontaine Darangouesse, maison de plaisance du roy d'Espagne,* París, van der Merle, 1665.

5 Pieter Van den Berge, "Differents veues des Palais et Jardins de plaisance des Rois despagne dedie a la Reine", *Theatrum Hispaniæ, exhibens regni, urbes, villas, ac viridaria magis illustria,* Amsterdam, Pieter Van der Berge, c. 1690.

6 John Werden, *Fuente de Don Juan de Austria en el jardín de la Isla,* Conde de Sandwich, Mapperton House Dorser, Gran Bretaña, 1665-1668; Javier Portús, "El Conde

Figura 2. Louis Meunier, *Veue de la Fontaine de Dom Jovan D'autriche, à Arangouesse*. 1665, Van der Merle ed. (Colección particular)

Figura 3. Van der Berge, *La fuente de Don Juan d'Austria en Aranjuez*. H. 1690. (BNE)

---

de Sandwich en Aranjuez: las fuentes del Jardín de la Isla en 1668", *Reales Sitios*, 159 (2004), pp. 46-59.

permitirán establecer comparaciones de gran interés sobre todo para los elementos desaparecidos actualmente. En todas estas imágenes se representa la Fuente de Venus, objeto del presente trabajo. Las mismas aportan substanciosa información, no solo de la fuente escultórica, sino también del lugar en que se emplaza, lo que va a permitir identificar los elementos desaparecidos hoy en día, claves para la restitución tridimensional. Muestran el conjunto escultórico y la plaza en que se ubica, definida por un perímetro de celosías y calles cubiertas por pérgolas que de ella parten y la conectan con las otras plazas y fuentes del jardín.

Figura 4. Pieter Van der Aa, *Vue de la Fontaine de D. Juan d'Autriche, dans le Jardin D'Aranjuez*. 1707 (Juan Álvarez de Colmenar, *Delices...*)

La fuente de Venus ejemplifica la primera inclusión de la decoración escultórica en el jardín de la Isla a la manera italiana en tiempos de Felipe II y su manierista fusión con el planteamiento de un jardín de inspiración flamenca e hispanomusulmana. Hay que señalar que las fuentes escultóricas no eran propias de los jardines nórdicos, sino de la tradición clásica que se remonta a Villa Adriana.

El conjunto ha sido estudiado profusamente, si bien no hay unanimidad en cuanto a la autoría, para Boström[7] todo el conjunto es obra de Lastricati[8]; para Estella, Francesco Moschino es el autor del soporte y árbol, de hacia 1570, pero no de la escultura, que podría ser obra de algún autor menor italiano de la misma época, tal vez Stoldo Lorenzi[9]. La peculiar iconografía de esta, una venus Anadyomene[10] que escurre sus cabellos tras salir del agua, la emparenta con la venus de Villa Petraia[11]. Tan infrecuente modelo explica representaciones como la atribuida a Romeyn de Hooghe, donde la Venus, en pie sobre un pedestal, sigue el modelo más clásico y difundido por Tiziano[12]. La fuente tiene una base conformada por tres octógonos concéntricos, en cuyo centro se levanta el árbol. En la parte faja se dispone una columna abalaustrada con cuatro pequeños grutescos orientados a cada lado, a modo de surtidores. En esta columna se asentaban cuatro angelotes, con aves en las manos según Martín González[13], hoy desaparecidos, representados en la imagen de Meunier. A continuación, un plato circular de donde sale un balaustre, con otros cuatro pequeños grutescos surtidores y otro plato circular, de la mitad de diámetro, sobre el que se asienta

---

[7] Antonia Boström, "A new addition to Zanobi Lastricati: Fiorenza or the Venus Anadyomene : the fluidity of iconography", *Sculpture journal*, 1 (1997), pp. 1-6.

[8] Opinión no rebatida por Rebekah Compton, *Venus and the Arts of Love in Renaissance Florence*, Cambridge, Cambridge University Press, 2021, notas 37, 38.

[9] Margarita Estella, "La fuente de la Venus de Aranjuez, obra de Francisco Moschino", *Archivo Español de Arte*, LXXX-317 (2007), pp. 85-106 y "Adiciones y rectificaciones a noticias sobre esculturas italianas en España", *Archivo Español de Arte*, LXXXI-321 (2008), pp. 17-30, esp. p. 21.

[10] Ana Luengo Añón, *Aranjuez, utopía y realidad. La construcción de un paisaje*, Madrid-Aranjuez, CSIC- Doce Calles, 2008, pp. 205 y 272.

[11] Juan José Martín González, *El escultor en Palacio. Viaje a través de la escultura de los Austria*, Madrid, Gredos, 1991, p. 129; Margarita Estella, "La fuente...".

[12] Mª Magdalena Merlos Romero, "Representación escrita y gráfica de Aranjuez en el libro de viajes de Bernardin Martin", *Anales del Instituto de Estudios Madrileños*, LVI (2016), pp. 203-236.

[13] Juan José Martín González, *El escultor...*

la escultura de la diosa. Según los estudios, los platos eran de jaspe, si bien para Estella, el superior es de mármol *mischio*[14].

Las descripciones se suceden en el siglo XVII. Así, Zeiller en 1637 "Aliud porro ambulacrum opere topiario exornatum fontem habet, cui nigra statua imposita est, et sub ea quator puelli aqua emittunt"[15]. Por su parte en 1655 Antoine de Brunel menciona los dos platos y las cuatro pequeñas estatuas de cupidos con diversos emblemas "Elle a deux bassins, et au bas, quatre petites statues de Cupidons avec divers emblesmes"[16], información que reproduce Aerssen (1667)[17] y Álvarez de Colmenar (1707) amplía brevemente "Cette Fontaine a deux baiçins, un petit qui elt un peu releve, au milieu d'un plus grand de figure exagone. Au bas du jet paroiifent quatre pedes Amours avec divers emblemes"[18]. Sin embargo, no es citada por Cassiano del Pozzo (1626)[19], ni por Monconys (1628)[20]. Magalotti[21] sorprendentemente no la menciona, pese a que su llegada a Aranjuez con Cosme de Medici en 1668 es casi inmediata a la fecha de los grabados de Meunier.

No obstante, uno de los datos más interesantes para la datación del conjunto en relación con el jardín, es la cronología de la llegada de la fuente al real sitio. Todo parece apuntar a que la fuente de Venus es una de las que estuvieron instaladas en el jardín desde la

[14] Margarita Estella, "La fuente...", p. 92.

[15] Martin Zeiller, *Itinerarium Hispaniae oder Raiss Beschreibung durch die Köniegreich Hispaniem und Portugal,* Nürnberg-Ulm, Verlegung Wolffgang Endters Buschhandler, 1637, p. 188.

[16] Antonie de Brunel, "Voyage d'Espagne (1655)", *Revue hispanique: recueil consacré à l'étude des langues, des littératures et de l'histoire des pays castillans, catalans et portugais,* 30-78 (1944), pp. 179-187, p. 181.

[17] François van Aerssen, *Voyage d' Espagne*, Cologne, Pierre Marteau, 1667, p. 89.

[18] Juan Álvarez de Colmenar, *Delices de L'Espagne et du Portugal ou lón voit une description exacte des antiquitez (sic), provinces, montagnes*..., Leyden, Pierre Van der Aa, 1707, vol. II, pp. 346-347.

[19] La Venus mencionada es otra: "una galería donde hay una venus yaciente de metal moderno bastante vulgar", Cassiano del Pozzo, *El diario del viaje a España del cardenal Francesco Barberini*, Aranjuez, Doce Calles, 2004, p. 86 (ed. Alessandra Anselmi).

[20] Balthasar de Monconys, *Journal des voyages,* Lyon, Horace Boissat et George Remeus, 1666.

[21] Lorenzo Magalotti, "Relazione del Viaggio di Spagna", *Viaje de Cosme III por España y Portugal (1668-1669)*, Madrid, Junta para Ampliación de Estudios e Investigaciones Científicas-Centro de Estudios Históricos, 1933, p. 146 (ed. Ángel Sánchez Rivero y Ángela Mariutti).

época de Felipe II. La vista anónima del Museo del Prado (datable en el paso del siglo XVI al XVII) no la representa[22], lo cual no impide que otras informaciones atestigüen su presencia temprana, como la vista de Jehan Lhermitte[23] de hacia 1590, donde resalta por su representación sobredimensionada en negro (fig. 5).

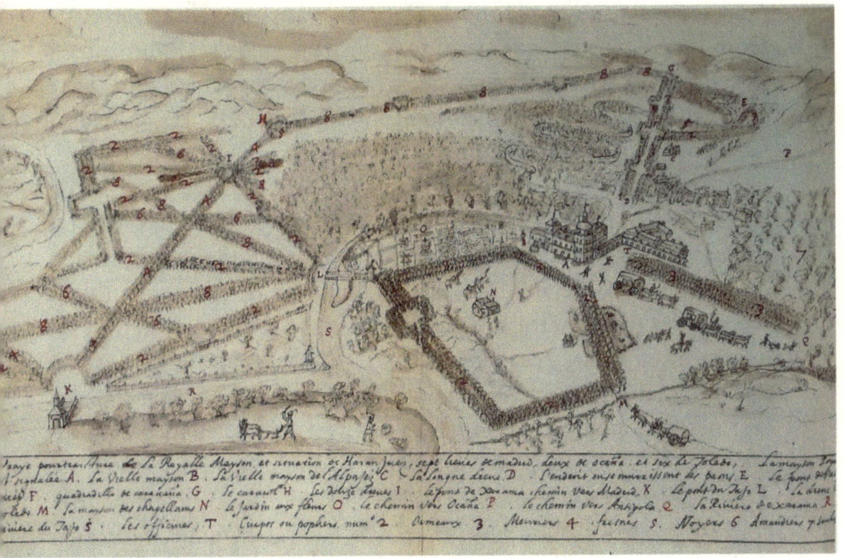

Figura 5. Jean Lhermitte, *Vista del Palacio de Aranjuez y del Jardín de la Isla*, ca. 1590

La tradición hace referencia al origen de la fuente a través de su nombre alternativo como fuente de Juan de Austria, nombre que de hecho es el que aparece en los grabados de Meunier y sus réplicas, el dibujo de Sandwich y el plano de Cuéllar, lo que temporalmente aporta una referencia al reinado de Felipe II. Desde Cuelbis en 1599, los autores se suceden en explicar que este nombre se debe a que

[22] Anónimo, *Aranjuez*, Museo del Prado. Inv. P07090. Es uno de los datos que avalan la cronología del lienzo anterior a la fecha oficial reconocida por el Museo del Prado. https://www.museodelprado.es/coleccion/obra-de-arte/vista-del-real-sitio-de-aranjuez/fc3bdeee-c89d-4561-bdf2-01dda476a564

[23] Jean Lhermitte, *El pasatiempos de Jean Lhermite. Memorias de un gentilhombre flamenco en la corte de Felipe II y Felipe III*, Madrid, Fundación Carolina-Doce Calles, 2005 (ed. Jesús Sáenz de Miera).

fue traída de África por el hermanastro de Felipe II. Ahora bien, Cuelbis habla de la escultura "en el medio del huerto ay una estatua de plomo una hembra o deesa alta una media vara que dicen fue llevada de África por el Sr. D. Juan de Austria"[24]. En 1655 Antoine de Brunel, aunque apunta erróneamente hacia una escultura de piedra, señala su llegada tras la Batalla de Lepanto "la fontaine de Dom Juan d'Austria, qu'on nomme ainsi, par ce que la figure qui est au haut et qui jette de l'eau par ses cheveux, a esté faite d une pierre qu'on trouva dans un vaisseau turc, après la bataille de Lepanthee"[25]. Literalmente copian esta información Aerssen[26] y Álvarez de Colmenar[27]. Sin embargo el origen africano sería atribuible a la piedra de la estructura arquitectónica de la fuente, no a la escultura. A estas imprecisiones se suma la noticia del viaje de Florencia a España ordenado por García de Toledo, vía el puerto de Alicante en 1571, tanto de las piezas pétreas como de la escultura femenina en bronce, de una diosa que se seca los cabellos[28]. Como ha apuntado Estella, este dato es importante, por la posible influencia en Aranjuez de los jardines napolitanos que fomentó el virrey en sus villas de Chiaia y Pozzuoli[29]. Tal vez la proximidad de Juan de Austria a García de Toledo, ambos marinos del ejército español, pudo determinar la confusión entre ambos personajes, a lo que cabe añadir la cercanía de las fechas de la llegada a Alicante y Aranjuez del envío (verano de 1571) y la de la famosa Batalla de Lepanto (7 de octubre de 1571).

La fuente no fue alterada por las reformas acometidas por Felipe IV en el jardín entre 1656 y 1658 y 1661. Sin embargo, la presencia de Nicolás de Bussy en Aranjuez entre 1678 y 1679[30], podría estar

[24] Diego Cuelbis, *Thesoro chorographico de las Espannas,* [manuscrito], copiado por Pascual de Gayangos. BNE Mss. 18.472, fol. 75v. Orginal: British Museum. Mss. Harl. 3.822.

[25] Antonie de Brunel, "Voyage…", p. 181.

[26] François van Aerssen, *Voyage* …, p. 89.

[27] Juan Álvarez de Colmenar, *Delices*…, p. 346.

[28] Juan José Martín González, "El palacio de Aranjuez en el siglo XVI", *Archivo Español de Arte,* 35-139 (1962), pp. 237-252. Citado también por Margarita Estella, "La fuente…" y por Rebekah Compton, *Venus*…, nota 37.

[29] Margarita Estella, "La fuente…"

[30] Roberto Alonso Moral, "Nicolas de Bussy, escultor del rey. Su etapa en el palacio de Aranjuez", en Vicente Montojo Montojo (coord.), *Nicolas de Bussy. Un escultor*

relacionada con la desaparición de las pérgolas, sin duda constatada a principios del siglo XVIII.

EL ÁMBITO FÍSICO DE LA FUENTE: ORIENTACIÓN, PERSPECTIVA Y RECURSOS VISUALES PARA SU REPRESENTACIÓN

Las imágenes más antiguas del jardín delimitan el espacio donde se ubica la fuente. En la vista del Museo del Prado aparece la trama reticular a base de rectángulos que diseñase Juan Bautista de Toledo en 1561[31]. Es en ese espacio, diferenciado de la folía que la antecede en el eje que atraviesa la isla, donde se ubica la fuente, como representa, plenamente coincidente con la ubicación actual, Jehan Lhermitte.

La forma de la plaza es cuadrada, siguiendo el trazado visto en la del Niño de la Espina y en las fuentes de las Loggias, también en la fuente del reloj que Meunier no representa, forma que remite, en contraste con el rectángulo, a la forma regular renacentista perfecta. El cuadrado se combina con la planta octogonal centralizada de la fuente, patrón que se identifica también en el plato originario del Niño de la Espina, en la de Vertumno y en la fuente de Hércules o Fuente Grande y en los mismos vasos de las fuentes secundarias de las Loggias y que, como denominador común, permite reconstruir en última instancia la originaria conformación y distribución de las fuentes bajas no escultóricas de tiempos de Felipe II.

Ahora bien, hay otros elementos distintivos. La plaza está dispuesta en forma romboidal. Cuéllar dibuja un cuadrilátero de cuatro lados iguales respecto de los ejes, donde se inscribe un octógono con hornacinas en cuatro de sus lados orientadas hacia los centros de los lados del citado rombo. Dichas hornacinas o exedras no aparecen

europeo en España. Tercer centenario de su muerte (1706-2006), Murcia, Real Academia de Bellas Artes de Santa María de la Arrixaca, 2006, pp. 33-53.

[31] Mª Magdalena Merlos Romero, *Aranjuez y Felipe II. Idea y forma de un Real Sitio,* Madrid, Dirección General de Patrimonio Cultural de la Comunidad de Madrid-Concejalía de Educación y Cultura del Ayuntamiento de Aranjuez, 1998; Alberto Sanz Hernando, *El jardín clásico en España: un análisis arquitectónico* (tesis doctoral), Madrid, Universidad Politécnica, 2006, p. 235; Carmen Toribio Marín, *La forma del agua. Temas e invariantes en el jardín y el paisaje. Análisis de casos (Holanda-España, 1548-1648)* (tesis doctoral), Madrid, Universidad Politécnica, 2015, p. 805.

reflejadas en los grabados ni existen en la actualidad. De vuelta a las vistas más antiguas, Lhermitte muestra un cuadrado, pese a ser muy esquemático el dibujo; el óleo anónimo del Prado no refleja el espacio para la fuente, que centraría el rectángulo de escala 2:1 a lo largo del eje, formado por 32 cuadrados. Este entramado aparece simplificado en el plano de Sandwich[32],pero mantiene su conformación primitiva en el plano de Cuéllar, dejando manifiesto el achaflanado de algunos de los cuadros para dar cabida a cuatro plazuelas de menor escala que replican el esquema de la plaza central correspondientes a la fuente de Venus. Hoy esta retícula se conserva prácticamente en su totalidad, transformados los cuadros exteriores en rectángulos, pero dentro de la delimitación original.

En cualquier caso, la vista de Meunier precisa otras cuestiones. La primera es la de la configuración de la plaza de la fuente. Aparece rodeada de las características folías o pérgolas de las calles que articulaban el jardín, como las estudiadas en la fuente de las Folías[33]. Estas calles se inician con los túneles de madera que se abren como arco a la plaza. Entre las calles, el perímetro de la plaza se cerraba con espalderas del mismo material, en las que se horadan miradores que permiten ver a través de estos. Ya se ha señalado la imagen de la fuente diseñada por Jerónimo Carroba en 1568[34] como ejemplificación de estas estructuras. Tanto pérgolas como espalderas están cubiertas de vegetación. La vista, considerando el plano de Cuéllar, también el contemporáneo de Sandwich (1666-1668)[35] y las sombras de la fuente y las figuras que animan el grabado, parece estar orientada de Sureste a Noroeste, quedando las calles perpendiculares que convergen en el espacio representadas diagonalmente, sólo a la vista el inicio de los tramos hacia el Este y hacia el Norte (figs. 6 y 7). El grabado de

---

[32] Conde de Sandwich, Mapperton House Dorser, Gran Bretaña, 1665-1668; Javier Portús, "El Conde de Sandwich en Aranjuez las fuentes del Jardín de la Isla en 1668", *Reales Sitios*, 159 (2004), pp. 46-59.

[33] Magdalena Merlos Romero y Sergio Román Aliste, "Una propuesta de reconstrucción digital del jardín de la Isla (Aranjuez) según Louis Meunier (1665): los parterres y fuentes de Las Folías o Las Locuras", en Victoria Soto Caba y Mercedes Simal López (eds.), *Efímero y virtual. Rescates digitales de artefactos provisionales*, Jaén, UJA Editorial, 2022, pp. 189-213.

[34] AGS. Planos, Mapas y Dibujos, XLVII-19.

[35] Javier Portús, "El Conde...".

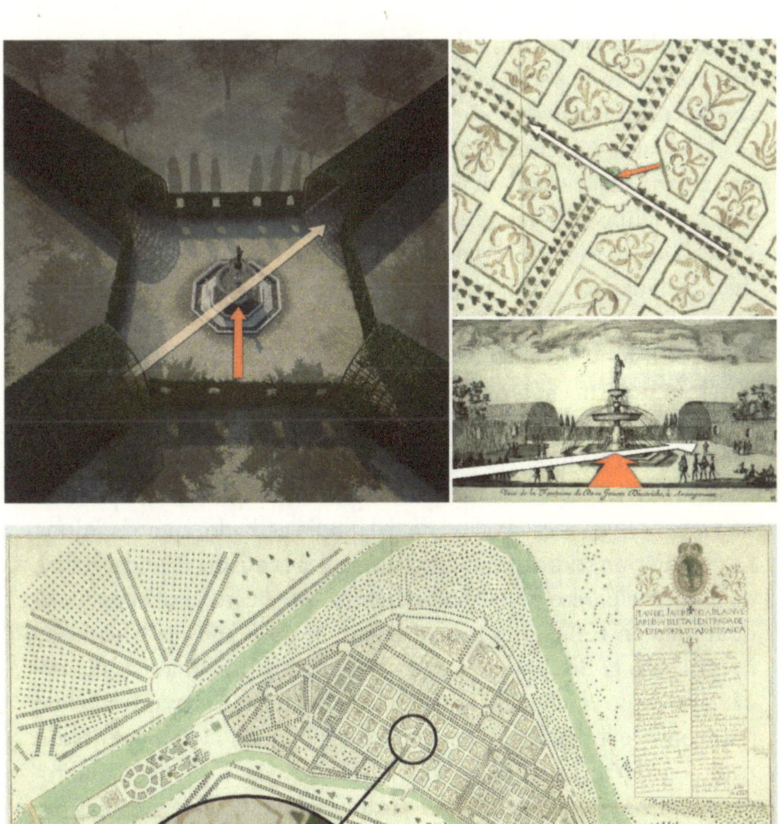

Figura 6. Reconstrucción del espacio primitivo en rombo del jardín de la Isla y orientación de la vista propuesta por Louis Meunier.

Figura 7. Trama de la retícula en torno a la plaza de Venus. Pérgolas virtuales sobrepuestas al plano de Alejandro de Cuéllar

Berge incluye un fondo de elevaciones que podrían avalar una mirada hacia el Noreste, pero la visión frontal está falseada, solo posible si se alinea con la galería o eje principal del jardín mirando al Norte.

La estatua y fuente está sobredimensionada sobre lo que parece un tamaño real de la plaza y de las galerías que en ella se abren. A su vez, las figuras resultan empequeñecidas respecto de la dimensión y escala del perímetro. Meunier se apoya en recursos geométricos de representación, como la perspectiva cónica cuyo punto de fuga se sitúa en el eje del árbol de la fuente. Este eje vertical subraya la simetría compositiva, con una apertura de foco ligeramente panorámica y deformación de gran angular, el mismo recurso utilizado por Meunier en todas sus vistas y confirmado en el estudio de las Folías[36]. De este modo se produce el efecto visual de que las calles a la derecha e izquierda no están en ángulo, sino que forman parte de una misma línea paralela al plano del dibujo grabado, como la misma reconstrucción tridimensional confirma. En la misma medida, la base de la fuente parece de forma hexagonal, un efecto visual engañoso de lo que en realidad es un octógono. No obstante, la edición de Meunier de la Biblioteca Nacional de España presenta más discordancias, como el reducido tamaño de las ventanas, la basa claramente hexagonal; ello ha determinado la elección para la reconstrucción tridimensional la edición de Van Merle de 1665. De hecho, nuestra experiencia con las fuentes del jardín ya investigadas y en vías de investigación, corrobora que la fidelidad mayor de las representaciones se halla en esta edición y en la de Van der Aa, lo que no sucede con la de Berge. Por ello y en el contexto de la reconstrucción virtual, se ha decidido que las ventanas en las espalderas por delante de los cipreses se dispongan de manera equidistante, a razón de cuatro en cada panel, a pesar de la separación de las dos centrales en muchas de las vistas (fig. 8).

Otro elemento que considerar es el recinto de orientación romboidal, que daría a la plaza unas dimensiones ligeramente inferiores a las actuales, ya recortada la superficie en tiempos del plano de Cuéllar. De este modo el octógono se adaptaría al rombo achaflanado,

---

[36] Magdalena Merlos Romero y Sergio Román Aliste, "Una propuesta...", p. 210.

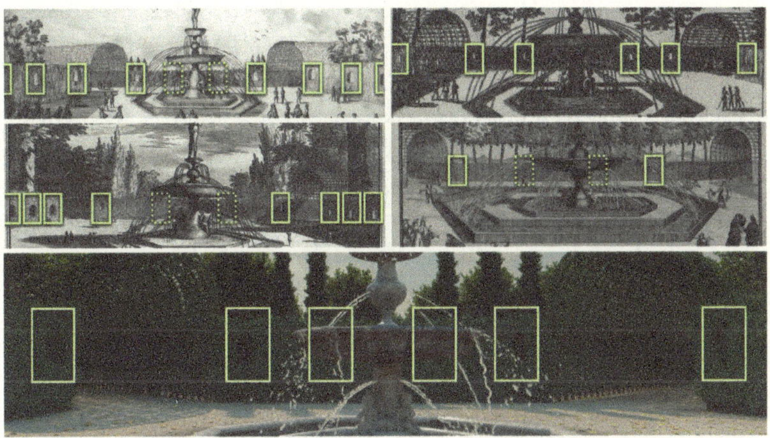

Figura 8. Restitución del ritmo de los vanos de las espalderas de la plaza (fuentes gráficas y reconstrucción virtual propuesta)

siendo ocupada la línea de las espalderas por los bancos dispuestos posteriormente por Sabatini.

Esta misma reconstrucción digital confirma cómo la mirada hacia el fondo perspectivo de las calles genera un arco de triunfo vegetal a modo de serliana, definido por el arco pergolado y las ventanas recortadas en las espalderas (fig. 9).

Figura 9. Render hipotético de la fuente de Venus inscrita en la serliana vegetal. Comparativa con la serliana de Villa Medici de Roma

Es esta composición de raigambre tratadística clásica la que explicaría aquella excesiva cercanía de las ventanas a las calles desde el enfoque elegido por Meunier. El empleo de serlianas alcanzó el ámbito de los jardines, como bien ilustra la famosa representación de Villa Medici de Velázquez[37]; en el caso de Aranjuez, no abierta al horizonte, sino marcando el acceso de las calles. Las serlianas de piedra o madera como soportes de vegetación se encuentran en las representaciones fantásticas de jardines de tapices flamencos, inspiradas por la iconografía de Polifilo. De modo concreto, en las series de las colecciones de Felipe II dedicadas a Vertumno y Pomona[38]. La peculiaridad del caso que nos ocupa es que se trata de una serliana exclusivamente vegetal a la vista. El recurso de reconstruir con vegetación modelos del clasicismo italiano se volverá a encontrar en el jardín de la Isla, concretamente en las cúpulas de cuarto de esfera a modo de baldaquinos de las exedras absidiales del perímetro de la plaza de la fuente de las Arpías[39].

Por otra parte, la preservación de las pérgolas renacentistas por Felipe IV ha de relacionarse con el gusto personal del rey por esta forma arcaizante de origen nórdico, como confirman los espacios ajardinados del Buen Retiro, de los que se conservan óleos y grabados del siglo XVII, entre ellos del mismo Meunier[40], de interés para comprender la configuración del jardín de la Isla en 1665. Sin embargo, a diferencia del ejemplo madrileño, el trazado y la escala de los espacios abiertos de Aranjuez resultan más recoletos, reducidos y sorprendentes en su contraste entre la umbría de las galerías y la luz de las plazas.

---

[37] Diego de Velázquez, *Vista del jardín de la Villa Medici en Roma con la estatua de Ariadna*, Museo del Prado. Inv. P001211. https://www.museodelprado.es/coleccion/obra-de-arte/vista-del-jardin-de-la-villa-medici-de-roma-con/60064814-f8a3-4996-883d-0cdc198ccaed

[38] Círculo de Pieter Coeck van Aelst y Léonard Thiry, *Vertumno transformado en agricultor*. Anterior a 1550. Palacio Real de Aranjuez. Patrimonio Nacional. PN 17/I. http://tapices.flandesenhispania.org/index.php/Vertumno_transformado_en_agricultor_(Aranjuez)

[39] Magdalena Merlos Romero y Sergio Román Aliste, "Exedras, arpías y espina. Tres fases y tres dimensiones del jardín de la Isla (Aranjuez)", en *II Workshop de FEST-Digital: Propuestas virtuales de artes efímeras,* UNED, Madrid, 31 de marzo de 2022. https://canal.uned.es/video/6246c435b60923103a1820f4?track_id=6246e724b60923145946l8c2

[40] Louis Meunier, *Veue de Lhermitage de Sainct Paul dans le Retir de Madrid,* BNE ER/5824 (11). http://bdh.bne.es/bnesearch/detalle/bdh0000186463;jsessionid=12142772DACE172E4AFE06D2549F9555

LA VEGETACIÓN Y EL MOBILIARIO

La identificación del arbolado se realiza sobre los mismos testimonios gráficos y textuales que se poseen del jardín y de Aranjuez. En cuanto a los árboles, Lhermitte ofrece la enumeración de las especies predominantes en el real sitio[41] de identerés para identificar los de la imagen de Meunier, que por su forma y altura pueden corresponderse a olmos. Respecto de los arbustos y plantas trepadoras que definen el perímetro de la plaza y las pérgolas, las especies serían las que citan los viajeros: rosales (Zeiller y Álvarez de Colmenar detallan rosas blancas), mirto, tomillo, boj y jazmín[42]. Estos autores mencionan también la presencia de cipreses, dato que avalarían los que aparecen agrupados en tres, a la manera italiana, tras una de las espalderas en la versión de Van der Merle. Al comparar la vista de Meunier con la de Berge, se confirmaría la presencia de los cipreses en dos de los laterales de la plaza.

La más detallada descripción para la galería central que atraviesa la plaza de Venus: es la de Cassiano del Pozzo de 1626 "un emparrado, la mayor parte con moreras negras, cerezos y otros frutos, y plagada de vástagos, y donde entre medias crece el verde"[43]. Ciertamente las moreras aparecen con frecuencia citadas en los documentos, como en 1565 "las moreras que faltaron y son necesarias para el dicho jardín y ffollia y calles dello"[44] y 1679, sobre la necesaria restitución de las galerías en tiempos de Carlos II "en el jardín de la Isla se han menoscabado las moreras que había en las calles para el adorno de las galerías"[45]. Las espalderas aparecidas en esta plaza, al igual que las que se distribuyen por todo el jardín, debieron seguir una configuración semejante a la que señala el citado narrador del viaje del cardenal Francesco Barberini, precisando incluso la técnica de macizado:

---

[41] Jean Lhermitte, *El pasatiempos...*

[42] Martin Zeiller, *Itinerarium...*; Juan Álvarez de Colmenar, *Delices...*; Lorenzo Magalotti, "Relazione..."

[43] Cassiano del Pozzo, *El diario...*, p. 87.

[44] AGS. CSR, leg. 252, fol. 99; Magdalena Merlos Romero y Sergio Román Aliste, "Una propuesta..."

[45] AGS. CSR, leg, 317, fol. 43; Magdalena Merlos Romero y Sergio Román Aliste, "Una propuesta..."

"Las vías que cruzan esta avenida están casi todas adornadas con pequeñas espalderas más allá de las cuales se ven otras plantadas de rosas damasquinadas a las que, para que no se salgan de su orden, se les ha colocado una reja tanto por los lados como por arriba no demasiado gruesa por la cual asoman los extremos, y cuando sucede así que alguna rama sobresale, la curvan y hacen pasar por debajo de una o dos de las intersecciones de la dicha reja y así la mantienen obediente a la superficie"[46].

Espalderas y galerías, hoy desaparecidas, estaban elaboradas en madera y pintadas de verde, a tenor de lo que los documentos señalan, en armonía con toda la carpintería de Aranjuez, incluidos los puentecillos. En 1593 se daban órdenes para la pintura de la galería de la Folía que atraviesa el jardín y la plaza de la fuente de Venus[47], práctica extensible a todas las pérgolas, como señala una noticia de 1598 para pintar de verde cierta galería del mismo jardín.[48] Esta factura se mantuvo en el tiempo, por lo que se ha considerado como criterio válido en la reconstrucción 3D de la fuente de las Folías y de la totalidad de las imágenes de Meunier, que avala la uniformidad de la planta y el alzado del jardín en su estructura de ejes y compartimentos geométricos, en la que reparó Balthasar de Monconys en 1628 "galerías todas pintadas que discurren junto a la orilla en varios lugares del jardín"[49].

PROCESO Y RESULTADOS DE LA RECONSTRUCCIÓN VIRTUAL

El empleo de las técnicas de escaneado y modelado 3D enriquece la labor del historiador del arte al mismo tiempo que exige replanteamientos en el método y cuestiona la previsibilidad de algunas posiciones

---

[46] Cassiano del Pozzo, *El diario*…, pp. 87-88.
[47] AGP. AP, Aranjuez, caja 271, exp. 1; Ana Luengo Añón, *Aranjuez*…, pp. 230-231; Magdalena Merlos Romero y Sergio Román Aliste, "Una propuesta…".
[48] AGP. AP, Aranjuez, caja 294, exp. 1; Ana Luengo Añón, *Aranjuez*…, p. 432; Magdalena Merlos Romero y Sergio Román Aliste, "Una propuesta…".
[49] Balthasar de Monconys, *Journal*…, p. 34.

teóricas[50]. Tomando como base las fuentes gráficas y documentales que han sido analizadas en las páginas previas, el propósito principal de esta reconstrucción consiste en integrar elementos ya restituidos digitalmente en investigaciones previas[51] –las estructuras de madera representadas en las series de estampas ya aludidas– junto a una pieza conservada de modo casi íntegro, la fuente de Venus (fig. 10).

Figura 10. A) Vista de render de la fuente de Venus desde la perspectiva de los grabados. B) Vista de render desde eje principal del jardín

[50] Amy Jeffs, "Digital 3D Modeling for the Art History", en K. Brown (ed.), *The Routledge Companion to Digital Humanities and Art History*, New York, Taylor & Francis, 2020, pp. 320-321.
[51] Magdalena Merlos Romero y Sergio Román Aliste, "Una propuesta..."

La metodología utilizada, tal como se describe a continuación, consiste en la aplicación específica de flujos de trabajo ya establecidos en la incipiente disciplina de la virtualización del Patrimonio[52] a partir del diálogo interdisciplinar con los métodos de documentación y análisis de la Historia del arte. Los cimientos digitales de esta reconstrucción, enmarcada en un proceso secuencial de desarrollo del conjunto de las fuentes del jardín de la Isla de Aranjuez, parten de datos SIG combinados con fuentes cartográficas históricas, a los que se suman posteriormente los levantamientos fotogramétricos parciales[53]. El desarrollo de la virtualización se ha llevado a cabo con el *software* Blender 3.1 para los procesos de modelado 3D, texturizado y renderizado, con apoyo del programa QGIS 3.26 para la gestión de los modelos digitales del terreno[54]. Adicionalmente se ha contado con Metashape 1.7 para el procesado del levantamiento fotogramétrico de la fuente de Venus hoy conservada.

Los elementos presentes en las vistas de las fuentes calcográficas analizadas pueden agruparse en tres conjuntos: estructuras lignarias, elementos escultóricos y vegetación. Todos estos elementos se rigen por la disposición espacial que se deduce de las planimetrías y del modelo digital del terreno que sirve de base a la reconstrucción. El primero de los elementos, las pérgolas y elementos de madera, han sido incorporados a esta reconstrucción a partir de una investigación ya publicada[55]. La deducción de las proporciones se había obtenido a partir de la anchura de las galerías, escasamente superior a los cuatro metros, que se corresponde con las dimensiones actuales de las vías principales del jardín. Para la presente reconstrucción de la

---

[52] Mieke Pfarr-Harfst, "Typical Workflows, Documentation Approaches and Principles of 3D Digital Reconstruction of Cultural Heritage", en Sander Münster et al. (eds.), *3D Research Challenges in Cultural Heritage II. How to Manage Data and Knowledge Related to Interpretative Digital 3D Reconstructions of Cultural Heritage*, Cham, Springer, 2016, pp. 32-45.

[53] En la línea de los métodos expuestos en E. S. Malinverni et al., "A geodatabase for multisource data management applied to Cultural Heritage: the case study of Villa Buonaccorsi's Historical Garden", *The International Archives of the Photogrammetry, Remote Sensing and Spatial Information Sciences*, XLII-2 (2019), pp. 771-772.

[54] El material utilizado, procedente del repositorio digital del Instituto Geográfico Nacional, es el modelo digital del terreno de 2º cobertura (2015-2022) con paso de malla de 2 m.

[55] Magdalena Merlos Romero y Sergio Román Aliste, "Una propuesta…", pp. 206-207.

fuente de Venus se ha corroborado la altura con mínimos matices, fijándola en 5,34 m a partir de la aplicación de la proporción áurea ya documentada en el trazado del jardín[56]. En lo relativo a los paneles vegetales que compartimentan el espacio de la plaza, se ha fijado una altura de 2,26 m a partir de la relación de proporciones con respecto a la boca de las pérgolas que se observa en los grabados, particularmente en la versión de Van Merle. En todos los casos, la coloración verdosa de la textura utilizada responde a las referencias documentales ya citadas anteriormente.

El segundo de los elementos es el conjunto pétreo y escultórico de la fuente. En este caso la totalidad de los elementos se conservan actualmente en un estado escasamente alterado, a excepción de los cuatro cupidos de la base, hoy desaparecidos. Excluyendo, por tanto, las piezas escultóricas faltantes, el cometido central de esta reconstrucción ha sido integrar, mediante la documentación fotogramétrica, el elemento protagonista del conjunto. El escaneo fotogramétrico, escalado e integración resulta clave para determinar las escalas reales con los elementos circundantes y poder, de este modo, verificar los desajustes y alteraciones representadas en los grabados con una clara finalidad de monumentalización. Los cupidos de la base han sido reintegrados a partir de modelos iconográficamente similares y procedentes de fuentes y jardines barrocos, con una mera finalidad ilustrativa para facilitar la imagen del conjunto acorde a su estado a mediados del siglo XVII[57].

El tercer elemento restante, la vegetación, ha sido obtenida mediante dos procedimientos, siguiendo las referencias botánicas ya aludidas. Para los rosales de las folías se ha optado por la generación de las hojas y ramas mediante el sistema de partículas integrado en Blender 3.1. En cambio, los árboles descritos (olmos y cipreses) se

[56] Ana Luengo y Coro Millares, "Estudio y análisis del Jardín de la Isla de Aranjuez", en *Jardín y naturaleza en el siglo XVI: Felipe II, el rey íntimo*, Aranjuez, Sociedad Estatal para la Conmemoración de los Centenarios de Felipe II y Carlos V, 1998, pp. 247-250.

[57] "Seated Cupid – Rijksmuseum" (https://skfb.ly/6RKM7), por Moshe Caine, bajo licencia Creative Commons Attribution y "Figure 7-3-20" (https://skfb.ly/6THYt), por Lamont-media, bajo licencia Creative Commons Attribution.

han integrado como *assets* a partir del *addon* comercial Botaniq 6.3 para Blender.

De manera adicional a los tres elementos descritos existen dos aspectos naturales complementarios que han sido configurados en el modelo 3D para la obtención de los renders fotorrealistas (fig. 10). El primero de ellos es el agua, presente en las bocas y caños de la fuente, y el segundo es la iluminación solar y entorno nuboso. Para la generación fotorrealista de las vías de agua se han estudiado diferentes imágenes fotográficas modernas que muestran la fuente de Venus en funcionamiento, en diálogo con la apariencia de las trayectorias representadas en los grabados. Para la labor de simulación se ha contado con el *addon* Flip fluids 1.2.1 para Blender, siguiendo de manera complementaria algunas de las primeras experiencias de virtualización de las dinámicas de agua en fuentes históricas[58]. Por último, la iluminación se ha configurado siguiendo las coordenadas exactas del jardín de la Isla a partir del *addon* Sun position 3.1.2 y datando la posición solar a las 19:00h del 30 de septiembre, que aporta una posición de las sombras coherente con la imagen recogida en el grabado de la edición de Van Merle.

Para las imágenes finales se ha optado por definir dos vistas de render. La primera de ellas trata de emular la misma posición desde la que los grabados aludidos han representado la fuente de Venus, comenzando con el primer referente de Louis Meunier (fig. 10, imagen a). La segunda vista, en cambio, se nutre del potencial generado a partir del levantamiento tridimensional del espacio circundante a la fuente de Venus, que permite el libre desplazamiento de la vista de cámara a lo largo de diferentes puntos de las pérgolas y los espacios abiertos. Gracias a ello pueden obtenerse vistas inéditas y nuevas lecturas difíciles o imposibles de lograr con la mera contemplación de las fuentes visuales existentes y la lectura de las descripciones (fig. 10, imagen b).

En el caso del primer de los render se corrobora una de las conclusiones obtenidas en investigaciones previas, constatando que las

[58] Fabrizio Ivan Apollonio et al., “Digital documentation and restoration tools reusing existing imagery: a multipurpose model of the Neptune’s Fountain in Bologna”, *Applied Geomatics*, 10 (2018), pp. 302-308.

Figura 11. Comparativa de grabados de Meunier con las reconstrucciones virtuales del jardín de la Isla acometidas hasta el momento

imágenes de Louis Meunier, así como las de grabadores que siguen su estela, tienden a definir sus vistas con dos mecanismos de distorsión[59]. Por una parte, mediante la propensión a definir vistas panorámicas no compatibles con ángulos de visión naturales y, por otra, la tendencia a monumentalizar el elemento protagonista de la escena mediante la ampliación de su escala, en combinación con la reducción del tamaño de las referencias humanas y del alejamiento de los elementos contextuales o posicionados en un segundo plano (fig. 11).

[59] Magdalena Merlos Romero y Sergio Román Aliste, "Una propuesta...", pp. 210-212.

El segundo de los renders generados no responde a una vista predefinida de la fuente de Venus en ninguno de los grabados conservados, aunque sí pretende revisitar una de las imágenes más emblemáticas de la serie del jardín de la Isla de Aranjuez: la galería de las folías representada en varias de las ediciones citadas, y en particular la de Louis Meunier (Van Merle ed.) *Veuë des Parterres, et Fontaines apellé les follies*. En este caso, la vista de render obtenida no se dirige hacia la parte oriental del jardín, sino que muestra la perspectiva desde la que un paseante se encontraría caminando por el eje principal hacia la parte frontal de la fuente de Venus. Curiosamente los grabadores no han legado ninguna imagen de esta fuente desde esa posición aparentemente natural, y la razón quizás resida en que, en dicha vista hipotética, la galería occidental de madera situada tras la estatua de Venus debería ser, o bien ocultada (como ocurre en los grabados que representan la fuente del Niño de la Espina), o por otro lado magnificada, dotándola de unas proporciones superiores a la de la misma fuente. Siguiendo las conclusiones que acaban de ser expuestas con respecto a los mecanismos de distorsión comunes a los grabados analizados, parece lógico que los ilustradores hayan optado por girar la posición del espectador 45° con respecto al eje principal del jardín (fig. 6), siguiendo el primer ejemplo de Meunier. Desde este punto de vista se otorga un mayor protagonismo a la estatua, monumentalizándola y permitiendo que recorte su silueta contra al cielo, sin restar legibilidad a los elementos circundantes, puesto que, además, permite mostrar dos de las bocas de galerías vegetales, añadiendo con ello valor ilustrativo a la imagen.

Sin embargo, al aprovechar las posibilidades que permite un entorno tridimensional deducido a partir de las vistas existentes, posicionando la vista de cámara en la perspectiva de las galerías hacia la diosa Venus, se pueden obtener resonancias visuales inesperadas, que aportan valor añadido al estudio de esta fuente y su entorno en el periodo barroco. La primera de las conclusiones ya ha sido expuesta con anterioridad, y supone la asociación de esta vista del jardín con el tema arquitectónico de la serliana, e incluso con el arco del triunfo en virtud de la posición de las ventanas vegetales que acompañan a los arranques abovedados de las pérgolas. Dichas asociaciones no se muestran de manera evidente en los grabados, y por ello es muy destacable el potencial que aporta la capacidad de recorrer virtualmente un escenario histórico reconstruido digitalmente a partir de diferentes parámetros: fotogramétricos, cartográficos, y relativos a un modelado 3D siempre apegado a las evidencias gráficas.

Existe una segunda lectura que es posible extraer del render frontal de la fuente de Venus, tomado desde el interior de la galería que desemboca en la plaza, y que, nuevamente, no es posible deducir con claridad si tomamos los grabados como referente único. Se trata de la resonancia de curvas que refuerza el protagonismo de la fuente de Venus: cuatro arcos de medio punto concéntricos atravesados por el eje vertical de la fuente y por la propia estatua de la diosa (fig 9, imagen a). Los dos arcos de medio punto exteriores son lígneos y vegetales: son el cierre de la galería abovedada que confluye en la plaza y la apertura de la pérgola tras la fuente, respectivamente. Por su parte, los dos arcos restantes son fluidos: los conforman las trayectorias de agua que emanan de los caños de la fuente en sus dos niveles, bajo el plato superior y bajo el principal. Dicha asociación de curvaturas, estables y dinámicas, enmarcan el elemento central de la plaza y elevan el juego del agua a una categoría arquitectónica más que ornamental: quizás el vestigio hispanomusulmán que se encontraba aparentemente ausente en esta fuente, y que en otros puntos del jardín de la isla de Aranjuez había dialogado sin problemas con las tradiciones italiana y flamenca.

Por último, cabe aportar una explicación global acerca de los grados de evidencia con los que se han configurado las imágenes resultantes de esta reconstrucción, siempre en aras de la transparencia en el uso de la documentación y las fuentes gráficas. Para tal fin se ha aplicado la escala de evidencia histórico-arqueológica Byzantium 1200, en su normalización ibérica por parte de Aparicio y Figueiredo, tal como se detalla a continuación[60]. Se trata de una escala cromática que abarca desde los tonos más fríos, asociados con un menor grado de evidencia, a los más cálidos, que corresponden

[60] Pablo Aparicio Resco y César Figueiredo, "El grado de evidencia histórico-arqueológica de las reconstrucciones virtuales: hacia una escala de representación gráfica", *Revista Otarq*, 1 (2016), pp. 235-247.

Figura 12. Renders A y B de la fuente de Venus adaptados a la escala cromática Byzantium 1200

con los elementos patrimoniales de los cuales se guarda un alto grado de documentación, o que se conservan total o parcialmente[61]. Tal como se muestra en los renders adaptados a la escala cromática (fig. 12), las partes lógicas de ambas vistas se asocian con hasta cuatro grados diferentes. Los elementos asociados con un menor grado de evidencia son los elementos vegetales de las pérgolas, de los cuales tenemos referencia textual descriptiva que sustenta la reconstrucción (grado 4). A continuación, asociados al grado 5 se encuentran las

[61] Grados básicos de la escala: 1) Elementos imaginativos a partir de aproximación contextual; 2) Conjetura basada en estructuras similares; 3) Referencia textual básica; 4) Referencia textual descriptiva; 5) Referencia gráfica sencilla; 6) Referencia gráfica pormenorizada; 7) Información arqueológica basada en planimetrías simples; 8) Fuerte evidencia arqueológica o documental (fotografías o plantas detalladas); 9) Existente total o parcialmente con modificaciones; 10) Existente conforme al original.

estructuras de madera, arbolado y los cupidos de la base de la fuente, que podemos fundamentar en referencias gráficas sencillas. Más seguro en cuanto a su grado de evidencia es el trazado urbanístico y terreno, que se vincula al grado 9 (existente total o parcialmente con modificaciones), y por último, el grado 10 se reserva para los elementos conservados de manera íntegra: las diferentes partes de la fuente y la estatua de Venus si descontamos los desaparecidos amorcillos de la base. En su conjunto, las imágenes ilustran cromáticamente la problemática asociada a las fuentes gráficas y documentales que se han ido exponiendo a lo largo de este estudio.

CONCLUSIONES

La plaza y fuente de Venus constituyen el más claro ejemplo de preservación de la conformación original del jardín de la Isla por parte de Felipe II en cuanto a traza y elementos arquitectónicos y escultóricos se refiere. Este texto aporta una revisión de las noticias y conocimiento existente sobre este hito del del jardín, necesario para abordar con garantías el proceso reconstructivo llevado a cabo. Con todo ello, la reconstrucción digital ha permitido restituir no sólo el aspecto de la fuente (con la incorporación visualmente aproximada de los cupidos de la base) sino también la distribución originaria del perímetro de espalderas y de las pérgolas. En este sentido el proceso de trabajo detallado en las páginas previas ha permitido recrear efectos visuales y perspectivos hoy desaparecidos y no captados por la imagen de Meunier ni por el resto de los ilustradores referidos, como las serlianas a modo de arcos de triunfo en las salidas hacia las calles con pérgolas de medio cañón.

La aplicación de una metodología de trabajo específica para la totalidad del jardín de la Isla, ya inaugurada en la primera reconstrucción de la fuente de las Folías ha resultado adecuada en este caso concreto. La base de las pérgolas de madera cubiertas de vegetación, de origen flamenco y preservadas por Felipe IV, se convierte en una constante que permitirá la imbricación final de todas las fuentes, en un proceso de trabajo que se encuentra aún en desarrollo. Este trabajo supone una revisión visual y regularización de relaciones, escalas, disposiciones y efectos del conjunto de fuentes y ornamentos vegetales del jardín de la Isla en el siglo XVII. Basado en documentos gráficos marcados tanto por la información como por la distorsión, se apoya en las metodologías de análisis tradicionales en la disciplina de la Historia del arte, tanto como defiende el potencial de la virtualización para abordar nuevas perspectivas, posibilidades de análisis y conclusiones sobre el palimpsesto estilístico que era el jardín de la Isla en época de Felipe IV a partir de la herencia de su abuelo Felipe II.

BIBLIOGRAFÍA

Aerssen, François van, *Voyage d' Espagne*, Cologne, Pierre Marteau, 1667.

Alonso Moral, Roberto, "Nicolas de Bussy, escultor del rey. Su etapa en el palacio de Aranjuez", en Vicente Montojo Montojo (coord.), *Nicolas de Bussy. Un escultor europeo en España. Tercer centenario de su muerte (1706-2006)*, Murcia, Real Academia de Bellas Artes de Santa María de la Arrixaca, 2006, pp. 33-53.

Álvarez de Colmenar, Juan, *Delices de L'Espagne et du Portugal ou lón voit une description exacte des antiquitez (sic), provinces, montagnes…*, Leyden, Pierre Van der Aa. 1707.

Aparicio Resco, Pablo y Figueiredo, César, "El grado de evidencia histórico-arqueológica de las reconstrucciones virtuales: hacia una escala de representación gráfica", *Revista Otarq*, 1 (2016), pp. 235-247.

Apollonio, Fabrizio Ivan et al., "Digital documentation and restoration tools reusing existing imagery: a multipurpose model of the Neptune's Fountain in Bologna", *Applied Geomatics*, 10 (2018), pp. 295-316.

Berge, Pieter Van den, "Differents veues des Palais et Jardins de plaisance des Rois despagne dedie a la Reine", *Theatrum Hispaniæ, exhibens regni, urbes, villas, ac viridaria magis illustria*, Amsterdam, Pieter Van der Berge, c. 1690.

Boström, Antonia, A new addition to Zanobi Lastricati: Fiorenza or the Venus Anadyomene: the fluidity of iconography" *Sculpture journal*, 1 (1997), pp. 1-6.

Brunel, Antoine de, "Voyage d'Espagne (1655)", Charles Claverie (ed.), *Revue hispanique: recueil consacré à l'étude des langues, des littératures et de l'histoire des pays castillans, catalans et portugais,* 30-78 (1944), pp. 179-187

Compton, Rebekah, *Venus and the Arts of Love in Renaissance Florence*, Cambridge Cambridge University Press, 2021.

Cuelbis, Diego, *Thesoro chorographico de las Espannas,* [manuscrito], copiado por Pascual de Gayangos. BNE. Mss. 18.472.

Estella, Margarita, "Adiciones y rectificaciones a noticias sobre esculturas italianas en España", *Archivo Español de Arte*, LXXXI-321 (2008), pp. 17-30.

—, "La fuente de la Venus de Aranjuez, obra de Francisco Moschino", *Archivo Español de Arte*, LXXX-317 (2007), pp. 85-106.

Jeffs, Amy, "Digital 3D Modeling for the Art History", en K. Brown (ed.), *The Routledge Companion to Digital Humanities and Art History*, New York, Taylor & Francis, 2020, pp. 313-325.

Lhermitte, Jean, *El pasatiempos de Jean Lhermite. Memorias de un gentilhombre flamenco en la corte de Felipe II y Felipe III,* Madrid, Fundación Carolina- Doce Calles, 2005 (ed. Jesús Sáenz de Miera).

Luengo Añón, Ana, *Aranjuez, utopía y realidad. La construcción de un paisaje,* Madrid-Aranjuez, CSIC-Doce Calles, 2008.

—, y Millares, Coro, "Estudio y análisis del Jardín de la Isla de Aranjuez", en *Jardín y naturaleza en el siglo XVI: Felipe II, el rey íntimo*, Aranjuez, Sociedad Estatal para la Conmemoración de los Centenarios de Felipe II y Carlos V, 1998, pp. 243-266.

Magalotti, Lorenzo, "Relazione del Viaggio di Spagna", *Viaje de Cosme III por España y Portugal (1668-1669)*, Madrid, Junta para Ampliación de Estudios e Investigaciones Científicas, Centro de Estudios Históricos, 1933 (ed. Ángel Sánchez Rivero y Ángela Mariutti).

Malinverni E. S. et al., "A geodatabase for multisource data management applied to Cultural Heritage: the case study of Villa Buonaccorsi's Historical Garden", *The International Archives of the Photogrammetry, Remote Sensing and Spatial Information Sciences*, XLII-2 (2019), pp. 771-776.

Martín González, Juan José, *El escultor en Palacio. Viaje a través de la escultura de los Austria,* Madrid, Gredos, 1991.

—, "El palacio de Aranjuez en el siglo XVI", *Archivo Español de Arte,* 35-139 (1962), pp. 237-252.

Merlos Romero, Mª Magdalena, "Representación escrita y gráfica de Aranjuez en el libro de viajes de Bernardin Martin", *Anales del Instituto de Estudios Madrileños,* LVI (2016), pp. 203-236.

Aranjuez y Felipe II. Idea y forma de un Real Sitio, Madrid, Dirección General de Patrimonio Cultural de la Comunidad de Madrid-Concejalía de Educación y Cultura del Ayuntamiento de Aranjuez, 1998.

Merlos Romero, Magdalena y Román Aliste, Sergio, "Una propuesta de reconstrucción digital del jardín de la Isla (Aranjuez) según Louis Meunier (1665): los parterres y fuentes de Las Folías o Las Locuras", en Victoria Soto Caba y Mercedes Simal López (eds.), *Efímero y virtual. Rescates digitales de artefactos provisionales*, Jaén, UJA Editorial, 2022, pp. 189-213.

—, "Exedras, arpías y espina. Tres fases y tres dimensiones del jardín de la Isla (Aranjuez)", en *II Workshop de FEST-Digital: Propuestas virtuales de artes efímeras*, UNED, Madrid, 31 de marzo de 2022. https://canal.uned.es/video/6246c435b60923103a1820f4?track_id=6246e724b60923145946l8c2

Meunier Louis, *Veüe du palais, jardins, et fontaine Darangouesse, maison de plaisance du roy d'Espagne*, París, van der Merle, 1665.

—, *Veue de Lhermitage de Sainct Paul dans le Retir de Madrid*. BNE. ER/5824 (11).

Monconys, Balthasar de, *Journal des voyages*, Lyon, Horace Boissat et George Remeus, 1666.

Pfarr-Harfst, Mieke, "Typical Workflows, Documentation Approaches and Principles of 3D Digital Reconstruction of Cultural Heritage", en Sander Münster et al. (eds.), *3D Research Challenges in Cultural Heritage II. How to Manage Data and Knowledge Related to Interpretative Digital 3D Reconstructions of Cultural Heritage*, Cham, Springer, 2016, pp. 32-45.

Portús, Javier, "El Conde de Sandwich en Aranjuez las fuentes del Jardín de la Isla en 1668", *Reales Sitios*, 159 (2004), pp. 46-59.

Pozzo, Cassiano del, *El diario del viaje a España del Cardenal Francesco Barberini*, Aranjuez, Doce Calles, 2004 (ed. Alessandra Anselmi).

Sanz Hernando, Alberto, *El jardín clásico en España: un análisis arquitectónico* (tesis doctoral), Madrid, Universidad Politécnica, 2006.

Toribio Marín, Carmen, *La forma del agua. Temas e invariantes en el jardín y el paisaje. Análisis de casos (Holanda-España, 1548-1648)* (tesis doctoral), Madrid, Universidad Politécnica, 2015.

Zeiller, Martin, *Itinerarium Hispaniae oder Raiss Beschreibung durch die Köniegreich Hispaniem und Portugal*, Nürnberg-Ulm, Verlegung Wolffgang Endters Buschhandler, 1637.

EL REAL SITIO DE ARANJUEZ A TRAVÉS DE LA LITERATURA DEL SIGLO XIX: UN "OASIS" DE LA NATURALEZA Y "SÍMBOLO DEL PROGRESO" INDUSTRIAL[1]

Jorge Pajarín Domínguez
Universidad Rey Juan Carlos

INTRODUCCIÓN

Cándido López y Malta, en su *Historia descriptiva del Real Sitio de Aranjuez*, escrita en 1868 a partir de la obra de Juan Álvarez de Quindós y Baena, cronista de Carlos IV, se preguntaba:

> ¿Qué es Aranjuez, pregunta todo el mundo que desconoce el valor material y topográfico de esta ribera feraz? ¿Qué contendrá Aranjuez cuyo simpático nombre ha volado como la electricidad a todo el ámbito de la tierra? ¿Qué talismán encierran estas misteriosas sílabas que todo viajero, por indiferente que sea, estampa en el catálogo de sus cronológicas investigaciones, como orgulloso de haberle visitado y temiendo un severo cargo de morosidad si al volver de su excursión le faltase para satisfacer la curiosidad de los suyos?[2]

A lo largo del siglo XIX, en un contexto de cambio político, social, económico y cultural, no fueron pocos los interesados en resolver

[1] Este trabajo se inscribe dentro de las actuaciones de los proyectos: 'Madrid, Sociedad y Patrimonio: pasado y turismo cultural" (H2019/HUM-5989) del Programa de actividades de I+D entre grupos de investigación de la CAM en Ciencias Sociales y Humanidades 2019, cofinanciado por el FSE, y "Corte y sitios reales: espacios de poder, representación y producción (1650-1750)", financiado dentro del Programa Propio de la Universidad Rey Juan Carlos.

[2] Cándido López y Malta, *Historia descriptiva del Real Sitio de Aranjuez escrita en 1868 sobre lo que escribió en 1804 D. Juan Álvarez de Quindós*, Madrid, Doce Calles, 1988, p. VII (ed. Facsímil 1876).

esta pregunta. El fin del Antiguo Régimen y el lento proceso de construcción del estado-nación dio lugar a una nueva reformulación de aquellos espacios históricos que, como los reales sitios, habían estado vinculados, simbólica y materialmente, a la Corona. Aranjuez, de hecho, por los acontecimientos que protagonizó desde 1808, fue considerado, en palabras de Emilio Castelar, "la tumba de la monarquía absoluta"[3]. Desde entonces, para el liberalismo más exaltado, como el demócrata, los acontecimientos históricos y políticos que transcurrieron durante esta centuria convirtieron a Aranjuez en escena para la protesta política y en eco del sufrimiento del pueblo:

> El timbre principal de este sitio de recreo, donde la naturaleza brilla mucho, y sin embargo brilla tristemente, como el sol de otoño, cual si quisiera mostrar que hay más poesía, más espíritu, más vida en los trabajos agrícolas del pobre que en los ociosos jardines del rico[4].

En este sentido, Benito Pérez Galdós, como tantos otros que ensalzaron el motín que transcurrió durante los días 17, 18 y 19 de marzo de 1808, en el tercer episodio de la primera serie de sus *Episodios Nacionales*, convierte a Aranjuez, a pesar de ser un lugar más propio "para la meditación que para la asonada"[5], en el símbolo de la revolución frente al despotismo, al representar principalmente la furia del "populacho" contra el valido del rey, Manuel Godoy, símbolo de la corrupción y el despotismo[6]. Galdós no mostró un especial interés por describir los elementos que tanto caracterizaban al real sitio. Como explica Peñate Rubio, el valor monumental de una ciudad no era lo importante para el escritor, sino "la emoción que transmite la percepción del objeto, emoción que tiene que ver con

[3] Emilio Castelar, "Recuerdos de Aranjuez", *La Democracia,* 19 de mayo de 1865.

[4] Ibídem.

[5] Benito Pérez Galdós, *El 19 de marzo y el 2 de mayo*, Madrid, Admón. de la Guirnalda y Episodios Nacionales, 1882, p. 61.

[6] Jacques Soubeyroux, "Imágenes de Godoy en la literatura", en Miguel Ángel Melón Jiménez, Emilio La Parra López y Fernando Tomás Pérez González (coords.), *Manuel Godoy y su tiempo*, Badajoz, Junta de Extremadura, 2003, vol. 2, pp. 411-423. Para más información, consultar Emilio La Parra, *Manuel Godoy. La aventura del poder*, Barcelona, Tusquets, 2003.

la posibilidad de sorprender la imaginación y, sobre todo, con la sensación de vida que puede sugerir"[7]. Por lo tanto, para Galdós, así como para muchos de sus contemporáneos, Aranjuez "fue reflejo del conjunto del reino: un país estancado en luchas intestinas al margen de la progresiva vitalidad europea"[8].

Sin embargo, a pesar de ese contexto de politización de la literatura, Aranjuez siguió conservando en el contexto decimonónico su imagen primigenia vinculada a la naturaleza. Ni su origen con la orden de Santiago, su paulatino tránsito al patrimonio real a partir de los Reyes Católicos, su transformación bajo el reinado de Felipe II o su conversión en una auténtica ciudad ilustrada con Fernando VI y Carlos III pudieron enturbiar el poder de la naturaleza de sus jardines, la fuerza fluvial del Tajo y el Jarama o el sonido de sus fuentes. Así, desde su fundación, la literatura no dudó en ensalzar, incluso exagerar, aún en el siglo XIX, las bondades naturales del real sitio. Así lo clamaba Manuel de Aleas, criado de Fernando VII: "La naturaleza convierte aquí en realidad lo que la fábula poética pondera de los antiguos campos elisios"[9].

No obstante, por el simbolismo que encarnaban los sitios reales, la naturaleza de Aranjuez sirvió a los diferentes monarcas, tanto de los Austrias como de los Borbones, "para perpetuar la idea de una monarquía, que como emisaria de Dios en la tierra, recrea el segundo paraíso" [10]. Por ello, cuando se conjuga un paisaje como el de los reales sitios, la literatura nos puede proporcionar una fuente de gran interés para ver, entender y analizar la imagen que tenían aquellos espacios configurados por y para la corte en su origen. Así, como explica Montemayor, "la sensibilidad literaria halla en los jardines y en la ciudad de Aranjuez un opulento despliegue de escenarios

[7] Julio Peñate Rubio, "Mirada y visión del arte en los textos del Galdós viajero. Materiales para la posible reevaluación de una 'obra menor", en Jean-François Botrel, Marisa Sotelo, Enrique Rubio et al. (eds.), *Sociedad de Literatura Española del Siglo XIX*, Barcelona, Promociones y Publicaciones Universitarias (PPU), 2008, p. 322.

[8] Mª Teresa González Alarcón, "España en el siglo XIX", en *Palacio Real de Aranjuez*, Madrid, Patrimonio Nacional, 2005, p. 123.

[9] Manuel de Aleas, *Representación que hace al rey nuestro señor don Fernando Séptimo, sobre la conservación y restauración del Real Sitio de Aranjuez*, Madrid, Oficina de Don Francisco Martínez Dávila, 1824, p. 6.

[10] Susana Montemayor, *Aranjuez. Paisaje literario*, Aranjuez, Ayuntamiento de Aranjuez, 2004, p. 22.

que nos ofrece la posibilidad de disfrutar de su paisaje y de conocer múltiples facetas histórico-literarias"[11]. El destino de la monarquía, de alguna forma, estaba vinculada a los sitios reales. Es por ello por lo que, por ejemplo, Nicasio Gallego, en una oda dedicada *al fausto nacimiento de la serenísima señora infanta doña María Isabel Luisa* (1830), futura Isabel II, en un contexto en el que se dilucidaba el futuro de la institución y de la Familia Real, celebraba cómo ella y la esperada descendencia de los reyes Fernando VII y María Cristina podrán

> correr con planta vacilante / por los jardines de Aranjuez floridos; / en puro estanque a los dorados peces / con el sabroso cebo seducidos / a su mano atraer; sobre una rosa / sorprender la versátil mariposa; / o ya afectando varonil talante, / de caña armados o sarmiento rudo / honrarme graves con marcial saludo[12].

En definitiva, Aranjuez, como otros tantos espacios regios, era el reflejo vivo de la monarquía y de todos y cada uno de sus representantes:

> Aranjuez ha sido el Sitio Real predilecto de los monarcas españoles, preferencia por otro lado bien merecida porque a no dudarlo es Aranjuez el Real Sitio mejor de Europa y por tanto no es extraño que rivalizando en mejorar el arte y la naturaleza, haya dado el resultado de un conjunto asombroso en belleza y hermosura así natural como artificial. Así es que todos los Reyes desde la sin par Isabel la Católica hasta D. Amadeo de Saboya han dejado bien implantada su huella en este Sitio, notándose en sus obras las inclinaciones y gustos de cada monarca[13].

[11] Ibídem, p. 21.

[12] Juan Nicasio Gallego, "Al fausto nacimiento de la serenísima señora infanta doña María Isabel Luisa", en *Obras poéticas*, Madrid, Imprenta del Diccionario Universal del Derecho Español Constituido, 1854, p. 79.

[13] Cándido López y Malta, *Historia descriptiva del Real Sitio de Aranjuez…*, p. 496.

Pero como hemos mencionado, Aranjuez, a pesar de "la faz aristocrática y maquillada"[14] que los escritores españoles principalmente destacaron, se fue configurando en una "maravilla nacional"[15], que merecía ser "objeto de la admiración de nacionales y extranjeros" por sus "infinitas bellezas de todas clases que le enriquecen y le hacen el primer sitio de placer de España, y tal vez de Europa"[16]. La llegada del ferrocarril dio lugar a una nueva fisionomía del lugar y, por lo tanto, a una nueva identidad. De esta manera, naturaleza y progreso se abrían paso en el real sitio como un símbolo, tanto de la Corona como la nación española.

LAS BONDADES DE LA NATURALEZA EN LA REPRESENTACIÓN LITERARIA DE ARANJUEZ DURANTE EL SIGLO XIX

Aranjuez despertó desde el mismo momento en que se consolidó como un espacio regio el interés de la literatura. Como advirtió Pedraza, para los clásicos, Aranjuez fue, más que una realidad, un símbolo de la fertilidad y la belleza[17]. De hecho, el topónimo llegó a lexicalizarse, adquiriendo un significado propio, tal y como podemos encontrar en el *Tesoro de la lengua castellana* de Covarrubias:

> Aranjuez: Pago deleitoso en la ribera del Tajo, bien conocido por tener allí el rey nuestro señor gran recreación de huertas, jardines, caza y pesca y pastos. [...] Para encarecer la amenidad de algún lugar de recreación decimos que es un Aranjuez[18].

En este sentido, durante los Siglos de Oro, Aranjuez deja de ser el "sueño de un príncipe" para convertirse en una realidad; una en la

[14] Susana Montemayor, *Aranjuez. Paisaje literario...*, p. 38.
[15] Cándido López y Malta, *Historia descriptiva del Real Sitio de Aranjuez...*, p. VIII.
[16] Ramón Mesonero Romanos, *Manual de Madrid. Descripción de la Corte y de la Villa*, Madrid, Safekat, 2009 (ed. facsímil 1831), p. 312.
[17] Felipe B. Pedraza Jiménez (coord.), *Aranjuez y los libros. Catálogo y exposición*, Aranjuez, Ayuntamiento de Aranjuez, 1987.
[18] Sebastián de Covarrubias, *Tesoro de la lengua castellana, o española*, Madrid, Luis Sánchez, 1611, p. 82.

que, más allá de la faceta humana, íntima y desconocida del monarca que lo hizo posible, Felipe II, y, por tanto, de la residencia real, se vislumbra la magnitud de la propia naturaleza[19]. Así, el real sitio adquirirá una fama literaria inusitada donde el conjunto natural paisajístico de su entorno y jardines se convierte en el protagonista de las composiciones poéticas del periodo, donde abundan las comparaciones, metáforas e hipérboles[20].

A este respecto, encontramos varios poetas clave que dieron lugar a la consolidación de Aranjuez como un paisaje literario. Por ejemplo, Gómez de Tapia, a quien en 1582 aparece ligada una égloga pastoril que ensalzaba la "Selva de Aranjuez" como "la tierra entre las tierras escogidas"[21]; Luis Cabrera de Córdoba, quien en su *Historia Laurentina*, dedicada al Escorial, aún se detiene en el paisaje de Aranjuez para alabar al Tajo en su unión con el Jarama, enumerar la diversidad de sus bosques, aves, peces, etc., y vincular el lugar a la mitología clásica[22]; y Leonardo Lupercio de Argensola, cuyos tercetos encadenados, basados en la obra *Aranjuez del alma* (1589) de fray Juan Tolosa, recrean las bellezas del real sitio con el esplendor del reinado de Felipe II[23]:

> Hay un lugar en la mitad de España, / donde Tajo a Jarama el nombre quita / y con sus ondas de cristal lo baña, / que nunca en él la yerba vio marchita / el sol, por más que al etíope encienda, / o con su ausencia hiele al duro scita / o que naturaleza

[19] Mª Magdalena Merlos Romero, *Aranjuez y Felipe II. Idea y forma de un Real Sitio*, Madrid, Dirección General de Patrimonio Cultural de la Comunidad de Madrid-Concejalía de Educación y Cultura del Ayuntamiento de Aranjuez, 1998, pp. 40 y 44.

[20] Selina Blasco, "Humildes descripciones y mentidas amenidades. Poesía y realidad en la configuración de la fama literaria de Aranjuez", *Reales Sitios*, 153 (2002), pp. 14-27.

[21] Actualmente no está clara la autoría de la égloga pastoral, pues la misma obra aparece bajo la firma de Luis Gómez de Tapia, atribuida por Argote de Molina, que la incorporó en el acrecentado del *Libro de Montería* en 1582, y, por otro lado, bajo el título "Selva de Aranjuez" aparece vinculada al nombre de Gregorio Hernández de Velasco. Para más información, Adolfo R. Posada, "Hernández de Velasco y Gómez de Tapia: dos traductores en disputa de la autoría de la Selva de Aranjuez", *Melisendra. Journal of Spanish Early Modernity Studies*, 2 (2020), pp. 51-67.

[22] Joaquín de Entrambasaguas, "Aranjuez, en Luis Cabrera de Córdoba", *Reales Sitios*, 9/31 (1972), pp. 69-73.

[23] José Ignacio Díez, "Lupercio Leonardo de Argensola y la 'elocuencia pura' de los jardines de Aranjuez", *Creneida*, 9 (2021), pp. 42-72.

condescienda, / o que, vencida, deje obrar al arte, / y serle en vano superior pretenda[24].

Por lo tanto, el simbolismo de Aranjuez quedó configurado en el Siglo de Oro como un lugar de inspiración donde "desplegar la sinfonía de los sentidos a través del vergel de sus jardines y la tranquilidad de sus riberas"[25].

Esta imagen idílica sería reforzada en los siglos posteriores. Durante el siglo XVIII, la mirada sobre Aranjuez adquiere una visión más completa y múltiple, fruto de los viajeros extranjeros, quienes, a pesar de que en muchas ocasiones escribieron sobre Aranjuez sin haber estado nunca en él, forjaron un mito romántico desde el que evocar y representar sus emociones y sentimientos[26]. Así, el lugar se convierte en una utopía a la que los escritores españoles, ya en el siglo XIX, pueden acudir, a pesar de los obstáculos y el escepticismo que sienten por la realidad[27]. Aunque a lo largo de la centuria, los espacios urbanos y naturales se multiplican y los escritores y sus personajes se mueven por una geografía urbana muy amplia, los acontecimientos literarios más significativos siguen desarrollándose en las zonas que tradicionalmente habían tenido vida literaria y cultural y que seguía atrayendo a unas nuevas generaciones sobre las que ejercen todavía una poderosa influencia[28]. En este sentido, a pesar del protagonismo que habían adquirido la ciudad y sus habitantes frente a los personajes del campo y de pequeñas poblaciones, los escritores españoles quisieron subrayar la inconfundible originalidad de regiones o pueblos entrañables que conocían perfectamente, desechando los relatos que

---

[24] Se trata del poema 78 de Lupercio Leonardo de Argensola, *Rimas* [ed. José Manuel Blecua], Zaragoza, Instituto "Miguel de Cervantes", 1950, vol. I, pp. 191-199.

[25] Joaquín de Entrambasaguas, "El Real Sitio de Aranjuez en cuatro poetas de la Edad de Oro", *Reales Sitios*, 4/2 (1965), pp. 36-47.

[26] Selina Blasco, "Viajeros por Aranjuez en el siglo XVIII. Antología de descripciones", en *El Real Sitio de Aranjuez y el arte cortesano del siglo XVIII*, Madrid, Patrimonio Nacional, 1987, pp. 41-136; Mª Magdalena Merlos Romero, *De lo clásico y lo romántico. Imagen de Aranjuez en el siglo de Carlos III*, Aranjuez, Ayuntamiento de Aranjuez, 2016.

[27] Ana Luengo Añón, *Aranjuez, utopía y realidad. La construcción de un paisaje*, Aranjuez, Doce Calles, 2008, pp. 344 y ss.

[28] Matilde Salgaró Faci (dir.), *Biografía literaria de Madrid*, Madrid, El Avapiés, 1993, pp. 16-17.

habían utilizado otros autores y abandonando la idea de naturaleza como "telón de fondo" o incluso de "paisaje" para resaltar el de "geografía", cuyo significado albergaba connotaciones económicas, sociológicas, políticas o históricas muy diversas[29]. Por esta razón, el escritor Pérez Escrich aludía a la necesidad de los escritores de huir de la ciudad:

> Para los poetas noveles que viven lejos de este nuevo bazar de las conciencias, llamado Madrid; de este Leviatán que todo lo traga, lo corrompe y lo devora; de este Océano de las pasiones, donde los hombres corren empujados por las olas sin voluntad propia; los hijos del genio que cruzan la tierra de los hombres con el laurel de Apolo en la frente y la antorcha del saber en la mano, juzgados por sus bellas producciones, admirados desde lejos a través del poético cristal de la gloria, son seres excepcionales; exentos de las miserias y la prosa de la vida, se les envidia, se les admira, se les adora y se les levanta un altar preferente en el fondo del corazón. Pero llega un día en que se les conoce, se les trata, y entonces la poesía desaparece, y las ilusiones de color de rosa bajan a sepultarse en el frío sepulcro de los desengaños.

En su lugar, la naturaleza se presentaba "pródiga y previsora", "amiga de los soñadores", que "concede al poeta esa bella flor de la juventud, llamada la esperanza"[30].

De esta manera, frente a la villa de Madrid, epítome de la ciudad corrompida[31], los reales sitios en general, en el siglo XIX, serían vistos dentro de un ambiente más provincial y rural, de acuerdo con la

[29] Jacques Ballesté, "Algunas consideraciones sobre el concepto de naturaleza en la novela a principios del siglo XIX", en Yvan Lissorgues y Gonzalo Sobejano (coords.), *Pensamiento y Literatura en España en el siglo XIX. Idealismo, positivismo, espiritualismo*, Toulouse, Oresses Universitaires du Mirail, 1998, pp. 38-39; Joaquín Álvarez Barrientos (ed.), *Madrid en la novela*, Madrid, Comunidad de Madrid, 1993, vol. II, p. XIV.

[30] Enrique Pérez Escrich, "El Saloncillo del Teatro del Príncipe", en Eusebio Blasco (dir.), *Madrid por dentro y por fuera. Guía de forasteros incautos*, Madrid, Trigo, 2010 (ed. facsímil 1873), pp. 23 y 25.

[31] Jorge Pajarín Domínguez, "The literary building of Madrid in the 19th century", en Sergio Onger, Anna Rosellini e Ines Tolic (eds.), *Immagini, forme e narrazioni dalla città globale*, Torino, AISU, 2020, pp. 162-168.

nueva visión de la naturaleza que la literatura decimonónica aportó. Como en tiempos pasados,

> en estos sitios amenos y vivificantes se esparce el ánimo con dulce alegría, se recrea la vista con el contento más encantador, y se solazan todos los sentidos con la variedad atractiva de los objetos más regocijadores en lo diverso de sus arbolados, con lo distinto de sus frutos, con lo brillante de sus flores, con lo risueño de sus aguas, y con lo magnífico de sus fuentes y juegos artificiosos de ellas[32].

La contemplación del paisaje permitía una mirada de esperanza al futuro y, al mismo tiempo, de nostalgia al pasado, pues en ambos casos permite recrear una vida paradisíaca, donde el hombre es libre de una civilización corrompida[33]. Era la recuperación del topos *beatus ille* clásico, del *Menosprecio de corte y alabanza de aldea* de Antonio de Guevara, para deconstruir la ciudad "desde el campo, desde las magistraturas del bosque, desde las utopías rurales"[34]. Así lo clamaba Nicasio Gallego, en 1807, en su poema dedicado a la memoria de Garcilaso:

> Río, ¿dó está de Laso la divina / Musa que un tiempo suspiraba amores; / la que tu verde sien ciñó de flores / y suspendió tu linfa cristalina? / A tu margen la alondra matutina / modula al son del agua sus loores, / y *el dulce lamentar de dos pastores* / resuena grato en la imperial colina. / Zagales de Aranjuez, que en lastimera / voz recordáis su muerte cada día / *vosotros los del Tajo en su ribera,* / dejad ¡ay! Que la humilde musa mía / dé flores a su cítara ligera / y tierno llanto a su ceniza fría[35].

[32] Manuel de Aleas, *Representación que hace al rey ...*, p. 3.

[33] Susana Montemayor, *Aranjuez. Paisaje literario...*, pp. 9 y 11.

[34] Francisco Joaquín Cortés García, "La construcción del concepto de ciudad a partir de la ideación literaria. Un ensayo antojadizo para reclamar la diferencia, la poética de la ciudad y la utopía literaria", en Horacio Capel (coord.), *Ciudades, Arquitectura y Espacio Urbano*, Almería, Caja Rural Intermediterráneo, pp. 161-169.

[35] Juan Nicasio Gallego, "A la memoria de Garcilaso", en *Obras poéticas...*, p. 114.

Incluso en momentos críticos, Aranjuez aparecía como un sueño que podía liberar de la asfixiante realidad. Por ejemplo, en la novela de Eugenio de Tapia, *Los cortesanos y la revolución*, centrada en el contexto de la primera guerra carlista, el real sitio representa un lugar de esperanza y descanso para aquellos que combatían en la contienda:

> Igual placer al que sienten las caravanas de los musulmanes cuando después de atravesar los arenosos desiertos, encuentran un verde oasis con airosas palmas y aguas cristalinas, experimentaron nuestros viajeros a vista del frondoso Aranjuez, donde descansaron una noche entera después de tantas fatigas y penalidades[36].

La novela, tal y como la configuró Tapia, pretendía ser una fiel muestra de las costumbres de su época, pero también un compendio del pensamiento político-literario de su autor[37]. Por eso, a pesar del acentuado liberalismo de Tapia, éste reconoce la importancia de Aranjuez, tanto para la monarquía como para el pueblo en general. *Los cortesanos y la revolución* aparece así como un auténtico tratado en defensa del justo medio, tanto en política como en literatura[38].

En la misma línea, encontramos a Ayguals de Izco. Este, a pesar de su marcado radicalismo dentro del progresismo español, que lo llevaría a apostar finalmente por posiciones demócratas y republicanas, no dudará en describir en sus novelas a los sitios reales, aunque en ellos estén presentes las "colosales estatuas de los tiranos que han esclavizado en todos tiempos a esta nación digna de mejor suerte; [...] fantasmas que solo traen a la memoria sombríos recuerdos de fanatismo y barbarie"[39]. Al fin y al cabo, como ha mencionado

---

[36] Eugenio de Tapia, *Los cortesanos y la revolución. Novela original*, Madrid, Imprenta de los Hijos de D. Catalina Piñuela, 1838-1839, vol. 2, p. 54.

[37] José Antonio Bernaldo de Quirós Mateo, *El escritor Eugenio de Tapia, un liberal del siglo XIX*, Ávila, Caja de Ahorros de Ávila, 2003.

[38] Claudia Cecchini, "La novela del 'justo medio': Los cortesanos y la revolución de Tapia", en *Romanticismo 3-4: atti del IV Congresso sul romanticismo spagnolo e ispanoamericano (Bordighera, 9-11 aprile 1987). La narrativa romántica*, Genova, Istituto di Lingue e Letterature Straniere-Centro di Studi sul Romanticismo Iberico, 1988, pp. 163-165.

[39] Wenceslao Ayguals de Izco, *El palacio de los crímenes o El pueblo y sus* opresores, Madrid, Miguel Guijarro, 1869, vol. I, p. 584.

Álvarez Junco, los sitios reales no supieron conjugar la veneración regia con la presencia de la nación, pues los símbolos y adornos de sus palacios, jardines y fuentes sólo incluían temas mitológicos o alegóricos hacia la monarquía. Es por ello por lo que la revolución liberal debía establecer un nuevo orden simbólico e imbuir una nueva moral patriótica en estos centros urbanos que debían dejar de asociarse únicamente a la Corona[40]. Por eso, Ayguals de Izco clamaba por el "triunfo de la democracia", que "arrebatar[á] la venda a los fanáticos" y "esos monstruos a quienes la vieja sociedad apellida héroes, dejarán la misma impresión que la bella escultura de un tigre que despedaza a su presa"[41].

Pero más allá de resultar espacios donde transcurre la acción o un pretexto "para llenar páginas y páginas", donde Madrid es la protagonista de muchas de sus historias, las descripciones que Ayguals de Izco hace de los sitios reales contribuyen a alimentar la idea de la "España pintoresca"[42]. Así, por ejemplo, en su novela *El Palacio de los Crímenes* (1855), que narra los sucesos de la revolución de 1854, no duda en describir "todas las maravillas del real Sitio" cuando los protagonistas viajan a Aranjuez: "el cielo, la tierra, los bosques, las casas, los habitantes, las flores, las magníficas alfombras de toda suerte de colores que cubrían los campos, las aves, los arroyos, los corpulentos árboles"[43]. Aún con más detenimiento encontramos estas referencias en la segunda parte de *María, la hija de un jornalero* (1846). En ella, su autor dedica un capítulo entero para describir las principales bellezas del real sitio, donde "el Tajo baña y fertiliza los árboles y plantas más preciosas, traídas de América y del Asia por inteligentes botánicos"[44]. El vinacorense se rendía así al vergel de Aranjuez, aunque, según Jovanovic, no debía conocer estos sitios y recurría a la imaginación o a las guías urbanas que describían estos

---

[40] José Álvarez Junco, *Mater Dolorosa. La idea de España en el siglo XIX*, Madrid, Taurus, 2001, pp. 557-558.

[41] Wenceslao Ayguals de Izco, *El palacio de los crímenes*..., vol. I, p. 585.

[42] Carlos Reyero, "Gusto y libertad. El arte en la novela *María, la hija de un jornalero,* de Ayguals de Izco", *Anales de Historia del Arte,* Vol. Extra (2008), p. 477.

[43] Wenceslao Ayguals de Izco, *El Palacio de los crímenes*..., vol. 2., pp. 40-41.

[44] Wenceslao Ayguals de Izco, *María, la hija de un jornalero*, Madrid, Imp. de Wenceslao Ayguals de Izco, 1846, vol. II, p. 77.

espacios para pintarlos. "A lo mejor, consciente de la popularidad y la influencia que sus obras ejercían en las clases populares, quería evitar que también sirvieran como herramienta de su promoción"[45]. Por ello, como "portavoz del pueblo"[46], Ayguals de Izco concluía denunciando cómo "para la fabricación de estos magníficos jardines, de estos soberbios palacios, se han hecho sudar gotas de sangre al oprimido pueblo, a ese pueblo que es el único en quien la soberanía reside, a ese pueblo heroico para quien solo se reservan hambre, fatigas, opresión, calabozos y patíbulos"[47].

Pero hablar de Aranjuez y evocar sus paisajes es sentir, ante todo, la naturaleza en su plenitud. Se recrea un paisaje vinculado a la creatividad, el divertimento y la contemplación: "¡Cuántas en las calladas / florestas de Aranjuez el eco blando detuvo /el paso a la tranquila fuente"[48], cantaba Nicasio Gallego en su elegía por la muerte de la duquesa de Frías (1830). Constituía casi el culmen de toda una vida: "Para pintarte, querida, / mi existencia de una vez, / lee el resumen de mi vida: / Una tarde en Aranjuez"[49].

De esta manera, en un paisaje "recreado" como es el de Aranjuez, los escritores, a su vez, recrean y desbordan su imaginación[50]. Por ejemplo, en una composición poética anónima titulada "Estaciones del año y horas del día en sus Reales Sitios de la Corte española", dirigida a Fernando VII y su tercera esposa, María Josefa Amalia de Sajonia, se enfatiza en el uso primaveral del primer sitio y, sobre todo, en su belleza natural, revestida por la singularidad de la mitología clásica:

> Cuando el Alba ceñida de oro y grana / vuela en alas de céfiros sutiles / ¿Dónde ostentan más galas los Abriles / que en la pradera

---

[45] Senazana Jovanovic *El costumbrismo en la narrativa de Wenceslao Ayguals de Izco. La realidad urbana madrileña* [Tesis Doctoral], Madrid, Universidad Complutense de Madrid, 2016, p. 154.

[46] Florencia Peyrou, *Tribunos del pueblo. Demócratas y republicanos durante el reinado de Isabel II*, Madrid, Centro de Estudios Políticos y Constitucionales, 2008.

[47] Wenceslao Ayguals de Izco, *María, la hija de un jornalero*..., vol. II, pp. 191-192.

[48] Jesús Nicasio Gallego, "A la muerte de la duquesa de Frías", en *Obras poéticas*..., p. 29.

[49] Ramón de Campoamor, "Cantares amorosos", en *Obras completas*, Barcelona, Montaner y Simón, 1888, p. 311.

[50] Susana Montemayor, *Aranjuez. Paisaje literario*..., p. 24.

> de Aranjuez lozana? / La Diosa de las flores, ¡cuán ufana / los aromas derrama en sus pensiles / y qué alegres las Náyades gentiles / triscando van en la estación temprana! / Más FERNANDO y AMALIA por ventura / si en el parque amanecen o en la vega / que el Tajo riega en argentadas linfas, / el regio encanto de su lumbre pura / vence, que nada a resistirse llega, / Aurora y Primavera y Flora y Ninfas[51].

De esta forma, Aranjuez parecía competir con aquellos lugares que no habían sido borrados por la historia y que se habían forjado en el imaginario colectivo:

> En él se ven realizadas las fabulosas lecturas de las Mil y una noches: en él pueden contemplarse los jardines de la célebre y voluptuosa Babilonia, el castaño del Etna, el cedro del Líbano, el desafío a la atmósfera de los seculares y corpulentos árboles de la tórrida zona, aspirar el suave aroma de la rosa de Jericó con los enloquecedores perfumes de los pensiles orientales y sus pintados y armoniosos pajarillos. Sus sabrosos, variados y abundantes frutos podrían acaso rivalizar en importancia con los del fantástico jardín de las Hespérides [...][52].

No era para menos que los escritores destacaran la naturaleza desplegada en Aranjuez, pues constituía "un oasis inverosímil en este gran desierto llamado Mancha", donde el agua se convertía en la protagonista y responsable del "celebrado paraíso de la Historia":

> tu fértil vega, serpenteada y reflejada en la abundancia de dos cristalinos ríos, cuyas aguas a más de multiplicar maravillosamente su pesca se entienden silenciosas en multitud de sangrías para llevar la savia a su vigorosa vegetación[53].

---

[51] Biblioteca Nacional de España (BNE), VE/1185/42. A SS.*MM reinantes don Fernando VII y doña María Josefa Amalia (que Dios guarde). Estaciones del año y horas del día en sus Reales Sitios de la Corte española*, 1819.
[52] Cándido López y Malta, *Historia descriptiva del Real Sitio de Aranjuez...*, p. 11.
[53] Ibídem, p. VII.

El poeta neoclásico Bautista Arriaza no dudará en ver en el Tajo al responsable de las maravillas del real sitio:

> Dispuso el claro Tajo sus corrientes / por reflejarse en ellas / retratos transparentes / de amenos bosques y graciosas fuentes. / Los raudales partidos con que a la isla el río está ciñendo, / de golpe desprendidos / y en cascadas cayendo, / el aire llenas de apacible estruendo. / Haciendo su deslice / después el agua tan serena y rasa, / que al pensamiento dice: / De movimiento escasa, / así la vida resbalando pasa, / a su murmullo manso / acompaña el del viento, que el frondoso / bosque no da descanso, / y su penacho umbroso / balanceo son silbido[54].

Ya durante el movimiento romántico, esta atención por la naturaleza armonizará con el individualismo que caracterizó al literato decimonónico. Este, despojado de títulos, desvinculado de mecenazgos y corsés sociales, modifica la imaginería tradicional de la literatura centrada en la naturaleza, creando un lenguaje simbólico independiente de las convenciones tradicionales. El paisaje aparece impregnado de emoción, sentimientos e ideas sin necesidad de que intervengan los significados culturales. Para ello, la naturaleza debe ser conocida, vivida *in situ*. Se imponen así los paseos literarios con el objetivo de conocer, recomenzar, sentir la compañía de las cosas, como si el paseo se convirtiera en el escenario literario primordial de los jardines, metáfora del viaje de la vida humana, pero despojado de las connotaciones de sufrimiento que conlleva la errancia o el exilio[55]. Es decir, el paseo se presenta como la oportunidad para liberarse de la monotonía y aburrimiento y la literatura como expresión del entorno[56]. Esta idea la vemos representada en la obra de Mesonero Romanos, tanto en sus guías urbanas, como su *Manual de Madrid*

---

[54] Juan Bautista de Arriaza, "Aranjuez en los días del rey nuestro señor", en *Poesías líricas*, Madrid, Imprenta Real, 1829, vol. I, p. 274.

[55] Susana Montemayor, *Aranjuez. Paisaje literario…*, p. 25.

[56] José Escobar, "Costumbrismo entre Romanticismo y Realismo", en Luis F. Díaz Larios y Luis F. Enrique Miralles (eds.), *Sociedad de Literatura Española del Siglo XIX. Actas del I Coloquio. Del Romanticismo al Realismo (Barcelona, 24-26 de octubre de 1996)*, Barcelona, Universitat de Barcelona, 1998, pp. 17-30.

(1831), o algunos de sus artículos costumbristas, como el que dedica a Aranjuez bajo el título "Un viaje al Sitio", publicado en junio de 1832 en el *Semanario Pintoresco Español.* En ese viaje en diligencia hasta el real sitio que realiza *El Curioso Parlante*, en el que aparece como un madrileño más que actúa en el escenario que está describiendo, retrata a la "gente vulgar" que acudía a Aranjuez, deseosa de encontrar nuevos paisajes[57]:

> La campiña en tanto había variado mágicamente de aspecto; a las áridas llanuras, al suelo ingrato y desnudo, habían sucedido frondosas arboledas, valles encantadores; el ruido de los arroyos, el canto de los pájaros, formaban una cadencia lisonjera; corpulentos árboles sombreaban el camino; el aroma de las flores llegaba hasta nosotros, los puentes y pilares anunciaban la proximidad del Sitio, y nuestros corazones iban ya experimentando la dulce embriaguez que el ambiente de Aranjuez inspira[58].

Mesonero convierte así al real sitio en una representación de la nación, de una España que, a pesar de sus diferencias, busca una identidad unitaria, que comparte gustos, sensibilidades y aficiones, más allá de la división imperante entre la modernidad y las viejas tradiciones[59].

De esta manera, Aranjuez, convertido en uno de los lugares (re) descubiertos por el incipiente turismo que comienza a desarrollarse en el siglo XIX, sobre todo a partir del estímulo del ferrocarril, será objeto de un sinfín de comentarios en las múltiples guías urbanas que aparecerán durante toda la centuria[60]. Entre los elementos que

---

[57] Pilar Palomo, "Ramón de Mesonero Romanos", en Víctor García de la Concha (dir.) y Guillermo Carnero (coord.), *Historia de la Literatura Española. Siglo XIX (I)*, Madrid, Espasa-Calpe, 1996, p. 173.

[58] Ramón Mesonero Romanos, "Un viaje al Sitio", en *Escenas Matritenses por el Curioso Parlante*, Madrid, Fernando Plaza del Amo, 1991 (ed. Facsímil 1851), pp. 73-74.

[59] Rinaldo Froldi, "¿Hubo literatura costumbrista en los primeros lustros del siglo XIX?", en Luis F. Díaz Larios y Luis F. Enrique Miralles (eds.), *Sociedad de Literatura Española del Siglo XIX. Actas del I Coloquio. Del Romanticismo al Realismo (Barcelona, 24-26 de octubre de 1996)*, Barcelona, Universitat de Barcelona, 1998, p. 291.

[60] María del Mar Serrano, *Las guías urbanas y los libros de viaje en la España del siglo XIX. Repertorio bibliográfico y análisis de su estructura y contenido*, Barcelona, Universidad de Barcelona, 1993.

siempre fueron el objeto de atención de estos escritores, destacaron sus jardines, que aportaban el "risueño aspecto" del real sitio:

> Los llamados de la Reina, de la Isla y del Príncipe, embellecidos con multitud de artísticos puentes y estatuas; el precioso Parterre, la gran cascada, la vía, los puentes, los invernaderos, la variedad riquísima de plantas y flores que se trajeron de Francia, Inglaterra y aún de Oriente, todo bañado por el caudaloso Tajo, sorprende y admira cuando el *tourista* discurre por aquellos lugares deliciosos, que también están enriquecidos con las riquísimas frutas que se obtienen de bien cultivadas huertas, entre las cuales ocupa el primer lugar la exquisita y aromática fresa[61].

Mesonero, por su parte, resaltaría el Jardín de la Isla:

> Allí dirigí mis pasos, saboreando durante la travesía por el jardín el aire embalsamado, el canto armonioso de las aves, la hermosa vista de las flores, el ruido de las fuentes y cascadas, y la delicia, en fin del hermoso sitio de quien decía Lupercio: *La hermosura y la paz de estas riberas / las hace parecer a las que han sido / en ver pecar al hombre las primeras*[62].

No obstante, el Aranjuez decimonónico estaba lejos de la época de esplendor que conoció en tiempos de Felipe II o Carlos III. El destronamiento de Isabel II en 1868 y la promulgación de la ley de 18 de diciembre de 1869, que convirtió a Aranjuez, junto a los demás sitios reales, en patrimonio de la nación, provocaron la desamortización de una gran masa de bienes del lugar que redujo prácticamente el real sitio al palacio y sus jardines[63]. La mala gestión al que fue sometido cuando su tutela la asumió el Estado fue criticada por aquellos autores que veían que, si bien sus "arrogantes árboles desafían al tiempo", no podían "desafiar a la malevolencia de los hombres". Durante el periodo

[61] Manuel Jorreto, *España. Los Sitios Reales*, Madrid, E. Rubiños, 1894, pp. 72-73.
[62] Ramón Mesonero Romanos, "Un viaje al Sitio", en *Escenas Matritenses…*, p. 75.
[63] Mª Magdalena Merlos Romero, "El patrimonio inmueble de Aranjuez. Su evolución en el siglo XIX", *Espacio, Tiempo y Forma. Serie VII. Hª del Arte*, 8 (1995), pp. 273-304.

del Sexenio Revolucionario, estos autores hicieron ver la importancia de la monarquía para estos lugares. Al fin y al cabo, "Aranjuez, por su origen, por su historia y por sus condiciones todas, no es más que un sitio real. [...] Cada piedra, cada casa, cada objeto de Aranjuez recuerda a la secular monarquía"[64]. El lugar había quedado en la más absoluta soledad y silencio, y sus habitantes huérfanos. Estos, como señaló Simón Viñas en el epílogo que escribió en 1876 sobre la obra de López y Malta, "se creían sin sombra, sin protección, juguete de todo el mundo y desterrados en la misma patria do vieran la luz primera; [...] considerándose como los hijos de Israel en Babilonia, colgando sus instrumentos músicos para modular solo ayes y cantar tristezas". Por eso, López y Malta preconizaba la vuelta de la monarquía como el "sueño dorado" de los habitantes de Aranjuez. De lo contrario, "sería ingrato si a la memoria de los reyes no volviera los ojos con agradecimiento; y si para algunos esa memoria puede aparecer como una baldosa, para los sensatos es una consecuencia lógica y un recuerdo laudable"[65].

No obstante, a principios del siglo XX, pese al recuerdo áulico en el lugar, Aranjuez había adquirido una nueva fisionomía y un nuevo significado. El paisaje natural podría ser el mismo, pero su sentido regio se había evaporado y reducido a lo mínimo. Azorín, por ejemplo, reconocía que el real sitio no era una creación del pueblo, "sino de lo más selecto de España", como reflejaban sus jardines y el palacio. No obstante, resaltaba cómo alrededor de Aranjuez se extendía "el campo uniforme, gris, triste, pobre, el campo con sus pueblecillos, sus cortijos, sus labores someras y escasas". Esto, para el escritor, era también Aranjuez y era "la expresión de lo popular de España[66].

---

[64] Manuel Ossorio y Bernard, "Las dos Castillas. Impresiones propias y ajenas", en *El mundo en la mano. Viaje pintoresco a las cinco partes del mundo por los más célebres viajeros*, Barcelona, Montaner y Simón, 1878, t. IV, p. 566.

[65] Cándido López y Malta, *Historia descriptiva del Real Sitio de Aranjuez...*, p. 497.

[66] Azorín, "Aranjuez o la sensibilidad española", en *Los valores literarios*, Madrid, Renacimiento, 1913, p. 298. Para más información, ver Juan Sampelayo, "Recuerdos de otros días. Azorín en Aranjuez", *Cuadernos Hispanoamericanos* 226-227 (1968), pp. 520-526.

ARANJUEZ Y EL FERROCARRIL, SÍMBOLOS DEL PROGRESO DE LA MONARQUÍA Y LA NACIÓN

"La Arcadia ya no existe [...]. Armados de piquetas cayeron sobre ti y desgarraron tu seno virginal y profanaron tu belleza inmaculada". Así comienza Armando Palacio Valdés su novela *La Aldea Perdida*, publicada en 1903, para concluirla con la siguiente profecía: "Decís que ahora comienza la civilización. [...] Ahora comienza la barbarie"[67]. Estas palabras revelaban la desazón que el progreso tecnológico había causado tras concluir el siglo XIX. Igual que Palacio Valdés, escritores como Miguel de Unamuno, Pío Baroja, Azorín o Ramón del Valle-Inclán formaron parte del movimiento anti-industrialista que se fue conformando en los círculos artísticos y literarios europeos de finales del siglo XIX y principios del XX. Sus obras, sin embargo, no implicaban la mera nostalgia de aquellos que no eran capaces de comprender las necesidades del mundo moderno[68]. El ferrocarril, de todas las novedades que trajo consigo la industrialización, se convirtió en su principal representante. Este medio de transporte, como escribió Pedro Antonio de Alarcón en sus *Viajes por España* (1883), fue visto como el "espíritu generalizador de nuestro siglo, pasando de las manos muertas de la Historia o de la rutina, al libre dominio de la vertiginosa actividad moderna"[69]. Pero el ferrocarril, convertido en objeto literario, simbolizó también los temores de la sociedad. "Andar tantos kilómetros por hora / causa al alma el mareo del vacío", escribió Ramón de Campoamor en su poema "El tren expreso" (1872). Por eso, "grande en su horror y horrible en su belleza", el ferrocarril despertó sensaciones contradictorias de admiración y perturbación al mismo tiempo:

---

[67] Armando Palacio Valdés, *La Aldea Perdida,* Madrid, Hijos de M. G. Hernández, 1903, pp. 2 y 309.

[68] Lily Litvak, *Transformación industrial y literatura en España* (1895-1905), Madrid, Taurus, 1980; Juan Carlos Ponce, *Literatura y ferrocarril en España: aspectos socioliterarios del ferrocarril en España,* Madrid, Fundación de los Ferrocarriles Españoles, 1996.

[69] Pedro Antonio de Alarcón, *Viajes por España,* Madrid, Imprenta de A. Pérez Dubrull, 1883, p. 78.

> Caminar entre sombras, es lo mismo / que dar vueltas por sendas mal seguras / en el fondo de un pozo del abismo. / Juntando a la verdad mil conjeturas, / veía allá a lo lejos desde el coche / agitarse sin fin cosas oscuras, / y en torno, cien especies de negruras / tomadas de cien partes de la noche. / ¡Calor de fragua a un lado, al otro frío! / ¡Lamentos de la máquina espantosos, / que agregan el terror y el desvarío / a todos estos limbos misteriosos!... / ¡Las rocas, que parecen esqueletos!... / ¡Las nubes con entrañas abrasadas!... / ¡Luces tristes! ¡Tinieblas alumbradas!... / ¡El horror que hace grandes los objetos!... / ¡Claridad espectral de la neblina!... / ¡Juegos de llama y humo indescriptibles!... / ¡Unos grupos de bruma blanquecina / esparcidos por dedos invisibles! / ¡Masas informes!,... ¡Límites inciertos!... / ¡Montes que se hunden! ¡Árboles que crecen!... / ¡Horizontes lejanos que parecen / vagas costas del reino de los muertos!... / ¡Sombra humareda, confusión y niebla!... / ¡Acá lo turbio... allá lo indiscernible... / y entre el humo del tren y las tinieblas / aquí una cosa negra, allí otra horrible!...[70]

Los escritores que vieron la llegada y expansión del ferrocarril, conscientes de que no se podía parar el tiempo, se hallaron deslumbrados por la velocidad vertiginosa, que impide la actitud contemplativa, el sosiego y la templanza[71]: "Las cosas que miramos, / se vuelven hacia atrás en el instante / que nosotros pasamos; / y, conforme va el tren hacia adelante, / parece que desandan lo que andamos"[72]. Por ello, frente a la mirada de desconfianza hacia la civilización industrial, la naturaleza se impuso como la otra cara de la moneda, con la puesta en valor por el paisaje, la flora, la fauna, el arte, etc.[73] Al fin y al cabo, como profetizaba José María Pereda y muchos de sus contemporáneos, a la sociedad que no sabe leer en la naturaleza le esperaban

[70] Ramón de Campoamor, "El tren expreso", en *Obras completas*, Barcelona, Montaner y Simón, 1888, pp. 321- 320.

[71] Miguel Ángel García, "Materiales y guía para el comentario de 'El tren expreso', de Ramón de Campoamor", *Sociocriticism*, 21-2 (2006), pp. 195-241.

[72] Ramón de Campoamor, "El tren expreso", en *Obras completas...*, p. 322.

[73] Lily Litvak, "El camino de hierro. El paisaje y el ferrocarril", en *El tiempo de los trenes. El paisaje español en el arte y la literatura del realismo (1849-1918)*, Barcelona, Serbal, 1991, pp. 181-220.

"catástrofes y cataclismos, todo simbolizado en el chocar del hierro con el hierro, en el trepidar del ferrocarril"[74]:

> ¡Caminos de hierro! ¡Vapores! Aventuras de loco; calaveradas de gente levantisca que tiene poco que perder y quiere probar fortuna con caudales de los incautos, para venir a parar a aquello de "aquí yace un español que, estando bueno, quiso estar mejor"[75].

Evidentemente, esta visión pesimista de la industrialización no fue la única. También hubo escritores que no dudaron en alabar los prodigios científicos del siglo, que situaban al hombre por encima de la misma naturaleza[76]. En este caso, el ferrocarril se convertía en la "voz" del siglo XIX, tal y como escribió Antonio Fernández Grilo, para quien "no hay peñascos que turben su camino / ni huracán que le estorbe en su carrera; / [...] mueve los pueblos; con su voz enciende / del trabajo el raudal nunca infecundo; ¡por todas partes su poder se extiende / y en sola una ciudad convierte al mundo!"[77].

Como podemos ver, el ferrocarril, y con él el viaje en tren, se convirtió en una auténtica materia literaria. A partir de él, se podía representar los cambios de la sociedad, las nuevas formas de encuentro y de relacionarse, así como el descubrimiento del paisaje. Es por ello por lo que Mesonero Romanos, impresionado por el "asombroso espectáculo" de los caminos de hierro, aún inexistentes en España y que descubrió en su viaje por Bélgica y Francia en 1841, se dirigía contra aquellos "señores poetas" que manifestaban que "el siglo actual carece de poesía"[78].

---

[74] Joaquín Casalduero, "El tren como símbolo: el progreso, la clase social, la cibernética en Galdós", *Anales Galdosianos*, 5 (1970), p. 18.

[75] José María de Pereda, *Sotileza*, Madrid, Imp. y Fundición de M. Tello, 1885, p. 138.

[76] Marta Palenque, "Los nuevos prometeos: La imagen positiva de la ciencia y el progreso en la poesía española del siglo XIX (1868-1900)", en Sabine Schmitz y José Luis Bernal Salgado (coords.), *Poesía lírica y progreso tecnológico (1868-1939)*, Madrid, Iberoamericana Vervuert, 2003, pp. 19-51.

[77] Antonio Fernández Grilo, *Ideales. Poesías escogidas*, Madrid, Sánchez y Cía, 1891, p. 14.

[78] Ramón Mesonero Romanos, *Recuerdos de viaje por Francia y Bélgica en 1840 y 1841*, Madrid, Imprenta de D.M. de Burgos, 1841, p. 269.

Por eso, no es de extrañar que la llegada del ferrocarril a España fuera motivo de celebración. El 9 de febrero de 1851 se inauguró la línea ferroviaria Madrid-Aranjuez[79]. El real sitio se convertía en el objeto de las miradas de sus contemporáneos, símbolo de la revolución industrial y del progreso. No obstante, no era nada nuevo en la imagen que se tejía sobre los sitios reales. Estos, en su proceso de consolidación, se convirtieron en muchas ocasiones en espacios donde las novedades agrícolas, las revoluciones tecnológicas o los inventos propios de la modernidad se ponían en práctica. Así, más que simples lugares de residencia y recreo, estos espacios regios y cortesanos fueron formando con el paso de los siglos una auténtica red de centros de innovación, verdaderos referentes en investigación, gusto, arte, conocimiento y desarrollo agrícola, industrial y forestal desde donde se articulaba el poder de la monarquía[80]. Aranjuez, en particular, fue el real sitio principal en el que se pusieron en ejecución los principales experimentos científicos, sobre todo durante el reinado de Carlos III[81]. Por ejemplo, en él se instaló por primera vez un telégrafo óptico con el que poder transmitir noticias a distancia; se proyectaron fábricas con las que poder sustituir los productos de lujo creados en otros puntos y garantizar el sostenimiento económico de los alrededores y la racionalización de estos; se puso en ejecución un plan de construcción de acuerdo con las innovaciones y los planteamientos urbanísticos de la época; se llevó a cabo una explotación agrícola modelo, con una ordenación racional del terreno cultivable; tuvo lugar la primera ascensión en globo aerostático de España, etc. Se trataron de acontecimientos que, en el siglo XVIII, convirtieron a Aranjuez en el modelo a seguir para el resto de reales sitios. De

[79] No se trató de la primera vía ferroviaria en España. Tres años antes, en 1848, se concluyó el camino de hierro entre Barcelona y Mataró, a pesar de que comenzara a construirse a la vez que la de Aranjuez. Asimismo, en 1837 se construyó el primer tren ferroviario en la colonia española de Cuba.

[80] Concepción Camarero Bullón y Félix Labrador Arroyo (dirs.), *La extensión de la Corte: los Sitios Reales*, Madrid, Ediciones Universidad Autónoma de Madrid, 2017, p. 11.

[81] Jorge Pajarín Domínguez, "Monarquía, Ilustración y Patrimonio. Los Sitios Reales en el *Viaje de España* de Antonio Ponz", en Juan José Iglesias Rodríguez e Isabel Mª Melero Muñoz (coords.), *Hacer Historia Moderna. Líneas actuales y futuras de investigación*, Sevilla, Universidad de Sevilla, 2020, pp. 1419-1432.

forma particular, se transformó en el ideal de ciudad ilustrada[82] y, por tanto, en la auténtica materialización de la España soñada por los intelectuales de la época[83].

De alguna manera, el ferrocarril de Aranjuez siguió la misma estela que muchas de las innovaciones que habían tenido lugar durante la centuria anterior. La conexión entre Madrid y Aranjuez, además de ser la mejor opción para alcanzar el mar desde la capital, con la posibilidad de ampliarse fácilmente hacia el sur, tenía el valor simbólico de unir dos de las principales residencias reales. Es decir, ponía el foco de atención en el papel de la monarquía en el progreso y desarrollo de la nación. España, y Madrid en particular, dejaban tras de sí un retraso tecnológico que evidenciaba la ruina y el caos del país. A pesar de las muchas razones que explican la tardanza por la llegada del ferrocarril a España, López-Morell las resume en tres fundamentales: el problema de la falta de capital y conocimientos técnicos, el papel negativo jugado por el Estado en la construcción de la red y la ausencia de iniciativas empresariales[84]. Sin embargo, a pesar del éxito que suponía, esta línea ferroviaria en particular no se libró de la polémica y de los escándalos.

El proyecto ferroviario Madrid-Aranjuez venía gestándose de tiempo atrás. Ya en 1830, un grupo liderado por Francisco Javier de Burgos había trasladado a Fernando VII la idea de construir una línea ferroviaria entre ambas ciudades que contribuiría a "aumentar la pompa de las solemnidades de Corte, facilitando la convivencia de todo Madrid a los besamanos y demás actos de esta especie", aunque sobre todo proporcionaría "incalculable ventajas" económicas al "dar una fácil y económica salida a todas las producciones de Aranjuez

---

[82] Carlos Sambricio, "Real Sitio de Aranjuez. Reflejo del saber de una corte ilustrada", *Reales Sitios*, Núm. Extra (1989), pp. 105-116.

[83] José Luis Sancho, "Carlos III 'de monte en monte'. Cinco poblaciones para una corte cosmopolita", en José Luis Sancho y Javier Ortega Vidal (coords.), *Una corte para el rey. Carlos III y los Sitios Reales*, Madrid, Patrimonio Nacional-Dirección General de Patrimonio Cultural de la Oficina de Cultura y Turismo de la Comunidad de Madrid, 2016, pp. 84-187.

[84] Miguel A. López-Morell, "Salamanca y la construcción del ferrocarril de Aranjuez", en Manuel Benegas Capote, Mª Jesús Matilla y Francisco Polo Muriel (dirs.), *Ferrocarril y Madrid. Historia de un progreso*, Madrid, Fundación de los Ferrocarriles Españoles, 2002, pp. 13-16.

y pueblos adyacentes". A pesar del visto bueno de Fernando VII, la operación resultó fallida y cayó en el olvido. Habría que esperar hasta los años de la Década Moderada cuando el proyecto resucitaría, primero con Pedro de Lara, quien constituyó una entidad bajo el patronazgo de la reina madre y la presidencia del duque de Castreterreño, con el nombre de Sociedad Caminos de Hierro María Cristina, y, tras el fracaso de este, con José Salamanca al frente de una nueva sociedad que se haría con la concesión de la vía ferroviaria en 1845, aunque las obras no comenzarían hasta un año después, el 4 de mayo de 1846[85]. La prensa ministerial así lo celebraba:

> Por fin tenemos la satisfacción de ver que se ha dado principio a los trabajos del ferrocarril que ha de enlazar a Aranjuez con la corte; circunstancia que formará época en los anales mercantiles de la nación, y que será el punto de partida de esos grandes adelantos que nos han de poner al nivel de otras naciones que han hecho más progresos que nosotros en la cerrera de la civilización. [...] Nos lisonjamos con la esperanza de que en vista de los innumerables beneficios que traerá consigo este ferrocarril en cuanto se halle terminado, se multiplicarán las empresas de esta clase, y la Península se cubrirá como por encanto de una vasta red de estas asombrosas vías de comunicación, que multiplican hasta lo infinito el comercio y la riqueza, y matan en su germen a la anarquía[86].

A partir de entonces, la línea Madrid-Aranjuez se vincularía al nombre de Salamanca, quien se alzaría con el Ministerio de Hacienda en el año 1847[87]. Sin embargo, cuando perdió el poder, el 31 de diciembre de 1847 un grupo de diputados afines al gobierno de Narváez presentó en el Congreso una acusación formal contra Salamanca por su gestión al frente del ministerio. De entre otras cuestiones, se le acusaba principalmente de haber beneficiado económicamente a

[85] J. Moreno, "El Camino de hierro de Madrid a Aranjuez: Primeras tentativas", *Anales del Instituto de Estudios Madrileños,* 18 (1981), pp. 5-6.
[86] *El Heraldo*, 7 de mayo de 1846.
[87] Miguel A. López-Morell, "Salamanca y la construcción del ferrocarril de Aranjuez", pp. 30-31.

sus socios y sus propios negocios "en perjuicio del Estado [...] y del crédito de la Nación", sobre todo al haber provocado la ruina del Banco de San Fernando, el cual, durante su mandato, fue obligado a absorber los pasivos del ferrocarril de Aranjuez[88]. El asunto se convirtió en uno de los mayores escándalos político-financieros de la época, si bien simplemente perseguía la defenestración política de Salamanca y sus aliados, más que emprender acciones que implicase airear públicamente la relación de algunos políticos, entre ellos Narváez, presidente del Ejecutivo, o de Alejandro Mon, presidente del Congreso, en operaciones especulativas[89]. Así lo denunciaba el diario portavoz del Partido Progresista:

> El sable de Narváez se ve colocado hoy en el poder, apareciendo por detrás de él la intolerancia personificada de Mon y Pidal, perseguidores incansables de cuantos no sean serviles instrumentos de sus instintos. [...] ¿Creen que dirigiendo sus tiros únicamente contra el señor Salamanca, serán más certeros y mortíferos?[90]

Este proceso inquisitorial, así como las intentonas revolucionarias que tuvieron lugar a lo largo de 1848, llevó a Salamanca al exilio en Francia, lo que provocó, además de muchas otras cuestiones, un nuevo retraso a la conclusión del proyecto ferroviario de Aranjuez. El *Manual del Ferrocarril* que se hizo en el año 1851 con motivo de la inauguración de la línea ferroviaria lo explicaba de la siguiente manera:

> La espantosa crisis monetaria que afligió a la Europa entera, las circunstancias particulares de nuestro país en aquella época, y las especiales del hombre a quien se debía el principio y estado que entonces tenía el ferrocarril de Aranjuez, obligaron a que las obras

[88] Diario de Sesiones del Congreso (DSC), "Proposición de acusación contra el Sr. D. José de Salamanca, presentada por el Sr. Pidal y otros", Apéndice segundo al número 36, pp. 695-699. Entre los firmantes de la acusación se encontraban, además de Pedro José Pidal, Manuel de Seijas Lozano, Antonio de los Ríos y Rosas, Luis González Bravo, Santiago de Tejada, Ventura González Romero y Fermín Gonzalo Morón.

[89] Diego Matero del Peral, "Los orígenes de la política ferroviaria en España (1844-1877)", en Miguel Artola Gallego (ed.), *Los ferrocarriles en España, 1844-1943*, Madrid, Banco de España, 1978, vol. I, pp. 31-159.

[90] *El Eco del Comercio*, 1 de enero de 1848.

> se arrastraran [...]; no es extraño que el huracán que tantas y tan bien concebidas empresas arrancó de cuajo en nuestro país, consiguiera hacer titubear al menos la que tan erguidamente caminaba a su conclusión[91].

Salamanca permanecería exiliado hasta finales de 1849, año en el que pudo regresar amnistiado por Narváez. El banquero lograba así recomponer sus cuentas y reiniciar las obras del ferrocarril de Aranjuez. Pero sería con Bravo Murillo al frente del Gobierno cuando se daría el impulso definitivo a la política ferroviaria de la que tanto se beneficiaría Salamanca. Los ministros del recién creado Ministerio de Fomento, Fermín Arteta y Mariano Miguel Reino, sintonizarían con los intereses del empresario, beneficiándole económicamente, lo que fue creando una fuerte crispación entre las fuerzas políticas y la opinión pública. Así, Salamanca fue visto como el mayor símbolo de la corrupción del régimen moderado y del matrimonio María Cristina de Borbón-Fernando Muñoz, tal y como se saldó durante los sucesos revolucionarios de 1854[92].

> Ha existido hasta el célebre 28 de junio [de 1854] una sociedad en comandita para la explotación de todos los agios, de todos los negocios que el país había de pagar con su sangre. Capitaneábala Cristina y su gerente Salamanca, monstruo de inmoralidad; era, como el vulgo suele decir, su testaferro. Presentarse al negocio de los ferrocarriles en la España comercial y abalanzarse a todos la comandita como manada de lobos hambrientos, fue cosa que a nadie admiró, porque no era de admirar[93].

---

[91] G. y A., *Manual del ferrocarril de Madrid a Aranjuez*, Madrid, Imprenta del Semanario Pintoresco y de la Ilustración, 1851, pp. 3-4.

[92] Miguel A. López-Morell, "Salamanca y la construcción del ferrocarril de Aranjuez", pp. 32-33; Juan Pro Ruiz, "Poder político y poder económico en el Madrid de los moderados (1844-1854)", *Ayer*, 66/2 (2007), pp. 27- 55; Víctor-Manuel Núñez-García, "Las élites en Palacio. La monarquía y la corrupción en la corte isabelina", en Raquel Sánchez (ed.), *Un rey para la nación. Monarquía y nacionalización en el siglo XIX*, Madrid, Sílex, 2019, pp. 283-310.

[93] *La Ilustración*, 24 de julio de 1854.

No obstante, en lo que al desarrollo del ferrocarril se refería, hubo quien consideraba que "sin el españolismo, sin la grandeza de alma y la decidida voluntad del hombre de corazón que ha impreso su nombre al ferrocarril de Aranjuez" no se hubiese podido concluir con tal obra[94]. Por eso, la inauguración de la línea ferroviaria fue vista como una oportunidad para el resarcimiento de la imagen pública de Salamanca y la propaganda de la monarquía. El propio discurso que Salamanca dio en el embarcadero de la Estación de Mediodía, en Atocha, así lo revela:

> La empresa del camino de hierro de Aranjuez tiene la honra en este día de presentar a V.M. los resultados de su constancia para vencer las contrariedades por donde ha pasado. Hemos terminado una obra de utilidad pública, pequeña relativamente a otras de su clase en países extraños, pero la más importante del siglo en el nuestro. Mas que recompensada de sus trabajos se cree hoy la empresa con la augusta presencia de V.M. en el solemne acto de la inauguración de este camino, que va a recibir las bendiciones de la iglesia. A la profunda penetración de V.M. no puede ocultarse que son los ferrocarriles al mismo tiempo el símbolo de la civilización y el agente principal de la riqueza pública. Así los gobiernos todos se afanan en procurar a los pueblos que administran los beneficios inseparables de tan importantes vías de comunicación. La Providencia, señora, siempre benévola con V.M., ha querido reservar a su feliz reinado la gloria de que en él se dé tan nuevo y vigoroso impulso a la prosperidad pública. Es de esperar que, en virtud de este ensayo, y de hoy más, prosigan desarrollándose y floreciendo en España los gérmenes de cultura y progreso que ahora sembramos bajo los augustos auspicios de V.M.[95].

El ceremonial dispensado para conmemorar tal acontecimiento tampoco pasó desapercibido por la prensa. El periódico carlista *La Esperanza* señalaba antes de su celebración cómo se haría con "una pompa y solemnidad desconocidas entre nosotros, aunque muy comunes en

---

[94] G. y A., *Manual del ferrocarril de Madrid a Aranjuez...*, p. 4.
[95] *La Época*, 10 de febrero de 1851.

otros países en que se da a la apertura de estas y otras obras públicas de interés general"[96]. Al fin y al cabo, este tipo de rituales públicos, en los que se veían envueltos la Corona, el Estado y el pueblo eran la escenificación de unos discursos políticos con los que se asentaba el sentido identitario de la comunidad y generaba sentimientos de adhesión.

> Los reyes, las Cortes, el gobierno, los tribunales, las corporaciones, el pueblo todo ha querido festejar como debía nuestra gran solemnidad industrial de la mitad del siglo presente. Así se ha hecho, y los reyes con gran comitiva han recorrido las calles desde el real Palacio hasta el embarcadero, en medio de ataviada y gozosa muchedumbre. Madrid entero bajaba a ver la función que por tanto tiempo ha sido general deseo. [...] Estaban convidados al acto y al real convoy, no solo SS. MM., real familia y jefes de palacio, sino los señores ministros, senadores, diputados, alto clero, magistrados de los tribunales supremos, Consejo Real, grandeza, autoridades civiles y militares, diputación provincial, ayuntamiento, escuelas de Caminos y de Minas, etc. Tan lucida concurrencia poblaba los salones[97].

Por un lado, permitía a la monarquía insertarse dentro del nuevo régimen liberal y definir el patrimonio simbólico de cada actor político. Por su parte, el Estado, al integrar a la monarquía en estas ceremonias de carácter civil, la relocalizaba dentro del sistema, otorgándole nuevas funciones e instrumentalizando su legitimidad para afianzarse en el imaginario público. El pueblo, en este proceso, servía como un recurso para visualizar el apoyo de la nación a dichas instituciones y sus iniciativas[98]. Así lo recogía *La España* en una crónica que sería reproducida en muchos otros periódicos:

> Describir la general emoción no es fácil. La grandeza de la estación, la monarquía y la Iglesia con sus mayores galas, el Estado

[96] *La Esperanza,* 10 de enero de 1851.
[97] *La España*, 11 de febrero de 1851.
[98] David San Narciso, *La Monarquía ante la Nación. Representaciones ceremoniales del poder en España (1814-1868)* [Tesis Doctoral], Madrid, Universidad Complutense de Madrid, 2020.

> con sus más dignos representantes, la muchedumbre extasiada y gozosa, lejanos ecos militares, torrentes de armonía, la mejor de todas las armonías que es el rumor sordo de un pueblo que celebra unánime su bien, el hervir del vapor, el silbido de las locomotoras, sus oleadas de humo plateado que como la esplendente aureola de las batallas empañaba a lo lejos el diáfano ambiente de un hermosísimo día que la primavera había prestado a febrero, tantas y tantas cosas, en fin, producían en nuestra alma una impresión extraña que nuestros padres no sintieron y cuya novedad faltará ya a las de nuestros hijos. Aquella era la fiesta de una gran idea, y el pueblo a quien entusiasma casi siempre la mera promesa de un bien, aunque sea falaz, sentía embargado su ánimo y su voz, al ver delante, y para él, y para todo él, una realidad útil y gloriosa[99].

No obstante, *La Época* resaltaría principalmente el protagonismo de la Iglesia en este ceremonial, buscando la histórica comunión del Altar y el Trono. Se sacralizaban así los avances de la nación, de la misma forma que se legitimaba a la Corona bajo un aura divina, en contraposición con las fórmulas empleadas por el liberalismo.

> Ante el trono y el altísimo representante de esta religión divina que se asocia con todas las alegrías, como a todas las miserias del pueblo, las ocho locomotoras gallardamente adornadas, enorgullecidas del poder que Dios y el genio del hombre han puesto en su seno, vomitando humo y vapor por sus flancos y por sus chimeneas, silbando ese quejido que la presión arranca al vapor, llenas de flores y vistosas guirnaldas, cual la desposada que va a la fiesta de sus bodas, pasan ante la mano que las bendice y ante la reina que las contempla[100].

Este tipo de ceremonias, y su publicidad, tal y como vemos, servía como medio para recatolizar a una sociedad que vivía perturbada por la revolución. En ellas, se plasmaba la armonía entre la autoridad civil

[99] *La España*, 11 de febrero de 1851.
[100] *La Época*, 10 de febrero de 1851.

y la religión que los moderados quisieron insertar dentro del régimen liberal. Este caso ilustra cómo el ferrocarril y la industrialización eran un producto más de la magnificencia de la monarquía y de los designios de Dios para con la nación española. Incluso figuras próximas al antiliberalismo o contrarrevolucionarismo, como Antonio María Claret[101], confesor real de Isabel II a partir de 1857 y representante de aquella camarilla ultracatólica y oscurantista que retratara Valle-Inclán en su *Corte de los milagros* (1927), se sirvió del ferrocarril como espacio para desarrollar una de sus obras, *Nuevo viaje en ferrocarril* (1862). En ella clamaba por cómo "Dios sujetó a su voluntad todo cuanto crio en el orden de la naturaleza". Así, "todos los bienes naturales y sobrenaturales", incluidos el tren, "brotan de su seno infinitamente fecundo, y todas las obras de su omnipotente mano manifiestan su bondad, su sabiduría, su justicia y su misericordia. Todas ellas alaban y bendicen, a su modo, al Criador, y, a su manera también, convidan y excitan al hombre a hacer otro tanto"[102].

Por lo tanto, religión y revolución (industrial), monarquía y nación, tradición y modernidad se alzaban en Aranjuez:

> Las arboledas, el embarcadero, el palacio, las calles, los jardines, todo estaba llenos de apiñada y gozosa muchedumbre que inundaba los aires de entusiásticos vivas: vítores fervientes que nuestro pueblo, con certero instinto, daba a un tiempo, a la monarquía, que es tan antigua, y al ferrocarril, que es tan moderno. [...] Nosotros no descubríamos á Aranjuez; pero descubríamos que ya no dista de Madrid más que una hora, y aquellas buenas gentes admiraban ese descubrimiento en sus descubridores[103].

Entonces, el ferrocarril otorgaba a la capital el "recreo que necesita", pues, como resaltaba Francisco Nard en una guía sobre Aranjuez

[101] David Vilches, "En la puerta de la voluntad regia: Antonio María Claret y el confesor real en el régimen liberal (1857-1868)", en Raquel Sánchez y David San Narciso (eds.), *La cuestión de Palacio. Corte y cortesanos en la España contemporánea*, Granada, Comares, 2018, pp. 243-262.

[102] Antonio María Claret, *Nuevo viaje en ferrocarril, o sea, conversación sobre la blasfemia y el lenguaje brutal y obsceno*, Barcelona, Imprenta de Pablo Riera, 1862, pp. 9 y 10.

[103] *La España*, 11 de febrero de 1851.

publicada en 1851 y a la que dedicaba un apéndice específico sobre el ferrocarril, "no podían sus moradores disfrutar otra vegetación que la de las macetas que cultivaban". Por su parte, el tren proporcionaría a Aranjuez "una altura prodigiosa" para "infundirle vida". Por eso, afirmaba que el camino de hierro "más que acercar ambos puntos, les une"[104]. Más entusiasta, incluso, se mostraba *La España* en su citada crónica:

> Un ferrocarril enlaza dos pueblos: los hace vivir juntos: es en suma el cómodo y lucrativo matrimonio de las ciudades. Hoy se celebraba la suspirada boda de la villa de Madrid con el Real Sitio que baña el Tajo. La novia es la rica; y si se casa con él, es por las buenas tierras que tiene el novio[105].

Con él, el real sitio dejaba de ser un lugar exclusivo para la corte para ser del pueblo, que podría disfrutar de sus maravillas y ser consciente de su importancia: "Cuando la multitud ve a su alcance los goces de los reyes, ya no hay que extrañar que repare también en su valor político"[106]. Como los antiguos monarcas, los ciudadanos podrían gozar del "beneficio inmenso" de Aranjuez y frecuentar sus maravillas naturales ya descritas, como el "frondosísimo jardín de la Isla, grato solar de la Reina Católica, el del vergel del Príncipe con sus fuentes y estatuas, su ría y río; los que sean indiferentes a aquel palacio de Herrera y de Toledo, a aquella vegetación lozana y vigorosa, a aquel Oasis de la Mancha"[107].

No obstante, la llegada del ferrocarril a Aranjuez fue una oportunidad para (re)descubrir Aranjuez, pero de una forma distinta. Como escribía *La España,* aquel era "el primer momento de una afortunada era de hierro que induce, a no dudarlo, gran mudanza en nuestras costumbres. No es fiesta de los ojos: es del pensamiento"[108]. Así, al igual que "antes ha reunido Aranjuez cuando podía ser necesario,

---

[104] Francisco Nard, *Guía de Aranjuez*, Valencia, Servicio de Reproducción de Libros, 1998 (ed. facsímil 1851), pp. 131 y 137.
[105] *La España*, 11 de febrero de 1851.
[106] Ibídem.
[107] Francisco Nard, *Guía de Aranjuez*..., p. 7.
[108] *La España*, 11 de febrero de 1851.

útil y agradable" para los titulares del Trono, Aranjuez ahora debía satisfacer las necesidades de sus nuevos visitantes: jardines, "paseos sin cuento", palacios y santuarios, "lindas plazas", fondas y posadas, cafés, tiendas, fábricas, establecimientos de instrucción pública, teatros, circos... Aranjuez, gracias al ferrocarril, sería el lugar de celebraciones de "ascensos, bodas, enhorabuenas, parabienes, para festejar la felicidad en suma" del pueblo[109].

La segunda mitad del siglo XIX de la vida de Aranjuez se desarrolla marcada por la influencia que tuvo la construcción del ferrocarril y la aparición de los palacetes de la nueva nobleza de raíz burguesa en la escena urbana. Ejemplo de estos fueron los de Narváez, del marqués de Salamanca o el marqués de Tamarit, entre otros. Estas nuevas construcciones no fueron del gusto de algunos escritores, que vieron cómo los cambios efectuados tanto en el paisaje natural como urbano no tenían cabida:

> Aranjuez es monárquico desde sus cimientos hasta las exageradas chimeneas de sus edificios. Si el capital ha construido allí una quinta rodeada de jardines, su arquitectura mezquina, a pesar del abuso de detalles, se revuelve en vano contra las antiguas construcciones. El viejo caserón se ríe desdeñosamente de los chalets del día, y parece desafiarles como desafían a la impiedad las sagradas imágenes [...][110].

Ossorio y Bernard criticaba así la nueva fisionomía del lugar, que, junto a las nuevas actividades económicas, ya no tan ligadas a la tierra sino al ámbito privado empresarial financiero y urbanístico, habían hecho borrar el sello de la Corona y, con ello, el esplendor cortesano histórico que le caracterizaba[111]. De alguna manera, era la demostración de cómo el campo se parecía cada vez más a la ciudad y, por lo tanto, imitaba sus "arquitecturas violentas y tremendamente

[109] Francisco Nard, *Guía de Aranjuez...*, p. 131.

[110] Manuel Ossorio y Bernard, "Las dos Castillas. Impresiones propias y ajenas", en *El mundo en la mano...*, p. 566.

[111] Julio Gómez y Javier M. Atienza, "Aranjuez: De real sitio a ciudad industrial en declive. Oportunidades inéditas de un emplazamiento estratégico", *URBAN. Revista del Departamento de Urbanística y Ordenación del Territorio,* 2 (1998), p. 110.

urbanas" y creaba espacios para vivir, no sólo para transitar[112]. Pero con ellos, como señalaría Emilio Castelar en 1865, profetizando la revolución que pondría fin a la monarquía isabelina, el poder y la fortuna "ha llevado allí su riqueza, pero también su inmenso malestar y sus desgracias; esas desgracias, que crecen más, que se agrandan más en las alturas sociales"[113].

No obstante, lejos de perturbar la imagen idílica de Aranjuez, esta sería reforzada con el acto de viajar en el tren:

> La vista del campo nos sirve tanto en los pesares como en las alegrías. Teñimos el ambiente del color de nuestra alma. Cuando de improviso nos asalte una pena, improvisaremos un viaje a las soledades del Tajo, y en ellas hallaremos frescura y alivio; porque a mí ver tres cosas dan idea de lo infinito: el horizonte, el amor y las penas. [...] El viajar, embargada así el alma, es esencialmente un estado poético[114].

En definitiva, el ferrocarril daba a Aranjuez el último capítulo triunfal de su historia, tal y como lo cantó Nard en una décima titulada "A Aranjuez":

Triunfaste al fin en lid, / oh, Aranjuez encantador, que en alas ya del vapor, / a un paso estás de Madrid. / Ondas del Tajo, decid / cuál es hoy vuestra alegría / al ver que se acerca el día / en que se van a estrechar / con el Cantábrico mar / los mares del Mediodía[115].

REFLEXIONES FINALES

"Sucede con la industria lo que con las revoluciones. Así como estas ponen en evidencia a personas oscuras, así aquella da importancia a

---

[112] Francisco Joaquín Cortés García, "La construcción del concepto de ciudad...", p. 167.

[113] Emilio Castelar, "Recuerdos de Aranjuez", *La Democracia*, 19 de mayo de 1865.

[114] *La España*, 11 de febrero de 1851.

[115] Francisco Nard, *Guía de Aranjuez...*, p. 183.

sitios en que antes nadie reparaba"[116]. En el siglo XIX, Aranjuez dejó de ser un lugar exclusivo para la monarquía para ser redescubierto por el pueblo. En ese acto, fue representado en la literatura de forma paradójica al simbolizar indistintamente tradición y revolución, naturaleza e industria. Los escritores que se acercaron al real sitio, conscientes de la angosta realidad en la que vivían, apesadumbrados por las revoluciones del periodo, descubrieron de forma bucólica un lugar perfecto para la evasión y la imaginación. La naturaleza, por un lado, daba lugar a la nostalgia de tiempos mejores, de cantar por aquello que no estaba a su alcance. Por su parte, la llegada del ferrocarril a Aranjuez permitía soñar con un futuro esperanzador, que disipase y dejase atrás los malos momentos.

El carácter regio de Aranjuez nunca desapareció. La Monarquía seguía presente en él, ya fuese a través de su historia, administración, usos, iconografía, etc. Para unos, era el artífice de garantizar su conservación y otorgar su esplendor. Otros criticaron y vilipendiaron el lugar, pues veían en él la opresión que podía seguir ejerciendo en los tiempos modernos. Pero también hubo quienes, incluso, en esa nueva resignificación que se pretendía con los espacios tradicionales regios, no dudaron en mostrar el real sitio como lugar hostil para los monarcas. Por ejemplo, cuando en tiempos de Felipe V, "los bosques y jardines de Aranjuez desnudos de verdor y de flores" y "encapotado el cielo, triste el día, solitario y callado el lugar", "todo se había conjurado para aumentar la melancolía del monarca"[117]. O para la corte de Carlos IV, rey "aborrecido" por los habitantes de Aranjuez, el cual dibuja Galdós como un lugar para la esperanza frente al oscurantismo con el que retrata al Escorial[118].

Sin embargo, lo cierto es que, de alguna manera, aquella imagen vinculada a la Corona se disipó para adquirir una visión más popular. La idea de Aranjuez como paraíso, vergel u oasis, reforzada en la literatura decimonónica, respondía en esos momentos a las

---

[116] *La España*, 11 de febrero de 1851.

[117] Ramón Ortega y Frías, *El duende de la corte o memorias de un fraile*, Madrid, Imprenta de T. Fortanet, 1862, p. 312.

[118] Benito Pérez Galdós, *La Corte de Carlos IV*, Madrid, Centro de Estudios Políticos y Constitucionales, 2006.

necesidades de un pueblo deseoso de escapar de los tentáculos de la ciudad. El ferrocarril lo hacía posible, física y espiritualmente. Sobre él se volcaron, como refleja la inauguración del camino de hierro de Madrid al real sitio, las aspiraciones de la sociedad liberal de progreso e industria. Por eso, la poesía cantó los logros de la ciencia, como reivindicó el poeta-ingeniero Melchor de Palau, quien, en su *Oda a la locomotora,* soñaba con el resurgir de los pueblos:

> Por eso admira y entusiasta adora, / realización de su ideal quimera, / la audaz Locomotora / que, en rápida carrera, / los espacios famélica devora, / y va, con sus silbidos, / despertando los pueblos adormidos[119].

En conclusión, Aranjuez dejó de ser en el siglo XIX la imagen global del real sitio por antonomasia para convertirse en el espejo de un país ideal.

BIBLIOGRAFÍA

Alarcón, Pedro Antonio de, *Viajes por España*, Madrid, Imprenta de A. Pérez Dubrull, 1883.

Aleas, Manuel de, *Representación que hace al rey nuestro señor don Fernando Séptimo, sobre la conservación y restauración del Real Sitio de Aranjuez*, Madrid, Oficina de Don Francisco Martínez Dávila, 1824.

Álvarez Barrientos, Joaquín (ed.), *Madrid en la novela*, Madrid, Comunidad de Madrid, 1993, vol. II.

Álvarez Junco, José, *Mater Dolorosa. La idea de España en el siglo XIX*, Madrid, Taurus, 2001.

Argensola, Lupercio Leonardo de, *Rimas* [ed. José Manuel Blecua], Zaragoza, Instituto “Miguel de Cervantes”, 1950, vol. I.

[119] Melchor de Palau, “Oda a la Locomotora”, en *Verdades poéticas*, Barcelona, F. Granada y Cía, 1892, pp. 62-63.

A SS.MM reinantes don Fernando VII y doña María Josefa Amalia (que Dios guarde). Estaciones del año y horas del día en sus Reales Sitios de la Corte española, 1819 (Biblioteca Nacional de España (BNE), VE/1185/42).

Ayguals de Izco, Wenceslao, *María, la hija de un jornalero*, Madrid, Imp. de Wenceslao Ayguals de Izco, 1846, vol. II.

—, *El palacio de los crímenes o El pueblo y sus* opresores, Madrid, Miguel Guijarro, 1869, vol. II.

Azorín [José Martínez Ruiz], "Aranjuez o la sensibilidad española", en *Los valores literarios*, Madrid, Renacimiento, 1913, pp. 297-304.

Ballesté, Jacques, "Algunas consideraciones sobre el concepto de naturaleza en la novela a principios del siglo XIX", en Yvan Lissorgues y Gonzalo Sobejano (coords.), *Pensamiento y Literatura en España en el siglo XIX. Idealismo, positivismo, espiritualismo*, Toulouse, Oresses Universitaires du Mirail, 1998, pp. 37-49.

Bautista de Arriaza, Juan, "Aranjuez en los días del rey nuestro señor", en *Poesías líricas*, Madrid, Imprenta Real, 1829, vol. I, pp. 273-277.

Bernaldo de Quirós Mateo, José Antonio, *El escritor Eugenio de Tapia, un liberal del siglo XIX*, Ávila, Caja de Ahorros de Ávila, 2003.

Blasco, Selina, "Viajeros por Aranjuez en el siglo XVIII. Antología de descripciones", en *El Real Sitio de Aranjuez y el arte cortesano del siglo XVIII*, Madrid, Patrimonio Nacional, 1987, pp. 41-136.

—, "Humildes descripciones y mentidas amenidades. Poesía y realidad en la configuración de la fama literaria de Aranjuez", *Reales Sitios*, 153 (2002), pp. 14-27.

Camarero Bullón, Concepción y Labrador Arroyo, Félix (dirs.), *La extensión de la Corte: los Sitios Reales*, Madrid, Ediciones Universidad Autónoma de Madrid, 2017.

Campoamor, Ramón de, *Obras completas*, Barcelona, Montaner y Simón, 1888.

Casalduero, Joaquín, "El tren como símbolo: el progreso, la clase social, la cibernética en Galdós", *Anales Galdosianos*, 5 (1970), pp. 15-23.

Castelar, Emilio, "Recuerdos de Aranjuez", *La Democracia*, 19 de mayo de 1865.

Claret, Antonio María, *Nuevo viaje en ferrocarril, o sea, conversación sobre la blasfemia y el lenguaje brutal y obsceno*, Barcelona, Imprenta de Pablo Riera, 1862.

Cecchini, Claudia, "La novela del 'justo medio': Los cortesanos y la revolución de Tapia", en *Romanticismo 3-4: atti del IV Congresso sul romanticismo spagnolo e ispanoamericano (Bordighera, 9-11 aprile 1987). La narrativa romántica*,

Genova, Istituto di Lingue e Letterature Straniere-Centro di Studi sul Romanticismo Iberico, 1988, pp. 163-165.

Cortés García, Francisco Joaquín, "La construcción del concepto de ciudad a partir de la ideación literaria. Un ensayo antojadizo para reclamar la diferencia, la poética de la ciudad y la utopía literaria", en Horacio Capel (coord.), *Ciudades, Arquitectura y Espacio Urbano*, Almería, Caja Rural Intermediterráneo, pp. 161-169.

Covarrubias, Sebastián de, *Tesoro de la lengua castellana, o española*, Madrid, Luis Sánchez, 1611.

Díez, José Ignacio, "Lupercio Leonardo de Argensola y la 'elocuencia pura' de los jardines de Aranjuez", *Creneida*, 9 (2021), pp. 42-72.

Entrambasaguas, Joaquín de, "El Real Sitio de Aranjuez en cuatro poetas de la Edad de Oro", *Reales Sitios*, 4/2 (1965), pp. 36-47.

—, "Aranjuez, en Luis Cabrera de Córdoba", *Reales Sitios*, 9-31 (1972), pp. 69-73.

Escobar, José, "Costumbrismo entre Romanticismo y Realismo", en Luis F. Díaz Larios y Luis F. Enrique Miralles (eds.), *Sociedad de Literatura Española del Siglo XIX. Actas del I Coloquio. Del Romanticismo al Realismo (Barcelona, 24-26 de octubre de 1996)*, Barcelona, Universitat de Barcelona, 1998, pp. 17-30.

Fernández Grilo, Antonio, *Ideales. Poesías escogidas*, Madrid, Sánchez y Cía, 1891.

Froldi, Rinaldo, "¿Hubo literatura costumbrista en los primeros lustros del siglo XIX?", en Luis F. Díaz Larios y Luis F. Enrique Miralles (eds.), *Sociedad de Literatura Española del Siglo XIX. Actas del I Coloquio. Del Romanticismo al Realismo (Barcelona, 24-26 de octubre de 1996)*, Barcelona, Universitat de Barcelona, 1998, pp. 287-292.

García, Miguel Ángel, "Materiales y guía para el comentario de 'El tren expreso', de Ramón de Campoamor", *Sociocriticism*, 21-2 (2006), pp. 195-241.

Gómez, Julio y Atienza, Javier M., "Aranjuez: De real sitio a ciudad industrial en declive. Oportunidades inéditas de un emplazamiento estratégico", *URBAN. Revista del Departamento de Urbanística y Ordenación del Territorio*, 2 (1998), pp. 106-115.

González Alarcón, Mª Teresa, "España en el siglo XIX", en *Palacio Real de Aranjuez*, Madrid, Patrimonio Nacional, 2005, pp. 117-128.

G. y A., *Manual del ferrocarril de Madrid a Aranjuez*, Madrid, Imprenta del Semanario Pintoresco y de la Ilustración, 1851.

Jorreto, Manuel, *España. Los Sitios Reales*, Madrid, E. Rubiños, 1894.

Jovanovic, Senazana, *El costumbrismo en la narrativa de Wenceslao Ayguals de Izco. La realidad urbana madrileña* [Tesis Doctoral], Madrid, Universidad Complutense de Madrid, 2016.

La Parra, Emilio, *Manuel Godoy. La aventura del poder*, Barcelona, Tusquets, 2003.

Litvak, Lily, *Transformación industrial y literatura en España* (1895-1905), Madrid, Taurus, 1980.

—, "El camino de hierro. El paisaje y el ferrocarril", en *El tiempo de los trenes. El paisaje español en el arte y la literatura del realismo (1849-1918)*, Barcelona, Serbal, 1991, pp. 181-220.

López-Morell, Miguel A., "Salamanca y la construcción del ferrocarril de Aranjuez", en Manuel Benegas Capote, Mª Jesús Matilla y Francisco Polo Muriel (dirs.), *Ferrocarril y Madrid. Historia de un progreso*, Madrid, Fundación de los Ferrocarriles Españoles, 2002, pp. 13-44.

López y Malta, Cándido, *Historia descriptiva del Real Sitio de Aranjuez escrita en 1868 sobre lo que escribió en 1804 D. Juan Álvarez de Quindós*, Madrid, Doce Calles, 1988 (ed. Facsímil 1876).

Luengo Añón, Ana, *Aranjuez, utopía y realidad. La construcción de un paisaje*, Aranjuez, Doce Calles, 2008.

Matero del Peral, Diego, "Los orígenes de la política ferroviaria en España (1844-1877)", en Miguel Artola Gallego (ed.), *Los ferrocarriles en España, 1844-1943*, Madrid, Banco de España, 1978, vol. I, pp. 31-159.

Merlos Romero, Mª Magdalena, "El patrimonio inmueble de Aranjuez. Su evolución en el siglo XIX", *Espacio, Tiempo y Forma. Serie VII. Hª del Arte*, 8 (1995), pp. 273-304.

—, *Aranjuez y Felipe II. Idea y forma de un Real Sitio*, Madrid, Dirección General de Patrimonio Cultural de la Comunidad de Madrid y Concejalía de Educación y Cultura del Ayuntamiento de Aranjuez, 1998.

—, *De lo clásico y lo romántico. Imagen de Aranjuez en el siglo de Carlos III*, Aranjuez, Ayuntamiento de Aranjuez, 2016.

Mesonero Romanos, Ramón, *Recuerdos de viaje por Francia y Bélgica en 1840 y 1841*, Madrid, Imprenta de D.M. de Burgos, 1841.

—, *Escenas Matritenses por el Curioso Parlante*, Madrid, Fernando Plaza del Amo, 1991 (ed. Facsímil 1851).

—, *Manual de Madrid. Descripción de la Corte y de la Villa*, Madrid, Safekat, 2009 (ed. facsímil 1831).

Montemayor, Susana, *Aranjuez. Paisaje literario,* Aranjuez, Ayuntamiento de Aranjuez, 2004.

Moreno, J., "El Camino de hierro de Madrid a Aranjuez: Primeras tentativas", *Anales del Instituto de Estudios Madrileños,* 18 (1981), pp. 1-22.

Nard, Francisco, *Guía de Aranjuez,* Valencia, Servicio de Reproducción de Libros, 1998 (ed. facsímil 1851).

Nicasio Gallego, Juan, *Obras poéticas*, Madrid, Imprenta del Diccionario Universal del Derecho Español Constituido, 1854.

Núñez-García, Víctor-Manuel, "Las élites en Palacio. La monarquía y la corrupción en la corte isabelina", en Raquel Sánchez (ed.), *Un rey para la nación. Monarquía y nacionalización en el siglo XIX,* Madrid, Sílex, 2019, pp. 283-310.

Ortega y Frías, Ramón, *El duende de la corte o memorias de un fraile*, Madrid, Imprenta de T. Fortanet, 1862.

Ossorio y Bernard, Manuel, "Las dos Castillas. Impresiones propias y ajenas", en *El mundo en la mano. Viaje pintoresco a las cinco partes del mundo por los más célebres viajeros,* Barcelona, Montaner y Simón, 1878, t. IV, pp. 545-624.

Pajarín Domínguez, Jorge, "Monarquía, Ilustración y Patrimonio. Los Sitios Reales en el *Viaje de España* de Antonio Ponz", en Juan José Iglesias Rodríguez e Isabel Mª Melero Muñoz (coords.), *Hacer Historia Moderna. Líneas actuales y futuras de investigación*, Sevilla, Universidad de Sevilla, 2020, pp. 1419-1432.

—, "The literary building of Madrid in the 19th century", en Sergio Onger, Anna Rosellini e Ines Tolic (eds.), *Immagini, forme e narrazioni dalla città globale,* Torino, AISU, 2020, pp. 162-168.

Palacio Valdés, Armando, *La Aldea Perdida,* Madrid, Hijos de M. G. Hernández, 1903.

Palau, Melchor de, "Oda a la Locomotora", en *Verdades poéticas,* Barcelona, F. Granada y Cía, 1892, pp. 57-64.

Palenque, Marta, "Los nuevos prometeos: La imagen positiva de la ciencia y el progreso en la poesía española del siglo XIX (1868-1900)", en Sabine Schmitz y José Luis Bernal Salgado (coords.), *Poesía lírica y progreso tecnológico (1868-1939),* Madrid, Iberoamericana Vervuert, 2003, pp. 19-51.

Pedraza Jiménez, Felipe B. (coord.), *Aranjuez y los libros. Catálogo y exposición,* Aranjuez, Ayuntamiento de Aranjuez, 1987.

Peñate Rubio, Julio, "Mirada y visión del arte en los textos del Galdós viajero. Materiales para la posible reevaluación de una 'obra menor", en Jean-François

Botrel, Marisa Sotelo, Enrique Rubio *et al.* (eds.), *Sociedad de Literatura Española del Siglo XIX*, Barcelona, Promociones y Publicaciones Universitarias (PPU), 2008, pp. 315-325.

Pereda, José María de *Sotileza*, Madrid, Imp. y Fundición de M. Tello, 1885.

Pérez Escrich, Enrique, "El Saloncillo del Teatro del Príncipe", en Eusebio Blasco (dir.), *Madrid por dentro y por fuera. Guía de forasteros incautos*, Madrid, Trigo, 2010, pp. 23-31 (ed. facsímil 1873).

Pérez Galdós, Benito, *El 19 de marzo y el 2 de mayo*, Madrid, Admón. de la Guirnalda y Episodios Nacionales, 1882.

—, *La Corte de Carlos IV*, Madrid, Centro de Estudios Políticos y Constitucionales, 2006.

Peyrou, Florencia, *Tribunos del pueblo. Demócratas y republicanos durante el reinado de Isabel II*, Madrid, Centro de Estudios Políticos y Constitucionales, 2008.

Ponce, Juan Carlos, *Literatura y ferrocarril en España: aspectos socioliterarios del ferrocarril en España*, Madrid, Fundación de los Ferrocarriles Españoles, 1996.

Posada, Adolfo R., "Hernández de Velasco y Gómez de Tapia: dos traductores en disputa de la autoría de la Selva de Aranjuez", *Melisendra. Journal of Spanish Early Modernity Studies*, 2 (2020), pp. 51-67.

Pro Ruiz, Juan, "Poder político y poder económico en el Madrid de los moderados (1844-1854)", *Ayer*, 66-2 (2007), pp. 27-55.

Reyero, Carlos, "Gusto y libertad. El arte en la novela *María, la hija de un jornalero,* de Ayguals de Izco", *Anales de Historia del Arte,* Vol. Extra (2008), pp. 475-488.

Salgaró Faci, Matilde (dir.), *Biografía literaria de Madrid*, Madrid, El Avapiés, 1993.

Sambricio, Carlos, "Real Sitio de Aranjuez. Reflejo del saber de una corte ilustrada", *Reales Sitios*, Núm. Extra (1989), pp. 105-116.

Sampelayo, Juan, "Recuerdos de otros días. Azorín en Aranjuez", *Cuadernos Hispanoamericanos,* 226-227 (1968), pp. 520-526.

Sancho, José Luis, "Carlos III 'de monte en monte'. Cinco poblaciones para una corte cosmopolita", en José Luis Sancho y Javier Ortega Vidal (coords.), *Una corte para el rey. Carlos III y los Sitios Reales*, Madrid, Patrimonio Nacional-Dirección General de Patrimonio Cultural de la Oficina de Cultura y Turismo de la Comunidad de Madrid, 2016, pp. 84-187.

San Narciso, David *La Monarquía ante la Nación. Representaciones ceremoniales del poder en España (1814-1868)* [Tesis Doctoral], Madrid, Universidad Complutense de Madrid, 2020.

Serrano, María del Mar, *Las guías urbanas y los libros de viaje en la España del siglo* XIX. *Repertorio bibliográfico y análisis de su estructura y contenido*, Barcelona, Universidad de Barcelona, 1993.

Soubeyroux, Jacques, "Imágenes de Godoy en la literatura", en Miguel Ángel Melón Jiménez, Emilio La Parra López y Fernando Tomás Pérez González (coords.), *Manuel Godoy y su tiempo*, Badajoz, Junta de Extremadura, 2003, vol. 2, pp. 411-423.

Tapia, Eugenio de, *Los cortesanos y la revolución. Novela original*, Madrid, Imprenta de los Hijos de D. Catalina Piñuela, 1838-1839, vols. 2.

Vilches, David, "En la puerta de la voluntad regia: Antonio María Claret y el confesor real en el régimen liberal (1857-1868)", en Raquel Sánchez y David San Narciso (eds.), *La cuestión de Palacio. Corte y cortesanos en la España contemporánea*, Granada, Comares, 2018, pp. 243-262.

Parte segunda

EL GOBIERNO DOMÉSTICO REGIO DIRECTO Y AMPLIADO EN LA CONFIGURACIÓN DEL SITIO REAL DE ARANJUEZ[1]

Ignacio Ezquerra Revilla
Universidad Rey Juan Carlos

INTRODUCCIÓN

Una serie de razones de índole principalmente histórico-política, que apuntan a los consensos propios de la compleja arquitectura transicional (o más correctamente a su interpretación de parte), ha propiciado una percepción social de los sitios reales que subraya, y hasta hiperboliza, su sentido patrimonial y restrictivo, así como su magnificencia externa y visual antes que la intervención e interacción gubernativa que emanaba de ellos. Cuando la naturaleza de los sitios reales venía determinada por una clara dualidad en la que, desde luego, el sentido patrimonial está presente e incluso es predominante, pero en absoluto de manera exclusiva[2].

La definición espacial y jurisdiccional de los sitios reales formó parte del proceso paulatino de construcción del espacio cortesano.

---

[1] Este trabajo forma parte del Proyecto Postdoctoral *La Corte difusa. La articulación territorial de la jurisdicción real (Siglos XVI-XVIII)*, desarrollado en la Universidad Rey Juan Carlos con fondos del Ministerio de Universidades y la Unión Europea (Convocatoria «Margarita Salas-María Zambrano»), así como de los *Projetos Estratégicos de Investigação* UIDB/00714/2020 y UIDP/00714/2020 del CEDIS-FCT. El autor es *Investigador Colaborador* en este centro, así como Investigador en el Instituto Universitario La Corte en Europa (IULCE-UAM).

[2] Esta consideración unívoca viene siendo revisada por el Grupo de Investigación *CINTER* de la Universidad Rey Juan Carlos, acrónimo que, si bien se mira, compendia buena parte de los cimientos de la monarquía moderna, no solo de la española: Corte, Imagen, Nobleza y Territorio. Su línea de investigación marca un camino de integración de los sitios reales en el entorno que rompe tal exclusividad patrimonial, esa consideración en el inconsciente colectivo como un coto cerrado incomunicado o escasamente comunicado con su entorno, la mayoría de las veces de forma conflictiva. Al centrarse, por ejemplo, en aspectos como el medio natural y su determinismo histórico, en sendos congresos dedicados a los montes y la explotación forestal y a la gestión hidráulica. Respectivamente, *Congreso Internacional Recursos naturales en la*

La adquisición, delimitación y protección de un espacio de dependencia patrimonial más directa de la corona, es decir, sujeto a menos mediación e interacción que el conjunto del territorio de los reinos sobre el que el monarca ejercía un dominio eminente, se integraba en un mismo fenómeno de ampliación del gobierno doméstico regio, cuya manifestación puede calificarse en el primer caso de directa, y en el segundo de ampliada. Si bien, ambos tipos de ejercicio de la autoridad respondían a un mismo molde de origen doméstico, pues respondían a estados sucesivos de evolución, determinados por el paso de ámbitos más reducidos de alcance del poder real a otros más extensos. Pero ese proceso de ampliación respondió a unos mismos caracteres de orden familiar, adaptados a un contexto más complejo. Este hecho propició que, de forma transversal, unos mismos oficiales de origen doméstico actuasen en ambos espacios, al margen de su grado de integración en el patrimonio directo del rey, y de la definición efectiva de fórmulas institucionales para articularla (que en el caso de la monarquía española se tradujo en la creación de la Junta de Obras y Bosques), como demuestra el ejemplo de los alcaldes de Casa y Corte. Que el proceso aludido obedeció a tales rasgos de orden doméstico lo indica no solo el hecho de que estos ministros repartieron su intervención, de naturaleza comisional, en el espacio doméstico patrimonial directo y en el ampliado, sino que en el primer caso lo hicieron tanto en un estado incipiente de desarrollo de los sitios reales, como en otro más avanzado en el que el gobierno de los mismos dependió de una fórmula institucional más estable, como la representada por la señalada Junta.

En consecuencia, al margen del grado de dependencia o integración de tales espacios en ese patrimonio directo, su articulación en un espacio más extenso con el que compartían una única naturaleza cortesana

Península Ibérica: los aprovechamientos forestales e hídricos (siglos XV-XIX), celebrado en la Universidad Rey Juan Carlos el 4 y 5 de octubre de 2018, cuyas contribuciones fueron publicadas de forma monográfica en la revista *Tiempos Modernos*, vol. 9, núm. 39 (2019/2), coordinado por Koldo Trápaga y Félix Labrador; y el *Congreso Internacional Pragmatismo e Ilusión: el agua y la gestión del espacio y territorio en Aranjuez y otros sitios cortesanos*, celebrado en el campus de Aranjuez de la misma universidad el 30 de septiembre y el 1 de octubre de 2021 y coordinado por Félix Labrador y Magdalena Merlos, a cuyo resultado corresponde la presente obra.

generaba una dinámica de interacción liminar y ambivalente que impuso la intervención de unos mismos jueces a cuyo régimen y naturaleza se extendió la complejidad propia del referido espacio. Si por un lado eran jueces especiales cuya jurisdicción se manifestaba en el espacio propio de tales reductos patrimoniales (*jueces de bosques*), la necesidad de ejercer sus funciones en tal ámbito *fronterizo* condujo seguidamente a dotarles de los instrumentos jurisdiccionales adecuados para actuar en ese entorno, y a su condición se añadió la de alcaldes de Casa y Corte, como habían puesto ya de manifiesto esas primeras comisiones, libradas en muchas ocasiones en su favor. Con ello, los sitios reales expresaron una condición que iba más allá de ese espacio reducido de orden patrimonial, puesto que se revelaron al tiempo como objeto del gobierno doméstico regio ampliado, al contener la actuación de oficiales propios de este como los alcaldes. Como también fueron origen del mismo, como veremos en la segunda parte de este trabajo, al ejercer las edificaciones suntuarias que los formaban las funciones propias del *palatium* del que partía tal forma de gobierno, siempre que acogían a la persona real.

De tal manera que la distinta intensidad en la manifestación de una misma esencia patrimonial –que, en definitiva, daba su naturaleza a la monarquía moderna–, de fundamento doméstico, permite deducir dos significados en los sitios reales. En primer lugar, su naturaleza patrimonial de la corona, exclusiva, pero no aislada, sino en permanente retroalimentación con el entorno. Se materializaba en el gobierno doméstico regio directo, en el caso de Aranjuez canalizado a través de la figura del gobernador, el entramado de gestión y explotación que encabezaba y la alta dirección de la Junta de Obras y Bosques. En segundo lugar, su funcionalidad gubernativa, horizontal y no exclusiva, basada en la reproducción del *Palatium* y plasmada en el gobierno doméstico regio ampliado.

EL GOBIERNO DOMÉSTICO REGIO DIRECTO EN ARANJUEZ Y SU INTERACCIÓN CON EL ENTORNO

La primera dimensión de los sitios reales, consistente en la restricción de un territorio dedicado a la explotación cinegética, agraria y forestal, sometido a la autoridad gubernativa y jurisdiccional de un alcaide o gobernador de nombramiento real, regulada por ordenanzas y otros instrumentos legales, y servida por una serie de ministros y oficiales, constituía una expresión muy fiel de la naturaleza clásica de *Oikos*, *Domus* o *Haus*. La casa entendida como un conglomerado formado por su entidad material, los recursos que permitían su subsistencia y reproducción, y el conjunto de las personas que la formaban, unidas por vínculos no necesariamente familiares, sujeto al dominio del *Paterfamilias* o *Hausherr* que, en el caso de Aranjuez, como en el resto de los sitios reales, era el propio rey. En el caso de Aranjuez, este aspecto del gobierno doméstico regio ha sido atendido en los últimos años por varios autores[3], pero es obligado insistir en él para encuadrar el presente trabajo. A esta dimensión se unía una jurisdicción especial de naturaleza cortesana (comisarios especiales, en la mayoría de las ocasiones alcaldes de Casa y Corte, y seguidamente jueces de bosques con título adicional de alcalde de Casa y Corte), que manifestaba ya, como he indicado, la horizontalidad del gobierno doméstico real.

EL CERRAMIENTO DE UN SITIO REAL Y SU MANIFESTACIÓN REGLAMENTARIA Y JURISDICCIONAL. EXPLOTACIÓN Y ORDENANZAS

A lo largo del siglo XVI, y especialmente durante el reinado de Felipe II, los sitios reales vivieron un proceso simultáneo de definición y redondeo, causa, y no consecuencia, del surgimiento de la Junta de Obras y Bosques, culminado por su respectiva articulación jurisdiccional. Las instrucciones y reglamentos que regulaban su funcionamiento expresaban la parte de la jurisdicción real tocante a lo que podemos denominar el gobierno doméstico regio directo, aquella más netamente patrimonial,

---

[3] Mª Magdalena Merlos Romero, *Aranjuez y Felipe II. Idea y forma de un Real Sitio*, Madrid, Dirección General de Patrimonio Cultural de la Comunidad de Madrid-Concejalía de Educación y Cultura del Ayuntamiento de Aranjuez, 1998, especialmente la primera parte; Manuel Rivero Rodríguez e Ignacio Ezquerra Revilla, "La caza en la Casa y Corte de Felipe II", en José Martínez Millán y Santiago Fernández Conti (coords.), *La monarquía de Felipe II: la casa del rey*, Madrid, Fundación Mapfre-Tavera, 2005, vol. I, pp. 389-403 y Virgilio Pinto Crespo, "Los espacios de la Corte, territorio y jurisdicción: el Real Sitio de Aranjuez a mediados del siglo XVI", en Concepción Camarero Bullón y Félix Labrador Arroyo (dirs.), *La extensión de la Corte: los Sitios Reales*, Madrid, Universidad Autónoma de Madrid, 2017, pp. 133-158.

relativa al régimen interno del término delimitado. A este respecto, el ejemplo de Aranjuez resulta elocuente. Comenzó a definirse como cazadero real mediado el siglo XV, cuando Juan II cazaba en las riberas del Tajo y Enrique IV lo hacía en las comarcas de Toledo, Illescas, Ocaña y Yepes. En origen, el lugar era una casa de recreo del gran maestre de la Orden de Santiago, establecido en Ocaña. Cuando la corona asumió el maestrazgo de la Orden en 1493, Aranjuez quedó vinculado a la corona y se convirtió en bosque real y residencia frecuente de los Reyes Católicos y sus sucesores, atraídos por su exuberante vegetación y su abundante caza y pesca[4].

En 1534 el emperador ordenó guardar la dehesa, impidiendo el pastoreo y ampliando apreciablemente los límites del bosque al año siguiente[5], considerando el sitio idóneo para el ejercicio de la caza y sus virtudes propias (diversión productiva, ejercicio, adiestramiento militar) y formándose así "... espesuras y bosque para abrigo de la caza mayor y menor, desde la raya del Soto de Oreja hasta el arroyo de Algodor, y desde los límites de Velilla al Soto de Xembleque, la Vega de Colmenar, y por Xarama hasta Vaciamadrid"[6].

En cualquier caso, en origen se trataba de un territorio de la mesa maestral de la Orden de Santiago, jurisdicción del Consejo de Órdenes, que conocía de todas las causas y negocios, complicándose posteriormente el tejido jurisdiccional del real sitio cuando se incorporó la dehesa de Barcilés, que pertenecía al cabildo catedralicio de

[4] *Crónicas de los Reyes de Castilla. Desde don Alfonso el Sabio, hasta los católicos don Fernando y doña Isabel...* Madrid, Atlas, 1953, II, p. 667 (ed. de Cayetano Rossell); *Memorias de don Enrique IV de Castilla. Contiene la colección diplomática del mismo rey compuesta y ordenada por la Real Academia de la Historia*, Madrid, Real Academia de la Historia, 1913, p. 24; Jean Pierre Molenat, "La chasse dans la region toledane entre le XIIe et le XVIe siécles", *Chasse au Moyen Age. Acte du colloque de Nice*, París, les Belles Lettres, 1980, p. 278 y José Miguel Morán Turina y Fernando Checa Cremades, *Las casas del Rey. Casas de Campo, Cazaderos y Jardines. Siglos XVI y XVII*, Madrid, El Viso, 1986, pp. 38-39.

[5] Juan Antonio Álvarez de Quindós y Baena, *Descripción histórica del real bosque y casa de Aranjuez*, Aranjuez, Doce Calles, 1993, pp. 76-136; Jean Pierre Molenat, "La chasse dans la region toledane...", p. 276; Nicolás García Tapia y María José Redondo Cantera, "El Real Sitio de Aranjuez bajo Carlos V entre 1534 y 1538: la preparación de un ecosistema cinegético", en María José Redondo Cantera y Miguel Ángel Zalama (coords.), *Carlos V y las Artes. Promoción artística y familia imperial*, Valladolid, Junta de Castilla y León-Universidad de Valladolid, 2000, pp. 205-206.

[6] Juan Antonio Álvarez de Quindós, *Descripción histórica...*, pp. 376-377.

Toledo. La tasación de Barcilés equivalió a las dehesas de las Vergonzas, Alcantarilla, Castrejón, Albaladejo y el Allozar, más cuatro cuentos de maravedís en la de Alcantarilla cedidos por el rey, con la compensación de ser pagados por la fábrica de la misma iglesia 37.500 mrs anuales a sus prebendados para oficiar cada 7 de octubre en memoria de la batalla de Lepanto. La escritura fue finalmente otorgada el 4 de septiembre de 1574[7], y en su conclusión intervino Diego de Covarrubias, a cuya condición de obispo de Segovia añadía entonces la de presidente del Consejo Real. Esta intervención permitía apreciar ya la esencia del gobierno regio ampliado en el que ámbito doméstico y administración constituían un conglomerado virtualmente indistinguible. En 1572 se incorporaron al real bosque de Aranjuez las dehesas de Gózquez, Santisteban, Aldehuela y Pajares, junto con cuatro islas que les correspondían. Las dos primeras dehesas pertenecieron hasta entonces a don Luis Carrillo, señor de Pinto, que en recompensa ganó las alcabalas de su villa y las de Ajofrín. Por su parte, las dehesas de Aldehuela y Buenaño formaban parte hasta entonces de la encomienda calatrava de Moratalaz, mientras la dehesa de Pajares fue comprada por la corona a diferentes particulares e instituciones religiosas.

El conjunto de estas posesiones fue administrado por Aranjuez algún tiempo, pero con ocasión de la fundación del monasterio de San Lorenzo de El Escorial, fueron cedidos a la comunidad algunos aprovechamientos en ellas[8], hasta que fueron definitivamente traspasadas de la Real Hacienda de Aranjuez a la de San Lorenzo, a cuyo efecto fueron incorporadas a los límites del monte de El Pardo[9]. Asimismo, la iglesia de Toledo hizo concordia y transacción

[7] La cédula real ordenando al gobernador Alonso de Mesa la toma de posesión de la dehesa de Barcilés, en AGP. Registros, libro IV, fol. 138r, de 24 de septiembre. Otra cédula en El Pardo de 8 de octubre de 1575 ordenaba el pago de 27.200 mrs a Andrés de Valencia, notario apostólico, por dos caminos hechos hacia el Monasterio de San Lorenzo y lo trabajado "en la permuta de la dehessa de Barçiles que mandamos comprar de la Santa Yglesia de Toledo y en la quel abbad de Santa Leocadia de la dicha çiudad hizo de la dehessa del Piul..." con el mencionado monasterio y las escrituras resultantes. Ibídem, fol. 260r-v.

[8] Fernando Cos-Gayón, *Historia jurídica del Patrimonio Real*, Madrid, Imprenta de Enrique de la Riva, 1981, p. 97.

[9] Esta adscripción era meramente nominal, al efecto de vincular el rendimiento de estas dehesas a la dotación de las capellanías del monasterio, sin que los guardas

sobre las plazas, huertas y tierras de Pico-Tajo, que fueron también incorporadas al sitio real de Aranjuez[10].

De forma complementaria, ante la solicitud de inclusión del real heredamiento de Aranjuez en el repartimiento de alcabalas, millones y cientos formulado por las Cortes de Castilla, Felipe II ordenó por cédula real de 26 de enero de 1569 que el valor de la renta de Aranjuez fuese averiguado por los recaudadores de alcabalas, pero no con el fin de recaudarlos o arrendarlos, sino para que hubiese razón de esa riqueza en los libros de rentas reales. Del mismo modo que otra cédula real, de 6 de enero de 1571, ordenó que las dehesas de Aranjuez no estuvieran sujetas al Concejo de la Mesta[11]. Por lo demás, la evolución descrita implicó que tanto la iglesia de Toledo como la Orden de Santiago continuasen percibiendo ciertos aprovechamientos del sitio real[12].

Simultáneo a este proceso de ampliación territorial fue otro de definición de su régimen gubernativo y jurisdiccional. Una primera instrucción fue comunicada al gobernador Juan de Castilla en 1543. El 9 de febrero de 1563 se dio nueva instrucción, que fijó los criados y dependientes para el manejo de la hacienda, servicio del bosque y de las obras, así como sus obligaciones[13]. Ya el 22 de junio de 1561 Felipe II había nombrado contador, veedor, proveedor y mayordomo de la real hacienda de Aranjuez a Alonso de Mesa, ante la seguridad del mayor uso que iba a dar a su posesión arancetana con la instalación de la Corte en Madrid. Fue sucedido como contador por Gonzalo Ramírez el 1 de abril de 1563. Ambos eran vecinos de la villa de Valdemoro, hecho que evidenciaba la tendencia a nombrar para tales funciones a oficiales radicados en el entorno del sitio,

de El Pardo, ni los de Aranjuez pudiesen actuar en sus términos. Sin embargo, la intervención especialmente de estos últimos originó la queja ante el rey del prior de San Lorenzo, pues ahuyentaba a los arrendadores de las dehesas, según se aprecia en documento conservado en AGP. AP, Aranjuez, caja 14.131.

[10] Juan Antonio Álvarez de Quindós, *Descripción histórica...*, pp. 78-349.

[11] Juan Antonio Álvarez de Quindós, *Descripción histórica ...*, pp. 443 y 445.

[12] AGP. AP, Aranjuez, caja 237, "Datta del trigo y çeuada que en él (el sitio de Aranjuez) se libra a las dignidades de la S[an]ta Yglesia de T[ole]do y a la messa maestral de Santiago por los diezmos y otros d[e]r[ech]os q[ue] solían tener sobre esta real haz[ien]da este año de 1Udlxxxuii". Contiene la dignidad arzobispal, la mesa maestral de Santiago y el convento de Uclés.

[13] Juan Antonio Álvarez de Quindós, *Descripción histórica...*, pp. 431-432.

con el propósito de facilitar la consecución de bienes y prestaciones para su mantenimiento, a las que estaban obligadas las poblaciones limítrofes[14]. Mesa retendría el resto de sus funciones hasta que fue designado gobernador el 2 de julio de 1573, en sustitución de Juan de Ayala. Su título hacía patente la atribución al cargo de funciones gubernativas y jurisdiccionales:

> "... nuestra intención y voluntad es que todo el tiempo que usare y sirviere el dicho officio tenga y exerça en nuestro nombre la juridición civil y criminal assí en la dicha Aranxuez y Ottos y El Parral y Sotomayor y Aceca como en todos los demás heredamientos, tierras, montes y términos que allí havemos mandado meter e incorporar y adelante se incorporaren y en sus límites y que pueda conosçer de todos los casos y pleytos ciuiles y criminales que en ellos acaescieren y los juzgue, sentencie y determine y execute sus sentencias conforme a justicia con acuerdo y paresçer de asesor que sea letrado y que le sean guardadas todas las honrras..."[15].

Se delimitaba y se protegía así un ejercicio jurisdiccional propio del gobierno doméstico regio directo, limitado principalmente a los confines del sitio, aunque también los excedía. Por ejemplo, el gobernador Luis Osorio comisionó al jurado de Toledo Diego de Castroverde para indagar la venta en la ciudad de caza furtiva procedente del sitio real. De su tarea resultó inculpado en marzo de 1589 el maestro Juan Fernández de Villarreal, cura de Mocejón[16]. Este marco jurisdiccional se completó con la tarea del fiscal de Aranjuez, cargo ejercido por Gonzalo Ramírez entre el 7 de mayo de 1566 y el 7 de diciembre de 1571, cuando fue sustituido por Cristóbal de Ortega, "como procurador fiscal de las causas y negoçios tocantes a la guarda

[14] En la contaduría y veeduría del sitio real de Aranjuez consta el pago de los servicios prestados por los habitantes del entorno, los conocidos como *maherimientos*, otra de las interacciones locales emanadas del sitio. Varios ejemplos en AGP. AP, Aranjuez, caja 176, exps. 2, 3 y 5. En ocasiones esas prestaciones se dirigían al acarreo de otros alcázares y sitios reales más alejados, como el de Madrid, AGP. AG, leg. 5283, que contiene la cuenta de los "Acarretos de las maderas que uienes de Aranxuez. Año de 1Udlxxxi".

[15] Su título en AGP. Registros, libro VIII, fols. 266r-267v.

[16] AGP. Registros, libro VII, fols. 138v-139r, cédula real en Madrid, 8 de marzo de 1589.

Anónimo. *Vista del Real Sitio de Aranjuez*, 1636,
Museo Nacional del Prado, Madrid

de la caça, montes, sottos y dehessas y execución de la justicia de la dicha Aranxuez,...". Su función sería "pedir y demandar, acusar y defender todo lo que viéredes que conviene a nuestro servicio, y a la buena execución de nuestra justicia, y de lo por nos proveido, y ordenado por nuestras provissiones, çédulas e instruçiones que tenemos dadas, y diéremos para la guarda de la caça, montes, sottos y dehessas y govierno de la dicha Aranxuez..."[17]. Paralelamente, en tanto ente de explotación económica y agropecuaria, objeto a su vez de un presupuesto anual para su mantenimiento, Aranjuez generó una copiosa documentación que contenía el cargo y data del gasto confiado al veedor y contador[18]. El ejercicio jurisdiccional se completaba con la fijación de un cuadro regulado de sanciones a la caza furtiva[19].

---

[17] AGP. Registros, libro II, fols. 280v-281r, con una quitación anual de 10.000 mrs y treinta fanegas de trigo para el pago de un oficial (fol. 281r-v). El nombramiento de Gonzalo Ramírez, en ibidem, fols. 22r-23r; los sucesivos pagos en su favor, en fols. 47v y 107v y ejemplos de su ejercicio en el cargo en fols. 172v y 219v.

[18] Numerosos ejemplos en AGP. AP, Aranjuez, cajas 194 (1580), 268 (1593), 301 (1600), 315 (1604) y 429 (1636), entre otras.

[19] IVDJ, envío 99, caja 140, fols. 361r-v, Juan de Ibarra a Mateo Vázquez, 27 de febrero de 1581.

Paralelo a este proceso de construcción jurisdiccional en Aranjuez y el resto de sitios reales fue la definición de la Junta de Obras y Bosques, que fue ganando una paulatina fisonomía institucional a lo largo del reinado de Felipe II. Su indiscutible consistencia a partir de entonces fue anticipada irreflexivamente por varios autores a una fecha muy anterior. Para el ejercicio de la caza, Carlos V inició o continuó la formación de bosques reales tanto en El Pardo como Aranjuez y otros, con diferente reglamentación a la gozada hasta entonces y en ese contexto debió ser convocada una comisión específica encargada del arreglo y protección de los montes, plantíos y obras reales. A ella acudieron los principales ministros del servicio real (mayordomo mayor, caballerizo mayor, montero mayor), los presidentes de Castilla y Hacienda y dos consejeros de la Cámara de Castilla, y debió tener lugar en el año 1545, indicado por varios autores de toda solvencia[20]. Si bien Álvarez de Quindós apuntaba todavía mayor antigüedad y señalaba que esa era la fecha de la documentación más antigua conservada, conforme a lo contenido en un papel producido por la propia Junta de Obras y Bosques en tiempo de Felipe III[21]. No parece que esta convocatoria original tuviese peso institucional ni continuidad, y en consecuencia los problemas de caza furtiva y vulnerabilidad de los cotos reales continuaron sin resolverse, según se deduce del informe elevado por Juan de Castilla al emperador sobre la caza en Aranjuez y la organización del cazadero y real sitio, o de la Instrucción de Carlos V a los regentes Maximiliano

[20] Gil González Dávila, *Teatro de las Grandezas de la villa de Madrid*, Valladolid, Maxtor, 2003 (ed. facsímil de la de Madrid, 1623), p. 521; Alonso Núñez de Castro, *Libro Histórico Político, solo Madrid es Corte y el cortesano en Madrid*, Valencia, Librerías París-Valencia, 1996 (ed. facsímil de la de Roque Rico de Miranda, Madrid, 1675), p. 111.

[21] Este autor mencionaba como integrantes de la Junta, además de los ya indicados, el alcaide de la Casa de Campo y el de El Pardo por razón de sus empleos, el confesor real, el decano del Consejo Real y un miembro de la Cámara, actuando estos dos como asesores letrados. Posteriormente, se sumarían el alcaide del Buen Retiro y el gobernador de Aranjuez, ambos por mercedes particulares. Como oficiales servían un fiscal togado, secretario, escribano de Cámara, relator, procurador, contador y portero, pero esta composición correspondía ya a una fase posterior, de actuación plena de la Junta en un plano institucional, Juan Antonio Álvarez de Quindós, *Descripción histórica ...*, pp. 411-412.

y María en 1548[22]. Son indicios que avalan la opinión de Díaz González sobre que la Junta no existió como tal, como algo más que una convocatoria *ad hoc* e informal de miembros de la cámara del soberano –con toda su importancia en términos domésticos- hasta mucho tiempo después, sin adquirir perfil institucional hasta muy avanzado el reinado de Felipe II.

Esta evolución no dejaba de tener lógica, puesto que la paulatina caracterización de la Junta de Obras y Bosques solo podía resultar al compás de la definición y consolidación de los reales sitios –incluido Aranjuez–, enclavados sobre una tupida trama de jurisdicciones, un "estado de la casa" que se introduce sobre el espacio jurisdiccional preexistente, imponiendo formas más directas de dependencia patrimonial que las propias del gobierno doméstico regio ampliado. Así, por ejemplo, y como he señalado, tras las de 1543 y 1563, la Instrucción para el gobierno de Aranjuez de 7 de junio de 1582 fue ya despachada por la Junta de Obras y Bosques.

DEL JUEZ DE BOSQUES AL ALCALDE-JUEZ DE BOSQUES. LA PERVIVENCIA DEL GOBIERNO COMISIONAL

A la dimensión gubernativa directa se unía una jurisdicción especial de naturaleza cortesana (comisarios especiales, en la mayoría de las ocasiones alcaldes de Casa y Corte, y seguidamente jueces de bosques con título adicional de alcalde de Casa y Corte), que manifestaba ya la horizontalidad del gobierno doméstico real. Principalmente, en materia cinegética, tanto protección de la caza de los sitios reales, como indemnización de los daños causados por ella en los alrededores. De manera que los sitios reales, y entre ellos Aranjuez, no eran una realidad ajena y cerrada a su entorno, sino abierta e interactiva con él. A efectos prácticos, el proceso descrito hasta aquí implicó finalmente

[22] Respectivamente, informe en Aranjuez, 11 de abril de 1549, e Instrucción en Bruselas, 4 de julio del mismo año, *Corpus Documental de Carlos V* (ed. al cuidado de Manuel Fernández Álvarez), vol. III, Salamanca, Universidad de Salamanca, 1977, pp. 116 y 137.

el fortalecimiento jurisdiccional del alcalde juez de bosques, aunque por la vía comisional, culminación de una compleja evolución.

El licenciado Céspedes de Oviedo recibió comisión el 11 de agosto de 1557 para tasar los daños causados por la caza en el contorno de Aranjuez, El Pardo y Valsaín. Igualmente, vuelto Felipe II a España en 1559, su preocupación por la protección de los sitios reales continuó encauzándose a través de comisiones particulares a un alcalde de Casa y Corte, como la otorgada al doctor Hernán Suárez de Toledo y el secretario Pedro de Hoyo para proceder contra quienes hubiesen cazado en el término de Aranjuez desde 1552. Ante la imposibilidad de localizar a muchos de los culpados, la comisión fue renovada en Toledo el 22 de junio de 1560[23]. Resultado de esta tarea fue el castigo, entre otros, de Andrés Negro, vecino de Ciempozuelos, condenado a cien azotes públicos en su pueblo y a destierro de tres años, reducido posteriormente por el rey, por cazar en Aranjuez[24].

Esta intervención de los alcaldes en la resolución de los litigios propios de la interacción o fricción, de los sitios reales con su entorno –especialmente en el sentido cinegético- fue ratificada por el Consejo Real, en su calidad de ente regulador del conjunto del espacio cortesano, mediante auto acordado de 22 de febrero de 1561 que ordenaba que las apelaciones de las sentencias de los referidos comisionados fuesen ante los alcaldes de Corte:

> Auto 23.
>
> En Toledo a veinte y dos de hebrero de mil y quinientos y sesenta y un años, en la consulta que tuvo el señor licenciado Ágreda con Su Magestad, proveyó Su Magestad, que las apelaciones que se interpusieren de lo que determinaren los jueces de comisión, dados, o que se dieren para conocer en las cosas, y daños de la caça

---

[23] AGP. Registros, libro II, fols. 473v-474r, refrendada por Juan Vázquez y señalada por los camaristas Menchaca, Otalora y Velasco. Esta tarea es también citada por Antonio Marichalar, "Tres figuras del XVI. Hernán Suárez de Toledo, Felipe de Borgoña y Briviesca Muñatones", *Escorial*, 50 (1944), p. 29.

[24] AGP. Registros, libro II, fols. 219v-220v.

del Pardo, y de Aranjuez, venga a los Alcaldes de Corte, y ellos conozcan dellas[25].

En esos años, la definición o confirmación de una práctica jurisdiccional y de un marco normativo tuvo relación con el traslado de la corte a Madrid. Los alcaldes de Casa y Corte fueron movilizados, mediante la correspondiente sucesión de comisiones, para proteger la serie de sitios patrimoniales de la corona en la ladera meridional de *los puertos* y el valle del Tajo que, en adelante, iban a acoger el ocio y el negocio de la persona real, empezando por el propio Alcázar de Madrid, que en adelante sería sede de los organismos de gobierno de la monarquía. Una cédula real de 30 de mayo de 1561 dirigida al licenciado Francisco de Castilla, cuyo contenido ofrece, por lo demás, indicios fiables sobre el momento exacto del traslado de la corte desde Toledo, ponía en su conocimiento cómo Luis de Vega y otros oficiales de las obras del alcázar madrileño no podían concluirlas por falta de mano de obra, e, invocando su deseo de "entrar en él", le ordenaba que todos los oficiales de manos de la villa se ocupasen en exclusiva de dichas obras. La orden también se extendía a Jorge de Beteta, corregidor de Madrid, y a su teniente[26]. A partir de la instalación de la corte en Madrid, la referida dinámica comisional y sus efectos jurisdiccionales continuaron. En 1562 el secretario Hoyo hizo visita al gobernador y oficiales de Aranjuez con la asistencia nuevamente del doctor Hernán Suárez de Toledo[27].

Otra cédula real, de 24 de julio de 1563, dirigida al licenciado Salazar, alcalde de Casa y Corte, le encargaba entender en el

---

[25] *Autos y acuerdos del Consejo, de que se halla memoria en los libros, desde el año de 1532, hasta el presente de 618. Mandados imprimir por el ilustríssimo señor don Fernando de Azevedo, Arçobispo de Burgos, Presidente del Consejo, y señores dél*, Madrid, por Luis Sánchez, 1618. A su altura, en el margen derecho se lee: "Año de 1561" y en el izquierdo, "Lib. 3, fol. 130".

[26] AGP. Registros, libro II, fol. 113v.

[27] Juan de Ibarra a Felipe II, 3 de mayo de 1580, "Sobre la uisita del Escorial y el poco effecto de que han sido las q[ue] se han hecho" (sobrescrito): "El año de 562 uisitó por m[anda]do de U[vestra] M[ajesta]del secretario Hoyo al Gouern[ad]or y offi[cial]es de Aranxuez lleuando consigo al D[oct]or Suárez de Toledo q[ue] hera al[ca]lde de Corte, y sin tela de juizio se informaron de las cosas en que conuenía poner remedio para adelante, y obligando a todos a que siruiessen mejor y con más cuydado, se preuino a todo lo que se entendió q[ue] hera nesçessario p[ar]a el serui[ci]o de

castigo de la caza furtiva en el término de Aranjuez, en la que se mencionaba la responsabilidad de unos clérigos cuyo conocimiento debería corresponder al gobernador del arzobispado de Toledo[28]. La naturaleza cortesana de los sitios reales propició que esta dimensión de su gobierno fuese atribuida por vía comisional a los alcaldes de Casa y Corte, principal pero no exclusivamente, dado que otros simples letrados continuaron recibiendo, incluso en fecha muy avanzada del reinado de Felipe II, encomiendas en ese sentido. El 12 de noviembre de 1577 Gonzalo de Parada, vecino de Ocaña, fue nombrado en sucesión de Diego de Carvajal, para averiguar "los daños que la caça de n[uest]ros bosques de la d[ic]ha Aranxuez hace en los heredam[ien]tos de panes, viñas, oliuares y otras semillas y legumbres de la dicha uilla"[29].

Pero la propia definición y redondeo de los sitios reales implicó la continuidad y permanencia de tales comisiones, hasta el punto de que tomó forma una comisión especializada ejercida por un denominado juez de bosques. Si bien, su esencia cortesana remitió siempre a la esfera de atribuciones de los alcaldes de Casa y Corte, como se apreció en el referido hecho de estarles reservada la apelación de tales pleitos en primera instancia. Tal naturaleza condujo no a desplazar de su ejercicio a tales letrados, a tales jueces de bosques, sino a complementar su jurisdicción con el título de alcalde de Casa y Corte, por las mismas razones por las que tales ministros habían asumido mayoritariamente tales comisiones desde su propia definición. Con todo, la asunción de este título no implicó la desaparición de la naturaleza comisional de esta parte de la jurisdicción regia en las obras y bosques reales.

En cuanto al desarrollo de la figura de juez de bosques, sabemos que el licenciado Jerónimo de Ortega asumió esta clase de comisiones desde al menos el año 1564, cuando fue comisionado para visitar a los oficiales del alcázar de Madrid y de la casa de El Pardo, en el contexto de reforma y consolidación de los sitios reales entonces

U[vestra] M[ajesta]d, haziendo nveua instruçión dello". IVDJ. Envío 99, caja 140, fols. 206r-207r.

[28] AGP. Registros, libro II, fol. 332r.

[29] AGP. Registros, libro V, fols. 128v-129r.

vigente. De la misma manera, por comisión del 20 de mayo de 1565, Ortega se ocupó de averiguar los excesos de los cazadores furtivos en los bosques de El Pardo, Aranjuez y Segovia, así como de tasar los daños causados por sus animales en las heredades comarcanas.

El planteamiento y rodaje de este cuadro jurisdiccional vino impulsado a continuación por la Instrucción para la guarda y conservación de El Pardo emitida el 23 de julio de 1572, por el que se rigió también el de Aranjuez, como agregado de aquél, incluso facultando a los guardas de El Pardo para denunciar en el término de Aranjuez. En él se perfilaba un juez de Obras y Bosques cortado por el patrón de la tarea desempeñada hasta entonces por el licenciado Jerónimo de Ortega, un juez particular, con jurisdicción en el alcázar de Madrid, castillo, bosque y monte de El Pardo y en las casas reales del contorno incluido Aranjuez. Este ministro entendería privativamente en todos los negocios tocantes a obras reales, los excesos por caza mayor o menor en los límites de la pragmática de El Pardo, es decir, cinco leguas alrededor del coto, y a prevención con las justicias ordinarias de los pueblos circunvecinos. La apelación de sus sentencias continuaba yendo ante los alcaldes de Casa y Corte. Se dispuso que este juez se hallase a la vista de apelación situado según su antigüedad, con voto decisivo en las causas sentenciadas en primera instancia por otros jueces, y consultivo en las sentenciadas por él. Su salario se elevaba a 300.000 mrs, situados en la mesa maestral de Santiago, y su juzgado dispondría de escribano, alguacil y fiscal, de nombramiento real[30].

Tomaba así forma un cauce jurisdiccional más específico para estas cuestiones, apreciable en el hecho de que los miembros del Consejo Real no podían hacer objeto de su atención ni liberar en sus visitas a la cárcel de Corte a presos encarcelados por causas de Obras y Bosques[31]. El contexto cortesano en el que el flamante juez ejercía su jurisdicción implicó que Ortega no tardase en unir la condición

[30] Juan Antonio Álvarez de Quindós, *Descripción histórica...*, pp. 413-414; Pedro de Cervantes y Manuel Antonio de Cervantes, *Recopilación de las Reales Ordenanzas de los bosques del Pardo, Aranjuez, Escorial y Balsaín...*, Madrid, Melchor Álvarez, 1687.

[31] Cédula real de 9 de julio de 1575, cit. por Fernando Cos-Gayón, *Historia jurídica...*, p. 83.

de alcalde de Casa y Corte a la de juez de Bosques, tomando posesión como tal el 5 de septiembre de 1575 y cesando su retribución como juez de bosques[32]. De forma complementaria, se ponía al corriente de pago al licenciado Juárez de Luján como letrado "en los pleytos y negoçios que en grado de appellaçión se tratan ante los alcaldes de n[uest]ra Casa y Corte tocantes a los caçadores que caçan en n[uest]ros bosques...", quien no percibía su retribución desde el 6 de abril de 1571[33].

Con todo, la forma de aplicación jurisdiccional en este sentido en los "estados de la casa" continuó siendo comisional. De hecho, en el propio título de juez de bosques recibido posteriormente por el licenciado Belvis Galarza, hasta entonces alcalde mayor de El Escorial, le fue encargada la averiguación de los daños causados por la caza de El Pardo en heredades de la villa de Madrid en el trienio 1586-1588, siendo en adelante comisionado de forma más general para tasar los daños que ocurrieren alrededor de El Pardo (salvo los lugares concertados con la corona), Aranjuez, Valsaín y El Escorial. Revisaría sus límites dos veces cada año y sus averiguaciones serían enviadas al secretario Juan de Ibarra, al efecto de tramitar las indemnizaciones. Al tiempo que indagaría y castigaría los episodios de caza furtiva, y para todo ello llevaría "bara de n[uest]ra justiçia assí en n[uest]ra Corte como fuera della...". Por ello recibiría una retribución anual de 300.000 mrs, con 75.000 de ayuda de costa[34]. La cédula de nombramiento también establecía que pendiendo ante los alcaldes una causa iniciada por Belvis, debía pasar a manos de Hernando de Porres, escribano del crimen. Una vez concluidas, tales causas serían entregadas para su custodia a Alonso Cotán, quien percibiría por ello 60.000 mrs anuales, al margen de los aranceles y los 300 mrs diarios de derechos[35].

A su vez, esta cédula era acompañada por otra que ordenaba al pagador La Corzana consignar 300.000 mrs anuales para el pago

[32] AGP. Registros, libro IV, fols. 284v y 309v, cédulas de 29 de noviembre de 1575 y de 3 de marzo de 1576.

[33] El montante fue de 26.000 mrs. AGP. Registros. libro IV, fol. 232r.

[34] AGP. Registros. libro VII, fols. 431r-v y 213r-v.

[35] La cédula real con el título que designaba a Belvis Galarza en AGP. Registros. libro VII, fols. 83v-86r cédula refrendada por Juan de Ibarra y señalada por el conde de

anual del licenciado Belvis Galarza, y de otra que a su vez ordenaba al licenciado Jerónimo de Ortega proporcionarle todos los papeles en su poder[36]. El mismo deseo de fortalecer la jurisdicción cortesana en los sitios reales se apreció en la designación de Juan de Gorbalán, criado real, como alguacil para cumplir las órdenes de Belvis Galarza en cuanto juez del bosque de El Pardo, por cédula real de 12 de diciembre de 1589. Documento que también le nombraba fiscal en los pleitos ante el juez de Bosques y en los apelados de él, el gobernador de Aranjuez y el corregidor de Segovia ante los alcaldes de Casa y Corte[37].

Esta serie de documentos perfeccionó y dio permanencia a las comisiones que venimos señalando. Pero la actuación del juez de bosques continuó dependiendo esencialmente de la emisión de una comisión previa. La despachada en favor de Belvis Galarza el 24 de septiembre de 1588 le facultaba para proceder contra los cazadores furtivos en Aranjuez[38].

Los cambios administrativos operados en la corte, *grosso modo*, entre 1588 y 1592 correspondieron a un relevo personal en la gracia real, situación que se tradujo en el funcionamiento confuso y dilatorio de instituciones cruciales como el Consejo Real y la cámara, y se extendió a la gestión de las Obras y Bosques. Ante ello se hizo patente la necesidad de fortalecer la jurisdicción real, y de este cuadro formó parte la firma de título de alcalde de Casa y Corte en favor de Belvis Galarza, el 4 de noviembre de 1591, con retención de la plaza de juez de Obras y Bosques, obligación de residir en El Escorial siempre que el rey estuviese en San Lorenzo y una condición que reflejaba el aprendizaje administrativo sacado de años de acumulación comisional: abstenerse de entender

Barajas, presidente del Consejo Real, Rodrigo Vázquez de Arce, presidente del Consejo de Hacienda y el licenciado Pablo de Laguna, oidor del Consejo Real.

[36] AGP. Registros. libro VII, fols. 86r-v.

[37] Por esta tarea percibiría 30.000 mrs anuales, con efecto 1 de enero de 1590. AGP. Registros. libro VII, fols. 203v-204v.

[38] La cédula estaba refrendada por Juan de Ibarra, y señalada por los presidentes de Castilla y Hacienda y el licenciado Laguna y parece que fue librada por indisposición del gobernador y para ser llevadas las causas ante los alcaldes de Casa y Corte, de manera que la intervención de Belvis Galarza en tanto juez de Bosques estuvo limitada en este caso a la instrucción. AGP. Registros. libro VII, fols. 97r-98r.

en las materias civiles y criminales propias del cargo de alcalde[39]. Del mismo modo, una cédula real firmada en Valladolid el 20 de julio de 1592 completó su jurisdicción, como en casos anteriores, al imponer su presencia en la apelación ante los alcaldes de Casa y Corte de aquellas sentencias que no hubiera pronunciado en primera instancia, es decir, las realizadas por el gobernador de Aranjuez y el corregidor de Segovia[40]. No entendería, por tanto, de la apelación de las sentencias relativas al término de El Pardo, dictadas por el propio Belvis Galarza en primera instancia. A su vez, en la misma fecha se ordenaba que los papeles de Alonso Cotán, hasta entonces escribano de Bosques, pasasen a poder de Francisco Gómez[41]. El 11 de febrero de 1594 Belvis fue comisionado para entender de ciertos vecinos de Yepes, Borox, Añover y otras poblaciones del contorno de Aranjuez, que se habían enfrentado a arcabuzazos con sus guardas al ser descubiertos en su término[42].

Existe constancia de la actividad de Belvis Galarza al menos hasta 1597[43], pero que la actuación en este campo llevaba tiempo atenuada lo demuestra el hecho de que en 1599, Felipe III ordenó reunirse en Santo Tomás a su confesor, el alcalde Francisco Mena de Barnuevo y al secretario Juan de Ibarra (en lo que puede constituir la composición inicial de la Junta en tiempo del nuevo rey), para encomendar al licenciado Gil Negrete, alcalde mayor de El Escorial, Francisco Gómez, escribano de los Bosques, Juan de Gorbalán, su fiscal y a Francisco del Basto, la averiguación de daños de caza que

---

[39] AGS. CMC, 1ª época, leg. 1688, s.n., "El d[ic]ho Don Rodrigo Pimentel. Año de MDXCII. Traslado de la nómina del presidente y los del qonsejo del año de DXCII y por la qual se les manda librar sus salarios del d[ic]ho año". AHN. Consejos, libro 707e, fol. 211r. De sus 450.000 mrs de quitación anual, 300.000 los percibía en las hierbas de Alcántara.

[40] AGP. Registros. libro VIII, fol. 156r.

[41] AGP. Registros. libro VIII, fol. 156r-v.

[42] Otorgada inicialmente por veinticinco días, el 6 y el 24 de marzo de ese año se emitieron suplementos respectivos de diez días para conocer de la materia, AGP. Registros. libro VIII, fols. 403v-404r, 412v-413r y 414v-415r.

[43] AGS. CMC, 1ª época, leg. 1688, s. n.

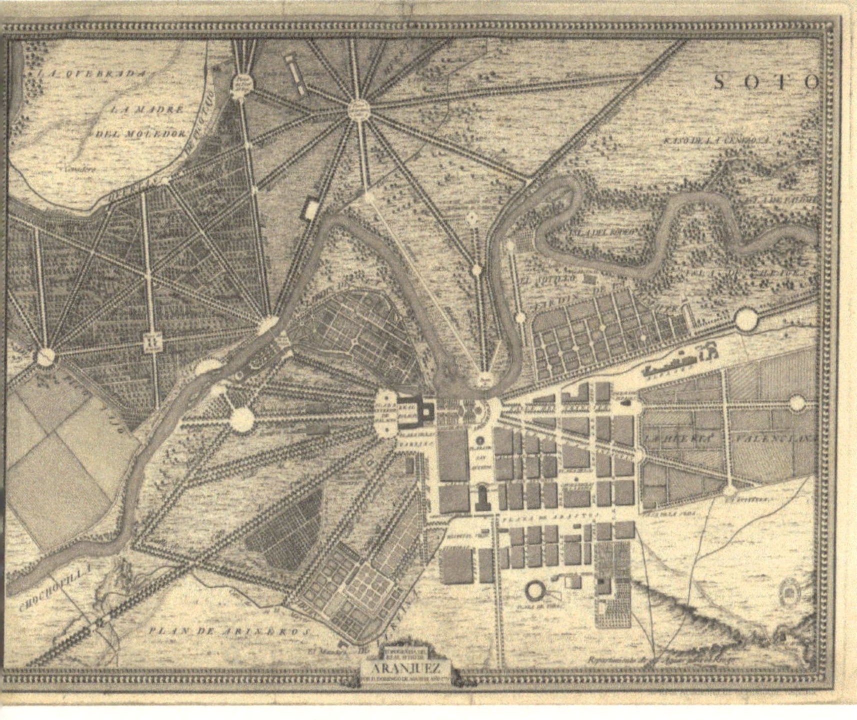

Domingo de Aguirre, *Topografía del Real Sitio de Aranjuez*, 1775, Real Academia de la Historia, Madrid

quedasen por pagar en el contorno de los bosques de El Pardo, Escorial, Valsaín y Aranjuez y sus respectivos contornos desde tiempo del emperador[44].

Tras la configuración del sitio real de Aranjuez en tiempo de Felipe II, en adelante conservó tal fisonomía como "estado de la casa" sometido al gobierno doméstico real directo, pero integrado en un entorno que hizo necesaria la ampliación horizontal de tal

[44] AGP. AG, leg. 344, con relación de los diferentes lugares en los que debería ser realizada la comisión. La medida concordaba con el ejercicio de la gracia propio de todo monarca advenido al trono, y con el cumplimiento de la voluntad testamentaria del predecesor.

forma de gobierno. En este sentido, de forma elocuente, en 1650 recibió confirmación una práctica secular, traer vara en el sitio real de Aranjuez el alguacil de Casa y Corte que acompañaba a la casa real en los desplazamientos del monarca a Aranjuez[45]. Como trato a continuación, sería una dimensión de la autoridad regia que tuvo manifestación más explícita en la frecuente conversión del palacio de Aranjuez en sede del *palatium* desde el que se gobernaba el conjunto de la monarquía, cuando la persona real residía en él.

LA FUNCIONALIDAD GUBERNATIVA Y HORIZONTAL DE LOS ALCÁZARES Y PALACIOS REALES

Esta dimensión de los sitios reales cobra sentido si se atiende al hecho de que los alcázares reales fueron hitos que permitieron asimilar el territorio a los reyes cristianos, a partir de los que se reprodujo y expandió el espacio cortesano[46]. Proceso entendido en un sentido orgánico que implicaba la integración entre la Cámara Real, el reducto regio, y el territorio de los reinos. La cámara era ámbito para el desarrollo de la vida doméstica, una de cuyas manifestaciones era el gobierno del territorio sometido al control del príncipe, según los principios de la *economía* aristotélica recibidos por Santo Tomás, lo que se traducía en el que se puede denominar gobierno doméstico regio ampliado[47]. Tal forma de gobierno tenía una función claramente articuladora del espacio territorial, y, como resultado, de ese espacio restringido, escenario de la vida regia, formaba parte una actividad administrativa parca en testimonios a consecuencia de su discreción e informalidad, que ayudasen a situarla en la cartografía

---

[45] AGP. AP, Aranjuez, caja 14.131.

[46] Miguel Ángel Ladero Quesada, "Los Alcázares Reales en la Baja Edad Media castellana: política y sociedad", en Miguel Ángel Castillo Oreja (ed.), *Los Alcázares Reales*, Madrid, Fundación BBVA-Antonio Machado Libros, 2001, pp. 11-35; Miguel Ángel Ladero Quesada, *Los Alcázares Reales en las ciudades de Castilla (Siglos XII a XV)*, Segovia, Patronato del Alcázar de Segovia, 2002.

[47] Otto Brunner, *Terra e Potere. Strutture pre-statuali e pre-moderne nella storia costituzionale dell'Austria medievale* (introd. de Pierangelo Schiera), Milán, Giuffrè Editore, 1983; Daniela Frigo, *Il padre di famiglia. Governo della casa e governo civile nella tradizione del `economica' tra Cinque e Seicento*, Roma, Bulzoni, 1985.

palaciega, en comparación con otras manifestaciones ceremoniales y externas visualmente más atractivas. Situación que, con todo, se palió en gran medida con la redacción, mediado ya el siglo XVII, de etiquetas ceremoniales que, precisamente, embutieron tal actividad administrativa en el protocolo palaciego, como indica el caso de las Consultas de Viernes del Consejo Real en la antecámara regia[48]. Aunque son muchas las crónicas y testimonios indirectos que permiten formarse una idea de la referida actividad administrativa previa[49].

En este sentido, el universo de los espacios palaciegos y su funcionalidad político-administrativa, sometida a una racionalidad de orden doméstico, se ofrece como un camino prometedor de investigación. La arquitectura palaciega se insinuaba como el campo de estudio idóneo para conocer el polo emisor de esa tarea de transmisión administrativa, en tanto espacio propio del rey, pero su historia había sido realizada dando prioridad al análisis estilístico de las fachadas u otros aspectos relativos a la mera apariencia de los edificios. Sin embargo, el descubrimiento de los interiores, sobre todo en un sentido organizativo, ha demostrado ser un instrumento metodológico muy útil[50]. En España las aportaciones al respecto de los profesores José Manuel Barbeito o Javier Pérez Gil[51] son de importancia capital,

---

48 "Etiquetas generales que han de obserbar los criados de la casa de Su Magd en el uso y exercicio de sus oficios", en José Martínez Millán y Santiago Fernández Conti (coords.), *La Monarquía de Felipe II…*, II, p. 953.

49 Miguel Ángel Ladero Quesada, "Los alcázares reales en la baja edad media castellana…", pp. 33-34; Álvaro Fernández de Córdova y Miralles, *La Casa y Corte de Isabel I (1474-1504). Ritos y ceremonias de una reina*, Madrid, Dykinson, 2003, p. 371; François Foronda, "Las audiencias públicas de la reina Isabel en Sevilla, 1477: ¿la resorción administrativa de un improbable ritual de gobierno?", en José Manuel Nieto Soria y María Victoria López-Cordón Cortezo (eds.), *Gobernar en tiempos de crisis: las quiebras dinásticas en el ámbito hispánico 1250-1808*, Madrid, Sílex, 2008, pp. 133-171.

50 Hugh Murray Baillie, "Etiquette and the planning of the state apartments in baroque palaces", *Archaelogia or Miscellaneous Tracts relating to Antiquity*, vol. 101 (1967), pp. 169-199; Jean Guillaume (dir.), *Architecture et vie sociale. L'Organization intérieure des grandes demeures à la fin du Moyen Age et a la Renaissance*, París, Editions A&J Picard. 1994. Continuación de esta línea son las investigaciones aportadas por la red PALATIUM, *Court Residences as Places of Exchange in Late Medieval and Early Modern Europe (1400-1700)*, financiada por la European Science Foundation.

51 José Manuel Barbeito, *El Alcázar de Madrid*, Madrid, COAM, 1992; Javier Pérez Gil, *El Palacio Real de Valladolid: sede de la Corte de Felipe III (1601-1606)*, Universidad de Valladolid-Cuarta Subinspección General del Ejército, Valladolid, 2006.

como en Portugal lo han sido las de Nuno Senos[52], dado que han permitido destacar el referido sentido de interacción espacial, a partir del propio lugar de emisión, representado por el rey y la Cámara Real. Abrieron un camino que subrayó relaciones adicionales en un espacio del que inicialmente solo preocupaba su apariencia, comenzando por la función asimiladora del contorno territorial, de naturaleza evidentemente administrativa[53].

Pocas instituciones históricas necesitan en mayor medida de integración en un contexto más amplio que el palacio real, puesto que, si su comprensión se aborda de forma aislada, si nos conformamos con conocer su actividad sin superar sus límites materiales, sin atender a los efectos que producía en el espacio que lo rodeaba, queda convertido en una realidad tan suntuosa como inútil. Y, sin embargo, el estudio de su evolución desde la antigüedad manifestaba que tan o más importante que la materialidad de la vida del rey y del grupo humano que lo rodeaba era el conjunto de decisiones emanadas del palacio que permitían el dominio de un ámbito más o menos extenso que, en definitiva, constituía su razón de ser. Pues de lo que se trataba era de materializar el alma de la propia naturaleza real, como era su condición de *paterfamilias*.

Precisamente por ello, resulta esencial conocer el procedimiento habilitado para ejecutar tales decisiones, pues permite concluir un fenómeno de transferencia e integración que unificaba ambos polos en un espacio común y les dotaba mutuamente de sentido. Tan importante como la apariencia formal del palacio era la configuración de un orden integrador del espacio que estaba a su alrededor. Ambos factores presentaban una estrecha interrelación, pues esa apariencia, la *Domus*, determinó el carácter *oeconómico* propio de tal orden, en cuya difusión en el caso castellano cupo gran responsabilidad al Consejo Real. El proceso fue ya visible en la antigua Roma. Como es sabido el origen de la palabra *Palatium* ha sido puesto en relación con el *Monte Palatino*, la colina de Roma en la que desde sus orígenes se asentaba el gobierno de la ciudad. Establecida allí su casa

[52] Nuno Senos, *O Paço da Ribeira: 1501-1581*, Lisboa, Notícias, 2002.

[53] En este sentido, Marcello Fantoni, George Gorse, Malcolm Smuts, *The Politics of Space: European Courts, ca. 1500-1750*, Roma, Bulzoni, 2009.

por los emperadores, a partir de entonces la *domus imperatoris* y el *ordo* mediante el que ejercía sus funciones quedaron superpuestos o identificados. Como origen carismático del mismo, allí donde el emperador fijara su residencia, allí se manifestaba el palacio[54].

En lo sustancial, tan sencilla pauta de funcionamiento sería aplicable al rey castellano medieval, y al rey hispano moderno, sedentes o *en jornada*.

CEREMONIAL Y ADMINISTRACIÓN EN EL SISTEMA MULTIFUNCIONAL DE SITIOS REALES EN TIEMPO DE FELIPE II. EL CASO DE ARANJUEZ

Es bien conocido que Felipe II consumó la transición entre una serie de sitios reales carentes de una naturaleza conjunta y una red integrada, articulada en un agregado de palacios espacialmente distantes, pero doctrinalmente unidos, como polos de la referida forma doméstica de gobierno. Ya como príncipe, y a lo largo de su *jornada* europea entre 1554 y 1559, Felipe II prestó atención a sus posesiones patrimoniales. De hecho, el empizarramiento de las cubiertas tanto del alcázar de Segovia como de Valsaín, entre otras edificaciones, se debió a la grata impresión que produjo esta práctica en los palacios de los Países Bajos, tanto a él como a su maestro de obras Gaspar de Vega. Pero más importancia tenía convertir el conjunto de estas edificaciones en estructuras útiles para el ejercicio de gobierno propio de su naciente monarquía.

De ese conjunto patrimonial destacaron la casa del Bosque de Valsaín y el palacio de Aranjuez, unidos en el aprecio regio por un sentido humanista que compaginaba residencia y gozo hasta la

[54] La definición ofrecida por Luis Suárez Fernández del concepto *Palatium* confluye con el sentido de proyección espacial que se deduce del mismo: "... es el órgano instrumental por cuyo medio se ejerce la *potestas* (poder), que pertenece directa y personalmente al rey; es también el lugar donde el monarca habita, aunque este mude de asiento, y ha de hacerlo de forma continuada; es, por último, el conjunto de personas que le sirven formando lo que más adelante se llamará su Corte", Luis Suárez Fernández, "Origen y evolución del Palacio Real en la Edad Media", en VV.AA., *Residencias Reales y Cortes itinerantes*, Madrid, Patrimonio Nacional, 1994, p. 27.

confusión con el entorno natural, como para cada caso han destacado Carlos Manuel[55] y Magdalena Merlos[56].

En Valsaín el espacio del Cuarto Real y la Galería de Levante (listos para habitar ya en 1558) fue el ámbito de la señalada Cámara Real, solemnizada en términos ceremoniales al ubicar la escalera de acceso a la planta principal en la parte opuesta del patio, y contenedor de estancias que permitían al rey atender tanto su naturaleza personal como la administrativa y ceremonial. Sus dimensiones eran más reducidas que en el alcázar de Madrid o el de Toledo, pero compartiría con el conjunto de palacios reales una división espacial compuesta de la propia cámara y camarilla, el guardarropa o retrete y la antecámara, en la que se situaría el dosel del trono. A ella Valsaín añadió la crujía exterior de Levante, que, según el autor, una vez convertida en galería pudo acoger el comedor de diario y el necesario escritorio del rey[57]. A tales estancias el autor añade además la Sala Grande, estancia más representativa del palacio y la sala de guardia. A nuestros efectos, importancia fundamental tiene la antecámara, cuyo doble acceso desde la galería (y con ello desde el territorio del reino, a través del recorrido transicional compuesto por lonja, cadena, pórtico, zaguán, patio, escalera y galería porticada), y desde lo más recóndito de la cámara real permitía algo tan fundamental como la transferencia horizontal de las decisiones tomadas por el rey en espacio tan reservado y restringido. En conjunto, y servido por tal distribución espacial, puede afirmarse que a lo largo de la década de 1560 el despacho administrativo tendrá gran desarrollo en la Casa del Bosque, como correspondía a un edificio en el que, al margen de su tamaño o su dimensión lúdica y de caza, las circunstancias imponían el desarrollo de otras funciones palaciegas como la administrativa.

Si el castizo –aunque atento espectador de la arquitectura europea durante la jornada inglesa y flamenca de don Felipe– Gaspar

[55] Carlos Manuel Valdés, *Estudio Histórico-Silvícola del Monte de Valsaín (Siglos XVI-XX)*, Madrid, Organismo Autónomo Parques Nacionales, 1997.

[56] Magdalena Merlos Romero, *Aranjuez y Felipe II...*, pp. 57-71.

[57] Pablo Gárate Fernández-Cossío, *El Palacio de Valsaín: una reconstitución a través de sus vestigios*, Tesis Doctoral presentada en la Escuela Superior de Arquitectura. Universidad Politécnica de Madrid, 2012, p. 89. Plantas en pp. 88 y 92.

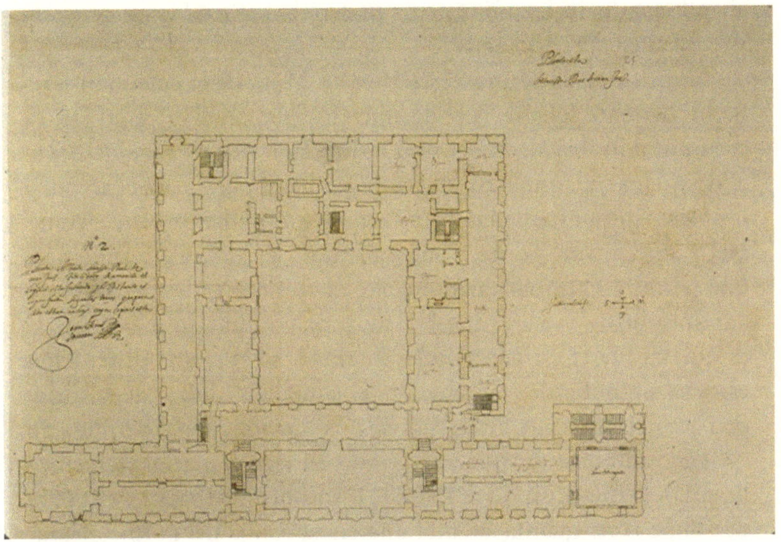

Juan Gómez de Mora. *Traza de la planta alta del palacio de Aranjuez*, 1626, Biblioteca Apostólica Vaticana, Roma

de Vega fue el alma de la concepción arquitectónica de Valsaín, en el caso del palacio de Aranjuez, conforme a los datos aportados por Merlos, lo fue el clasicista Juan Bautista de Toledo, discípulo de Miguel Ángel[58]. Iniciada su construcción en 1563, su programa de adaptación a la prioridad transitiva marcada por Felipe II fue más tardío, cuando la preferencia real se decantó definitivamente por San Lorenzo y el propio Aranjuez, detrayendo talento y recursos a la conclusión de Valsaín conforme a lo inicialmente planeado. El programa de Aranjuez consistió principalmente, tras la construcción de la capilla, en la del llamado Cuarto Nuevo, que se extendió bajo la dirección sucesiva de Jerónimo Gili y Juan de Herrera aproximadamente entre 1571 y 1583, cuando existe el testimonio explícito de que era ocupado ya por la persona real en sus dislocaciones a Aranjuez,

[58] Magdalena Merlos Romero, *Aranjuez y Felipe II...*, pp. 98-105.

abandonando así la antigua casa maestral, que pasó a ser ocupada por caballeros y cortesanos[59].

Si tomamos la planta de Gómez de Mora de la colección Barberini de 1626, se aprecia el dormitorio regio en el extremo este, a continuación, la galería del rey en dirección oeste y seguidamente el despacho real, estancias estas últimas habilitadas para el acceso a dos salas (comunicadas también entre sí) que pudieron ejercer como sala y antecámara. Hasta donde sabemos, se carece de testimonios que permitan afirmar tajantemente el ritmo y cadencia del flujo administrativo en ese entorno y sus protagonistas, lo único seguro es que tal fue el espacio que lo acogió. A su vez, una disposición espacial simplificada respecto a, por ejemplo, el alcázar de Madrid, con estancias que ejercerían más de una función, debió permitir un contacto administrativo menos protocolario en el que los secretarios llevarían la iniciativa. Con todo, la distribución espacial de la obra de Felipe II no guardaba tanta diferencia con la del propio alcázar de Madrid y en caso necesario hubiese permitido, como en el conjunto de los sitios reales sometidos a construcción o reforma por el rey prudente, la aplicación meticulosa del ceremonial finalmente contenido en las etiquetas de 1651, del que formó parte, como es sabido, la Consulta del Viernes.

Aunque, por lo que sé, la consulta no se celebró en tiempo de Felipe II a partir de 1561 en otros palacios que no fuesen el alcázar de Madrid, ello se debió a condicionantes de orden logístico, pero no a la falta de una distribución espacial que, hipotéticamente, lo hubiese permitido. Fue una prioridad de diversidad funcional, aunque sometida a un uso preferente (festivo, ceremonial, cinegético, etc.) que se extendió al conjunto de los sitios reales, que Felipe II tenía en mente ya antes de acceder al trono y que consiguió culminar en la década final de su vida. Y que estaba determinada por la propia esencia del gobierno doméstico regio ampliado que, fundamentalmente, consistía en administrar.

---

[59] Ibídem, pp. 106 y 121. En AGP. AP, Aranjuez, caja 176, exp. 3, se conserva la "Datta del pag[ad]or Sancho Ruiz de Carrión por libranzas y copias de los gastos del quarto nveuo de la casa real y 3ª orden de la cap[pill]a de Aranxuez".

Ante lo dicho, dada la multiplicidad de funciones regias emanadas de la cámara real y la señalada capacidad de adaptación del *palatium*, se hace difícil aceptar una categorización radical entre palacios representativo-administrativos y palacios lúdicos, y en esta línea pensamos que debe interpretarse la opinión de Merlos sobre que Aranjuez no encajaba totalmente en esta segunda categoría, aunque no suplantase la representatividad de los alcázares de Toledo o Madrid[60]. Por consiguiente, parece más apropiado hablar de una estructura palaciega ágil y versátil, es cierto que compatible con un carácter predominante según el palacio, en la que uno u otro aspecto es antepuesto según las circunstancias, pero en la que ambas facetas están presentes de forma más o menos manifiesta. De hecho, atender a esta doble funcionalidad, apreciada en su viaje por Inglaterra y los Países Bajos, fue uno de los mandatos expresos que don Felipe, como príncipe y luego como rey, hizo a su arquitecto Gaspar de Vega, y fue posible apreciarlo no solo en la Casa del Bosque, sino también en el resto de sitios reales sometidos por entonces a reforma y ampliación, o iniciados de nueva planta como Aranjuez. La condición originaria de varios de estos edificios como pabellones de caza estrechamente vinculados con el entorno natural que les rodea primará su condición lúdica o cinegética, pero, como se advierte, la variedad de las funciones acogidas por la cámara real permitirá un desempeño administrativo fluido y permanente adaptado a unas dimensiones más cercanas. Siguiendo a la misma autora, las distinciones entre ocio y negocio que Alberti hacía corresponder con la villa campestre y el palacio urbano no eran tan evidentes ni en Aranjuez ni en la mayoría de los sitios reales[61], y en el primer caso el rey no solo despachará mientras pasea por el Tajo, sino en el propio Cuarto Nuevo.

LA DIMENSIÓN GUBERNATIVA DEL PALACIO DE ARANJUEZ

La funcionalidad administrativa de los sitios reales se deduce, también, del hecho de que no por ser firmadas en los que con el tiempo y no

[60] Magdalena Merlos Romero, *Aranjuez y Felipe II...*, p. 97.
[61] Ibídem, p. 124.

sin cierta infravaloración serán llamados "palacios de jornada", las cédulas y disposiciones reales tenían menor alcance o vigencia. Al contrario, en muchas ocasiones el aislamiento propio de un apartado sitio real fue ambiente ideal para la adopción de sensibles decisiones de gobierno, como en el contexto arancetano fue la firma en Aceca, el 6 de enero de 1588, de la transcendental reforma de la Cámara de Castilla, por la que quedaba convertida en consejo[62], palacio al que Gómez de Mora dio consideración de "benta en la mitad del camino de Aranjuez a Toledo" con "capaçidad para posar los Reyes"[63]. Una vez más, asoma la integración de una red palacial unificada de orden doméstico, ajena a la distancia física entre sus diferentes polos. Se deduce, por ejemplo, del hecho de que, al firmar el rey cédulas a través del Consejo Real, el procedimiento de señal y publicación por sus miembros era el mismo, procediesen de la Cámara Real situada en la planta principal del Alcázar madrileño, de la Galería de Levante del palacio de Valsaín, o del Cuarto Nuevo de Aranjuez. Llegaban a un espacio igualmente doméstico, el Consejo Real, situado en la planta baja del Alcázar de Madrid, unificado doctrinalmente con la Cámara Real multiplicada en esa serie de palacios, mediante el servicio en él de porteros de cámara pertenecientes a una misma área del servicio regio, actuante en el conjunto de esos espacios. Por lo demás, en uno y otros casos el efecto era el mismo: la extensión de rumores en la corte sobre las decisiones reales, resultado de la indiscreción del personal de las diferentes escribanías de cámara del consejo sobre el contenido de las cédulas reales llegadas a él.

El contorno del gobierno doméstico regio ampliado emanado desde Aranjuez puede ser apreciado a partir de los llamados "Libros de Justicia", los libros en los que quedaban asentados los acuerdos del Consejo Real tramitados por el secretario de Cámara de Justicia. Por ejemplo, entre el 8 de mayo de 1674 y el 4 de septiembre de 1684,

---

[62] El proceso de esta reforma, en Ignacio Ezquerra Revilla, *El Consejo Real de Castilla bajo Felipe II: grupos de poder y luchas faccionales*, Madrid, Sociedad Estatal para la Conmemoración de los Centenarios de Felipe II y Carlos V, 2000, pp. 192-201.

[63] *Juan Gómez de Mora (1586-1648). Arquitecto y trazador del rey y maestro mayor de obras de la villa de Madrid*, Madrid, Ayuntamiento de Madrid, 1986, p. 388, conforme a la transcripción realizada por Virginia Tovar.

periodo cubierto por uno de esos libros[64], se sucedieron como tales secretarios don Gerónimo de Eguía (quien tomó posesión en Madrid el 19 de febrero de 1674), Juan de Terán y Monsaraz (quien lo hizo el 10 de noviembre de 1677) y don Antonio de Zupide y Aponte (14 de marzo de 1680). Los asientos tomados por ellos permiten delimitar con absoluta precisión, en lo relativo al Consejo Real, la cronología y contenido del gobierno ejercido por el monarca desde Aranjuez en ese periodo, en el conjunto de los lugares en los que se sucedía su presencia. Así, por ejemplo, consta que se despacharon desde Aranjuez títulos y cédulas firmados por el rey, refrendados por el secretario Eguía y firmados por el conde de Villaumbrosa, presidente del consejo, y sus oidores el 8, 11 y 16 de mayo de 1674, y el 26, 28, 29 de abril y el 1, 3, 7, 10, 14, 15, 17 y 18 de mayo de 1675[65]. Esta producción documental se adaptaba al ritmo de la deambulación regia, que solía abandonar Madrid con la Semana Santa y la primavera para ocupar otros sitios reales cercanos. La acumulación sistemática de estos asientos, unidos a los correspondientes a otros ramos administrativos, permitiría establecer con gran precisión los periodos de permanencia real en Aranjuez.

En tales ocasiones, el palacio de Aranjuez quedaba convertido en polo gubernativo de los reinos de Castilla, en tanto recipiente provisional de la persona real. Así, consta que el 8 de mayo de 1674 se tramitó en favor de don Joseph Francisco de Aguiriano, vecino de Madrid, una escribanía perpetua del cabildo, comisión y hermandad de la villa del Pedroso en favor de Francisco Dávila y Cabrera, vecino de ella, en lugar de Antonio Marín y por venta que de ella hizo Lope Pizarro, vecino también de dicha villa; así como una notaría de los reinos en favor de Juan de Gonzalo, vecino de la villa de Calatañazor; y un mandamiento para que el arzobispo de Granada cumpliese la cédula real de 14 de mayo de 1670, dirigida a su antecesor, que fijaba la forma en la que debía asistir a la procesión del Corpus y su octava. Asimismo, se despachó también mandato para que el presidente y oidores de Valladolid remitiesen al consejo

[64] AHN. Consejos, libro 652e.

[65] AHN. Consejos, libro 652e, fols. 1r-2r, 46v-50v.

ciertos autos, a pedimiento del doctor Daniel Osorio. Y, por último, se despachó un privilegio a don Marcos Brabo de la Serna, obispo de Chiapa, para imprimir un libro intitulado *Espejo de la Jubentud*. Cada asiento indicaba finalmente el escribano de cámara que, una vez llegado el mandato al consejo, debía tramitarlo[66]. Si se tiene en cuenta que tales cédulas y mandatos procedían de acuerdos del consejo tomados en Consulta de Viernes o en Consejo pleno, se apreciaba una suerte de transversalidad jurisdiccional que ponía en un mismo orden doméstico al rey, el Consejo Real y el conjunto de los diferentes sitios reales. Por lo demás, la tipología de los asuntos tramitados en tales ocasiones de deambulación regia no difería de aquellos despachados en épocas más sedentarias, si bien parece que por lo general su número diario se reducía en el caso de sitios reales menos frecuentados como Aranjuez, probablemente ante la necesidad en estos últimos de conciliar el despacho administrativo con el aprovechamiento lúdico o cinegético del sitio por parte de la persona real.

Cabe también afirmar que la rigurosa etiqueta cortesana que afectaba al trabajo administrativo en el alcázar madrileño (caso de las Consultas de Viernes) debió ser impracticable en un entorno como el del palacio de Aranjuez o la Casa del Bosque, en el que la existencia de espacios más reducidos y próximos propiciaba una mayor cercanía e informalidad, para las que resultaba más apta la figura del secretario. Sería una característica que, en menor medida, afectaría también por entonces al alcázar de Segovia, en el que, en todo caso, se imponía con claridad su dimensión ceremonial, como hubo ocasión de comprobar con las bodas reales de 1570, a consecuencia de la mayor calidad ornamental de sus estancias.

CONCLUSIONES

Lo dicho hasta aquí ponía de manifiesto una concepción unificada en la mente del rey, en la que se anteponía el ejercicio eventual de

[66] Ibídem, fol. 1r.

determinada función, al margen del lugar en que materialmente se encontrase. Hecho que tenía la consecuencia añadida de revelar la carencia de una jerarquía entre las diferentes construcciones reales determinada por la "centralidad" o la entidad de las mismas, al tener rango equivalente en la difusión del gobierno doméstico regio ampliado.

Tanto como en el conjunto de los palacios reales, en Aranjuez la integración en el entorno iba más allá del disfrute de unas cualidades naturales objetivas y remitía a una concepción del Palacio como elemento material y sobre todo metafórico de dominio territorial, sobre el pago acotado inmediato en un sentido patrimonial directo, y sobre el conjunto del reino en el mediado. Un mundo como el medieval y el moderno, idealmente acostumbrado a la transferencia semántica representada por la transubstanciación, todavía no *corrompido* por el orden legal de fundamento racional y objetivo propio del Estado Liberal, era capaz de percibir, conforme a lo señalado por Ginzburg[67], Nieto Soria[68] o desde la Historia del Arte por Javier Portús[69], la transcendencia simbólica y continua oculta en la realidad aparente. La corografía, las representaciones de ciudades de Wyngaerde[70] o las trazas de caminos y casas reales acogidas por el famoso "Cubo de las trazas" del alcázar de Madrid, de las que Gómez de Mora debió coger la referencia para sus repetidamente citadas plantas de 1626 tenían un claro sentido de aprehensión simbólica de una realidad más amplia, exactamente en la misma medida que la tenía la celebración de las Consultas de Viernes en la referida antecámara. Tal proceso se implementaba sobre un fundamento de ampliación doméstica, como decía la *Domus* se transformaba en

[67] Carlo Ginzburg, "Representation: le mot, l'idée, la chose", *Annales. Economies. Sociétés. Civilisations*, 46-6 (1991), pp. 1219-1234. Disponible en https://doi.org/10.3406/ahess.1991.279008

[68] José Manuel Nieto Soria, "La transpersonalización del poder regio en la Castilla bajomedieval", *Anuario de Estudios Medievales*, 17 (1987), pp. 559-570.

[69] Javier Portús Pérez, "El retrato vivo: fiestas y ceremonias alrededor de un rey y su palacio", en Fernando Checa (dir.), *El Real Alcázar de Madrid: dos siglos de arquitectura y coleccionismo en la corte de los reyes de España*, Madrid, Comunidad de Madrid-Nerea, 1994, pp. 112-130.

[70] Richard L. Kagan (dir.), *Ciudades del Siglo de Oro: las vistas españolas de Anton Van Den Wyngaerde*, Madrid, El Viso, 2008.

Ordo, hecho que tenía otra consecuencia derivada de importancia fundamental: la transformación y adaptación de las reglas de funcionamiento de orden doméstico regio a una realidad más amplia, bajo la forma jurídica de la "Policía"[71]. Es algo que se aprecia con claridad en las intervenciones urbanas a que daban lugar las jornadas reales. Derivaban de ese mismo ámbito doméstico ampliado, como por ejemplo también lo hicieron los caces abiertos en el convento de Nuestra Señora de la Esperanza para, presumiblemente, abastecer la Fuente Nueva de Ocaña.

Será una realidad plenamente compartida por el palacio de Aranjuez, en la que, como en cualquier sitio real, al dominio patrimonial directo se añadió el doméstico ampliado. En la misma medida en la que, según Baltasar Gracián en *El Criticón*, el artificio de Juanelo era capaz de elevar el Mar indiano de la Plata hasta el mismo Alcázar de Toledo[72], o que Manuel I podía contemplar los bienes y mercancías de la *Casa da India* desde el *Paço da Ribeira*[73], Aranjuez abundó en rasgos materiales y simbólicos que remitían al gobierno de una compleja continuidad espacial de naturaleza mixta. No solo era punto de referencia para el control territorial inmediato, sino que conceptualmente los caminos de Madrid y Toledo se disponían en los extremos del palacio y los de la plaza dispuesta ante él[74], como espacio diáfano que, unido al resto de espacios de transición (cadena, zaguán, patio, escalera, galería porticada, sala y antecámara) otorgaban su función a un edificio representativo, pero sobre todo gubernativo, que, sin ella, quedaba reducido a la más completa inutilidad. Asimismo, si se observa, los distintos edificios reales abundaban en representaciones corográficas, pictóricas o cartográficas de sus homólogos (por ejemplo, la representación de Valsaín en la Casita del Labrador de Aranjuez, obra de Fernando Brambila, del XVIII[75]),

[71] Jesús Vallejo, "Concepción de la Policía", *Cuadernos de Derecho Judicial*, 7 (2008), pp. 115-144.

[72] Referido en Miguel Ángel Aramburu-Zabala Higuera, *La arquitectura de puentes en Castilla y León, 1575-1650*, Valladolid, Junta de Castilla y León, 1992, p. 25.

[73] Nuno Senos, *O paço da Ribeira*..., p. 115.

[74] Magdalena Merlos Romero, *Aranjuez y Felipe II*..., p. 114.

[75] Mª Ángeles Martín González, *El Real Sitio de Valsaín*, Madrid, Alpuerto, 1992, lámina XI.

hecho que iba mucho más allá de lo decorativo. Con ellas se asimilaba un conglomerado ideológico único que superaba lo representativo, una unidad espacial cuyos hitos de dominio y explotación venían representados por tales edificios, concebidos como realidades diferentes, pero filosóficamente unitarias.

En el plano arquitectónico, como ha destacado Merlos, ello remitía al principio albertiano del carácter público de un palacio principesco, que, como decimos, tenía repercusiones en el plano de la policía urbana, caso de la ampliación de la tipología arquitectónica palaciega a ámbitos no destinados a la propia residencia real como la Casa de Oficios[76]. Se trataba de una continuidad de orden doméstico, determinada por la obligación del rey *paterfamilias* de proteger a sus servidores. Con ello, volvemos a esa dimensión palaciega determinada no por su forma, sino por su función, o por sus funciones, de las que formaba parte capital la administrativa, en tanto ser padre consistía fundamentalmente en administrar. De ella dependía la cohesión espacial que daba sentido al propio palacio.

BIBLIOGRAFÍA

Álvarez de Quindós y Baena, Juan Antonio, *Descripción histórica del real bosque y casa de Aranjuez*, Aranjuez, Doce Calles, 1993.

Aramburu-Zabala Higuera, Miguel Ángel, *La arquitectura de puentes en Castilla y León, 1575-1650*, Valladolid, Junta de Castilla y León, 1992.

—, *Autos y acuerdos del Consejo, de que se halla memoria en los libros, desde el año de 1532, hasta el presente de 618. Mandados imprimir por el ilustríssimo señor don Fernando de Azevedo, Arçobispo de Burgos, Presidente del Consejo, y señores dél*, Madrid. Por Luis Sánchez, 1618.

[76] Magdalena Merlos Romero, *Aranjuez y Felipe II...*, p. 103. Para la confusión y superposición de espacio palaciego y ámbito urbano, Javier Pérez Gil, "Arquitectura y ciudad: el espacio representativo del palacio real de Valladolid", en Javier Pérez Gil (coord.), *El palacio real de Valladolid y la ciudad áulica*, Valladolid, Instituto Universitario de Urbanística, 2021, pp. 97-142.

Baillie, Hugh Murray, "Etiquette and the planning of the state apartments in baroque palaces", *Archaelogia or Miscellaneous Tracts relating to Antiquity*, 101 (1967), pp. 169-199.

Barbeito, José Manuel, *El Alcázar de Madrid*, Madrid, COAM, 1992.

Brunner, Otto, *Terra e Potere. Strutture pre-statuali e pre-moderne nella storia costituzionale dell'Austria medievale* (introd. de Pierangelo Schiera), Milán, Giuffré Editore, 1983.

Cervantes, Pedro de y Cervantes, Manuel Antonio de, *Recopilación de las Reales Ordenanzas de los bosques del Pardo, Aranjuez, Escorial y Balsaín…*, Madrid, Melchor Álvarez, 1687, 2 vols.

—, *Corpus Documental de Carlos V* (ed. al cuidado de Manuel Fernández Álvarez), vol. III, Salamanca, Universidad de Salamanca, 1977.

Cos-Gayón, Fernando, *Historia jurídica del Patrimonio Real*, Madrid, Enrique de la Riva, 1881.

—, *Crónicas de los Reyes de Castilla. Desde don Alfonso el Sabio, hasta los católicos don Fernando y doña Isabel…* Cayetano Rossell (ed.), vol. II, Madrid, Atlas, 1953.

Ezquerra Revilla, Ignacio, *El Consejo Real de Castilla bajo Felipe II: grupos de poder y luchas faccionales*, Madrid, Sociedad Estatal para la Conmemoración de los Centenarios de Felipe II y Carlos V, 2000.

Fantoni, Marcello, Gorse, George y Smuts, Malcolm, *The Politics of Space: European Courts, ca. 1500-1750*, Roma, Bulzoni, 2009.

Fernández de Córdova y Miralles, Álvaro, *La Casa y Corte de Isabel I (1474-1504). Ritos y ceremonias de una reina*, Madrid, Dykinson, 2003.

Foronda, François, "Las audiencias públicas de la reina Isabel en Sevilla, 1477: ¿la resorción administrativa de un improbable ritual de gobierno?", en Nieto Soria, José Manuel y López-Cordón Cortezo, María Victoria (eds.), *Gobernar en tiempos de crisis: las quiebras dinásticas en el ámbito hispánico 1250-1808*, Madrid, Sílex, 2008, pp. 133-171.

—, "Etiquetas generales que han de obserbar los criados de la casa de Su Magd en el uso y exercicio de sus oficios" en José Martínez Millán y Santiago Fernández Conti (coords.), *La Monarquía de Felipe II: la Casa del Rey*, Madrid, Fundación Mapfre-Tavera, 2005, vol. II, pp. 835-999.

Frigo, Daniela, *Il padre di famiglia. Governo della casa e governo civile nella tradizione del 'economica' tra Cinque e Seicento*, Roma, Bulzoni, 1985.

Gárate Fernández-Cossío, Pablo, *El Palacio de Valsaín: una reconstitución a través de sus vestigios*, Tesis Doctoral presentada en la Escuela Superior de Arquitectura. Universidad Politécnica de Madrid, 2012.

García Tapia, Nicolás y Redondo Cantera, María José, "El Real Sitio de Aranjuez bajo Carlos V entre 1534 y 1538: la preparación de un ecosistema cinegético", en María José Redondo Cantera y Miguel Ángel Zalama (coords.), *Carlos V y las Artes. Promoción artística y familia imperial*, Valladolid, Junta de Castilla y León-Universidad de Valladolid, 2000.

Ginzburg, Carlo, "Representation: le mot, l'idée, la chose", *Annales. Economies. Sociétés. Civilisations*, 46-6 (1991), pp. 1219-1234. Disponible en https://doi.org/10.3406/ahess.1991.279008.

González Dávila, Gil, *Teatro de las Grandezas de la villa de Madrid*, Valladolid, Maxtor 2003 (ed. facsímil de la de Madrid, 1623).

Guillaume, Jean (dir.), *Architecture et vie sociale. L'Organization intérieure des grandes demeures à la fin du Moyen Age et a la Renaissance*, París, Editions A&J Picard, 1994.

—, *Juan Gómez de Mora (1586-1648). Arquitecto y trazador del rey y maestro mayor de obras de la villa de Madrid*, Madrid, Ayuntamiento de Madrid, 1986.

Kagan, Richard L. (dir.), *Ciudades del Siglo de Oro: las vistas españolas de Anton Van Den Wyngaerde*, Madrid, El Viso, 2008.

Ladero Quesada, Miguel Ángel, *Los Alcázares Reales en las ciudades de Castilla (Siglos XII a XV)*, Segovia, Patronato del Alcázar de Segovia, 2002.

—, "Los Alcázares Reales en la Baja Edad Media castellana: política y sociedad", en Miguel Ángel Castillo Oreja (ed.), *Los Alcázares Reales*, Madrid, Fundación BBVA-Antonio Machado Libros, 2001, pp. 11-35.

Manuel Valdés, Carlos, *Estudio Histórico-Silvícola del Monte de Valsaín (Siglos XVI-XX)*, Madrid, Organismo Autónomo Parques Nacionales, 1997.

Marichalar, Antonio, "Tres figuras del XVI. Hernán Suárez de Toledo, Felipe de Borgoña y Briviesca Muñatones", *Escorial*, 50 (1944), pp. 9-67.

Martín González, Mª. Ángeles, *El Real Sitio de Valsaín*, Madrid, Alpuerto, 1992.

—, *Memorias de don Enrique IV de Castilla. Contiene la colección diplomática del mismo rey compuesta y ordenada por la Real Academia de la Historia*, Madrid, Real Academia de la Historia, 1913.

Merlos Romero, Mª. Magdalena, *Aranjuez y Felipe II. Idea y forma de un Real Sitio*, Madrid, Dirección General de Patrimonio Cultural de la Comunidad de Madrid-Concejalía de Educación y Cultura del Ayuntamiento de Aranjuez, 1998.

Molenat, Jean Pierre, "La chasse dans la region toledane entre le XIIe et le XVIe siécles", *Chasse au Moyen Age. Acte du colloque de Nice*, París, Belles Lettres, 1980, pp. 275-284.

Morán Turina, José Miguel y Checa Cremades, Fernando, *Las casas del Rey. Casas de Campo, Cazaderos y Jardines. Siglos XVI y XVII*, Madrid, El Viso, 1986.

Nieto Soria, José Manuel, "La transpersonalización del poder regio en la Castilla bajomedieval", *Anuario de Estudios Medievales*, 17 (1987), pp. 559-570.

Núñez de Castro, Alonso, *Libro Histórico Político, solo Madrid es Corte y el cortesano en Madrid*, Valencia, Librerías París-Valencia, 1996 (ed. facsímil de la de Roque Rico de Miranda, Madrid, 1675).

Pérez Gil, Javier, *El Palacio Real de Valladolid: sede de la Corte de Felipe III (1601-1606)*, Valladolid, Universidad de Valladolid-Cuarta Subinspección General del Ejército, 2006.

—, "Arquitectura y ciudad: el espacio representativo del palacio real de Valladolid", en Javier Pérez Gil (coord.), *El palacio real de Valladolid y la ciudad áulica*, Valladolid, Instituto Universitario de Urbanística, 2021, pp. 97-142.

Pinto Crespo, Virgilio, "Los espacios de la Corte, territorio y jurisdicción: el Real Sitio de Aranjuez a mediados del siglo XVI", en Concepción Camarero Bullón y Félix Labrador Arroyo (dirs.), *La extensión de la Corte: los Sitios Reales*, Madrid, Universidad Autónoma de Madrid, 2017, pp. 133-158.

Portús Pérez, Javier, "El retrato vivo: fiestas y ceremonias alrededor de un rey y su palacio", en Fernando Checa (dir.), *El Real Alcázar de Madrid: dos siglos de arquitectura y coleccionismo en la corte de los reyes de España*, Madrid, Comunidad de Madrid-Nerea, 1994, pp. 112-130.

Rivero Rodríguez, Manuel y Ezquerra Revilla, Ignacio, "La caza en la Casa y Corte de Felipe II", en José Martínez Millán y Santiago Fernández Conti (coords.), *La monarquía de Felipe II: la casa del rey*, Madrid, Fundación Mapfre-Tavera, 2005, vol. I, pp. 377-430.

Senos, Nuno, *O Paço da Ribeira: 1501-1581*, Lisboa, Notícias, 2002.

Suárez Fernández, Luis, "Origen y evolución del Palacio Real en la Edad Media", en VV.AA., *Residencias Reales y Cortes itinerantes*, Madrid, Patrimonio Nacional, 1994, pp. 27-34.

Vallejo, Jesús, "Concepción de la Policía", *Cuadernos de Derecho Judicial*, 7 (2008), pp. 115-144.

TIPOS ARQUITECTÓNICOS EN LAS NUEVAS CIUDADES DE LOS SITIOS REALES. ARANJUEZ COMO ANTECEDENTE[1]

Miguel Lasso de la Vega Zamora
Universidad Europea de Madrid

Son conocidas las sucesivas órdenes reales que ratificaban el deseo de Felipe II de que no se configurara una población permanente en el entorno de los palacios de los sitios reales, manteniendo su aislamiento en pro del equilibrio con la naturaleza y del disfrute exclusivo del monarca, de modo que solo pudieran residir en ellos oficiales, guardas y laborantes vinculados al heredamiento[2]. El problema surgió inmediata, pero también crecientemente ante la necesidad de dar alojamiento a quienes seguían al soberano en sus jornadas a los sitios próximos a Madrid, obligando a la búsqueda de aposentos en poblaciones más o menos vecinas para los cortesanos y miembros del séquito real, pues por su cargo o a falta de él no tenían habitación en el propio palacio o en las casas de oficios que lo complementaban[3]. Precisamente, estas casas de oficios se pueden considerar el primer tipo edificatorio canónico surgido en los sitios reales, además del palacio, y también la más temprana manifestación de un propósito

---

[1] Esta investigación se desarrolla en paralelo con el proyecto de investigación en el que participa el autor: "El paisaje periurbano de Madrid: visiones desde la memoria hacia la nueva ciudad", PID2019-110693RB-I00, Ministerio de Ciencia e Innovación – Agencia Estatal de Investigación/10.13039/501100011033.

[2] "No permitiréis ni daréis lugar que en la dicha Aranjuez ninguna persona haga casa propia, ni se avecinden ni residan más de solamente los oficiales y personas que en esta Instrucción van declaradas que necesariamente fuere menester para el servicio de la dicha Aranjuez y de las obras, porque así conviene a nuestro servicio". *Instrucciones Reales de Felipe II*, Artículo 64, AGS. CSR, leg. 255. Véase Mª Ángeles Toajas Roger, "Las ordenanzas de Aranjuez en los siglos XVI a XVIII: referentes documentales para la historia y la arquitectura del Real Sitio", *Anales de Historia del Arte*, 6 (1996), p. 93.

[3] Miguel Lasso de la Vega Zamora, "La ciudad y el palacio. La urbanización de los Sitios Reales en el siglo XVIII", en José María García-Pablos Ripoll (ed.), *Ciudades con Proyecto (I)*, Madrid, Ediciones Rueda, 2019, pp. 29-36.

de planificación urbana permanente, de la organización y embellecimiento del territorio inmediato[4].

Piénsese que la casa de Oficios del nuevo palacio de El Pardo, construida por Luis de Vega, ya estaba concluida en 1548, y que Valsaín contaba con otra también ejecutada por Gaspar de Vega no mucho después, a instancia del entonces príncipe Felipe y luego rey. Ambas tenían en origen planta rectangular, disponiéndose las distintas dependencias, cocinas, despensas, caballerizas con sus pesebreras, capilla, alrededor de un gran patio porticado que, en El Pardo, se resolvía con pilares de piedra y arcos de ladrillo, y se separaba del palacio por una calle o plaza, la cual podía cubrirse en algún punto para conectar los edificios.

En el caso de Aranjuez, su casa de Oficios se remonta a 1563, cuando Juan Bautista de Toledo recibe la orden de trazarla de nueva planta en paralelo a un palacio que debía sustituir a la casa maestral. El proyecto fue retomado por Juan de Herrera catorce años después[5], planteándose de modo similar a los casos anteriormente citados: un caserón de planta cuadrada, dividido en dos sectores, norte o propiamente de oficios, con piezas en torno a tres patinejos, y sur o de Caballeros, con gran patio rectangular porticado, que recuerda a algunas soluciones de *domus* romanas y monásticas[6]. El acceso se producía por el norte a través de un pórtico de piedra con su ándito superior, que a partir de 1584 sería prolongado por los frentes oriental y occidental conforme a un nuevo proyecto de Herrera, dotando al conjunto de unidad. Incluso se enlazaría con el palacio mediante un paso también de dos pisos, a modo de galería adintelada y cubierta en

---

[4] Se explica así que, además de configurar un primer tipo arquitectónico, las casas de oficios fueran la base para la ordenación de los sitios dos siglos más tarde, cuando la corte se asiente y expanda por ellos. Véase José Luis Sancho Gaspar, *La Arquitectura de los Sitios Reales, catálogo histórico de los palacios, jardines y patronatos reales del Patrimonio Nacional*, Madrid, Patrimonio Nacional, 1995.

[5] Juan José Martín González, "El palacio de Aranjuez en el siglo XVI", *Archivo Español de Arte*, 139 (1962), pp. 237-252.

[6] José Muñoz Domínguez, "Ideas del Duque de Béjar para el Real Sitio de Aranjuez en 1580", *Studia Historica: Historia Moderna*, 40-2 (2018), pp. 305-343. https://doi.org/10.14201/shhmo2018402305343. Además, este autor propone fechar el conocido plano de las Huertas de Picotajo, en el que se recoge el proyecto de Juan de Herrera entre 1577-1578. Véase: "Plano de las Huertas de Picotajo, con el Palacio Real y la Casa de Oficios, atribuido a Juan de Herrera", ca. 1577-1578, BPRM, dib. IX-M-242.

el bajo. Aunque no se conserva la documentación, esta modificación de Herrera de su plan podría ser la base de la casa de Oficios actual, creando una más adecuada separación entre la residencia real y sus servicios y a la par vinculación, con un fácil paso del rey de una a otros por el ándito superior para mejor contemplar los espectáculos caballerescos en la plaza de Parejas, con la que lindaba hacia el oeste.

La existencia de estos corredores porticados y abiertos, unificando dependencias a la manera de Palladio y cerrando la dicha plaza de Parejas, además de su dicha utilización como miradores, remite al palacio de Valsaín, algo anterior al de Aranjuez, y ahonda en las diferencias conceptuales con el sitio de San Lorenzo, éste un retiro espiritual, aquél recreativo.

En cuanto a las galerías, estaban constituidas por una monótona sucesión de pilares lisos, con capitales cúbicos de orden toscano y arcos de medio punto, cuya austeridad entronca con la estética contrarreformista, basada en la pureza de las formas[7]. Los arcos de los pórticos se construyeron con piedra blanca de Colmenar, así como las molduras, cornisa y pedestales, éstos adornados con bolas de bronce, siendo la balaustrada de hierro. Las enjutas y las bóvedas interiores de cañón con lunetos se ejecutaron en fábrica de ladrillo, estando primitivamente encaladas.

Las décadas y los reinados pasaban, pero las obras en la casa de Oficios de Aranjuez apenas se adelantaban, igual que en el palacio, por lo que el problema de los alojamientos se agravaba, obligando a la construcción de viviendas para quienes tenían presencia obligada en el sitio y equipamientos para atender a sus necesidades materiales y espirituales. Estas edificaciones no se vieron sometidas a una estructura urbana definida, levantándose donde se estimó más conveniente. En cualquier caso, el añorado aislamiento acabó siendo una situación más ficticia que real[8].

[7] Juan José Martín González, "El palacio de Aranjuez...".

[8] En 1628 se repartieron en Aranjuez 598 bulas de la Santa Cruzada, lo que permitió al fallecido cronista Ángel Ortiz Córdoba fijar el número de residentes por entonces en la nada inestimable cifra de 1.200. Véase: Ángel Ortiz Córdoba, *Aldea, Sitio, Pueblo. Aranjuez: 1750-1841*, Aranjuez, Doce Calles, 1992, pp. 233-234.

Las conocidas vistas del flamenco Jehan Lhermite[9] y otra anónima[10], fechadas respectivamente hacia 1590 y antes de 1630, muestran la incipiente casa de Oficios, no conforme a la propuesta primitiva de 1577, y su escasa evolución en cuatro décadas, aunque se respeta el solar de su futuro crecimiento. A su alrededor han ido surgiendo una serie de abigarradas y funcionales construcciones, sin unidad ni proporción entre ellas, de una o dos plantas, delimitando una gran explanada curva, sensiblemente escarpada. Es la que andando el tiempo habría de denominarse plaza de la Campana del Trabajo, nombre ligado al residente laborante, donde no faltaba la capilla y su espadaña, en la que el dicho sonoro instrumento se situaría.

Otras manzanas se diseminaban alrededor del cuarto real, pero distantes, con distintos tipos constructivos: el mesón, las reales caballerizas, la sierra de agua, corrales de la leña y el ganado, las casas vieja y nueva de la munición y otros almacenes, así como viviendas para oficiales y criados. Destacaba entre éstas la del gobernador del sitio, de muy buena factura, donde hoy está el jardín del Parterre, la cual había pertenecido al alcaide Gonzalo Chacón, importante personaje de la corte de los Reyes Católicos.

Con el reinado del último Austria se preparó desde el punto de vista urbanístico la transformación borbónica, pues Carlos II permitió la construcción de nuevas habitaciones en el sitio, como la casa del Superintendente de las Obras Reales, a instancia del marqués de Malpica, próxima al palacio y al río, al que tenía vistas por su frente norte. Se trataba de una obra del luego maestro mayor de las obras reales José del Olmo, anterior a 1681, quién pudo haber participado también en las nuevas caballerizas realizadas para la yeguada de la reina, incluyendo la vivienda de sus criados, pues se conoce que su

---

[9] Véase Jesús Sáenz de Miera, *El Pasatiempos de Jehan Lhermite. Memorias de un Gentilhombre Flamenco en la corte de Felipe II y Felipe III*, Madrid, Doce Calles, 2005.

[10] Anónimo: Vista del Real Sitio de Aranjuez (Museo Nacional del Prado), nº de catálogo P07090, ca. 1636. A pesar de le fecha de catálogo, esta vista debe ser anterior a 1613, pues no refleja obras realizadas a partir de este momento. Véase: José Muñoz Domínguez, "Ideas del Duque de Béjar...", p. 317.

encargado fue Manuel de Torija, perteneciente a su círculo profesional y familiar[11].

No se ha identificado con certeza su emplazamiento, tal vez coincidente con las llamadas Reales Caballerizas, junto a la casa del gobernador o de Gonzalo Chacón, pero sí se sabe que la real orden para su construcción lleva fecha del 3 de marzo de 1685 y que se ajustó el caudal necesario en 70.000 reales de vellón[12], aumentados cinco años más tarde con otros 50.000[13]. Su ejecución parece responder a un plan global de construcción de caballerizas en todos los sitios reales, atribuido al dicho José del Olmo.

La falta de orden compositivo, urbano y arquitectónico del lugar y la visión nada agradable que del mismo se obtenía desde las habitaciones reales del palacio, orientadas a mediodía y levante, lo demuestran las vistas de Michel-Ange Houasse, cuando ya se hallaba definitivamente entronizado Felipe V, recogiendo en la del sureste la plaza de la Campana del Trabajo y el caserío circundante, horizontal, frente a la esbelta pirámide o respiradero del canal de agua, construido en el siglo XVII[14]. Hace comprender esta vista el deseo real de hermosear el entorno del palacio, a la par que se reanudaban las obras para su conclusión[15], y también el dar mejor acomodo a los cortesanos, pues su falta era muy criticada, especialmente por los visitantes extranjeros.

En este sentido se retomó la ejecución de la casa de Oficios y Cuarto de Caballeros, la primera conforme al proyecto de Herrera

---

[11] Virginia Tovar Martín, *Arquitectura madrileña del siglo XVII*, Madrid, Instituto de Estudios Madrileños, 1983, p. 537.

[12] AGP. AG, caja 14.130.

[13] AGP. AG, caja 14.131.

[14] Michel-Ange Houasse, *Las casas de oficios y el palacio de Aranjuez desde el sureste*, ca 1720-1724, Palacio Real de Madrid, Patrimonio Nacional. Véase: José Luis Sancho Gaspar, "Las vistas de los Sitios Reales por M.-A. Houasse. El sueño de un silencio", en *El arte en la corte de Felipe V. Catálogo de exposición*, Madrid, Patrimonio Nacional-Museo Nacional del Prado-Fundación Caja Madrid, 2002, pp. 195-212.

[15] El 14 de agosto de 1715, Felipe V aprobaba los planos de conclusión del palacio firmados por Pedro Caro Idrogo, bajo la supervisión del maestro mayor Teodoro Árdemans, y conforme al proyecto de Juan de Herrera. Véase: Juan Antonio Álvarez de Quindós y Baena, *Descripción histórica del Real Bosque y Casa de Aranjuez, dedicada al rey Nuestro Señor*, Madrid, Imprenta Real, 1804, p. 199 y Eugenio Llaguno y Amirola y Juan Agustín de Ceán Bermúdez, *Noticias de los arquitectos y arquitectura de España desde su restauración*, Madrid, Imprenta Real, 1829, tomo IV, p. 98.

de 1584, a quién adeuda su carácter clasicista y el juego bicromático de la piedra y el ladrillo[16], mientras que el segundo, que daría como resultado el conjunto actual, bien pudo ser aportación de Juan Gómez de Mora, alrededor de un gran patio y con mayor altura, iniciado en los reinados siguientes. No obstante, en otra vista de Houasse del palacio desde el mediodía, pintada por entonces, se observa al fondo la galería que, desde la torre de la capilla, cierra el jardín del Rey, y a la izquierda las inconclusas casas de Oficios, con pórticos y ánditos hacia la plaza de Parejas, en la parte más próxima a la residencia regia, siendo el resto una amalgama de construcciones de distintas alturas y soluciones formales[17].

Significativo fue también el traslado y nueva construcción de las aludidas Reales Caballerizas o casa de la Regalada hacia 1725 al sur de la dicha de Oficios, separándose de ésta por la hoy calle de San Antonio y alineándose sus frentes, lo que, por tanto, suponía que lindara a poniente con el Camino de Ontígola y quedara inmediata a la plaza de Parejas y al sector palatino. Estas caballerizas nuevas tenían planta rectangular, originalmente con cuatro alas y distinto número de crujías porticadas de pies derechos de madera en cada una de ellas, organizándose alrededor de un gran patio de 48 metros de anchura, con su pilón o abrevadero al norte. Contaba con un solo nivel más buhardillas, el primero para los animales y el segundo para alojamiento de la servidumbre vinculada al edificio.

A pesar de todo, Felipe V mantuvo las prohibiciones de avecindamiento, pero fue calando en su ánimo la necesidad de ordenar y regular y, en consecuencia, favorecer el nacimiento de una nueva ciudad. Reflejo del progresivo cambio de actitud es la ejecución en 1735 de seis casas adosadas para la real servidumbre durante las

---

16 Matilde Verdú Ruiz, "Casa de Oficios y Casa de Infantes", en Virginia Tovar Martín (dir.), *Plaza de San Antonio: Arte, Historia y Ciudad*, Aranjuez, Doce Calles, 1989, pp. 51-73.

17 Es una vista curiosa que muestra un desarrollo hacia el oeste de la galería de las casas de oficios de similar longitud a la que refleja la vista de Lhermite, pero menor que en la pintura anónima del Museo del Prado, sobre lo que se abre todo tipo de conjeturas. ¿Era ésta una vista idealizada? ¿se arruinó el último tramo de la galería por el abandono de la construcción? Sin duda se precisa de un estudio más profundo. Véase: M.A. Houasse, *El palacio de Aranjuez desde el mediodía*, ca 1720-1724, Palacio de la Moncloa, Madrid, Patrimonio Nacional.

jornadas, siguiendo las directrices del maestro cantero Miguel de Betelú, las cuales, de gran sencillez constructiva, ocupaban solares rectangulares de 10 metros de fondo y contaban con dos niveles, así como el proyecto de un mesón ocho años más tarde, de planta cuadrada y dos patios, principal y accesorio[18]. En este caso su autor era el maestro italiano Giacomo Bonavía, situándose ambos conjuntos en el inmediato lugar de Alpajés, separados a cierta distancia del núcleo palatino, pero recogiendo la necesidad de solucionar la referida escasez e incomodidad de los aposentos.

En relación con esta actividad inmobiliaria puede entenderse mejor la promulgación de la instrucción para el gobierno de las obras en el real sitio de Aranjuez, ratificada en El Pardo el 6 de marzo de 1744 y firmada por el aparejador José de Iztueta, maestro mayor de las obras reales, José Frasca, que sustituirá interinamente a aquél en este puesto, a su muerte en 1745, y el dicho Bonavía. Fue posiblemente éste el inspirador del texto, pues desde hacía un tiempo andaba por estos lares, como se ha visto, y había ido escalando puestos más propios de arquitectos que de pintores o escenógrafos, a lo que respondía su formación. Dicha instrucción no tenía aún el carácter de normas urbanísticas, pero en ella se incidía en la regulación y economía del proceso constructivo y se exponía un nuevo modelo organizativo de personal en las obras, próximo al francés, con delimitación de cargos y funciones, algunos innovadores, como la existencia de un director, que obtendría finalmente Bonavía el 29 de septiembre de 1745[19].

Por eso el terreno estaba abonado cuando en el reinado siguiente, el de Fernando VI y Bárbara de Braganza, el aumento del aparato cortesano durante las jornadas y la función lúdica y suntuaria que ambos le habían otorgado al sitio precisara de un adecuado marco para desarrollarse, un teatro barroco con el que expresarse dignamente. Su materialización se produjo mediante una ciudad palatina a la manera de Versalles y otras cortes europeas[20], con la que sustituir a las

[18] Santiago Bonavía, *Proyecto de Casa Mesón*, 1743, AGP, Plano 1.352.

[19] Mª Ángeles Toajas Roger, "Las ordenanzas de Aranjuez……", pp. 101-105.

[20] Antonio Bonet Correa, "El Real Sitio y Villa de Aranjuez en el siglo XVIII. Arquitectura y urbanismo", en AA. VV., *El Real Sitio de Aranjuez y el arte cortesano del siglo XVIII, Catálogo de exposición*, Madrid, Comunidad de Madrid y Patrimonio Nacional, 1987, pp. 19-20.

antiestéticas, antiguas y mal dispuestas edificaciones y a las barracas provisionales de lienzos y esteras para los que seguían al monarca, es decir, las de los vianderos con poca fortuna o posición, atraídos por cuestiones comerciales.

En 1748 ya habían determinado los reyes la derogación de las prohibiciones para la urbanización del entorno del palacio y la aprobación de la construcción de la nueva ciudad de Aranjuez[21]. En ella pesó la opinión de sus próximos, algunos secretarios de Estado, influidos por sus experiencias foráneas, y especialmente el célebre cantante y músico Carlo Broschi "Farinelli", su privado o valido cultural, cuya influencia en la adopción de un refinado gusto artístico en la corte fernandina no ha sido suficientemente estudiado.

Sabemos que Farinelli participó en la supervisión del trazado urbano, especialmente en la ordenación de la gran plaza cortesana de San Antonio y la iglesia de este nombre, que vendría a sustituir a la anterior de la Campana del Trabajo y su capilla, y que contó con la ayuda de su paisano el referido Bonavía. Esta iglesia de San Antonio preside el conjunto urbano pero subordinado a la composición general y a la escala, sin restarle significación. El arquitecto utiliza aquí la escenografía, donde el volumen cilíndrico del templo y el pórtico cóncavoconvexo que le antecede y enlaza con las galerías que circunda la plaza, demostrando su vocación urbana, es la escena de un gran salón cortesano, y a la vez el altar exterior para celebraciones litúrgicas[22]. La influencia en el conjunto, según Virginia Tovar, era berniniana, aunque también recuerda el esquema del palacio Stupinigi en Milán, de Filippo Juvarra, un cilindro con dos ejes diagonales que se proyectan en el paisaje[23].

La fachada se caracteriza por su horizontalidad y dinamismo, así como por los contrastes de luces y sombras y el bicromatismo de la piedra y el ladrillo. Su estrada es triunfal, ligera y sobria, cuyas líneas acentúan el efecto perspectivo, al no existir la convergencia en un

---

[21] Juan Antonio Álvarez de Quindós y Baena, *Descripción histórica del Real Bosque y Casa de Aranjuez…*, p. 234.

[22] José Luis García Grinda, *Guía de Aranjuez, el paisaje construido*, Madrid, Comunidad de Madrid-Ayuntamiento de Aranjuez, 2008, p. 84.

[23] Virginia Tovar Martín, "Capilla de San Antonio y Hospedería de franciscanos de la Esperanza", *Reales Sitios*, 56 (1978), pp. 12-16.

punto, sino en diversos. A otra escala, este frente se ha relacionado con el Santuario de la Madonna di San Luca en Bolonia, obra de Carlo Francesco Dotti, algo anterior y que quizás pudo conocer Bonavía[24].

Lógicamente, la cercanía del arquitecto con Farinelli, y la satisfacción en la respuesta a lo encomendado, explica que se acabara ocupando aquél del ambicioso proyecto urbano de Aranjuez[25], cubriendo sus carencias formativas con maestros arquitectos y de obras puestos a su servicio, Alejandro González Velázquez, Juan Esteban, Manuel López Corona o Jaime Marquet. Esta experiencia les supuso a estos ayudantes la oportunidad de dirigir después la construcción de nuevas ciudades en los sitios reales y hace entender que se extendiesen a ellos los tipos arquitectónicos ensayados en Aranjuez[26].

El plan urbano de Aranjuez ya se intuye en el proyecto de traída de aguas dulces al real sitio de 1749[27], pero se formalizó al siguiente[28] con dos sectores: uno occidental, en torno al palacio y los jardines, y el oriental, o propiamente la ciudad, quedando la Plaza de San Antonio como charnela entre ambos, antesala delimitada por los edificios más representativos.

La retícula ortogonal de la ciudad, a la que se superpuso un tridente, contaba con anchas calles y plazas, alejadas de la residencia real, con funciones comerciales. Sobre ella, la corona inicia con un ritmo casi frenético, y como principal promotor, la construcción de casas o cuartos de jornada para cortesanos y empleados, así como las oficinas públicas y equipamientos necesarios para que la ciudad renaciera estacionalmente, que despertara de su letargo con la presencia del rey.

El primer edificio que se adaptó al nuevo plan fue el denominado "Hospitalillo" o casa de curación de enfermos intransportables,

[24] Cristóbal Belda Navarro (ed.), *Los siglos del Barroco*, Madrid, Akal, 1997, p. 121.

[25] Virginia Tovar Martín, "Santiago Bonavía, arquitecto principal de las obras reales de Aranjuez", *Anales de Historia del Arte*, 7 (1997), pp. 123-155.

[26] Miguel Lasso de la Vega Zamora, "Aranjuez, siglos XVII y XVIII", en AA. VV., *Arquitectura y Desarrollo Urbano. Comunidad de Madrid, Zona Sur*, tomo IX, Madrid, Comunidad de Madrid-Fundación Caja Madrid- Fundación COAM, 2004, p. 78.

[27] Santiago Bonavía, *Plan del viaje que debe hacer la cañería para la conducción de las fuentes de la Aldehuela y Aljivejo al Rl. Sitio de Aranjuez*, 1749, AGP. Plano 1.063.

[28] Se conoce un primer borrador del mismo. Veáse: Santiago Bonavía, *Plano general de la población de Aranjuez*, 1750. AGP. Plano 1.082.

remitida su traza por Bonavía el 27 de junio de 1750, queriendo el arquitecto que sirviese de modelo a los demás, "que en adelante se hubiesen de hacer"[29]. Estaba ubicado al sur de la Capilla y cuarto de San Antonio y fue construido con sencillez, pero con solidez, a base de pilares de ladrillo y tapias de tierra entre uno y otro, revocado el exterior, aleros de madera y cubierta de teja cerámica.

En la memoria de su proyecto se expresaba su organización con seis lugares para camas por cada sexo, "con cocinita y quarto para una mujer que deba asistir a los enfermos; hay dos cuartitos para la convalecencia y para poder estar un religioso en caso preciso de asistir a moribundos". El plano de planta y alzado conservado muestra su distribución interior en espina de pez, según un muro central que divide el espacio y en el que se observa una escalera en un extremo para bajar al semisótano. La diferencia de cota entre el interior y el exterior se salvaba con una grada semicircular que invadía la vía pública y conectaba ésta con la puerta de acceso, descentrada en la fachada, predominando los aspectos formales sobre los compositivos. Muy característicos son los marcos uniendo los huecos de los dos niveles, propios del barroco castizo, que no habrían de tener, a pesar de las intenciones de Bonavía, seguimiento en la ornamentación de edificios posteriores de la localidad[30].

Unos días más tarde este arquitecto firmaba la casa de Farinelli en la calle del Príncipe, cedida en propiedad por Fernando VI al músico y hoy absorbida por el palacio de los duques de Osuna[31]. Si bien, atendiendo a los levantamientos de éste[32], su núcleo principal podría identificarse con la esquina sureste de la parcela, habiendo podido ser su planta en L, abierta hacia la calle de la Reina, o en U, cerrando la manzana. La casa tenía dos pisos, bajo más primero abuhardillado, aquél con mayor altura y ocupado por las habitaciones

---

[29] AGP. AG, caja 14.188.

[30] Julio Gómez y Javier Martínez-Atienza, *La ciudad histórica de Aranjuez. Una lectura arquitectónica*, Madrid, Doce Calles, 2014, p. 196.

[31] Margarita Torrione, "La casa de Farinelli en el Real Sitio de Aranjuez: 1750-1760. (Nuevos datos para la biografía de Carlo Broschi)", *Archivo Español de Arte*, LXIX-275 (1996), pp. 323-333.

[32] Julio Gómez y Javier Martínez-Atienza, *La ciudad histórica de Aranjuez...*, pp. 164-171.

nobles, a las que se accedía por la calle del Príncipe, utilizándose la perpendicular del Capitán para la entrada a las cocheras y caballerizas[33]. Formalmente se trataría de uno de los grupos frecuentes de edificios en Aranjuez, de planta baja o principal más ático, aquí con pequeñas ventanas cuadrangulares en fachada, que acabarían rasgándose en balcones con el tiempo[34]. Hay noticias que se refieren a esta casa de jornada del músico y cantante como una de las más celebradas y concurridas por artistas, músicos e intelectuales, a los que Farinelli agasajaba, cuando la corte permanecía en Aranjuez.

En una memoria de 1755, Bonavía describía una casa de jornada tipo similar a la del músico, destinada también a un personaje bien posicionado en la corte, con una sola planta baja alrededor de un patio y en la que se distribuía el zaguán, portal, salas orientadas a la vía pública, y con chimeneas, hasta seis alcobas, cocina con fogón y hornillas, despensa, carbonera, vertedero, necesarias, caballeriza, cochera, más buhardillas en lo alto.

Paralelamente a estas edificaciones se construía una gran casa de abastos en la plaza de su nombre y sitio de El Machacadero, con nave muy diáfana y dos crujías en U, rodeando un patio, más soportal hacia la vía pública y conteniendo las distintas tiendas: carnicería, tocinería, taberna, botica y administración y almacenes de la renta del tabaco. Contaba con planta baja, en la que se reservaron los pasos para los carruajes hacia el interior de la manzana, sótanos y buhardillas, altura que determinó la de las demás edificaciones que conformaron la plaza para mantener la uniformidad, como los cuartos para el jefe de la Provisión de Aves del Rey, tres panaderías, casa del Aceite y Pescado y varias caballerizas.

En 1751 se le encomendaba a Bonavía un gran cuartel para las Guardias de Corps en un terreno al sur del canal de las Aves, próximo al llamado jardín de la Reina y con frentes alineados a las Caballerizas de la Regalada y a la casa de Oficios y Cuarto de Caballeros, éste

[33] Miguel Lasso de la Vega Zamora, "De casa a palacio. Una nueva mirada a la residencia de los duques de Osuna en Aranjuez", *Anales del Instituto de Estudios Madrileños*, LXVIII (2018), pp. 143-167.

[34] Responde a uno de los tipos de edificios clasificados por los arquitectos Javier Atienza y Julio Gómez en su excelente estudio arquitectónico sobre Aranjuez. Véase: Julio Gómez y Javier Martínez-Atienza, *La ciudad histórica de Aranjuez...*, pp. 102-111.

en construcción por entonces. Se trataba así de crear un conjunto de manzanas en dirección norte-sur, y en el borde occidental de la ciudad, con construcciones auxiliares al servicio del palacio.

El nuevo cuartel se dividía en dos sectores, uno rectangular o principal, al norte, y otro en U auxiliar o posterior, liberando enormes patios, alrededor de los cuales se distribuían las dependencias, cuya disposición no se conoce, pero sí que gozaban de todas las comodidades necesarias. El sector meridional no se concluyó, "quedando estos locales para fraguas y otras dependencias poco interesantes"[35], lo que explica su desprotección urbanística y desaparición al finalizar el siglo XX.

Aún se distingue su portada principal de sillares de piedra de Colmenar y configurada por un arco carpanel entre pilastras dóricas, con su arquitrabe, friso y cornisa correspondientes, ésta ensanchándose en el centro para formar un arco de medio punto y así acoger las armas reales y la inscripción: "Reynando Fernando VI, año de MDCCLII". Su yuxtaposición al hueco superior, hoy cegado, la curvatura de sus líneas, con florones de remate en los extremos o el dicho escudo, borrominesco, expresan la influencia del barroco italiano en Bonavía.

A partir de. 1756 se realizó la Real Ballestería, ampliando las dichas caballerizas de la Regalada hacia el este y completando así la manzana, en línea con los Oficios. En la calle de San Antonio, que la separaba de éstos, se abrió una puerta para crear un eje visual que permitía conectar las edificaciones a través de sus patios, a modo de enfilada, enfatizando el efecto perspectivo[36]. En la ampliación destacaba el ala oriental, "grande y ventilado para cuadras y cocheras", cuyos 12 metros de luz se resolvían con dos líneas porticadas de pies derechos de madera, bien proporcionadas y ordenadas. La edificación tenía su acceso independiente del resto, con zaguán y escalera para subir al piso superior, donde se hallaban los cuartos de

[35] Cándido López y Malta, *Historia descriptiva del Real Sitio de Aranjuez, escrita en 1868 sobre la que escribió en 1804 don Juan Álvarez Quindós*, Aranjuez, Imprenta de D. Cándido López, 1869, pp. 348-349.

[36] Quién planteó esta idea en 1751 fue el caballerizo mayor, a la sazón el duque de Medinaceli, quizás aconsejado por el propio Bonavía. Véase: Virginia Tovar Martín, *Arquitectura madrileña*..., p. 489.

los dependientes de este ramo, la cual sería conocida después como la "Casa del Abanico".

En 1757 Bonavía levantó los dos portales o tinglados, uno para la venta del pan y verduras, y puestos del vidriado, y otro para la provisión de la paja y la cebada, de modo "que pudiesen estar los géneros con aseo y las gentes con comodidad". Se trataba de dos volúmenes de un solo piso y resueltos con estructura racional y sencilla de pilares de ladrillo y cubierta de madera, abiertos por todos los lados, de los que se conserva el segundo. Su volumen de planta rectangular se adapta a la funcionalidad, que no pudieron mantener por mucho tiempo, pues en 1804 ya Quindós afirmaba que ambos tinglados se habían cerrado "y tienen otros destinos"[37].

Los portales estaban ubicados en una alargada y ancha calle o bulevar, con cuatro hileras de árboles, que cerraba la ciudad por el sur a modo de paseo de ronda, la cual acabaría por convertirse, a partir de 1757, en la nueva plaza de Abastos, permitiendo el crecimiento de la ciudad hacia esta orientación. Aquí se levantarían nuevas panaderías con cuatro hornos, pieza de amasar abovedada, corral y caballerizas, y también con soportales[38], así como las casas del Proveedor de las Aves, Pescaderos, formando una manzana entre las calles Almíbar y Capitán, y los almacenes del Carbón y la Leña y otros materiales de las obras, en un solar rectangular detrás de la iglesia y hospedería de San Antonio, conocido como la "Real Casa de la Munición". La construcción de ésta se divide en tres cuerpos formando una L, el principal hacia la Carrera de Andalucía, este y otro con piso bajo, principal y buhardillas y el tercero solamente con uno. Todos se

[37] Juan Antonio Álvarez de Quindós y Baena, *Descripción histórica del Real Bosque y Casa de Aranjuez...*, p. 241.

[38] Esta Casa de la Panadería, entre las calles del Rey y Abastos, con soportales a la manera de los citados tinglados, desapareció al finalizar el siglo XX. También hubo soportales en un edificio al sur del de la Paja y la Cebada, actualmente transformado. Todos demuestran el carácter comercial de las edificaciones en las inmediaciones de la plaza Nueva de Abastos. Véase Julio Gómez y Javier Martínez-Atienza, *La ciudad histórica de Aranjuez...*, p. 182.

organizaban alrededor de dos patios, con galerías porticadas en las orientaciones norte y sur[39].

Otras obras de este momento son las casas de los Cinco Gremios Mayores de Madrid, destinada a arrendamiento, y del Parte y Correos, ésta dividida en dos sectores conforme a su función, cada uno de planta en U alrededor de un patio y cerrados hacia la Carrera de Andalucía por una nave de doble crujía. En su sala central se situaban las cocheras y caballerizas, comunicadas con cada sector, mientras que en cada extremo se dispuso una sala, oval, la septentrional, para la casa del Parte, y circular, la meridional, para la de Correos[40].

Con respecto a la casa de Fogones debió ser construida por el mismo Santiago Bonavía en 1758 sobre otra previa de tiempos de Felipe V, tratando de alejar de la residencia del soberano esta temida parte de los servicios por sus efectos, si bien ubicándola en sus inmediaciones. No obstante, la actualmente conservada en la esquina de la plaza de Parejas con la calle Valera fechada hacia 1772 por algunos autores y asignada su autoría al entonces director de las obras reales, Manuel Serrano. Quizás se trate de una ampliación o adaptación sobre la citada de Bonavía, resultando un volumen de planta rectangular alrededor de un patio, construido con muros de fábrica mixta de ladrillo y cajones de mampostería sobre zócalo de piedra.

Lo que resulta menos dudoso en este proceso es su compleción con un nuevo edificio para "Cocinas nuevas del Fogón", separado del anterior por un patio o callejón y de planta trapezoidal, también en torno a un patio. Las trazas parece que fueron del arquitecto Francisco Sabatini y se concluyó en 1786, introduciendo el abovedamiento para evitar los incendios.

Las caballerizas de la reina Bárbara de Braganza en la calle del Capitán son obra ya de Jaime Marquet de 1758, arquitecto francés presente en el sitio desde el año anterior, las cuales pasarían después al servicio de la reina madre Isabel de Farnesio. Contaban con dos

---

[39] En 1851 este conjunto auxiliar sería reformado por el banquero José de Salamanca, tras adquirirlo de la Corona y con el fin de abrir una fonda de viajeros para 600 plazas. Fue bautizado con el pomposo nombre de Hotel de París, coincidiendo con el renovado auge de Aranjuez como lugar de residencia de la corte. Véase Francisco Nard, *Guía de Aranjuez*, Madrid, Imprenta de la Viuda de D. J. R. Domínguez, 1851.

[40] AGP. AG, caja 14.209.

amplísimos patios y espaciosas escaleras, piso bajo para cocheras y cuadras y alto más buhardillas para las habitaciones de empleados y criados, distribuidas en función de su categoría. Su planta es rectangular, con perfecta armonía entre las partes y dos únicas portadas ejecutadas en sillería caliza, situadas en las calles opuestas del capitán y del rey, forzando la axialidad en la composición. Posiblemente, el volumen integra dos fases correspondientes a cada patio, que explicarían sus observables diferencias compositivas, pues Marquet firmó en 1762 unas condiciones para construir nuevas cocheras y caballerizas a continuación de las existentes, que bien podrían ser estas de la reina[41]. Constituyó, a juicio de López Maltá, la casa "más espaciosa, hermosa y bien fabricada" de las que tenía el rey en la población[42].

En cuanto a las casas construidas por los particulares, éstas se desarrollaron muy lentamente al principio, existiendo dos tipos principales: las casas de familias de nobles, embajadores, políticos y otros altos cortesanos, obligados a seguir al rey en sus desplazamientos, y las destinadas al arrendamiento durante las jornadas, con fines lucrativos y promovidas por individuos de distinta extracción social. Las casas de familia solo suponían la cuarta parte total de las casas y se ubicaron preferentemente en los aledaños del tridente.

En esta arquitectura doméstica se mantenían las mismas pautas compositivas de singularidad, sencillez constructiva y funcionalidad que caracterizaban a las obras de la corona de mayor envergadura, contribuyendo a lograr la regularidad y homogeneidad que hizo célebre a la población de Aranjuez. Algunas casas particulares fueron también proyectadas por Bonavía, como la del marqués de Villacastel[43] en 1751, popularmente llamada del Ataud y situada en el cruce de la calle del Príncipe con la de Infantas. La planta refleja la sucesión de cuartos que se adosan y vinculan unos con otros, reconociéndose el núcleo noble por su geometría regular y mayor desahogo, con el zaguán, sala grande, tocador, alcoba, cuarto de

---

[41] AHPM, protocolo 29.405.

[42] Cándido López Maltá, *Historia descriptiva del Real Sitio de Aranjuez...*, p. 298.

[43] Este primer marqués de Villacastel fue don Joaquín de Olivares y Moneda, mayordomo de semana del monarca y director de las Reales Fábricas de Artillería de La Cavada y Liérganes.

escribir y sala de comer, todas decoradas con molduras, muchas con chimeneas y algunas con buenas vistas hacia el palacio. Tenía un solo nivel bajo más sótano y buhardillas, es decir, en línea con las casas de Farinelli y otras de jornada particulares del primer sector construido en la ciudad. Su realización demuestra las nuevas pautas que había adoptado el arquitecto, es decir, el zócalo de tres varas de piedra berroqueña, muros de mampostería revocados al exterior. La fachada era homogénea en cuanto a la distribución de huecos, alineados verticalmente y equidistantes, la cual se rompía por un gran portón con guardacantones, cuya anchura era proporcional al paso de carruajes, como en tantas otras casas del sitio.

En 1757 se promulga la real orden para la construcción, mantenimiento y conservación de viviendas en Aranjuez, en la cual se favorecía su goce libre por los propietarios y sus sucesores, y la posibilidad de su venta, liberación de cargas que impulsó la aceleración de solicitudes de licencia por los particulares, afianzándose la urbanización de Aranjuez. Una importante medida constructiva en ella contenida fue la ahora prohibición de los muros de tapial, los cuales deberían ser al menos de mampostería, rectificándose así mismo Bonavía en lo que había sido su propuesta de tipo arquitectónico con el dicho "Hospitalillo", pues es evidente que no debió dar el resultado esperado. Además, en la orden se exigió la existencia de un lugar común para las aguas mayores y menores, no permitiéndose verter directamente a la calle[44], y que reflejan la importancia que ahora adquieren las medidas de higiene para evitar olores, detritus y enfermedades, no bien consideradas hasta la fecha.

En definitiva, este reglamento, redactado por Santiago Bonavía, tuvo el interés de ser un precedente para las futuras ciudades nuevas de los demás sitios reales, con medidas compositivas, constructivas y salubres, que buscaron la uniformidad y hermosura de su plan urbano.

Estas pautas urbanísticas llegaron tarde y pronto chocaron con la falta de previsión inicial, pues, frente a la buena compostura del plan, se había permitido lo contrario en el interior de las manzanas,

---

[44] Juan Antonio Álvarez de Quindós y Baena, *Descripción histórica del Real Bosque...*, pp. 237-238.

con irregulares solares más atentos a las posibilidades económicas y caprichos de los promotores que a cuestiones racionales. Bonavía, escenógrafo más que urbanista, acabó por darle más importancia a la apariencia exterior, al telón de fondo de las calles y plazas, ignorando lo que sucedía en las tramoyas.

La primera casa construida según el reglamento fue la llamada de Montesinos[45] en la calle del Príncipe, inaugurando un nuevo tipo de arquitectura doméstica con gran acogida posterior, a base de una planta regular y dos pisos, con zaguán, escalera principal, cochera y caballeriza en el bajo y cuartos bien ventilados y soleados en el alto, en torno a un gran patio central porticado con corredores. La galería interior se resolvía con pies derechos, zapatas, carreras y barandas de madera, mientras que los alzados exteriores se caracterizaban por el zócalo de cantería, material usado también en encadenados, líneas de imposta y cornisas, más las jambas enlazando los huecos. Contaba con rejas en los vanos inferiores y balcones en los superiores y un eje de acceso resuelto con un gran portalón entre guarniciones lisas de cantería y balconada superior del mismo ancho.

La casa de Montesinos es un primer ejemplo del tipo doméstico que se popularizó en Aranjuez, la casa-corredor, la cual lograba el mayor número de células habitables susceptibles de ser arrendadas, con buenas condiciones de iluminación y ventilación. Por otra parte, enraizaba bien con la tradición geográfica de edificios de amplios y frescos patios, con galerías abiertas hacia éstos, no siempre en todos sus frentes, pero convertidas en su principal elemento de comunicación horizontal. Su fin propiciaba la organización de la planta, que llevado al extremo no difería en esencia del uso hostelero, por lo que la culminación de este esquema con corredores en todas las orientaciones se conseguiría en el llamado Parador del Rey, obra de Jaime Marquet de 1761, influido también por la arquitectura cuartelaria de los ingenieros militares, condicionada por la economía y

[45] Don Luis Fernández Montesinos, oficial segundo de la veeduría y contaduría de Aranjuez fue su promotor, tío, por otra parte, del famoso cronista del sitio Juan Antonio Álvarez de Quindós y Baena.

la función. Los siguientes arquitectos del Sitio también adoptarían el tipo corredor en muchas de sus obras, aristocráticas o modestas.

Precisamente, Jaime Marquet habría de sustituir a Bonavía tras su fallecimiento, como director de las obras reales en Aranjuez y por encargo del nuevo monarca Carlos III. Con este rey se continuó y concluyó la gran empresa transformadora del sitio, aunque lo hiciera desde una óptica diferente, más acorde a su carácter metódico, práctico y austero. Se abandonó el carácter suntuario para convertirse en campo experimental de las ideas fisiocráticas, agrícolas, ganaderas, científicas y sociales.

Bajo su reinado nuevos tipos arquitectónicos surgieron, entre cuarteles, equipamientos para la población permanente o temporal y edificaciones destinadas a distintos miembros de la familia real. Además del dicho Parador o Mesón del Rey, se levantaron entre otros un matadero, el hospital, el Coliseo o teatro, la plaza de toros, los cuarteles de Guardias Españolas y Walonas, edificios religiosos, como el convento de San Pascual, y auxiliares, como la casa de las Mulas o las Cocherillas, sumándose las casas de familias y casitas de recreo para el príncipe y los infantes.

La actividad inmobiliaria privada también se mantuvo pujante en todos sus estratos sociales y en su heterogeneidad, nobles, capellanes, militares, arquitectos, maestros y oficiales de obras, criados del rey y la aristocracia o comerciantes, con los mismos fines que en su origen, es decir, para su uso particular y el de sus familias, los menos, o para el arrendamiento.

El mantenimiento de pautas urbanísticas desde 1750, reguladas siete años más tarde, como se ha comentado, conforma una primera etapa constructiva en Aranjuez bajo la influencia de Bonavía, hasta que en 1794 el arquitecto Juan de Villanueva confeccione unas ordenanzas para superar a las anteriores y asegurar la solidez de los edificios y su buena compostura[46]. Con su contribución a la unidad del casco, Villanueva buscaba más que la apariencia, tratando de aplicar criterios

[46] AGP. AG, caja 14.160. Véase Mª Ángeles Toajas Roger, "Las ordenanzas de Aranjuez…", pp. 88-89.

modernos e ilustrados a una ciudad ya en gran medida construida, propia de un tiempo anterior difícilmente modificable.

BIBLIOGRAFÍA

Álvarez de Quindós y Baena, Juan Antonio, *Descripción histórica del Real Bosque y Casa de Aranjuez, dedicada al rey Nuestro Señor*, Madrid, Imprenta Real, 1804.

Belda Navarro, Cristóbal (ed.), *Los siglos del Barroco*, Madrid, Akal, 1997.

Bonet Correa, Antonio, "El Real Sitio y Villa de Aranjuez en el siglo xviii. Arquitectura y urbanismo", en AA. VV., *El Real Sitio de Aranjuez y el arte cortesano del siglo xviii, Catálogo de exposición*, Madrid, Comunidad de Madrid y Patrimonio Nacional, 1987, pp. 17-32.

De la Vega Zamora, Miguel Lasso, "Aranjuez, siglos xvii y xviii", en AA. VV., *Arquitectura y Desarrollo Urbano. Comunidad de Madrid, Zona Sur*, tomo IX, Madrid, Comunidad de Madrid-Fundación Caja Madrid- Fundación COAM, 2004, pp. 38-192.

—, "De casa a palacio. Una nueva mirada a la residencia de los duques de Osuna en Aranjuez", *Anales del Instituto de Estudios Madrileños*, LXVIII (2018), pp. 143-167.

—, "La ciudad y el palacio. La urbanización de los Sitios Reales en el siglo xviii", en José María García-Pablos Ripoll (ed.), *Ciudades con Proyecto (I)*, Madrid, Ediciones Rueda, 2019, pp. 29-36.

García Grinda, José Luis, *Guía de Aranjuez, el paisaje construido*, Madrid, Comunidad de Madrid-Ayuntamiento de Aranjuez, 2008.

Gómez, Julio y Martínez-Atienza, Javier, *La ciudad histórica de Aranjuez. Una lectura arquitectónica*, Madrid, Doce Calles, 2014.

Llaguno y Amirola, Eugenio y Ceán Bermúdez, Juan Agustín de, *Noticias de los arquitectos y arquitectura de España desde su restauración*, Madrid, Imprenta Real, 1829, tomo IV.

López y Malta, Cándido, *Historia descriptiva del Real Sitio de Aranjuez, escrita en 1868 sobre la que escribió en 1804 don Juan Álvarez Quindós*, Aranjuez, Imprenta de D. Cándido López, 1869.

Martín González, Juan José, "El palacio de Aranjuez en el siglo xvi", *Archivo Español de Arte*, 139 (1962), pp. 237-252.

Muñoz Domínguez, José, "Ideas del Duque de Béjar para el Real Sitio de Aranjuez en 1580", *Studia Historica: Historia Moderna*, 40-2 (2018), pp. 305-343.

Nard, Francisco, *Guía de Aranjuez*, Madrid, Imprenta de la Viuda de D. J. R. Domínguez, 1851.

Ortiz Córdoba, Ángel, *Aldea, Sitio, Pueblo. Aranjuez: 1750-1841*, Aranjuez, Doce Calles, 1992.

Sáenz de Miera, Jesús, *El Pasatiempos de Jehan Lhermite. Memorias de un Gentilhombre Flamenco en la corte de Felipe II y Felipe III*, Madrid, Doce Calles, 2005.

Sancho Gaspar, José Luis, *La Arquitectura de los Sitios Reales, catálogo histórico de los palacios, jardines y patronatos reales del Patrimonio Nacional*, Madrid, Patrimonio Nacional, 1995.

—, "Las vistas de los Sitios Reales por M.-A. Houasse. El sueño de un silencio", en *El arte en la corte de Felipe V. Catálogo de exposición*, Madrid, Patrimonio Nacional-Museo Nacional del Prado-Fundación Caja Madrid, 2002, pp. 195-212.

Toajas Roger, Mª Ángeles, "Las ordenanzas de Aranjuez en los siglos XVI a XVIII: referentes documentales para la historia y la arquitectura del Real Sitio", *Anales de Historia del Arte*, 6 (1996), pp. 85-122.

Torrione, Margarita, "La casa de Farinelli en el Real Sitio de Aranjuez: 1750-1760. (Nuevos datos para la biografía de Carlo Broschi)", *Archivo Español de Arte*, LXIX-275 (1996), pp. 323-333.

Tovar Martín, Virginia, "Capilla de San Antonio y Hospedería de franciscanos de la Esperanza", *Reales Sitios*, 56 (1978), pp. 12-16.

—, *Arquitectura madrileña del siglo XVII*, Madrid, Instituto de Estudios Madrileños, 1983.

—, "Santiago Bonavía, arquitecto principal de las obras reales de Aranjuez", *Anales de Historia del Arte*, 7 (1997), pp. 123-155.

Verdú Ruiz, Matilde, "Casa de Oficios y Casa de Infantes", en Virginia Tovar Martín (dir.), *Plaza de San Antonio: Arte, Historia y Ciudad*, Aranjuez, Doce Calles, 1989, pp. 51-73.

DE LA ILUSTRACIÓN AL ROMANTICISMO: LA PERCEPCIÓN DEL PAISAJE DE MONTAÑA DE LOS REALES SITIOS EN LOS RELATOS DE VIAJES

Nicolás Ortega Cantero
Universidad Autónoma de Madrid

Durante el periodo histórico formado por los siglos XVIII y XIX, se produjeron en Europa cambios importantes de muy diversa índole, desde los que afectaron a la organización política y social, hasta los que se movieron en el ámbito filosófico y cultural. Uno de esos cambios, sin duda interesante, fue el que se refirió al modo de entender la naturaleza y el paisaje, que pasó desde el horizonte intelectual conformado por el pensamiento ilustrado hasta el que promovió después el movimiento romántico. Fueron dos maneras muy distintas de percibir y valorar esas entidades, que respondieron respectivamente a dos formas de pensamiento también muy distintas. Voy a referirme a continuación a esas dos maneras de ver la naturaleza y el paisaje, que se expresaron con particular claridad a propósito de la montaña, y a su proyección en la percepción y en la valoración que ofrecieron en sus relatos los viajeros que hablaron de los paisajes montañosos en los que se localizaron algunos de los sitios reales españoles.

A lo largo del siglo XVIII, el pensamiento ilustrado promovió una concepción innovadora de la naturaleza, que procuró sustituir los componentes de carácter religioso frecuentes en las visiones anteriores por otros apoyados en la razón y la ciencia. Como señaló Luis Urteaga, "el papel que en la tradición mítica jugaba la *Providencia* pasará a ser ocupado por la *Razón*", y el pensamiento ilustrado, alejándose de la "cultura teológica" y apoyándose en el "discurso científico", conformó una "nueva concepción del mundo natural"[1]. La idea de naturaleza se despojó de sus dimensiones teológicas anteriores y se adentró en el terreno de la ciencia, dominado entonces por el modelo de la mecánica newtoniana, que pasó a ser la referencia metafórica principal del mundo natural. Se trataba, en resumen, como señaló Jean-Marc Besse, de una secularización de la naturaleza, trasladada conceptualmente desde el ámbito de lo divino al territorio del racionalismo y de la ciencia[2].

La naturaleza se entendió, en consecuencia, como un mecanismo, y todas las imágenes que se sucedieron de ella en la perspectiva ilustrada –las imágenes matemática, física y empírica de las que habló José Antonio Maravall– coincidieron en afirmar ese carácter, insistiendo en la capacidad de la ciencia para conocer y dominar el mundo natural. "La naturaleza –escribe Maravall– no es un mundo de símbolos, no es un orden de fines; es un sistema de regularidades que se dan en enunciados de leyes: es un sistema de leyes. De esta manera, un determinismo que somete la naturaleza al cumplimiento indefectible de unas leyes, resulta que, en lugar de cerrar el paso a la acción del hombre, le abre perspectivas de dominio sobre aquélla de una eficacia práctica desconocida hasta entonces"[3]. La naturaleza era un mecanismo, y la razón podía desentrañar sus características y sus posibilidades, quedando excluida cualquier otra mediación a la hora de acercarse al mundo natural.

A esa concepción ilustrada de la naturaleza, entendida como mecanismo, sucedió después otra, de la mano del romanticismo, asociada a una perspectiva intelectual muy diferente. Ya en la segunda mitad del siglo XVIII comenzó a gestarse un nuevo modo de entender la naturaleza, directamente conectada con las nuevas maneras de pensar

[1] Luís Urteaga, *La tierra esquilmada. Las ideas sobre la conservación de la naturaleza en la cultura española del siglo XVIII*, Barcelona, Ediciones del Serbal-Consejo Superior de Investigaciones Científicas, 1987, p. 17.

[2] Jean-Marc Besse, "Entre modernité et postmodernité: la représentation paysagère de la nature", en Marie-Claire Robic (dir.), *Du milieu à l'environnement. Pratiques et représentations du rapport homme/nature depuis la Renaissance*, Paris, Economica, 1992, p. 90.

[3] José Antonio Maravall, "El concepto de naturaleza en el siglo XVIII", en Mª. Carmen Iglesias (comp.), *Estudios de la historia del pensamiento español (siglo XVIII)*, Madrid, Mondadori España, 1991, p. 542.

y sentir promovidas por las primeras manifestaciones del romanticismo. Uno de los signos más claros y significativos del nacimiento de esa nueva visión en el siglo XVIII fue el "descubrimiento", artístico y científico, de las montañas, que entrañó, como advirtió Numa Broc, "cambios profundos en las actitudes y las mentalidades colectivas" y "una verdadera revolución del sentimiento"[4]. Con esos cambios de actitudes y mentalidades, con esa revolución del sentimiento, se halla estrechamente relacionada la conformación de la visión moderna de la naturaleza y el paisaje. El movimiento romántico –que supuso, en palabras de Isaiah Berlin, "la gran transformación de la conciencia de Occidente"[5]– introdujo en el panorama intelectual europeo una nueva manera de percibir y valorar la naturaleza y el paisaje.

A diferencia de la perspectiva ilustrada precedente, con su atención exclusiva a la razón científica, el romanticismo se acercó a la naturaleza y al paisaje apoyándose simultáneamente en la ciencia y en el arte, respondiendo a la convicción intelectual de que solo aunando las posibilidades respectivamente ofrecidas por ambas vías de conocimiento podía llegarse al cabal conocimiento de esas entidades. Los nuevos puntos de vista afirmaron así la necesidad de aunar la ciencia y el arte –o, dicho de otra manera, la explicación y la comprensión, o la razón y el sentimiento– para entender la naturaleza y el paisaje. Éste es, sin duda, uno de los aspectos más innovadores y más característicos también de ese nuevo modo de acercarse al mundo natural y paisajístico.

Esa nueva perspectiva romántica respondía a una idea de la naturaleza que era nueva también. A la concepción mecánica, asociada a representaciones matemáticas y físicas, sucedió la concepción de la naturaleza como un organismo, como un ser vivo, como una totalidad biológica. "La naturaleza, considerada por medio de la razón, es decir, sometida en su conjunto al trabajo del pensamiento –escribió Humboldt–, es la unidad en la diversidad de los fenómenos, la armonía entre las cosas creadas, que difieren por su forma, por su propia constitución, por las fuerzas que las animan; es el Todo

[4] Numa Broc, *Les montagnes au siècle des lumières. Perception et représentation*, Paris, Comité des Travaux Historiques et Scientifiques, 1991, p. 15

[5] Isaiah Berlin, *Las raíces del romanticismo*, Barcelona, Taurus, 2015, p. 49.

animado por un soplo de vida"[6]. La concepción organicista de la naturaleza, que tradujo la crisis de la representación mecanicista del mundo, supuso la emergencia de lo biológico y también la reaparición de la idea de finalidad. Las formas orgánicas visibles expresan la organización subyacente, el orden interno invisible que dota a aquéllas de sentido. Existe, por tanto, una naturaleza ordenada, un orden natural, y es precisamente ese orden el que hay que conocer, el que hay que descubrir, estudiar y llegar a explicar y comprender.

El conocimiento de la naturaleza no se consideraba posible si no se desentrañaba su organización interna, el orden natural. Y el paisaje va a desempeñar un papel muy destacado en el logro de ese conocimiento, tanto en el ámbito de la ciencia como en el del arte. Porque el paisaje se entiende como la expresión visible, la manifestación fisonómica concreta, de ese orden natural. El orden natural se expresa en el conjunto de formas visibles que constituyen el paisaje. A través del paisaje, podemos acercarnos al mundo de las formas y de las realidades visibles, y también, al tiempo, al de las cualidades y los valores, al universo de los significados y del sentido. Esta fue la perspectiva promovida por el romanticismo para entender la naturaleza y el paisaje, que tuvo su manifestación más acabada en la valoración de la montaña, muy distinta, como vamos a ver a continuación, a la ofrecida antes por los puntos de vista ilustrados.

La distinta idea de la naturaleza de unos y otros se correspondió con dos maneras también distintas de percibir y valorar el paisaje montañoso. En la perspectiva ilustrada, con su apoyatura exclusivamente científica y su visión mecanicista del mundo natural, la montaña se vio como un obstáculo lleno de riesgos y peligros. Hubo una actitud de rechazo de la montaña, convertida en acabado ejemplo de desórdenes y, por ello, en la antítesis misma del ideal natural –siempre amable y debidamente domesticado– que buscaba el pensamiento ilustrado. Como advirtió Claire-Eliane Engel, en el panorama del siglo XVIII, las montañas "atentan contra el deseo de orden, de equilibrio y de racionalidad que reina todopoderoso

[6] Alejandro Humboldt, *Cosmos. Ensayo de una descripción física del mundo [1845-1862]*, Madrid, Imprenta de Gaspar y Roig Editores, 1874-1875, t. I, p. 3.

sobre los espíritus"[7]. La montaña se veía como "un paraje maldito", y el sentimiento que predominaba entonces, como señaló Eduardo Martínez de Pisón, era el miedo a su "potencialidad agresiva"[8]. En julio de 1753, un viajero inglés escribió desde Maguncia una carta en la que resumió elocuentemente la actitud ilustrada hacia el paisaje montañoso: "Me gustarían mucho los Alpes si no fuera por las montañas"[9].

Frente a ese tipo de percepción, el romanticismo consideró, por el contrario, que la montaña era la expresión superior del orden natural, el lugar en el que la naturaleza mostraba con mayor claridad sus características y sus cualidades. Con el romanticismo, se pasa de la valoración negativa a una valoración muy positiva de la montaña, que se entiende como una atalaya privilegiada para acercarse al orden natural, tanto en sentido intelectual, científico, como en sentido estético, cultural. Para entender cabalmente el paisaje –que es, como la naturaleza, una totalidad orgánica– hace falta una visión panorámica, generalizadora, que permita ver al tiempo sus partes y las relaciones entre sus partes, y ese tipo de visión es el que se logra en la cima de la montaña, desde la altura que ésta ofrece. La cumbre de la montaña es así la atalaya perfecta para ver y entender la organización, el orden del paisaje. Desde la cima de la montaña, el observador puede dominar –es decir, captar, comprender, explicar y sentir– el orden de la naturaleza y del paisaje que tiene delante.

Lo que dijo Horace Bénédict de Saussure, el naturalista que inició la investigación moderna de la montaña alpina y que contribuyó además en buena medida a conformar el paisajismo moderno, a propósito de su ascensión, en agosto de 1787, a la cumbre del Mont Blanc es verdaderamente elocuente. "No creía a mis ojos –recuerda Saussure–, me parecía que era un sueño, cuando veía bajo mis pies

[7] Claire-Éliane Engel, *La littérature alpestre en France et en Angleterre aux XVIIIe et XIXe siècles*, Chambéry, Librairie Dardel, 1930, p. 13.

[8] Eduardo Martínez de Pisón, "Imagen de la naturaleza de las montañas", en Eduardo Martínez de Pisón y Concepción Sanz Herráiz (eds.), *Estudios sobre el paisaje*, Madrid, Universidad Autónoma de Madrid-Fundación Duques de Soria, 2000, p. 19.

[9] Joseph Spence, *Anecdotes, Observations, and Characters, of Books and Men, Collected from the conversation of Mr. Pope, and other eminent persons of his time. Now first published from the original papers, with notes, and a life of the author, Samuel Weller Singer, W. H. Carpenter*, London, Archibald Constable and Co., 1820, p. 444.

esas cimas majestuosas, esas agujas temibles, el Midi, el Argentière, el Géant, cuyas mismas bases me habían ofrecido un acceso tan difícil y tan peligroso. Captaba sus relaciones, sus conexiones, su estructura, y una sola mirada resolvía dudas que no habían podido ser aclaradas con años de trabajo"[10].

La montaña es la llave que abre la puerta para conocer cabalmente, sin fragmentarla, la realidad natural y paisajística, para acercarnos a su caracterización y a sus cualidades. Y si tenemos en cuenta que, para el romanticismo, iniciador de esta perspectiva, el conocimiento (científico y artístico) del orden natural es la más alta meta de la inteligencia humana, no es difícil entender la altísima valoración adquirida por el lugar que justamente hace posible ese conocimiento. Pero la montaña no solo permite ver y entender cabalmente la naturaleza y el paisaje de los que forma parte, sino que constituye, además, en sí misma, la más alta expresión de los valores atribuibles a ambos. De ahí que la ascensión a la montaña se convierta, en el romanticismo, en un modo de acceder a la manifestación más alta (en todos los sentidos) de los valores de la naturaleza y de participar de ellos.

La montaña redobla así su valor: no solo es importante por lo que se puede ver desde ella, sino también, al tiempo, por lo que se puede encontrar en ella misma, por ser la máxima representación de un mundo de naturalidad en el que solo es posible adentrarse ascendiendo a sus cimas. La montaña ofrece, en sus alturas, las cualidades del orden natural, de un orden superior armónico y eterno. Es la naturaleza libre la que allí se manifiesta, y el hombre que es capaz de ascender hasta esas alturas puede adentrarse en ella y participar directamente de sus cualidades. Hace falta elevarse –y no solo físicamente– para adentrarse en el mundo natural por excelencia, el mundo de las cumbres montañosas.

El valor de la montaña no se reduce, por tanto, a su condición de punto de vista, sino que remite también, al tiempo, a su condición de expresión y símbolo del orden natural. En sus alturas se pueden sentir y vivir del mejor modo posible los valores de la naturaleza.

[10] Horace-Bénédict Saussure, *Voyages dans les Alpes, précédés d'un Essai sur l'histoire naturelle des environs de Genève*, Neuchatel y Genève, Samuel Fauche-Barde, Manget et Compagnie, Imprimeurs-Libraires-Louis Fauche-Borel, 1779-1796, t. IV, p. 147.

La montaña es también expresión y símbolo del orden natural, con todos sus valores característicos. Si *desde* su cima se puede dominar el orden de la naturaleza circundante, vista y entendida como conjunto, *en* su cima se puede dominar también el mundo de cualidades y significados que ese orden natural entraña. Ambas condiciones –visión y vivencia del orden natural– se complementan, y permiten entender el altísimo valor adquirido por la montaña en el horizonte de la modernidad paisajística. Atalaya y símbolo al tiempo, la montaña se convierte, en fin, en el lugar que permite entender el orden de la naturaleza y entender también los significados de variada índole –estéticos, morales, sociales, históricos, identitarios– que cabe relacionar con ese orden.

La diferente percepción y valoración de la montaña de las perspectivas ilustrada y romántica se proyectó en los juicios que los viajeros de uno y otro signo ofrecieron en los siglos XVIII y XIX sobre los reales sitios de San Lorenzo de El Escorial y La Granja de San Ildefonso, situados en ambos casos en el paisaje montañoso de la sierra de Guadarrama. Las opiniones sobre El Escorial ofrecen un acabado ejemplo de las diferencias mostradas por esas dos perspectivas, que suscribieron visiones francamente disímiles del edificio y del paisaje montañoso en el que se inscribe. Los ilustrados elogiaron el edificio y menospreciaron el paisaje, y los románticos invirtieron la valoración, con su alabanza del paisaje y su desprecio del edificio. Veamos algunas muestras de esas diferentes actitudes.

Prolongando algunas opiniones valorativas del siglo anterior –Antonio de Brunel, por ejemplo, había dicho en 1655 que Felipe II "escogió el sitio más feo de la Naturaleza, porque está al pie de la montaña"[11]–, los viajeros ilustrados contraponen con frecuencia la opinión favorable respecto del edificio y la muy desfavorable sobre la montaña circundante. Étienne de Silhouette, en el relato de su viaje de 1729, ofrece una opinión verdaderamente elocuente: "El Escorial –escribe– está a siete leguas de Madrid. Es el más grande y el más soberbio edificio que haya en toda España y uno de los más hermosos de Europa. La situación no

[11] José García Mercadal, *Viajes de extranjeros por España y Portugal*, Madrid, Aguilar, 1952-1962, t. II, p. 435.

es bella; está adosado a una montaña árida, construido en un sitio seco y estéril"[12]. Otro viajero, el Mayor Hew Whiteford Dalrymple, dijo que al acercarse a El Escorial se vio "sorprendido de hallar una obra tan prodigiosa", aunque "construida sobre una montaña llamada de Guadarrama, que, estando llena de rocas y sin cultivo, ofrece un aspecto más salvaje que agradable"[13]. Era, según dijo el Barón Jean-François de Bourgoing a finales del siglo, un emplazamiento desafortunado, en un "lugar árido y escarpado", que se correspondía bien con "el carácter sombrío y adusto" de Felipe II[14]. Los ejemplos podrían multiplicarse, pero los mencionados pueden ser suficientes para hacerse una idea de la actitud ilustrada hacia El Escorial y su paisaje.

Los viajeros posteriores, inscritos ya en el horizonte romántico, modificaron sustancialmente el punto de vista anterior. Ahora será el paisaje el objeto de los elogios, al tiempo que se prodigarán las críticas al edificio. A Thomas Roscoe, en los años treinta del siglo XIX, le pareció el edificio "sombrío en su sitio" y "en sí mismo sombrío", al tiempo que asoció a "la situación salvaje y singular del lugar" los efectos que era capaz de producir en la imaginación del visitante. Las descripciones del edificio que había leído con anterioridad le parecieron exageradas en todo, "excepto en la belleza del sitio", que solo podía apreciarse debidamente, en su opinión, cuando se había "paseado tranquilamente por los jardines y captado, desde todos los puntos de vista, el carácter de los paisajes circundantes", que ofrecían escenas "verdaderamente poéticas" y capaces de "dejar una impresión duradera en el corazón"[15]. A mediados del siglo, Théophile Gautier dijo del edificio que era un "Leviatán de la arquitectura", un "coloso" que se elevaba en "el silencio de muerte que reinaba en aquella Tebaida"[16].

De "mole sombría", de "palacio de la Muerte" y de "monumento al miedo y a la superstición" habló Richard Ford en su *Manual*,

---

[12] Ibídem, t. III, p. 256.
[13] Ibídem, p. 668.
[14] Ibídem, p. 966.
[15] Thomas Roscoe, *The Tourist in Spain. Biscay and the Castiles*, illustrated from drawings by David Roberts, Londres, Robert Jennings and Co, 1837, pp. 147-148.
[16] Teófilo Gautier, *Viaje por España* [1843], trad. Enrique de Mesa, Madrid, Espasa-Calpe, 1920, t. I, p. 180.

también a mediados del siglo, a propósito del edificio de El Escorial, que encontró "frío como los ojos grises y el corazón de granito de su fundador"[17]. Al tiempo que reconocían las cualidades de su paisaje montañoso, los viajeros románticos no escatimaron los juicios desfavorables sobre el edificio, en los que no es difícil encontrar en ocasiones ecos de la leyenda negra. Edgar Quinet lo denominó "terrible ex-voto de Felipe II"[18]; Alexandre Dumas se refirió a su "aspecto triste y austero" y a su apariencia "terrible"[19]; y Prosper Mérimée habló del "feo Monasterio de El Escorial" y de "la pesada arquitectura de Herrera"[20]. Y ya en los años setenta, Edmondo de Amicis escribió sobre el monasterio de El Escorial lo siguiente: "Más parece cárcel que convento. Por todas partes el mismo color sombrío; ni un alma viviente; un silencio de fortaleza abandonada. Más allá de los techos negros, la negra montaña que parece suspendida sobre el edificio y le da un aire de misteriosa soledad. El sitio, las formas, los colores parecen escogidos por el fundador, con el deseo de ofrecer a los ojos un espectáculo triste y solemne"[21].

En lo que a percepciones y valoraciones de los viajeros se refiere, La Granja de San Ildefonso mostró sensibles diferencias respecto de El Escorial. Si en éste fueron el edificio y el paisaje los componentes que centraron las visiones contrastadas de los viajeros, en La Granja de San Ildefonso el palacio pasó a un segundo plano, y fueron su jardín y el paisaje los que atrajeron la atención de los visitantes. Como recordaron Dolores Brandis y Carmen Mínguez García, la originalidad del jardín de La Granja, en el que se procuró respetar la caracterización del paisaje de montaña en el que se enclavó, hizo que despertara desde el principio en los visitantes un interés superior

---

[17] Richard Ford, *Manual para viajeros por Castilla y lectores en casa. Parte II: Castilla la Vieja* [1845], trad. Jesús Pardo, revisada por Bernardo Fernández, Madrid, Turner, 1981, pp. 30 y 36

[18] Edgar Quinet, *Mis vacaciones en España* [1846]. trad. Manuel Núñez de Arenas, Madrid, Ediciones La Nave, 1931, p. 114.

[19] Alejandro Dumas, *De París a Cádiz* [1847-1848], trad. Pilar Garí Aguilera, Madrid, Sílex, 1992, p. 152.

[20] Prosper Mérimée, *Viajes a España* [1830-1864], trad. Gabino Ramos González, Madrid, Aguilar, 1988, pp. 227-228.

[21] Edmundo de Amicis, *España. Impresiones de un viaje hecho durante el reinado de D. Amadeo I* [1873], trad. Cátulo Arroita, Barcelona, Biblioteca Maucci, 1895, p. 174.

al logrado por el palacio[22]. Aurora Rabanal Yus se ha referido a algunos aspectos que cabe relacionar con esa actitud ante el palacio: apoyándose en la suposición generalizada e inexacta de que se había pretendido allí conformar otro Versalles, muchos viajeros –sobre todo, los franceses, familiarizados con la tradición de la jardinería barroca y con el "prejuicio de encontrarse con un 'pequeño Versalles'" – apenas concedieron importancia al palacio de La Granja, del que dijeron a menudo que era un pobre remedo de su referencia francesa[23]. Étienne de Silhouette, que visitó el lugar a principios de 1730, dijo, por ejemplo, que el edificio era "muy pocas cosa y de muy mal gusto"[24]. El jardín del palacio, por el contrario, desempeñó un papel destacado en las visiones de los viajeros a lo largo de los siglos XVIII y XIX. A diferencia de la montaña, el jardín era visto por la perspectiva ilustrada como una manifestación debidamente ordenada de la naturaleza que se ajustaba a sus ideas racionales y mecanicistas en ese orden de cosas, y ese criterio valorativo se dejó sentir en las visiones de La Granja de San Ildefonso. El jardín del palacio, inseparable del paisaje montañoso en el que estaba emplazado, se situó así en el centro de las opiniones que ofrecieron los viajeros ilustrados sobre ese sitio.

Cabe resumir los juicios de los viajeros ilustrados sobre La Granja de San Ildefonso diciendo que aunaron el elogio de sus jardines y el rechazo de su correspondiente paisaje montañoso. El conde Gustav Philip Creutz, que estuvo en Madrid como embajador de Suecia, sintetizó bastante bien en una de sus cartas de 1765 esa doble opinión: hablaba en ella de lo "maravilloso" de los jardines

---

[22] Dolores Brandis y M. Carmen Mínguez García, "El valor cultural del paisaje de los Sitios Reales y su tratamiento en las guías culturales y turísticas", en Josep A. Ivars Baidal y J. Fernando Vera Rebollo (eds.), *Espacios turísticos: mercantilización, paisaje e identidad*, Alicante, Universidad de Alicante-Instituto Universitario de Investigaciones Turísticas, 2008, pp. 238-240.

[23] Aurora Rabanal Yus, "Barroco, clasicismo y paisajismo pintoresco en los jardines españoles del siglo XVIII". *Reales Sitios*, XXXI-120 (1994), pp. 2-16 y "Opiniones de viajeros sobre los jardines del Real Sitio de San Ildefonso (siglos XVIII y XIX)", en Eduardo Martínez de Pisón y Nicolás Ortega Cantero (eds.), *El paisaje: de los exploradores a los turistas*, Madrid, Universidad Autónoma de Madrid-Fundación Duques de Soria, p. 113.

[24] José García Mercadal, *Viajes de extranjeros ...*, t. III, p. 258.

y calificaba de "horrible Guadarrama" a su paisaje montañoso[25]. Esa dicotomía perceptiva y valorativa fue muy frecuente entre los viajeros del siglo XVIII, señalando además que el emplazamiento montañoso había dificultado en gran medida los trabajos de acondicionamiento y elevado considerablemente los gastos correspondientes, al tiempo que se reconocía que la montaña circundante había tenido en este caso el efecto muy favorable de proporcionar agua abundante para los jardines y sus fuentes. En el relato de su viaje a principios de los años veinte, el duque de Saint-Simon ofreció un ejemplo elocuente de esa opinión. Tras afirmar, con cierta ironía, que "sería difícil hallar una situación más ingrata ni haber logrado más éxito en hacerla triste, para no decir horrible, por la elección del emplazamiento del palacio", advierte que los jardines, "verdaderamente encantadores por la variedad y el buen gusto, el atractivo, la frescura, la facilidad, la extensión de los paseos", habían tenido "un inconveniente muy fastidioso", debido a que el terreno, por su condición montañosa, "no era sino roca viva y dura, con una ligera costra de tierra encima", y añade que, con todo, "los más molestos inconvenientes tienen algunas veces su utilidad", y en este caso la utilidad consistía en que las montañas circundantes proporcionaban toda el agua necesaria[26].

Silhouette mostró poco después la misma opinión, añadiendo a los inconvenientes derivados de la situación montañosa algunos de índole visual. "Las aguas –dice Silhouette– vienen de las montañas vecinas, donde las juntan en grandes depósitos. El jardín está adosado a esas montañas, de donde resultan varios inconvenientes. Ha sido necesario, para ponerlo en el estado en que está, hacer saltar rocas y multiplicar los gastos; esas montañas son muy altas y muy grandes; limitan la vista y su perspectiva ofusca y llena de tal modo los ojos que el jardín parece pequeño; los estanques lo parecen también, y uno duda, por reflexión, si realmente pecan de ese defecto o si

[25] Ibídem, p. 585.
[26] Ibídem, pp. 346-347.

parecen no tenerlo más que por el vicio de su situación al pie de esas grandes montañas"[27].

Algunos de los viajeros que pasaron por La Granja en los decenios finales del siglo XVIII incorporaron a su perspectiva ilustrada algunos matices que indican el inicio de las nuevas actitudes y sensibilidades de cuño romántico. Así sucede, por ejemplo, en los relatos del barón de Burgoing y de Joseph Townsend. El primero afirmó que La Granja de San Ildefonso, "al pie de montañas, pedregosas unas y provistas otras de frondoso arbolado hasta la cima, ofrece una perspectiva muy pintoresca". No escatimó los elogios a los jardines, y, sin limitarse a comentar la beneficiosa proximidad de la montaña en lo referente al abastecimiento de agua, habló también por vez primera de la variedad de vistas panorámicas precisamente debidas al carácter montañoso del emplazamiento elegido por Felipe V. "De las montañas que dominan su palacio –escribe Burgoing– fluyen con abundancia las aguas que alimentan las numerosas fuentes y vivifican las plantaciones de estos jardines magníficos, cuyo perímetro es de una legua. La desigualdad del terreno ofrece a cada paso nuevos panoramas. Las principales avenidas se corresponden con las diferentes cimas de las montañas próximas. Hay una, sobre todo –la que se dirige a uno de los lados de la fachada principal– que produce un efecto magnífico"[28]. Y Townsend, por su parte, no ocultó su preferencia por el sector más natural, menos ordenado y regularizado, de los jardines, situado en su parte más elevada. A la cercanía del palacio, con el jardín "dispuesto en el gusto antiguo, con setos recortados y rectas avenidas, muy adornadas y refrescadas por numerosas fuentes", sucede, al irse alejando de él, una gradación en la que "ese jardín se va haciendo más salvaje, hasta que se termina por un bosque inculto y sin caminos trazados, donde las rocas escabrosas, rompiendo en medio de los robles y de los pinos, ofrecen un contraste sorprendente con los trabajos del arte"[29].

A lo largo del siglo XIX, los viajeros conectados con el horizonte romántico modificaron sensiblemente la anterior valoración de los

---

[27] Ibídem, p. 258.
[28] Ibídem, pp. 949-950.
[29] Ibídem, p. 1475.

ilustrados. Prolongaron en sus relatos el elogio del jardín, aunque prestando ahora más atención a sus partes más naturales, menos regulares y geométricas, al tiempo que, a diferencia de sus predecesores, expresaron su admiración por el paisaje de montaña en el que ese jardín y el palacio estaban emplazados. En los años treinta, Thomas Roscoe dijo que el palacio de La Granja se encontraba "flanqueado por montañas de grandeza sublime", y recordó que se debía precisamente a esas montañas "la abundancia y la excelencia de sus aguas", que fertilizaban y embellecían aquel solitario lugar[30]. Eran ahora las montañas las que se veían como principal factor de los valores estéticos y naturales del lugar y de sus jardines, desechando las opiniones anteriores que apenas habían visto en ellas otra cosa que la causa de molestos y costosos inconvenientes.

"El sitio es encantador –escribió a finales de los años treinta Carlo Dembowski–, los jardines deslumbrantes de belleza, los chorros de agua de las fuentes que abundan, admirables"[31]. Y Richard Ford, en su *Manual*, al tiempo que aseguraba que "los jardines del palacio cuentan entre los mejores de España", atribuyó a La Granja de San Ildefonso la más alta cualificación que cabía imaginar en la perspectiva del paisajismo romántico: la de ser "verdaderamente alpina", sin verse otra cosa a su alrededor que "rocas, bosques y arroyos cristalinos", con Peñalara sobresaliendo en el horizonte[32]. George Alexander Hoskins, que llegó a La Granja desde El Escorial, a mediados de los años cincuenta, atravesando "el espléndido bosque de pinos", ofrece una opinión verdaderamente significativa sobre los jardines, mostrando su aprecio por lo natural y su desdén hacia lo sometido al modelo francés de ordenación: sintió alivio al "salir de las rígidas avenidas francesas y caminar a través de la maleza natural" hasta llegar al estanque de la parte alta, denominado el Mar, "donde la vista de las montañas es muy buena". Tras la contemplación de ese excelente paisaje natural, añade, explicitando sus preferencias

[30] Thomas Roscoe, *The Tourist in ...*, pp. 139-141.

[31] Carlos Dembowski, *Dos años en España y Portugal durante la guerra civil, 1838-1840* [1841], trad. Domingo Vaca, Madrid, Espasa-Calpe, 1931, t. I, p. 162.

[32] Richard Ford, *Manual para viajeros ...*, p. 54.

valorativas, que "no vale la pena ver los jardines de flores"[33]. Era una opinión que resumía bien el modo romántico de percibir y valorar el sitio de La Granja de San Ildefonso: elogio de su paisaje de montaña, y elogio matizado de los jardines de su palacio, enalteciendo su parte más natural y menospreciando la más manipulada, el sector cercano al palacio sometido a los dictados regularizadores del modelo clásico francés.

En los dos reales sitios que hemos considerado, el de San Lorenzo de El Escorial, del siglo XVI, y el de La Granja de San Ildefonso, del XVIII, encontramos percepciones y valoraciones muy distintas de los viajeros que los visitaron sucesivamente con puntos de vista ilustrados y románticos. Y esas distintas visiones de los componentes de los reales sitios –edificios y jardines anejos, por un lado, paisaje de montaña, por otro– expresaron a su manera las también distintas concepciones naturales y paisajísticas del pensamiento ilustrado y del pensamiento romántico.

BIBLIOGRAFÍA

De Amicis, Edmundo, *España. Impresiones de un viaje hecho durante el reinado de D. Amadeo I (1873)*, trad. Cátulo Arroita, Barcelona, Biblioteca Maucci, 1895.

Berlin, Isaiah, *Las raíces del romanticismo*, conferencias A. W. Mellon en Bellas Artes, National Gallery of Art, Washington DC, 1965, ed. Henry Hardy, trad. Silvina Marí, Barcelona, Taurus, 2015.

Brandis, Dolores y Mínguez García, María del Carmen, "El valor cultural del paisaje de los Sitios Reales y su tratamiento en las guías culturales y turísticas", en Josep A. Ivars Baidal y J. Fernando Vera Rebollo (eds.), *Espacios turísticos: mercantilización, paisaje e identidad*, Alicante, Universidad de Alicante-Instituto Universitario de Investigaciones Turísticas, 2008, pp. 233-248.

Besse, Jean-Marc, "Entre modernité et postmodernité: la représentation paysagère de la nature", en Marie-Claire Robic (dir.), *Du milieu à l'environnement.*

[33] G. A. Hoskins, *Spain, As It Is*, Londres, Colburn and Co. Publishers, 1851, vol. II, pp. 203 y 206.

Pratiques et représentations du rapport homme/nature depuis la Renaissance, Paris, Economica, 1992, pp. 89-121.

Broc, Numa, *Les montagnes au siècle des lumières. Perception et représentation*, Paris, Comité des Travaux Historiques et Scientifiques, 1991.

Dembowski, Carlos, *Dos años en España y Portugal durante la guerra civil, 1838-1840* [1841], Madrid, Espasa-Calpe, 1931, 2 t.

Dumas, Alejandro, *De París a Cádiz [1847-1848]*, Madrid, Sílex, 1992.

Engel, Claire-Éliane, *La littérature alpestre en France et en Angleterre aux XVIIIe et XIXe siècles*, Chambéry, Librairie Dardel, 1930.

Ford, Richard, *Manual para viajeros por Castilla y lectores en casa. Parte II: Castilla la Vieja* [1845], trad. Jesús Pardo, revisada por Bernardo Fernández, Madrid, Turner, 1981.

García Mercadal, José, *Viajes de extranjeros por España y Portugal*, Madrid, Aguilar, 1952-1962, 3 t.

Gautier, Teófilo, 1920. *Viaje por España* [1843]. Traducción del francés por Enrique de Mesa. Madrid, Espasa-Calpe, 2 t.

Hoskins, George Alexander, *Spain, As It Is*, Londres, Colburn and Co. Publishers, 1851, 2 vol.

De Humboldt, Alejandro, *Cosmos. Ensayo de una descripción física del mundo* [1845-1862], Madrid, Imprenta de Gaspar y Roig Editores, 1874-1875, 4 t.

Maravall, José Antonio, "El concepto de naturaleza en el siglo XVIII", en Mª. Carmen Iglesias (comp.), *Estudios de la Historia del pensamiento español (siglo XVIII)*, Madrid, Mondadori España, 1991, pp. 537-550.

Martínez de Pisón, Eduardo, "Imagen de la naturaleza de las montañas", en Eduardo Martínez de Pisón y Concepción Sanz Herráiz (eds.), *Estudios sobre el paisaje*, Madrid, Universidad Autónoma de Madrid-Fundación Duques de Soria, 2000, pp. 15-53.

Mérimée, Prosper, *Viajes a España* [1830-1864]. Traducción, prólogo, notas y cronología de Gabino Ramos González. Madrid, Aguilar, 1988.

Quinet, Edgard, *Mis vacaciones en España* [1846], trad. Manuel Núñez de Arenas, Madrid, Ediciones "La Nave", 1931.

Rabanal Yus, Aurora, "Barroco, clasicismo y paisajismo pintoresco en los jardines españoles del siglo XVIII", *Reales Sitios*, XXXI-120 (1994), pp. 2-16.

—, "Opiniones de viajeros sobre los jardines del Real Sitio de San Ildefonso (siglos XVIII y XIX)", en Eduardo Martínez de Pisón y Nicolás Ortega Cantero (eds.),

El paisaje: de los exploradores a los turistas, Madrid, Universidad Autónoma de Madrid-Fundación Duques de Soria, 2015, pp. 111-125.

Roscoe, Thomas, *The Tourist in Spain. Biscay and the Castiles*, illustrated from drawings by David Roberts, Londres, Robert Jennings and Co., 1837.

Saussure, Horace-Bénédict, *Voyages dans les Alpes, précédés d'un Essai sur l'histoire naturelle des environs de Genève*, Neuchatel y Genève, Samuel Fauche / Barde, Manget et Compagnie, Imprimeurs-Libraires / Louis Fauche-Borel, 1779-1796, 4 t.

Spence, Joseph, *Anecdotes, Observations, and Characters, of Books and Men*, collected from the conversation of Mr. Pope, and other eminent persons of his time. Now first published from the original papers, with notes, and a life of the author, Samuel Weller Singer, W. H. Carpenter, London- Edinburgh, Archibald Constable and Co., 1820.

Urteaga, Luis, *La tierra esquilmada. Las ideas sobre la conservación de la naturaleza en la cultura española del siglo XVIII*, Barcelona, Ediciones del Serbal-Consejo Superior de Investigaciones Científicas, 1987.

EL REAL SITIO DE ARANJUEZ DURANTE EL GOBIERNO FRANCÉS: LA ADMINISTRACIÓN DEL MARQUÉS DE VARESE (1809-1813)[1]

Félix Labrador Arroyo
Universidad Rey Juan Carlos

INTRODUCCIÓN

La administración francesa, desde sus inicios en España, abogaba por reformar y regenerar el viejo sistema para así, recuperar, con sus cambios, el antiguo esplendor. En este sentido, Napoleón Bonaparte, el 25 de mayo de 1808, ante la convocatoria de una Asamblea Nacional, señalaba: "Vuestra monarquía es vieja: mi misión se dirige a renovarla; mejoraré vuestras instituciones, y os haré gozar de los beneficios de una reforma…"[2]. Su hermano, José Bonaparte, sería el encargado de llevar a cabo esta renovación a través de un programa de regeneración de las instituciones y de una serie de cambios y reformas, sobre todo, en la parte económica, que permitiesen modernizar la estructura del Estado y de la sociedad[3].

El patrimonio real se vería afectado por este espíritu regenerador, siendo objeto de importantes cambios en cuanto a la gestión, administración y visión, que se pusieron de manifiesto ya en el Estatuto de Bayona. En este sentido, en su Título IV, se reconocía un patrimonio

[1] Este trabajo se inscribe dentro de las actuaciones de los proyectos: 'Madrid, Sociedad y Patrimonio: pasado y turismo cultural" (H2019/HUM-5989) del Programa de actividades de I+D entre grupos de investigación de la CAM en Ciencias Sociales y Humanidades 2019, cofinanciado por el FSE, y "Corte y sitios reales: espacios de poder, representación y producción (1650-1750)", financiado dentro del Programa Propio de la Universidad Rey Juan Carlos.

[2] Antonio J. Piqueras Díez, "José I, 'El Rey Regenerador'. El discurso josefino sobre la regeneración de España", *Cuadernos de Historia Moderna,* 11 (2012), pp. 123-144.

[3] Juan Francisco Fuentes Aragoneses, "La monarquía de los intelectuales: elites culturales y poder en la España Josefina" en Alberto Gil Novales (ed.), *Ciencia e Independencia política,* Madrid, Ediciones del Orto, 1996, pp. 214-215.

del monarca, a través del artículo 21, compuesto por los palacios de Madrid, El Escorial, San Ildefonso, Aranjuez y El Pardo, así como por el resto que habían pertenecido a la Corona, con sus jardines, bosques, cercados y propiedades dependientes de ellos, de cualquier naturaleza que fuesen, y se declaraba, en el artículo 22, que el mismo serviría para la dotación del rey, establecida en tres millones de pesos fuertes. Los bienes del real patrimonio según este artículo tenían que cubrir un millón, para lo cual se podrían incorporar al mismo otros bienes nacionales[4]. De este modo, se reforzaría la visión económica y productiva del real patrimonio, que vendría imponiéndose desde al menos el reinado de Carlos III, cuando se llevaron a cabo proyectos de acondicionamiento del territorio para buscar el modo de intensificar el rendimiento agrícola, ganadero, industrial, etc., en el real patrimonio[5], destacando, por ejemplo, las explotaciones del Cortijo de San Isidro, la Casa de Sotomayor y la Casa de Vacas en Aranjuez, la readquisición de la Albufera de Valencia o la cesión al ejército de los alcázares de Toledo y Segovia.

El valor económico de este patrimonio se reflejó también en el deseo del marqués de la Ensenada en catastrar también los dominios del rey ya que con la información pretendía modernizar y rentabilizar los sitios reales[6]. Si bien, como ha estudiado la profesora Camarero, en agosto de 1752, se acordó que no se catastrarían los sitios reales del Buen Retiro, El Pardo, San Fernando, San Ildefonso, Aranjuez y El Escorial[7].

Se formaría así una primera diferenciación entre unos bienes privados del soberano y otros públicos, así como, sobre la relación y posesión que el monarca poseía sobre este conjunto amplio y

---

[4] Juan Mercader Riba, *José Bonaparte. Rey de España. 1808-1813. Estructura del estado español bonapartista*, Madrid, CSIC, 1983, p. 75.

[5] Virginia Tovar Martín, "Consideraciones al valor de los 'rústico' en los Sitios Reales (reinado de Carlos III)", *Fragmentos*, 12-14 (1988), p. 220.

[6] Concepción Camarero Bullón y Laura García Juan, "Geografía histórica de los espacios reales: Alhóndiga, Aceca y Barciles, despoblados del rey en la vega del Tajo", *Estudios Geográficos*, LXXIX-284 (2018), p. 211.

[7] Concepción Camarero Bullón y Ángel Ignacio Aguilar Cuesta, "Catastro, Sitios Reales, Bienes y Rentas del rey en el siglo XVIII", *Espacio, Tiempo y Forma. Serie VI. Geografía*, 12 (2019), p. 37.

heterogéneo de bienes, propiedades y derechos privativos[8]. Además, se separaba la hacienda regia de la hacienda del Estado, lo que suponía una novedad, por lo que el nuevo estado se asentaría en una nueva concepción hacendística. En este sentido, en julio de 1808, poco después de aprobarse el Estatuto, se dictó un real decreto requiriendo toda la documentación generada por los reales sitios para poder hacer un inventario de los gastos generados por la casa real. También se solicitó a los señores Girardin y Fréville información sobre la situación del real patrimonio[9] y, en los meses siguientes, el duque de Campo-Alange también recabó información sobre los dominios del monarca y, en enero de 1809, el primer superintendente solicitó al ministerio de Hacienda la remisión de todos los expedientes y papeles que en dicho ministerio estuviesen relacionados con la real casa y patrimonio[10].

Como recogía el 28 de julio de 1808 el embajador La Forest "de se faire rendre compte de l'état actuel de la ci-devant maison du Roi, dont les salaires seuls coutent annuellement plus de six millions, et de rassembler tous les matériaux nécessaires á l'exécution des articles de la Constitution relatifs a la liste civile"[11]. Era necesario conocer la situación económica del real patrimonio, ya que el mismo, serviría para el mantenimiento del monarca, toda vez que la situación económica del reino no era nada buena. En una relación realizada por los franceses, de 18 de marzo de 1808, se indicaba que la deuda pública se elevaba a 6.876.396.675 reales, que suponía unos pagos anuales por intereses de 250.909.952 reales[12]. En otro informe, de las mismas fechas, realizado por el ministro Cabarrús, las cifras

[8] Margarita Serna Vallejo, "Los bienes públicos. Formación de su régimen jurídico", *Anuario de Historia del Derecho Español*, LXXV (2005), p. 968.

[9] AGP. Reinados, Fernando VII, caja 308, exp. 22.

[10] Juan Mercader Riba, *José Bonaparte, Rey de España...*, p. 81.

[11] *Correspondance du comte de La Forest, ambassadeur de France en Espagne, 1808-1813*, París, publiée pour la Société d'histoire contemporaine par M. Geoffroy de Grandmaison, 1905, t. I, pp. 7 y 195.

[12] Cit. Andrés Borrego, *De la Dette Publique et des Finances de la Monarchie Espagnole*, París, 1834, p. 80.

eran parecidas, ya que la deuda corriente, sin intereses, ascendía a 6.441.328.359 reales[13].

En los primeros informes que se remitieron se puso de manifiesto la mala situación económica y productiva del real patrimonio. Así, por ejemplo, desde El Pardo, Antonio de Mollinedo indicaba que allí no se obtenían grandes recursos, al ser un espacio de recreo, en la misma línea respondió el mayordomo de El Escorial, Francisco Carmona; en Aranjuez, el alcalde, don Domingo Gaspar Pérez, el 5 de febrero de 1809, indicaba que la situación económica del real heredamiento era catastrófica y, poco después, se remitía la relación de los bienes que había en la Casa del Labrador y en el Cortijo de San Isidro, mientras que desde San Ildefonso, por señalar otro ejemplo, el gobernador José Manglano indicaba que el real sitio apenas producía nada ya que los pinares los administraba directamente la real hacienda, además, como ocurría con El Pardo o El Escorial, se ponía énfasis en su papel como espacio de recreo y de configuración de la imagen real[14].

Por lo tanto, si se quería que el real patrimonio contribuyese a la Corona con lo dispuesto en el artículo 22 del Título IV del Estatuto de Bayona era importante llevar a cabo reformas en la administración del real patrimonio, en la gestión del mismo y en la organización de los dominios reales. Los primeros cambios realizados por el gobierno francés vienen de la creación, en septiembre de 1808, del cargo de superintendente de la real casa y patrimonio (de clara influencia francesa), quitándole al mayordomo mayor el control sobre el real patrimonio. Entre las funciones de este superintendente se encontraba la administración de los bienes, rentas y dominios de la corona y en el desarrollo de sus competencias estaba auxiliado por una junta consultiva para los asuntos contenciosos y para las obras en los sitios reales, así como por una serie de intendentes y administradores del real patrimonio, tanto en las provincias como en los mismos reales sitios[15]. El nuevo cargo tendría, además, un

---

[13] José Mercader Riba, *José Bonaparte, Rey de España…*, p. 356.
[14] Ibídem, pp. 76-78.
[15] Ángel Menéndez Rexach, *La jefatura del Estado en el derecho público español*, Madrid, Instituto Nacional de Administración Pública, 1979, pp. 462-463.

papel significativo en el nuevo ceremonial cortesano, de 20 de enero de 1809[16]. Para este importante cargo nombró a una persona de su entera confianza, André François Miot, conde de Melito, que ya le había servido en Nápoles, y que tenía una buena imagen del real sitio de Aranjuez:

> A partir du pont de la Jarama jusqu'à Aranjuez, le paysage ne cesse de s'embellir. Des plaines bien cultivées, une végétation vigoureuse, des bouquets de bois semés à droite et à gauche de la route attirent et satisfont les regards du voyageur. On arrive enfin sur les bords du Tage. Qe fleuve célèbre roule ses ondes dans le fond de la vallée où sont situés la ville et le palais d'Aranjuez. Dans ses nombreux détours il enceint de frais et riants jardins, prête ses eaux aux besoins des habitants de ce beau séjour, et, après l'avoir quitté, va fertiliser la plaine immense qui s'étend d'Aranjuez à Tolède[17].

Aunque no era tan entusiasta de las construcciones y estatuas de los jardines:

> Le plus remarquable des jardins est celui qui avoisine le château et qui se nomme la Isla. Il est effectivement situé dans une île formée par le Tage. Un bras de cette rivière qu'on a détourné baigne les murs du palais, et ses eàux sont arrêtées par deux cascades artificielles qui concourent à l'embellissement du lieu. Du reste, le jardin par lui-même n'a rien de beau que sa situation. Il est orné de fontaines en marbre et en bronze, consacrées à diverses divinités de la fable, Neptune,Bacchus, Vénus, etc. Toutes sont d'une médiocre exécution, et la répétition des ornements de ce genre, placés

[16] AHN. Consejos, leg. 17.784. Stendhal llegó a decir que Bonaparte, si quería ser rey necesitaba una corte para seducir a su nuevo pueblo. Manuel Moreno Alonso, *José Bonaparte. Un rey republicano en el trono de España*, Madrid, La Esfera de los Libros, 2008, p. 122.

[17] *Mémoires du comte Miot de Melito,* París, Michel Lévy Fréres Libraires Éditeurs, 1858, p. 33.

> presque tous sur une même ligne, est fatigante. Enfin, partout les efforts de l'art répondent mal aux beautés naturelles du site[18]

Al mismo tiempo que se creaba esta importante figura, José I nombró a Juan de Villanueva como su arquitecto mayor e inspector de las obras reales (el cargo había sido suspendido tras la abdicación de Carlos IV), ejerciendo como su teniente don Isidro Velázquez, Manuel de Ballina como primer aparejador y Antonio de Zuazo como amanuense[19].

Otra medida que afectó al patrimonio real fue la abolición de la jurisdicción civil y criminal diferenciada de los oficiales de los reales sitios, como se manifestaba en el escrito que el 17 de febrero de 1809 el ministro de Interior y Justicia, don Manuel Romero escribía al conde de Melito[20]. Los pleitos vinculados con el patronato regio y de los bienes incorporados o desmembrados del Estado se tratarían, conforme a la reorganización de los tribunales que se lleva a cabo por el decreto de 21 de junio de 1812, en el Tribunal de Reposición de la Corte, que sería una especie de tribunal supremo[21].

También afectaría al real patrimonio el decreto, de 9 de junio de 1809, de venta de bienes nacionales para el pago de la deuda y el decreto de 18 de agosto de desamortización de bienes eclesiásticos. De este modo, la parte improductiva del real patrimonio se incorporaría al mercado, pero, al mismo tiempo, una parte de estos bienes nacionales, provenientes en su mayor parte de las órdenes religiosas, serían incorporados a los dominios del rey para mejorar los ingresos y alcanzar, con ello, las cifras fijadas para el mantenimiento de la corona. También se integrarían en estos bienes nacionales las posesiones de los infantes reales que no pasaron al real patrimonio. En este sentido, los bosques de Boadilla y de Villaviciosa, así como sus

---

[18] *Mémoires du comte Miot de Melito*, p. 69.

[19] Pedro Moleón Gavilanes, *El arquitecto Juan de Villanueva (1739-1811)*, Madrid, Akal, 2020, p. 473.

[20] AGP. Reinados, José I, caja 6, exp. 15.

[21] Juan Mercader Riba, *José Bonaparte. Rey de España…*, p. 95.

encomiendas, fueron declarados bienes nacionales a través de la real orden de 15 de noviembre de 1809[22].

Este programa de reformas se potenció tras la derrota de las tropas españolas en Ocaña, en noviembre de 1809. En este sentido, destacamos el nombramiento de nuevos administradores, algunos de ellos franceses, y la aprobación, el 24 de diciembre de 1809, de una instrucción general formada para la dirección y gobierno de los interventores-administradores de los bienes del real patrimonio, en donde, se solicitaba a todos los administradores la relación de las rentas, edificios, planta y dotación de cada posesión para "ponerlo en el pide de decencia, decoro y subsistencia", así como para el "esplendor propio de su magnificencia, para no solo esté reparado en adelante, sino que produzca rentas quantiosas para la dotación de la Corona, según lo prevenido en la Constitución"[23].

En este proceso, también destacó las reformas en las plantas de los oficiales de los reales sitios, adecuándolas a la nueva funcionalidad más económica y productiva, llevadas a cabo en El Escorial, Buen Retiro, Casa de Campo, San Ildefonso, Aranjuez o El Pardo, entre otros[24]. Además, el primero de septiembre de 1810, se mandó una instrucción a todos los administradores con un nuevo modelo para llevar, por meses, las cuentas de los productos y gastos, así como las cuantías que se remitían al tesorero[25].

LA SITUACIÓN DEL REAL SITIO DE ARANJUEZ ANTES DEL GOBIERNO FRANCÉS

El real sitio de Aranjuez había visto reforzado su papel económico desde el reinado de Carlos III al producirse la construcción de los jardines de El Príncipe, el trazado del Real Cortijo de San Isidro, la prolongación del Caz de Colmenar, la creación del Mar de la Cabina o la puesta en producción de la finca de La Flamenca, quedando

[22] AGP. Reinados, José I, caja 6, exp. 6.
[23] ARAS, caja 405, exp. 6.
[24] AGP. Reinados, José I, caja 68, exp. 8, caja 74, exp. 12.
[25] AGP. AG, caja 23.878, exp. 2.

solo la zona del oeste del sitio como espacio reservado para la caza[26]. Además, se llevaron a cabo proyectos de agricultura novedosos, con un claro carácter experimental, liderados por los Boutelou, pues se consideraba que estos proyectos garantizarían el desarrollo económico, la felicidad de los ciudadanos y un gobierno benévolo, además de generar riqueza y provocar la grandeza de la nación[27].

TOPOGRAFÍA DEL REAL SITIO DE ARANJUEZ. AÑO 1775

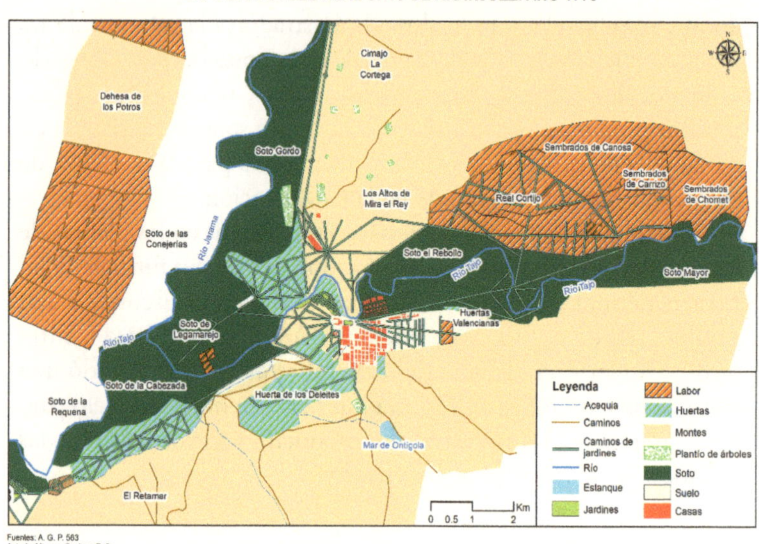

Fuentes: A. G. P. 563
Autoría: Minerva Centeno Peña

Durante el reinado de Carlos IV continuó esta visión económica y productiva. En 1792, se separó de la administración del real sitio la Casa de Vacas, los Reales Cortijos y el Campo Flamenco, quedando bajo la administración de Manuel de Moratilla, y en 1795 los jardines del Príncipe y de Primavera, que pasaron a la administración de don

[26] Pedro Molina Holgado y Ana Belén Berrocal Menárguez, "Dinámica fluvial, propiedad de la tierra y conservación del paisaje de ribera en el entorno de Aranjuez (Madrid, Toledo)", *Estudios Geográficos*, LXXIV- 275 (2013) p. 499.

[27] Ignacio García-Pereda, Ana Duarte Rodrigues y Francisco Manuel Parejo-Moruno, "The Boutelou brothers: from gardening to agronomic practices, education and travels at the turn of the Nineteenth century", *Notes Rec.* p. 18. http://doi.org/10.1098/rsnr.2020.0053

Felipe Martínez de Vierpol, justificándose, entre otras, por razones económicas[28]. Asimismo, se suprime la caza mayor y por los problemas provocados por las ausencias del gobierno del gobernador Trejo, que lo era desde el 28 de marzo de 1786, en noviembre de 1793, se encargó a don Francisco Pérez de Lema, asesor de la real casa, que visitase Aranjuez y que redactase tras la misma unas nuevas ordenanzas, las cuales se aprobaron por Carlos IV el 31 de mayo de 1795 con el objeto de remediar los abusos en la administración y gobierno[29].

Poco después, se redujeron los límites del real sitio por la real cédula de 20 de septiembre de 1798, con lo que quedarían fuera la dehesa de Requena, la Alhóndiga y el Soto de Aceca y la parte del Soto Redondo que el Tajo separó puesto que el monarca "quiere que se execute lo resuelto sin embargo de esta exposición pues puede más que todo con S.M. el amor a sus vasallos"[30].

Esta cédula pone de manifiesto el mayor peso de las actividades agrícolas, ganaderas y forestales del lugar, frente a la actividad cinegética. Sin duda, las incorporaciones de tierras que conoció el real sitio en los primeros años de la nueva centuria remarcan el carácter económico del lugar. En este sentido, el 15 de junio de 1806, se incorporó la Dehesa de la Saceda, que pertenecía a los conventos de la Victoria y de las Descalzas Reales de Madrid, la Dehesa de Híjar, las Cabezadas de la Saceda y el Campillo y, poco después, se reintegraría el Cortijo de San Isidro, que compró Godoy años antes. Además, el 2 de febrero de 1808, se unió el Soto de Añover de Tajo, la Dehesa de la Alhóndiga y los Quintos de Valjuanote y Valquemado[31]. Es en estos años (1804), Álvarez Quirós escribió una vasta obra en la que trataba de poner en claro los bienes que pertenecían al rey en Aranjuez[32].

No obstante, la situación económica del real dominio no era muy buena. El contador Rodríguez de Tordesillas, el 27 de marzo de

---

[28] AGP. Reinados, José I, caja 25, exp. 11.

[29] Ángel Ortiz Córdoba, *Aranjuez, Sitio, Pueblo. Aranjuez, 1750-1841,* Aranjuez, Doce Calles, 1992, pp. 51, 95-110.

[30] AGP. AP, Aranjuez, caja. 14.268.

[31] AGP. AG, leg. 1274, exp. 3 bis.

[32] Juan Antonio Álvarez de Quindós y Baena, *Descripción histórica del real bosque y casa de Aranjuez,* Madrid, Imprenta Real, 1804. (edición contemporánea de Doce Calles, 1993).

1806, presentó una propuesta de reforma de la planta de los oficiales en donde se reducía el número. En el mismo se señalaba que había 394 oficiales, incluidos viudas, jubilados y huérfanos, con 1.005.972 reales de salario, sin incluir los empleados de la real yeguada, cuyos salarios iban por la Hacienda[33]. Para reducir gastos, se endurecieron las condiciones de pensiones de las viudas y huérfanos, por órdenes de 5 y 11 de abril de 1807, respectivamente. Asimismo, el 31 de marzo de 1808, el gobernador García Puerta solicitaba al responsable de la yeguada un informe de la misma para proceder a su reforma y reducir gastos[34]. Puerta indicaba que la situación económica del real sitio era realmente mala, ya que, en los meses de enero y febrero de 1808, solo habían entrado en la caja del sitio 29.000 reales de media, cuando lo normal eran unos 190.000[35].

En marzo de 1808 los empleados dejan de cobrar los salarios por falta de fondos (en junio siguen sin cobrar) y los gastos para mantener al ejército francés suponen entre 45.000 y 50.000 reales diarios. Por señalar otro ejemplo, el 25 de octubre de 1808, el gobernador de Aranjuez solicitó a la Junta Suprema Central que se reintegrase al Real Heredamiento de Aranjuez la Huerta Valenciana para poder pagar los sueldos de los empleados, ya que estaba arrendada desde el 17 de marzo de 1805 en 25.000 reales al año[36].

Tabla 1: Huertas arrendadas en Aranjuez entre 1800 y 1808[37]

Nombre	Huerta arrendada	precio
Pablo Martínez	Carrizal	12.000
Melchor Cazo	Palenzuela	5.000
Pedro Villalta	Plaza Nueva	1.000
J. Sánchez	Zampa	9.250
Fermín Castaño	Bonetillo	3.750
Felipe Cruz	Esparragal	6.000
Bernardino Ochano	Sotopela Vieja	6.250

[33] Ángel Ortiz Córdoba, *Aranjuez...*, p. 151.
[34] AGP. AP. Aranjuez, caja 14.279.
[35] AGP. AP, Aranjuez, caja 14.280.
[36] AGP. AP, Aranjuez, caja 14.280.
[37] Ángel Ortiz Córdoba, *Aranjuez...*, p. 122.

Juan Escribano	Rejas	6.300
Manuela Herrera	Camuesos	5.250
Francisco Benito	Veedor	8.750
Pedro Gafi	Huerta Nueva	12.000
Simón Martín	Pical	3.750
Tomás Castaño	Sotopela Nueva	20.000
Benito del Olmo	Magan	8.750
Fermín Castaño	Géneros	8.125
Total		124.995 reales

Por lo que no es de extrañar que, el 14 de noviembre de 1808, se encargase por parte de esta Junta al secretario de Estado y Despacho la elaboración de un reglamento sobre aprovechamiento de la caza y campos de los reales sitios para que "produzca una utilidad proporcionada al real erario" tras haber Fernando VII eliminado la prohibición de caza en sus cotos. Asimismo, acordó que la dicha secretaría se ocupase de trazar planes de economía relativos a los gastos de los sitios reales y propusiese los medios de realizarlos, así como el sacar todo el partido posible de las inmensas tierras que se hallan en los mismos "ya propias para el cultivo, ya a propósito para pastos"[38].

EL REAL SITIO DE ARANJUEZ SEGÚN LA VISITA DEL MARQUÉS DE VARESE

Tras tomar posesión del real sitio de Aranjuez y expulsar a la Junta Suprema, el monarca francés, el 6 de diciembre de 1808, declaraba que se reservaba como parte de su real patrimonio, como se recogía en el Título IV de Bayona, este real sitio junto con las posesiones de El Pardo, San Lorenzo y San Ildefonso[39]. A continuación, procedió a nombrar al marqués de Varese como máximo responsable del real sitio. Desde un primer momento, cumpliendo con las órdenes recibidas desde Madrid, Varese, que tomó posesión del cargo de intendente

[38] AHN. Estado, leg. 22A, núm. 10.
[39] AGP. Reinados, José I, caja 65, exp. 11.

a comienzos de 1809, trató de poner orden en el real heredamiento. En su cometido estuvo auxiliado por el tesorero Crisanto López.

En este sentido, el 5 de abril de 1809, terminó la inspección de la real posesión[40]. La visita del palacio de Aranjuez la realizó en compañía del arquitecto Manuel Oliva y reflejó la necesidad de obras en los emplomados y armaduras, así como en los tejados y en el piso de abajo. Por su parte, la visita de los jardines y plantíos de frutales y huertas, articuladas en torno a la plaza de las Doce Calles, en los parajes de Legamarejo y Picotajo[41], la llevó a cabo con el jardinero y el arbolista mayor. En la misma, señalaba que la Huerta de Pico Tajo, que estaba en un terreno muy fértil, la encontró con muchos frutales de "las mejores variedades" lo que había permitido producir muchas verduras, hortalizas y frutas que se vendían en Madrid y en el real sitio, sin embargo, de manera general, se encontró con que los jardines estaban "en el más deplorable y decadente estado" por la falta de personal, aunque trabajaban más de 500 personas, y por la guerra, que había interrumpido los trabajos rutinarios desde diciembre de 1808. En esta situación había influido también el sistema impuesto de arrendamientos cortos, que estaba reduciendo sensiblemente su productividad, por lo que recomendaba cambiar los contratos con nuevas condiciones.

También se encontraban en mal estado las cercas y verjas, como la que separaba los jardines del Príncipe y de la Primavera, así como las puertas, ventanas, vidrieras y cerraduras de los templetes, pabellones y otros edificios de los jardines, además de la fontanería, fundamental en el lugar, ya que como indicaba, "en este temperamento cálido, es más dispensioso [el agua] que en otros más frescos y húmedos". La visita también puso de manifiesto que no había manufacturas ni fábricas, se habían destruido los dos pozos de nieve de Aranjuez.

Varese también visitó el Cortijo de San Isidro, que no estaba en funcionamiento por la falta de ganado que ayudase en las labores del campo, al ser requisados para la guerra. Allí solo encontró alguna oveja de la raza mestiza (obtenida por el encaste del país y el murueco

---

[40] AGP. Reinados, José I, caja 74, exp. 12.

[41] Pedro Molina Holgado y Ana Belén Berrocal Menárguez, "Dinámica fluvial, propiedad...", p. 500.

indiano que abandonaron los ingleses en 1800 cuando intentaron ocupar La Coruña) y algo de leña y vino. En esta visita pudo comprobar, no obstante, que la cosecha de cebada parecía que iba a ser buena. También visitó la Casa de Vacas, que se creó para tener leche fresca para el palacio real, la cual se encontraba con muchos daños y sin animales, sacrificados por el ejército. Asimismo, visitó la Casa de Villamejor, que había sufrido muchos daños con los primeros meses de la guerra (como el conjunto de edificaciones más alejadas de palacio), y que había provocado la práctica desaparición de los búfalos que allí se criaban, que se habían destinado para alimento de las tropas. Por su parte, Varese indicaba que los viveros de los Tejares y del depósito de la calle de la Reina, aunque no estaban en las condiciones óptimas, tenía plantíos suficientes para replantar los jardines y arboledas[42]. En esta visita también acudió al astillero de la marina, que se destinaba a custodiar las pequeñas fragatas que surcaban el río para diversión real y para alojar a los marineros que venían de Cartagena para tripularlas, y los diferentes talleres de carpintería, herrería y carretería que allí había y que servían también a otras dependencias del real sitio.

La situación que presentaba Varese en su informe tras la visita no era muy positiva para el real dominio. Consideraba que sería necesario mucho dinero para poner en orden todo y recomendaba, para ir poco a poco, centrarse, en un principio, en el plantío de árboles frutales en los jardines del Príncipe y de la Primavera y cultivar con hortalizas la Guindalera, la Plaza Nueva, el jardín de la Reina y el jardín del Infante don Antonio, y de flores el jardín del Estanque.

Proponía distinguir los jardines en varios tipos; por un lado, los jardines de adorno y, por otro, los de huerta, teniendo que acudir primero a estos últimos, abandonando la idea del "adorno esmerado con que se han cuidado antes de ahora". Entre los jardines de adorno estarían el jardín de Palacio y el de la Isla, que eran más costosos y

[42] En los años siguientes, por ejemplo, salieron de Aranjuez, en 1811, 3.399 árboles de sombra y frutales, que valían 16.995 reales, otros 600 árboles, que valían 3.000 reales, para el general Beillard, otros 878 árboles y 6 haces de arbustos, para el general Marin, 174 árboles y 7 haces de arbustos por valor de 1.010, al general Guy, 174 árboles por valor de 870 reales para el general Merlin y a Bouchar 300 plátanos por valor de 1.500 reales. AGP. Reinados, José I, caja 75, exp. 19.

no tenían utilidad, salvo para el deleite y "grandeza del soberano", los cuales, hasta tiempos de Carlos III se atendían con "el esmero más exquisito y su cultivo se llevaba al sumo grado de perfección". El número de trabajadores dedicados a estos jardines, aunque oscilaba según las épocas y las urgencias, no podía bajar de 21, aunque solía subir a 18 operarios y 18 mozos cuando era época de caída de la hoja y cuando el monarca estaba en Aranjuez.

Dentro de los jardines de huerta estaba el del Infante don Antonio, cuyo fruto comenzó a venderse el año de 1808, y que estaba más protegida que el resto por tener más guardas; también el Jardín o Huerta de los Estanques, donde había dos estanques para la cría de peces y de ánades, pero que se taparon hacía 30 años, muy adecuado para el cultivo de flores, por lo que recomendaba Varese trasladar allí todas las macetas o tiestos de claveles y plantas finas que estaban en el resto de los jardines y dedicar para su cuidado y mantenimiento a 16 operarios. Asimismo, indicaba que el jardín del Príncipe y de la Primavera tenían sus caudales separados del resto de los del real heredamiento y sus gastos se pagaban por el bolsillo secreto. Eran espacios mucho mayores, donde trabajaban más de 220 operarios diarios, los cuales, no eran suficientes para su cultivo y conservación. En este sentido, esta cifra podría reducirse si se arrendaban estos espacios. Asimismo, los jardines que circundaban la Casa del Labrador eran modernos y extensos y necesitaban más de 25 operarios, por lo que recomendaba no trabajar en ellos hasta que no se pusiesen en orden los jardines del Príncipe y de la Primavera[43].

Además, señalaba la importancia en poner en cultivo el Cortijo de San Isidro, para lo que recomendaba comprar 20 pares de mulas con los que iniciar la labor de las viñas e indicaba que era mejor arrendar sus tierras que cultivarlas directamente, como se hacía, salvo las viñas y olivares, sobre todo, para tener diferentes variedades que en Europa había de ambos cultivos para mejorar sus rendimientos. Señalaba también el restablecimiento de las razas suiza y lombarda en la Casa de Vacas, tras repararse otros lugares más importantes. También abogaba por mantener Aranjuez como vivero central que

[43] AGP. Reinados, José I, caja 74, exp. 12.

abasteciese al resto de sitios reales y a particulares, pudiendo sacar, con pequeñas mejoras, más de 24.000 árboles de todo tipo. Recomendaba también que se estableciese un plan de administración económica, que señalase la dotación y emolumentos de los oficiales del real sitio, los ascensos a los que podían aspirar y las obligaciones ya que, a su juicio, lo que había habido era "una intervención viciosa y arbitrariedad del juzgado"[44].

El marqués de Varese no sólo tenía por objetivo mejorar la producción y aumentar los beneficios, sino disponer el real sitio de tal forma que alcanzase un equilibrio entre producción y conservación. Los oficiales que trabajan en los reales sitios estaban imbuidos con la idea de que la preservación de estos espacios únicos pasaba por lograr un equilibrio, probablemente siempre frágil, entre los diferentes aprovechamientos múltiples que requerían los palacios reales y las diferentes familias e instituciones que sustentaban la familia, por ejemplo: viñas, ganado, agricultura, aprovechamientos madereros como leña o carbón vegetal, con la producción de elementos para la venta en una economía de mercado.

EL GOBIERNO DEL MARQUÉS DE VARESE

El marqués de Varese planteaba un modelo que reducía el número de oficiales, así como el gasto del real sitio, en donde solo quedarían reservados para el monarca para su disfrute los jardines y bosques inmediatos al palacio, quedando el resto para su arrendamiento. En este sentido, el 7 de abril de 1809, Varese remitió la relación de todos los empleados del palacio de Aranjuez, con sus sueldos y regalías (tabla 2)[45]. Varese defendía para los jardines y huertas la necesidad de tener un jardinero y arbolista mayor, con amplias facultades, un ayudante del jardinero mayor, un capataz arbolista, cuatro capataces de jardines, así como 20 operarios en el jardín de la Isla y de Palacio, 30 en el del Infante, 75 en los del Príncipe, Primavera y Casa del

[44] AGP. Reinados, José I, caja 74, exp. 12.
[45] AGP. Reinados, José I, caja 25, exp. 11.

Labrador, 70 para cultivar los terrenos propios para huertas en los jardines del Príncipe y Primavera y 24 arbolistas. Varese no era muy partidario de darles plaza fija, ya que consideraba que esto fomentaba la insubordinación, pero como reconocía que era necesario cierto reconocimiento proponía que 30 jardineros y arbolistas tuviesen plaza, con 7 reales diarios, que otros tantos fuesen numerarios, con 6 reales diarios y que otros 30 peones quedasen "arreglados" con el mismo salario que los numerarios; todos ellos con casa, médico y botica. Los demás peones, ordinarios y temporeros, se pagarían según las necesidades de los jardines. A todos se les tendría que controlar su horario para impedir el fraude en el cobro de los jornales y proponía también que se tuviesen en cuenta la antigüedad en los puestos para los ascensos.

Tabla 2: Planta de oficiales de Aranjuez[46]

Según las Instrucciones antiguas		Propuesta del Intendente Varese	
Servicio de dominios y bosques		Servicio de dominios y bosques	
Un director	2.500 reales	Un inspector	1.200 reales
Un Inspector	1.200	Un tesorero, recaudador y contralor	1.666
Un recaudador	1.200	Un guarda mayor	800
Un guarda mayor	800	Un contador	900
Un contralor de las cortas y ventas de leña	600	2 escribientes de la intendencia	a 300
10 guardas	300 cada uno	12 guardas a caballo	a 300
Servicio de edificios, jardines, bosques y viveros		Servicio de edificios, jardines, bosques y viveros	
Un arquitecto mayor	800	Un arquitecto	300
Un sobrestante de albañilería	500	Un sobrestante de obras	366
Un fontanero	500	Un fontanero mayor	500
4 jefes de jardín	a 600	2 capataces primeros de arbolistas y jardines	360
12 jardineros	a 300	4 capataces de jardín	300
4 guardas	a 400		
Servicio de salud		Servicio de salud	

[46] La cuantía económica es por meses. AGP. Reinados, José I, caja 74, exp. 12.

Un médico cirujano	800	Un médico cirujano	800
Un boticario	500	Un boticario	500
Total	11.300	Total	8.592 al mes

Además, en cuanto a otros oficiales Varese establecía que debía de haber 12 guardas a caballo que se encargarían de mantener el orden y evitar el furtivismo, pudiendo integrarse en la gendarmería, así como un cura y los ayudantes necesarios para la administración de los sacramentos y oficios divinos. Además, Varese señalaba las personas que, a su juicio, eran las más adecuadas para ejercer cada cargo. Así, para desempeñar el puesto de inspector proponía al ayudante de jardineros y arbolista mayor, Esteban Boutelou, con la obligación de servir también como jardinero y arbolista mayor, ya que Pablo Boutelou era ya mayor, tras 42 años al frente de los jardines del real sitio, aunque a su juicio "dudo haya en la Península sujeto más inteligente en estos ramos de jardines". Como tesorero recomendaba a don Crisanto López, que ejercía como recaudador y que era su persona de confianza. Opinaba que el arquitecto Manuel Oliva podía seguir ocupando el cargo, así como el guarda mayor don Fernando Mollinedo y proponía como contador a don Simón Aguado, oficial segundo de la contaduría, por sobrestante mayor de las obras a don Francisco Castellanos y por fontanero mayor a don Ramón Lombardero, que ya lo ejercía. Esta nueva planta suponía una reducción frente a la última, aplicada en marzo de 1806. Asimismo, el 6 de mayo de 1809, el marqués de Varese escribía al conde de Melito notificándole la relación de las personas que debían cantidades de dinero al real sitio[47].

Poco después, el 17 de mayo, Varese escribía a André-François Miot, conde de Melito, dándole cuenta del estado de las cantidades satisfechas de los fondos de Aranjuez durante el quinquenio 1801-1805 para atender con ellas al pago de los salarios, viudedades, orfandades, obras en edificios y presas y otros gastos comunes. En la misma, se indicaba que se dedicaba, en un año común, 845.375 reales y 23 mrs

[47] AGP. AG, caja 14.285.

para el pago de los salarios de los oficiales, así como para viudas, huérfanos y jubilados[48].

También logró la reversión a la administración de Aranjuez, por orden de 11 de noviembre de 1809, de las tierras que fueron incorporadas a la Acequia del Jarama, por orden de 25 de febrero de 1742, a cambio de una renta anual de 200.000 reales de vellón[49]. En este proceso de reintegración se supo que se debía al sitio de Aranjuez por parte del administrador de la Acequia 237.461 reales y 13 mrs, por lo que el gobernador de la Acequia entregó al marqués de Varese varias escrituras de arrendamientos para que los cobrase[50]. También fueron reintegrados a la administración del real sitio de la Casa de Vacas, los Reales Cortijos y el Campo Flamenco, que estaban separadas de la administración de Aranjuez desde 1792, bajo la administración de Manuel de Moratilla, y los jardines del Príncipe y de Primavera que, en 1795, pasaron a la administración de don Felipe Martínez de Vierpol[51].

En el desarrollo de su proyecto económico, el 12 de abril, mandaba a Melito la correlación de las tierras, casas y otros ingresos arrendados en el real heredamiento[52]. En esta relación, se incluía la contribución de la tesorería general de correos de 1.200.000 reales y de la Real Acequia del Jarama con 200.000, así como la Real Acequia del Tajo, que fue incorporada al real Heredamiento en 1806, además del arrendamiento de la encomienda de Alpajés y de tierras y huertas en el Dehesón, Juncarejo, Menalgavia, los Deleites, la Aldehuela, los quintos de Valjuanote y Valquemada, entre otros, además de los productos de algunas casas, tabernas y molinos y el arrendamiento de yerbas y de la pesca de la Aceca, entre otras (tabla 3).

---

[48] AGP. AG, caja 14.285.

[49] AGP. Reinados, José I, caja 75, exp. 24.

[50] AGP. Reinados, José I, caja 25, exp. 25.

[51] Ese mismo día 7 de abril, Varese remitió una relación de las tierras arrendadas en estos lugares indicando que se debían al real sitio 370.094 reales. AGP. Reinados, José I, caja 25, exp. 11.

[52] AGP. Reinados, José I, caja 74, exp. 3.

Tabla 3. Tierras arrendadas en Aranjuez vistas en la vista[53]

Lugar	Cantidad en reales de vellón al año
Manuel Barcena y compañeros arrendaron la encomienda de Alpajés por 8 años, cumplía el arriendamiento el 15 de agosto de 1810	60.000
Vitoriano Carrascosa arrendó las tierras del Dehesón y Juncarejo por 6 años que cumplían el 15 de agosto de 1809	10.000
Eusebio Domínguez arrendó las tierras de Menalgavia por 8 años, que cumplían el 15 de agosto de 1809	469
Lorenzo Torgas arrendó las tierras de La Aldehuela por 4 años, que termina el 11 de enero de 1811	140
Julián Díaz y compañía arrendaron las tierras de labor de los Deleites por 4 años	29.000
Manuel Sánchez arrendador de los Quintos de Valjuanete y Valquemado por 4 años, que cumplían el 18 de noviembre de 1810	33.800
Don José Mateo del Rincón arrendador de varias tierras en los referidos quintos	1.480
Félix Alonso arrendó varias tierras en los referidos quintos	384
Evaristo Redondo arrendó varias tierras en la Dehesa de la Saceda	823
Villasequilla de Yepes tiene arrendada varios trozos de tierra de labor de la Dehesa del Campillo por 4 años que cumplían el 15 de agosto de 1811	1.350
Cipriano del Sol tuvo arrendado el cercado del Legamarejo	7.000
Mateo Sánchez y compañeros tienen arrendada la huerta Valenciana por 4 años que cumplía a finales de noviembre de 1812	30.000
Pedro Gafi arrendó la parte de fonda que tomó en el parador de Aranjuez por 4 años que terminaban a finales de diciembre de 1808	20.000
Manuel Rodríguez arrendó las cuadras del parador por 4 años, que cumplían el 4 de diciembre de 1810	29.062 y 17
Nicolás Andurra arrendó la casa y bodegón por 4 años y cumplía el 16 de junio de 1811	3.000
Juan Santos Redondo, arrendó la caza de conejos hasta 1808	35.000
Alfonso de la Parra arrendó la venta de Aceca hasta finales de diciembre de 1809	5.125
Don Luis Bonaven arrendó las barcas de Aceca hasta finales de junio de 1811	32.500
Don Ventura Gallegos arrendó la barca de Requena hasta fin de junio de 1811	26.950

[53] AGP. Reinados, José I, caja 74, exp. 3.

José Marcos arrendó la barca de Requena hasta finales de 1808	2.300
Francisco Sáez y compañeros arrendaron los molinos de Valdajos por 4 años que cumplían a finales de junio de 1809	32.812 y 17
Vitoriano Redondo arrendó el molino y canal de Aceca por 4 años y cumplía a finales de diciembre de 1809	32.300
Manuel Barcena y compañeros arrendaron el paso del puente largo y demás puentes del sitio por 4 años que cumplían a finales de junio de 1809	1.400 reales los días de jornada y 725 reales y 12 mrs en los restantes
Don Antonio Palacios y compañía tuvieron arrendada la renta de las tabernas, cumplía a finales de 1808	1.500 reales en los días de jornada y en 220 el resto
Francisco Pérez y compañeros arrendaron la pesca en la Aceca, por 4 años, que cumplían el 8 de julio de 1809	3.375
El conde de Cifuentes, en cuyo nombre se arrendaron los pastos y leñas de Soto Redondo por 9 años, que cumplían el 29 de septiembre de 1811	500
Por el aprovechamiento de las yerbas que producen los bosques y disfruta la real yeguada	120.312 y 17
Don Martín Quiñones y Benavente arrendador de los pastos y tierras del Soto de Valdajos por 4 años que cumplían el 26 de septiembre de 1811	3.000
Huertas	
Fermín Castaños arrendador del cuadro de los Géneros hasta fin de 1808	8.125
Fermín Castaños tuvo el cuadro del Bonecillo por 8 años hasta fin de 1808	3.750
Manuel Herencia arrendador del cuadro de Sotopela	20.000
Felipe Cruz, arrendador del cuadro del Esparragal	6.000
Melchor Caro, arrendador del cuadro de Palenzuela	5.000
Tomás Puch, arrendador del cuadro de los Camuesos	3.500
Manuel Arquero y compañero, arrendador del cuadro de la Huerta Nueva	12.000
Francisco Benito arrendador del cuadro del Veedor	8.750
José Sánchez Moqueda, arrendador del cuadro de Zampa	9.250
Don Benito del Olmo, arrendador del cuadro de Magán	8.750

Manuel Rodríguez, arrendador del cuadro del Carrizal	12.000
Pedro Villalta, arrendador del cuadro de Plazanueva	10.000
Andrés Martínez, arrendador del cuadro de las Rejas	6.570
Simón Martín, arrendador del cuadro del Pical	3.570
Otras huertas cumplidas a finales de 1808	
Julián Díaz, arrendador de la Huerta del Potajier	11.572
Gavino de Luna, arrendador de la Huerta antigua del jardín de la Reina	9.000
La huerta nueva del jardín de la reina y el cuadro de Sotopela la Vieja	

Asimismo, Varese indicaba que había en Aranjuez tierras que puestas en cultivo o arrendadas podrían valer y rendir 1.200.000 reales anuales, pagando a 250 reales la fanega de regadío y 50 por la de secano, diezmos inclusive[54]. Entre las que destaca las 1.000 fanegas de regadío en el Cortijo de San Isidro, en el Deleite, en la Huerta Valenciana, en las Huertas de Pico Tajo, en Legamarejo, Campo Flamenco, la Huerta del Potajier, la Huerta de los Estanques y en la Huerta y Jardín de la Reina, además de otras 15.000 fanegas de secano en el Soto Gordo, las Cabezadas, la Cortega, Hoya Morena, Altos de Mira el Rey, Valdelascasas, Rebollo, Cenizosa, Vega de Castillejo, San Raimundo, la Cubina, Atoquedo, Alvardiales, Villamejor y Mazarabuzaque. Así como otras 4.000 fanegas de regadío y secano en la Dehesa de Aceca y de Barciles. Varese reconocía que los productos de estos jardines y huertas se utilizaban para el regalo de su majestad y del resto de personas que lo recibían, según estaba establecido, vendiéndose el resto para ingresar el dinero al tesorero del real sitio.

Poco después, el 16 de mayo, informaba a Melito de las rentas que tenía aquel lugar así como de lo consignado en la renta de correos. Presentando una cuantía importante de 3.038.075 reales y 23 mrs. En esta relación también recogía los gastos. En este sentido, refería que los gastos realizados en los jardines, criaderos y huertas suponían 334.873 reales y 15 mrs; los de la Casa de las Mulas 157.634 reales y 32 mrs, los de la lechería de las búfalas de Villamejor 15.093 reales y 13 mrs y en el ramo de la fontanería de las aguas dulces y saladas,

[54] AGP. Reinados, José I, caja 25, exp. 3.

unos 9.804 reales. Además, para la real caballeriza Varese indicaba que se destinaban 2.800 reales y 9.254 reales y 15 mrs para el riego de las praderas del Soto del Rebollo, que se dedicaba para pastos de la real yeguada, así como 228.122 reales y 29 mrs para gastos de los Cortijos, Campo Flamenco y la Casa de Vacas. Del mismo modo, que se gastaron 57.528 reales y 19 mrs para materiales del almacén para acometer las obras del sitio y jardines[55].

En esta extensa y exhaustiva relación Varese indicaba también que había gastado 2.500 reales para la plantación de árboles, 23.638 reales y 16 mrs para la limpieza del caz, 30.485 reales y 26 mrs por el alumbrado y limpieza del sitio y otros 24.460 reales y 16 mrs por el alumbrado y limpieza de las casas del sitio, así como, 5.888 reales y 23 mrs para la apertura de callejones en los bosques para favorecer la caza real. Asimismo, en gastos de la real capilla del sitio se abonaron 4.299 reales y 4 mrs y 3.117 reales y 25 mrs para la parroquia de Alpajés. Además, se abonaban 1.000 reales al tesorero del sitio para quiebras de monedas y se dedicaron 204.299 reales y 32 mrs en el arreglo de puentes, barcas, presas, malecones y demás obras en el río Tajo

Para gastos comunes, por su parte, donde se incluían las medicinas para los criados, conducción de caudales para el tesorero, llevar a los enfermos a Madrid y regalos al monarca, coste de pintura, etc., se abonaron 401.517 reales y 17 mrs, además de otros 18.000 reales por el rédito anual que el sitio pagaba al convento de las Descalzas de Madrid y al de los padres de la Victoria de Madrid por la incorporación al Real Heredamiento de la Dehesa de la Saceda y, por último, 20.000 reales por las encomiendas del infante don Pedro. En total, los gastos suponían la nada despreciable cifra de 2.908.293 reales y 18 mrs, si bien, todavía dejaban un pequeño beneficio para el sitio de 129.782 reales y 5 mrs.

El marqués de Varese recomendaba en sus primeros meses establecer fábricas y manufacturas y arreglar el Hospital de San Carlos, nombrando médicos y cirujanos en "un país mal sano como este". Asimismo, para aumentar los ingresos planeaba la venta o arrendamiento de los edificios que el monarca y su servidumbre no

[55] AGP. AG, caja 14.285.

ocupaba en el real sitio tal y como había señalado con las tierras que el monarca no disfrutase, lo que, sin duda, beneficiaría al real sitio ya que había mucha gente ociosa y casi en la indigencia: "ábranse estos manantiales de la verdadera riqueza nacional y al paso que se aumentarán las rentas de la Corona, se conquistarán asimismo para la industria los holgazanes de necesidad que residen actualmente en este Sitio", aumentando así los ingresos[56].

Pocos días después de la remisión de estos informes, el alcalde de Aranjuez, don Domingo Gaspar Pérez puntualizó a Melito, el 14 de abril de 1809, algunas cuestiones que consideraba fundamentales. Informaba de los muchos gastos que se habían contraído y que no se habían podido satisfacer por la entrada de las tropas franceses y que Varese no recogía, también que los productos del real sitio no servían para cubrir los gastos diarios, a pesar de las cifras remitidas por Varese. Señalaba, además, que para poder poner en valor las tierras de labor era necesario crear un fondo permanente con el que mantener a los trabajadores y jardineros con plaza, así como a los peones que acudían a cortar leña, conducirla y distribuirla para la tropa, así como para los oficiales de manos que trabajaban en los edificios, puentes, caces y caminos, además de poder cubrir los gastos extraordinarios del hospital militar y enfermos pobres, así como para los peones que se encargaban de la limpieza del pueblo y cuarteles[57].

Asimismo, Domingo Gaspar Pérez también remitió una relación de las fincas del real sitio que servían para el mantenimiento de los oficiales y criados del real sitio, para los jubilados y para el pago de las pensiones, así como del Hospital de San Carlos, del convento de San Pascual, para las obras civiles e hidráulicas y también para los empleados de los jardines (tabla 4). También aprovechó para recordar, como hizo Varese, la importancia que tenía la vuelta a la administración del real sitio de los bienes que en tiempos de Carlos IV se segregaron, así como las reales yeguadas, que estaban bajo el control de don Casimiro Navarro, y que recibía su mantenimiento de la tesorería general[58].

---

[56] AGP. Reinados, José I, caja 74, exp. 12.
[57] AGP. Reinados, José I, caja 74, exp. 12.
[58] AGP. Reinados, José I, caja 74, exp. 12.

Tabla 4: Relación de fincas y rentas del Real Heredamiento de Aranjuez

La encomienda de Alpajés (diezmos)
Tierras del Dehesón y Juncarejo, que se arrendaban
Huerta Valenciana
Tierras de los cercados de los Deleites
Huerta del Potajier, Huerta Antigua y Jardín de la Reina
Huerta de los Estanques
15 cuadros de las Huertas de Pico Tajo
El puente largo, puente de la Reina y el puente de las barcas
Ramo de tabernas (arrendamiento)
Fiel Almotacén
La caza de conejos
El Parador del Rey y sus cuadras
La Casa Bodegón
Las barcas de Aceca y su venta
La barca de Requena y su venta
Los molinos harineros de Valdajos
Otros molinos y un canal en Aceca
La pesca en el Tajo, en la zona de Aceca
Los pastos y leñas en el Soto Redondo
Las tierras de Menalgavia, próximas de Ocaña
Tierras llamadas de La Aldehuela
Pastos y leñas del Soto de Valdajos
Pastos, tierras y leñas de los Quintos de Valjuanote y Valquemado
Tierras de la Dehesa del Campillo
Cercado del Legamarejo
Las yerbas donde pastaban las reales yeguadas
La Real Acequia del Jarama
La Real Acequia del Tajo, que desde 1806 se incorporó al real sitio

Poco después, el 18 de abril de 1809 Varese mandó la relación de los bienes que había en la Casa del Labrador y en el Cortijo de San Isidro.

También, en estos días, se remitió información detallada de los ingresos de la Real Acequia del Jarama durante 1808, que supusieron 150.417 reales y 22 mrs (tabla 5)[59]:

Tabla 5. Ingresos de la Real Acequia del Jarama 1808

Ingresos	Cuantía en reales y mrs
Diezmo del agua	40.005
Diezmo de frutas	29.960
Diezmo de minucias	36.091
Diezmo y renuevo de granos	-
Trigo: 636 fanegas, 10 celemines y un quinto y ¾, a 40 reales la fanega	25.474 y 10
Cebada: 811 fanegas, 6 celemines y 3 quintos y ¾ a 23 reales la fanega	18.666 y 17
Avena: 7 fanegas, 8 celemines y 3 quintos y medio, a 15 reales la fanega	116 y 17
Garbanzos: 1 fanega y 6 celemines, a 40 reales la fanega	60
Almortas: 1 fanega, 2 celemines y 2 quintos a 40 reales la fanega	44 y 12

Todos estos documentos e informes permitieron aprobar, el 28 de abril de 1809, una nueva regulación de la administración del real sitio, que se completó con un decreto de 23 de mayo[60], al que se debería de unir, más tarde, un plan de economía civil y administración pública[61]. Es oportuno señalar, como en esta misma línea productiva y económica se decantó la Junta Suprema de Gobierno, que encargó, el 14 de noviembre de 1808, al secretario de Estado y Despacho la elaboración de un reglamento de aprovechamiento de la caza y campos de los reales sitios para que "produzca una utilidad proporcionada al real erario" y sacar todo el partido posible de las

[59] AGP. Reinados, José I, caja 25, exp. 25.
[60] AGP. Reinados, José I, caja 25, exp. 23.
[61] AGP. Reinados, José I, caja 74, exp. 12.

REAL CORTIJO DE SAN ISIDRO POR DOMINGO DE AGUIRRE (1775)

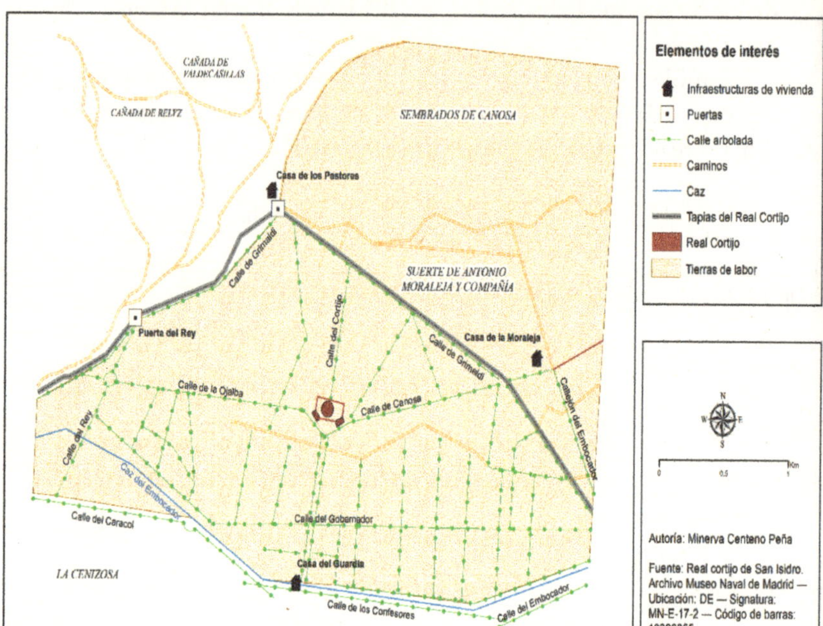

inmensas tierras que se hallaban en los mismos "ya propias para el cultivo ya a propósito para pastos"[62].

En la nueva estructura del real sitio que se aprobó el 28 de abril se señalaba la importancia de la reparación y conservación de los jardines, tanto de los de recreo como los de producción, para, de este modo, reducir los gastos. Para ello, se establecía una prioridad, que seguía lo recomendado por Varese, comenzando por los jardines de la Isla, Infanta, Príncipe y Primavera e inmediaciones de la Casa del Labrador y, después, se acudiría a la estufa del Jardín de la Isla y al esparragal de la Plaza Nueva. Además, se indicaba que todos los dependientes de la casa real y todas las rentas que la corona tuviese allí quedasen bajo la única autoridad del intendente, salvo los ramos de policía, administración de justicia, abastos y otros ramos civiles,

[62] AHN. Estado, leg. 22A, núm. 10.

que se regirán como en el resto del reino por los ayuntamientos, por lo que recomendaba nombrar un alcalde mayor para dirigir el ayuntamiento, que tendría derecho privativo en lo contencioso y criminal.

En general, dentro de su política económica, que también afectó al real patrimonio, la Corona, favorecería el arriendo de las tierras incultas para fomentar la riqueza nacional, incluso del propio patrimonio[63]. Varese informaba a Melito que en Aranjuez "tiene S.M. una extensión considerable de terrenos pingües y feraces propios para la Agricultura. Ábranse estos manantiales de la verdadera riqueza nacional..."[64]. El modelo de arriendo que presentaba Varese para Aranjuez trataba de mejorar los ingresos de la corona y no perjudicar a los arrendadores, considerando la posibilidad de crear una Hermandad de Labradores.

Las ideas de Varese fueron consideradas por la Corona. Así, por el decreto de 23 de mayo de 1809, José I ofreció para tierras de labor, pastos y huertos diferentes tierras en Aranjuez y San Fernando con el fin de mejorar la economía. Si bien, el monarca se reservaría, en el caso del real heredamiento, para su disfrute los jardines y bosques inmediatos a Palacio, como los jardines de la Isla, de las Infantas, del Príncipe, de la Primavera y los tercios dependientes de la Casa del Labrador, que quedarían para el mantenimiento exclusivo de esta real posesión, mientras que el resto de huertas, campos, tierras, etc., excepto las arboledas de los paseos públicos, se darían en arrendamiento previa división en lotes al mejor postor por un periodo mínimo de 9 años y de 21 como máximo, si bien se llevaron a cabo, por regla general de 3, pudiendo traspasar este arriendo por venta o cesión. Además, los arrendadores podían cultivar lo que quisieren y vedar el lugar para evitar la entrada de ganado, además, el rey no podría cazar en esas tierras mientras se recogiese la cosecha. Otra ventaja era que el arrendador podría pasar el arrendamiento a otro. De esta manera, se protegía al arrendador y a los intereses de la Corona, ya que "los arrendamientos cortos establecidos generalmente

---

[63] *Prontuario de las leyes y decretos del rey nuestro señor Don José Napoleón I,* Madrid, Imprenta Real, 1812, vol. I, pp. 328-330.

[64] Ángel Ortiz Córdoba, *Aranjuez...*, p. 238.

en la Nación causan en parte el atraso de la agricultura española"[65]. Además, con la desaparición de la yeguada había más tierras para arrendar, puesto que no había que reservar fincas para los pastos.

También en estos meses se procedió a la cesión de derechos por parte de la administración del real sitio al recién creado ayuntamiento, como los portazgos del vino, mercado y leña. Si bien, la relación entre Varese y el alcalde Gaspar Pérez no era muy buena, por su apoyo velado al rey Fernando. Por ello, el 5 de septiembre de 1809, el conde de Melito comunica que el rey había pensado unir las funciones del alcalde al del intendente, para evitar enfrentamientos y choques de autoridad, en la cabeza de Varese[66]. El marqués de Varese admitió gustoso el encargo, pero esperaba el visto bueno del Ministerio del Interior, por ser el competente para la ejecución del nombramiento[67].

Sin embargo, estas reformas se vieron frenadas por la derrota francesa en Talavera (28 de julio de 1809), que supuso el abandono momentáneo del real sitio, al que regresaron, el día 15 de agosto tras las victorias de Puente del Arzobispo y Almonacid. De este modo, pocos días después, el marqués de Varese retoma de manera febril su labor al frente del real sitio, preocupado por sacar el mayor rendimiento económico al mismo a pesar de que en lo que quedaba de 1809 y todo 1810 el real sitio se vería amenazado por las guerrillas y por tropas regulares españolas que hacían difícil la actividad. Así, por ejemplo, el 25 de septiembre de 1810, el marqués de Varese informaba a Melito que las tropas francesas y los insurgentes habían destruido la cosecha de uvas del Cortijo de San Isidro y del Campo Flamenco.

Es importante señalar que en la primavera de 1810 se propuso incorporar bienes nacionales al real sitio para aumentar sus ingresos tal y como estaba ocurriendo en otros dominios del monarca, como Granada, Sevilla, Valladolid o San Ildefonso. El encargado de ver los bienes nacionales que se podrían incorporar al real patrimonio fue don Ramón Alvarado, en febrero y marzo de 1810[68]. Tras presentar

[65] En la misma línea, por otro decreto de 1 de septiembre de 1809 se realizaba lo mismo en San Fernando. Juan Mercader Riba, "José I, aspectos económicos", *Hispania,* 35 (1975), p. 123.

[66] AHN. Consejos, leg. 49.616, exp. 29.

[67] AHN. Consejos, leg. 49.616, exp. 29.

[68] AGP. Reinados, José I, caja 56, exp. 13.

la relación, poco después, el 19 de junio de 1810, se informa a don Francisco Jordan de las tierras de los bienes nacionales que por real decreto de 29 de mayo de 1810 se pasaron al real heredamiento de Aranjuez[69]. Estos bienes habían pertenecido a las órdenes militares y sumaban la nada despreciable cifra de 1.412.000 reales.

Así, de la orden de Calatrava, dentro de la provincia de La Mancha, se incorporarían la dehesa de Belvís, que distaba dos leguas de Calzada de Calatrava y rentaba 200.000 reales; la Dehesa del Yergo, cerca de Almagro, situada en la villa de Aldea del Rey, con 120.000 reales de renta; la encomienda mayor de Calatrava, titulada de Fresneda, cuyos productos anuales estaban regulados en 300.000 reales al año, la encomienda de Manzanares con 100.000 reales (la cual, también estaba entre las que en 1802, Carlos IV, previo permiso del papa Pío VI, pretendió enajenar, junto con la encomienda de Sueca, de la orden de Montesa, así como las de Uclés, de Santiago, y la de Gata, de la orden de Alcántara)[70], la de Montanchuelos y la de Moral, con 70.000 reales cada una, las del Viso y Santa Cruz de Mudela, con 36.000 y la de Valdepeñas, que era del marqués de Portago, con 15.000[71].

Por su parte, de la orden de Santiago se integrarían las encomiendas de Aledo y Totana, valoradas en 70.000 reales, así como la encomienda de la Alhambra y la Solana, con un valor de 36.000 reales, que fue del infante Carlos Luis de Parma; la encomienda de Beas de Segura, con 15.000 reales, la de Campo de Criptana, que era de Tomás de Morla, teniente general de los reales ejércitos, y que tenía 80.000 reales de renta, la de Corral de Almaguer, que en 1806 pasó al infante don Francisco de Paula a cambio de las de Villahermosa y Monreal, con 40.000 reales, la de Horcajo, con 36.000, Mirabel, con 44.000, la de Montealegre, con 28.000, la de Socuéllamos, con 82.000 reales, que fueron del infante don Francisco de Paula, y la de Monreal, que era del infante don Antonio Pascual, con 70.000

[69] AGP. Reinados, José I, caja 74, exp. 16.

[70] Richard Herr, "Fincas dispersas, cotos redondos y cambio económico en España", *Revista de Historia Económica,* 1 (1983), p. 60.

[71] La encomienda Mayor, la de Moral, el Viso y Santa Cruz pertenecían al infante don Carlos María Isidro y la de Manzanares al infante don Antonio Pascual.

reales[72]. Sin embargo, este proyecto no llegó a realizarse. Sin duda, influyó el devenir del conflicto.

Con todo, el marqués de Varese seguía avanzando en su proyecto de poner en valor económico el real dominio. En este sentido, informaba, el 30 de agosto de 1810, de los ingresos por la última cosecha en el cortijo de San Isidro y en el Campo Flamenco, tanto en las tierras arrendadas como de cultivo directo por parte de la corona: 45.190 reales por 458 fanegas de trigo, 2.051 de cebada, 282 de avena y 6 celemines de tranquilón, 3 fanegas de almortas, 7 de guisantes, 6 celemines de habas, 12 fanegas de alcarceñas y 2 fanegas de cominos[73]. Además, a finales de verano de 1810, se suscribieron diferentes contratos de arrendamientos de tierras de Aranjuez, sobre todo con habitantes de Aranjuez, en la zona de la Huerta de Pico Tajo, en el Cortijo de San Isidro, en el Legamarejo, los Deleites o la Huerta Valenciana, entre otros lugares, con contratos por 3 años, que comenzarían el 1 de noviembre de 1810, y que supondrían más de 145.000 reales anuales, destacando los arrendamientos en el Cortijo de San Isidro, que suponían 15.440 reales, de la Huerta Valenciana, con 15.000 reales, el Jardín de Primavera, con 10.354, los Deleites, con 9.700 y Campo Flamenco con 5.860 reales (tabla 6).

[72] AGP. Reinados, José I, caja 56, exp. 13.
[73] No se incluían los frutos de verano. AGP. Reinados, José I, caja 24, s.f.

PLAN GENERAL DEL REAL SITIO DE ARANJUEZ, 1810

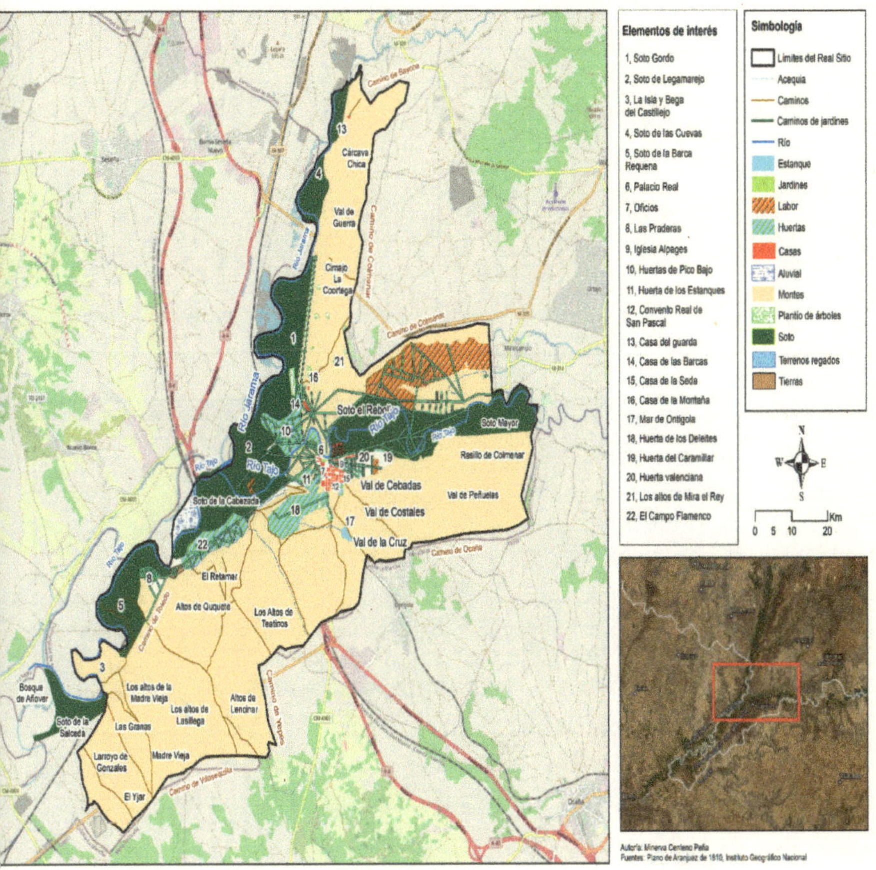

Autoría: Minerva Centeno Peña
Fuentes: Plano de Aranjuez de 1810, Instituto Geográfico Nacional

Situación de las encomiendas incorporadas a Aranjuez en el año 1810

Leyenda

- Orden de Calatrava
- Encomienda Mayor de Calatrava, Orden de Calatrava
- Orden de Santiago
- Límites autonómicos actuales

Fuentes:
* AGP. Reinados. José I, caja 74, exp. 16.
* Imágenes georeferenciadas del S.XIX. Centro Nacional Instituto Geográfico.

Tabla 6: Arrendamientos de las tierras en Aranjuez en el verano de 1810[74]

mbre	Persona	Cuantía en reales
adro del Bonetillo	Andrés Lozano	1.000
adro de la Huerta Nueva	Gregorio Almoguera	4.375
adro de los Géneros	Miguel Madrid	2.042 y 13
adro de Sotopela Nueva	Pablo Fernández	5.200
adro de Magán	Manuel Martínez	4.000
adro de los Camuesos	Julián Padilla	2.200
adro de Sotopela la Vieja	Pascual Padilla	1.458
adro de Palenzuela	Pablo González	1.020
adro del Veedor	Francisco Benito	1.852 y 28
adro de las Rejas	Segundo Herreros	1.604 y 5 y medio
adro del Pical del Rey	Francisco Sánchez de la Nieta	700
adro de la Guindalera	Francisco Sánchez de la Nieta	440
tad del cuadro de la Plaza Nue-	Francisco Sánchez de la Nieta	2.100
adro del Esparragal del Rey	Francisco Santiago (pasó a Alfonso de la Banda)	2.650
adro de Zampa	Antonio Saavedra y Antonio Román	3.250
adro del Carrizal	Pablo Gómez	2.100
adro de la Plaza Nueva del Rey	José Martínez	2.800
dín de Primavera	Basilio Gómez y Félix Buitrago	10.354
dín del Príncipe (parte)	Félix Buitrago	4.210 y 23
dín del Príncipe (parte)	Leocadio García	2.870 y 15
dinito del Vergel	José Velasco	2.187
uerta del Potajier	Julián Díaz	3.750
uerta Chica del Estanque	Hilario Argüero	1.604
uerta antigua del Jardín de la ina	Ramón Rodríguez	3.800
uerta del Jardín de la Reina	Manuel Flores y Antonio Fernández	3.000
a de la Casa del Labrador	José Palomino	1.000

[74] AGP. Registros, libro. 10.049. La cuantía se pagaba en tres plazos.

Jardín de la Reina	Casimiro Barragán	5.500
Huerta grande del Estanque	Antonio Ruiz	4.500
Huerta Valenciana	Mateo Sánchez y compañeros	15.000
Jardincito de la Azua, junto a la Casa de Barcas	Andrés García	300
Cercado de los Deleites, que se dividió en 21 suertes	Varios	9.700
Legamarejo (64 fanegas y 359 estadales)	Manuel Rodríguez	3.468 y 9
Prados de la Casa del Labrador	Juan Herranz	173 y 8
Prados de la Casa del Labrador	Francisco Sánchez	90
Real Cortijo de San Isidro, dividido en 43 suertes	Varios	15.400
Pozo de Nieve	Lorenzo Gutiérrez Ceballos (1 año)	1.000
Campo Flamenco, dividido en 26 cuadros	Varios	5.860
Sitio llamado la Cabina	Félix Buitrago e Isidoro Denche (2 años)	5.153
Sitio llamado de la Cabina	Juan Buitrago (2 años)	4.830
Tierra junto a la Casa de las Infantas de 10 fanegas y 20 estadales	Juan de Campos (2 años)	779 y 30
Álamos de San Raimundo, de 2 fanegas y 410 estadales	Juan de Campos (2 años)	126 y 30
Altos de Mira el Rey y valle de Villaconejos, de 52 fanegas y 461 estadales	Antonio Ruiz (2 años)	1.587 y 21
Vadillo de los Pastores	Don Fabián Grande (2 años)	126 y 21
Praderas de Badino	Don Fabián Grande (2 años)	71 y 23
Madre del Moledor	Apolinar López y compañeros (2 años)	40 y 32
Total		145.272 y 54 y ½

Las reformas llevadas a cabo por Varese parece que daban sus frutos. Los ingresos líquidos por los productos que entraron en la tesorería en 1810 alcanzaron los 250.000 reales, mientras que los gastos superaban los 235.000 reales (tabla 7).

Tabla 7. Los productos que entraron en la intendencia de Aranjuez en 1810[75]

Mes	Ingresos	Gastos
Enero	26.297 reales y 32 mrs	29.058 y 17
Febrero	34.036 y 12	38.598 y 2
Marzo	26.406 y 6	28.291 y 10
Abril	7.488 y 20	16.501 y 3 y ½
Junio	8.685 y 8	11.839 y 17
Julio	11.983 y 22	12.105 y 22
Agosto	12.690 y 3	12.850 y 17
Septiembre	14.501 y 19	14.808 y 31
Octubre	17.779 y 3	17.779 y 3
Noviembre	22.863 y 7	15.122
Diciembre	63.304 y 22	35.996

En este año, por instrucción de primero de septiembre, se mandó a todos los administradores un modelo para llevar las cuentas de los productos y gastos por meses, poniendo un estado circunstanciado y por menor de todas las cantidades, tanto por razón de los productos, arrendamientos u otros motivos. Además, tenían que llevar otra relación con los gastos y otro más con las entregas que se hiciesen al tesoro de la corona[76]. El 17 de noviembre de 1810, el conde de Melito recordaba por una circular que se remitiese el informe de la situación de cada uno, así como de las operaciones de agricultura y mejoras que pudiesen realizarse[77]. Sin duda, la corona quería conocer la situación de su real patrimonio y cómo éste estaba contribuyendo al mantenimiento del monarca.

A comienzos de 1811, el 28 de enero, se aprobó un nuevo reglamento de empleados, que sustituyó al recientemente aprobado de 1810[78]. Además, a pesar de aumentar la presión de las guerrillas, la política de arrendamientos continuó en este año. El 14 de marzo el

[75] AGP. Reinados, José I, caja 24.
[76] AGP. AG, caja 23.878, exp. 2.
[77] AGP. Reinados, José I, caja 84, exp. 25.
[78] AGP. Reinados, José I, caja 26, exp. 11.

marqués de Varese remitió a palacio una relación de las fanegas de tierra arrendadas (tabla 8). En ella informaba de la imposibilidad de arrendar grandes extensiones, como el cortijo de San Isidro a una sola persona, ya que no había grandes labradores capaces de adelantar los dineros[79]. No obstante, poco después, el 5 de junio, Varese remitía a Melito un informe donde le indicaba la dificultad que encontraba para arrendar por la presión que se ejercía por parte de las guerrillas, así como los problemas que tenían los peritos en tasar y medir las tierras que se arrendarían[80].

Tabla 8: Tierras arrendadas a vecinos de los municipios próximos de Aranjuez en 1811

Pueblos de los labradores	Fanegas de tierra sembradas en 1810		Fanegas de tierras dispuestas para sembrar en 1812	
	Fanegas	Estadales	Fanegas	Estadales
Por los labradores nuevos de Aranjuez	702	24	1.083	131
Villa de Ontígola	203	189	27	
Villa de Bayona	148	211	84	
Villa de Añover	355	47	107	
Lugar de la Alameda	256	184	90	34
Villa de Ciempozuelos	25	21	34	
Villa de Seseña	86		92	
Villa de Borox	221	250	238	
Villa de Yepes	102	250	12	
Villa de Ciruelos	107		73	
Lugar de Villasequilla	104		142	
Total	2.311	176	1.982	165

Con todo, Varese continuó firmando contratos de arrendamiento[81]. Así, en los últimos meses de 1811, se suscribieron acuerdos con Antonio Tercero, vecino de Aranjuez (25 de octubre), por 2 fanegas y 170 estadales de tierra con riego en el raso llamado de la Estrella para frutos de verano por 47 reales cada fanega y un total de 110 reales al

[79] AGP. Reinados, José I, caja 75, exp. 10.
[80] AGP. Reinados, José I, caja 74, exp. 12.
[81] AGP. Reinados, José I, caja 95.

año; con Antonio Núñez, vecino de Aranjuez, (26 de octubre) por 7 fanegas y 29 estadales de tierra de secano cerca de los hornos de yeso y del camino de la Peña Grajera a razón de 32 reales la fanega y un total de 225 reales y 29 mrs; con Alfonso Moreno, vecino de Borox, (28 de octubre) 5 fanegas y 346 estadales de tierra en el raso de los Potros por 204 reales y 31 mrs, y con Tomás Bustos, vecino también de Aranjuez, (29 de octubre) por 24 fanegas y 400 estadales de tierra sin riego en el raso del Matadero a 33 reales la fanega, así como otras 18 fanegas y 418 estadales de tierra sin riego en el Campo Flamenco, a razón de 50 reales la fanega, y 182 estadales de tierra en el raso del Matadero a 35 reales la fanega, por lo que pagaba 1.774 reales y 30 mrs al año.

Asimismo, con Manuel Martín, vecino de Aranjuez, ese mismo día se arrendó 3 fanegas y 225 estadales de tierra con riego en el raso del jardín de la Reina, junto a la casa de los perros, a 60 reales la fanega, por un total 207 reales al año, y a Hermenegildo López, vecino también de Aranjuez, 2 fanegas y 375 estadales de tierra de riego en el lado izquierdo del camino real de Valencia, entre le murallón del mar de Ontígola, a 50 reales la fanega, con un total 137 reales y 17 mrs anuales. Poco después, se acordó el 3 de diciembre con Lorenzo Jiménez, vecino de Borox, el arrendamiento de una fanega y 4 celemines de tierra de secano situada en el primer cerco de la dehesa Nueva del Rey por 36 reales la fanega, con Ramón Ortega, vecino de Añover, 10 fanegas de tierra de secano situadas en el tramo 56 de la Dehesa de Barciles a 20 reales cada fanega, con un pago total al año de 200 reales; con Baltasar Díaz 17 fanegas de tierra de secano que comprendía el tramo número 12 de la Dehesa de Barciles, a razón de 18 reales la fanega y con José Gabriel Carmena, vecino de Añover, 18 fanegas de tierra de secano en el tramo número 51 de la misma dehesa a 20 reales la fanega (la extensión de la dehesa de Barciles hizo que se tuviese que dividir en pequeñas extensiones para poderse arrendar).

Con todo, la presión de la guerrilla impide en este año vender la cosecha de uva del Cortijo y los robos de grano de los almacenes reales eran casi diarias. Sin embargo, en octubre de 1811, se dieron a la tesorería general 45.000 reales y en diciembre otros 20.000 a pesar de las malas cosechas y de la presión de la guerrilla. Cantidades, no obstante, consideradas insuficientes desde palacio. En este sentido, Raymond Gaffarel cita que este año el monarca señalaba que "estaba guardado por soldados a quienes no se paga y servido por administradores y magistrados que dedican la mitad de su tiempo a buscar los medios para alimentar a sus familias al día siguiente" [82].

En 1811 los ingresos que entraron en la caja de la tesorería del sitio, a pesar de todo, fueron de poco más de 356.000 reales y los gastos de 322.000, de los cuales, 128.148 reales fueron por los salarios (aumentando con respecto al año anterior). (tablas 9 y 10).

Tabla 9. Entradas y gastos en Aranjuez en 1811[83]

Mes	Entradas	gastos	Entregados a la tesorería
Enero	11.994 reales y 26 mrs	36.793	
Febrero	39.357 y 32	28.520 y 17	
Marzo	18.386 y 28	27.640	
Abril	38.017 y 3	27.996 y 10	
Mayo	23.477 y 10	27.269	
Junio	30.523 y 25	27.097 y 2	
Julio	6.445 y 6	26.764	
Agosto	42.994 y 26	25.619	
Septiembre	23.022 y 24	25.355	
Octubre	63.789 y 16	23.336 y 8	45.000
Noviembre	38.995	19.927	
Diciembre	20.356 y 32	25.727 y 1	20.000
Total	356.407 y 1	322.044 y 4	65.000

[82] Cit. Josep Fontana y Ramón Garrabou, *Guerra y hacienda. La Hacienda del gobierno centra en los años de la Guerra de la Independencia (1808-1814)*, Alicante, Instituto Juan Gil-Albert, 1986, p. 27.
[83] AGP. Reinados, José I, caja 73, s.f.

Tabla 10. Sueldos de 1811

Mes	Sueldos
Enero	12.056 reales
Febrero	10.984
Marzo	10.940
Abril	11.360
Mayo	11.312
Junio	11.000
Julio	11.064
Agosto	11.064
Septiembre	11.000
Octubre	9.144
Noviembre	9.080
Diciembre	9.144
Total	128.148

El marqués de Varese seguía administrando el real sitio tratando de mejorar la administración y defendiendo sus intereses. En este sentido, el 26 de febrero de 1812, informaba a Melito que el ministerio de la Guerra debía al sitio más de 2 millones y medio de reales por los suministros que se dieron desde diciembre de 1808 al ejército, de los que más de 1,3 millones eran de madera. Sin duda, el pago de estas cantidades permitiría mejorar la situación del real sitio y, por ende, los ingresos de la hacienda real[84]. En los primeros meses de 1812 continuaron los ingresos a la tesorería. Así, en febrero se pasaron otros 15.000 reales, el primero de mayo otros 15.000 y el 26 de junio 30.000 reales, lo mismo que en julio, cuando los oficiales franceses, junto con Varese abandonan el real sitio por la presión de las guerrillas, que entraron en el real sitio el día 23[85]. Una vez que regresó, de nuevo al real sitio, Varese continuó su proyecto de mejorar la gestión, aumentar los arrendamientos y reducir los gastos hasta que tuvo que abandonar definitivamente el sitio en abril de 1813,

[84] AGP. Reinados, José I, caja 74, exp. 1.
[85] AGP. Reinados, José I, caja 74, exp. 2.

cuando los españoles vuelven a controlar el lugar iniciándose, en los primeros momentos, un conflicto entre la intendencia de Hacienda de La Mancha y la de Madrid[86], nombrándose a Pío Elizalde como gobernador interino.

A MODO DE CONCLUSIÓN

Poco antes del reconocimiento formal de la caída de gobierno francés con la firma, el 11 de diciembre de 1813, del tratado de Valençay, el 28 de noviembre, Casimiro Bonavía, conserje de palacio que había abandonado el mismo con la llegada de los franceses, elaboró un informe sobre la situación del palacio, reflejando el mal estado del mismo, y se realizaba un plan para el trabajo en los jardines, donde se reducía la planta de 1808 a tan solo 114, siendo ya gobernador interino José Roblejo[87]. Un poco más tarde, el 18 de junio de 1814, el contador Juan Martín remitía un plan para reorganizar los servicios del real sitio y se declaraban nulos todos los arrendamientos realizados por Varese[88]. En poco menos de un año, se borraría en gran medida las reformas llevadas a cabo por el marqués de Varese al frente del real sitio, el cual, desde que tomo posesión del real heredamiento, a comienzos de 1809, se propuso, en la línea marcada por el gobierno francés, llevar a cabo un plan de administración del real sitio en el que se incluían nuevas formas de explotación y arrendamiento de las tierras, así como una nueva planta de oficiales que supusiese una mejora de los ingresos, una reducción de los gastos y una mayor eficacia en la administración y gobierno.

---

[86] Ángel Ortiz Córdoba, *Aranjuez, Sitio, Pueblo...*, p. 253.
[87] Ángel Ortiz Córdoba, *Aranjuez, Sitio, Pueblo...*, p. 256.
[88] AGP. AG, caja 14.287.

BIBLIOGRAFÍA

Álvarez de Quindós, Juan Antonio, *Descripción histórica del real bosque y casa de Aranjuez,* Madrid, Imprenta Real, 1804.

Borrego, Andrés, *De la Dette Publique et des Finances de la Monarchie Espagnole,* París, 1834.

Camarero Bullón, Concepción y Aguilar Cuesta, Ángel Ignacio, "Catastro, Sitios Reales, Bienes y Rentas del rey en el siglo XVIII", *Espacio, Tiempo y Forma. Serie VI. Geografía,* 12 (2019), pp. 31-62.

Camarero Bullón, Concepción y García Juan, Laura, "Geografía histórica de los espacios reales: Alóndiga, Aceca y Barciles, despoblados del rey en la vega del Tajo", *Estudios Geográficos,* LXXIX-284 (2018), pp. 209-235.

—, *Correspondance du comte de La Forest, ambassadeur de France en Espagne, 1808-1813,* París, publiée pour la Société d'histoire contemporaine par M. Geoffroy de Grandmaison, 1905, t. I.

Fontana, Josep y Garrabou, Ramón. *Guerra y hacienda. La Hacienda del gobierno centra en los años de la Guerra de la Independencia (1808-1814),* Alicante, Instituto Juan Gil-Albert, 1986.

Fuentes Aragoneses, Juan Francisco, "La monarquía de los intelectuales: elites culturales y poder en la España Josefina", en Alberto Gil Novales (ed.), *Ciencia e Independencia política,* Madrid, Ediciones del Orto, 1996, pp. 213-223.

García-Pereda, Ignacio, Duarte Rodrigues, Ana y Parejo-Moruno, Francisco Manuel, "The Boutelou brothers: from gardening to agronomic practices, education and travels at the turn of the Nineteenth century", *Notes Rec.* http://doi.org/10.1098/rsnr.2020.0053

Herr, Richard, "Fincas dispersas, cotos redondos y cambio económico en España", *Revista de Historia Económica,* 1 (1983), pp. 59-77.

—, *Mémoires du comte Miot de Melito,* París, Michel Lévy Fréres Libraires Éditeurs, 1858.

Menéndez Rexach, Ángel, *La jefatura del Estado en el derecho público español,* Madrid, Instituto Nacional de Administración Pública, 1979.

Mercader Riba, Juan, "José I, aspectos económicos", *Hispania,* 35-129 (1975), pp. 121-156.

—, *José Bonaparte. Rey de España. 1808-1813. Estructura del estado español bonapartista,* Madrid, CSIC, 1983.

Moleón Gavilanes, Pedro, *El arquitecto Juan de Villanueva (1739-1811),* Madrid, Akal, 2020.

Molina Holgado, Pedro y Berrocal Menárguez, Ana Belén, "Dinámica fluvial, propiedad de la tierra y conservación del paisaje de ribera en el entorno de Aranjuez (Madrid, Toledo)", *Estudios Geográficos,* LXXIV- 275 (2013) pp. 495-522.

Moreno Alonso, Manuel, *José Bonaparte. Un rey republicano en el trono de España,* Madrid, La Esfera de los Libros, 2008.

Ortiz Córdoba, Ángel, *Aranjuez, sitio, pueblo. Aranjuez, 1750-1841,* Madrid, Doce Calles, 1992.

Piqueras Díez, Antonio J., "José I, 'El Rey Regenerador'. El discurso josefino sobre la regeneración de España", *Cuadernos de Historia Moderna,* 11 (2012), pp. 123-144.

Prontuario de las leyes y decretos del rey nuestro señor Don José Napoleón I, Madrid, Imprenta Real, 1812, vol. I.

Serna Vallejo, Margarita, "Los bienes públicos. Formación de su régimen jurídico", *Anuario de Historia del Derecho Español,* LXXV (2005), pp. 967-1012.

Tovar Martín, Virginia, "Consideraciones al valor de los 'rústico' en los Sitios Reales (reinado de Carlos III)", *Fragmentos: revista de Artes,* 12-14 (1988), pp. 219-231.

EL REAL SITIO DE ARANJUEZ: DE SITIO REAL A "EMPRESA AGRARIA"

Cristina B. Martínez García
Universidad Rey Juan Carlos

Los sitios reales no siempre estuvieron compuestos por el mismo número de lugares, ni se utilizaron con la misma finalidad, ni tuvieron la misma extensión territorial, al contrario, cambiaron de número, extensión y funcionalidad desde la baja Edad Media hasta el siglo XIX. Concretamente, durante el siglo XVIII, los sitios reales experimentaron una profunda transformación: si en los siglos anteriores habían desempeñado funciones esencialmente de caza y de descanso de la familia real cuando se trasladaba de un lugar a otro, en el siglo de la Ilustración aparecieron como expresión paradigmática de la cultura cortesana, lo que llevó consigo la revalorización del espacio natural, el ordenamiento territorial como hecho urbano, o la ambición social y laboriosa de conjugar las artes con el aparato administrativo de la corte. Fue en este siglo cuando muchos de los grandes conjuntos artísticos (que contemplamos hoy) se terminaron y ampliaron territorialmente, de modo que fue entonces cuando tales residencias reales tomaron su definitiva configuración[1]. En muchos casos, estos cambios se reflejaron fielmente en el entorno próximo; así, por ejemplo, los cambios en Aranjuez resultan evidentes en el trazado de la ciudad cortesana con sus áreas representativas y de servicio. Este planteamiento urbanístico se extendió también al territorio, a los cotos y sotos en los que se racionalizó el campo y la naturaleza, otorgando a huertas

[1] Antonio Bonet Correa, "El Real Sitio y Villa de Aranjuez en el siglo XVIII", en *El Real Sitio de Aranjuez y el arte cortesano del siglo XVIII: exposición celebrada en salas de exposiciones del Palacio Real de Aranjuez,* Madrid, Patrimonio Nacional, 1987, pp. 17-32.

y plantíos un trazado de explotación agrícola e, incluso, artístico de primera magnitud[2].

En consecuencia, puede afirmarse que el proceso de creación, organización y cambio en las formas de gestión de los sitios reales tuvo dos grandes aspectos, la incidencia sobre su utilización por parte del rey y sus cortesanos y la incidencia en el medio ambiente que experimentaron (edificaciones, jardines, fincas de recreo, bosques acotados, espacios productivos en algunos de ellos...)[3]. No se puede olvidar que las construcciones arquitectónicas, las intervenciones urbanísticas, los proyectos más o menos orgánicos y la ciudad ideal fueron parte integrante del ejercicio del poder principesco[4]. No obstante, al comenzar el siglo XIX, y como causa de las revoluciones burguesas, se produjo un cambio en la estructura del Estado que implicó no solo la justificación del principio en el que se fundamentaba el origen del Estado (la soberanía nacional), sino también la nueva función que iban a tener la casa real y los sitios reales[5]. Es lo que me propongo estudiar: la transformación que experimentaron los sitios reales, la nueva función que cumplieron en el aparato del Estado y los personajes que contribuyeron a realizar dicha reestructuración en los orígenes del Estado liberal, centrándome en el caso de Aranjuez.

---

[2] Concepción Camarero Bullón, "Los planos de los sitios reales españoles formados por la Junta General de Estadística, 1861-1869", *Scripta Nova: Revista electrónica de geografía y ciencias sociales,* 18 (2014), pp. 463-499. Pilar Chías González, "Mapas y dibujos del entorno de los sitios reales en la sierra de Guadarrama", *EGE, Revista de expresión gráfica en la edificación,* 11 (2019), pp. 44-63.

[3] José Luis Sancho, *La arquitectura de los Sitios Reales. Catálogo Histórico de los Palacios, Jardines y Patronatos Reales del Patrimonio Nacional,* Madrid, Patrimonio Nacional, 1995, pp. 22-24; José Luis Sancho y Gloria Martínez Leiva, "¿Dónde está el rey? El ritmo estacional de la corte española y la decoración de los Sitios Reales (1650-1700)", en *Cortes del Barroco. De Bernini y Velázquez a Luca Giordano,* Madrid, Sociedad Estatal para la Acción Cultural Exterior, 2003, pp. 85-98; Concepción Camarero Bullón y Félix Labrador Arroyo (dirs.), *La extensión de la corte: los Sitios Reales,* Madrid, Ediciones de la Universidad Autónoma, 2017. José Martínez Millán, Natalia González Heras y Filipa Valido-Viegas (coords.), "Casas y Sitios Reales en España y Portugal", *Librosdelacorte,* 17 (2018), número monográfico.

[4] José Luis Sancho, *La arquitectura de los Sitios Reales...*, p. 23.

[5] Ángel Menéndez Rexach, "La separación entre la casa del rey y la administración del estado (1814-1820)", *Revista de Estudios Políticos. Nueva época*, 55 (1987), p. 105.

LA DESCOMPOSICIÓN DEL SISTEMA CORTESANO

Ciertamente, el cambio de estructura política del Estado repercutió en la transformación que experimentó la casa real[6]. Básicamente, esta transformación consistió en que la casa real, que desde la Baja Edad Media venía ocupando el núcleo de la corte (y de la Monarquía), pasó a convertirse en un organismo del nuevo Estado nacional[7]. A partir del siglo XIX, fue la soberanía nacional (y no el rey) quien justificó el poder y legitimidad de las instituciones[8]. Este proceso llevó inevitablemente a separar y distinguir con claridad los bienes que pertenecían a la nación de los que eran propiedad personal de la familia real, lo que influyó decisivamente en la evolución de los sitios reales[9].

Ante este desplazamiento de poder que padeció la figura del rey dentro de la nueva estructura estatal, la familia real española no se conformó con tener un papel contingente dentro del Estado nacional, sino que procuró mantener un protagonismo político y social, lo que necesariamente tenía que estar reflejado en la Constitución,

[6] Ha sido estudiada por Ángel Menéndez Rexach, *La jefatura del Estado en el Derecho público español*, Madrid, Universidad Autónoma de Madrid (tesis doctoral) 1978, I, pp. 465 y ss., y por Dolores del Mar Sánchez González, "El tránsito de la casa de Fernando VII a la de Isabel II: la Junta de Gobierno de la Casa Real y Patrimonio (1815-1840)", en Dolores del Mar Sánchez González (coord.), *Corte y Monarquía en España*, Madrid, Centro de Estudios Ramón Areces, 2003; Félix Labrador Arroyo, "La gestión del patrimonio real en tiempos de José I (1808-1812): cambios y continuidades", en José Martínez Millán y David Quiles Albero (coords.), *Crisis y descomposición del sistema cortesano (siglos XVIII-XIX)*, Madrid, Polifemo, 2020, pp. 243-290.

[7] Manuel García Pelayo, *Las transformaciones del Estado contemporáneo,* Madrid, Alianza Universidad, 1987, pp. 21-22; Norberto Bobbio, *Estado, gobierno, Sociedad. Contribución a una teoría general de la política*, Barcelona, Plaza & Janés, 1987, pp. 65-70; Marx Weber, *Economía y Sociedad*, México, Fondo de Cultura Económica, 1979, pp. 1047 ss.

[8] Heinz Schilling, "The Reformation and the Rise of the Early Modern State", en James D. Tracy (ed.), *Luther and Modern State in Germany,* Kirksville, Sixteenth Century Journal Publishers, 1986, pp. 21-30.

[9] José Martínez Millán, "Crisis y descomposición del Sistema Cortesano", en José Martínez Millán y David Quiles Albero (coords.), *Crisis y descomposición del sistema cortesano (siglos XVIII-XIX),* Madrid, Polifemo, 2020, pp. 13-190. Encarnación García Monerris y Carmen García Monerris, *Las cosas del Rey: historia política de una desavenencia (1808-1874),* Madrid, Akal, 2015, pp. 12-14 y "La nación y su dominio: el lugar de la Corona", *Historia Constitucional,* 5 (2004), pp. 167-170; Laureano López Rodó, *El Patrimonio Nacional*, Madrid, CSIC, 1954, pp. 145-150; José G. Moya Valgañón, "El Patrimonio Nacional. Museos Vividos", *Arbor,* 169 (2001), pp. 12-24.

y una vez conseguido, los miembros de la familia real no tuvieron inconveniente en participar en la política y en los negocios de la época, ejerciendo las actividades económicas de los burgueses, y poniendo en explotación (como una empresa agraria) aquellos sitios reales que habían conseguido conservar en propiedad[10]. Este proceso se produjo durante la regencia de María Cristina de Borbón, cuando los gobiernos progresistas (Calatrava, Mendizábal y Bajardí) se ocupaban de la organización estructural del nuevo Estado y de terminar las guerras carlistas[11] sin prestarle especial atención a la familia real, muy poco considerada tras la escandalosa boda secreta de María Cristina con Fernando Muñoz[12].

Es importante señalar la época y la situación política porque fue, precisamente, Fernando Muñoz, esposo de la Reina Regente, y su familia quienes ejecutaron la profunda transformación que experimentaron los sitios reales en la nueva organización política liberal como se observa en el sitio real de Aranjuez[13], pero que también se encuentra en el real sitio de Vista-Alegre[14], en el que Serafín Valero fue nombrado administrador del real sitio en 1835. Valero, no solo ostentó esté cargo, sino que también fue apoderado de la infanta Luisa Fernanda, gentilhombre de cámara y la reina María Cristina[15] le confirió el poder para que "reclame y perciba de la oficina del tesoro público de España las cantidades que se me adeudan de

[10] Juan Pro, *La construcción del Estado en España. Una historia del siglo XIX*, Madrid, Alianza Editorial, 2019.

[11] Alejandro Nieto, *Mendizábal. Apogeo y crisis del progresismo civil. Historia política de las Cortes constituyentes de 1836-1837*, Barcelona, Ariel, 2011, cap. 1º; Isabel Burdiel, *La política de los notables (1834-1836)*, Valencia, Edicions Alfons el Magnànim, 1987.

[12] Juan Pro, "El Estado grande de los moderados en la España del siglo XIX", *Historia y Política*, 36 (2016), pp. 19-48, "Poder político y poder económico en Madrid de los moderados (1844-1854)", *Ayer*, 66 (2007), pp. 27-55 y "La formación de la clase política liberal en España (1833-1868)", *Historia Contemporánea*, 23 (2001), pp. 445-481.

[13] Cristina Bienvenida Martínez García, "La administración de los sitios reales por «el clan de Tarancón» durante la Regencia de María Cristina", en José Martínez Millán y David Quiles Albero (coords.), *Crisis y descomposición del sistema cortesano (siglos XVIII-XIX)*, Madrid, Polifemo, 2020, pp. 291-309.

[14] Francisco Javier Fernández Sanz y Jesús Faucha Pérez, "Vista Alegre, siglos XIX-XXI, Parque público, real sitio, quinta de recreo y "ciudad de beneficencia", *Madrid histórico*, 51 (2014), pp. 44-59. José María Sánchez Molledo, "Reales sitios de Carabanchel", *Anales del Instituto de Estudios Madrileños*, 38 (1998), pp. 261-282.

[15] AGP. Personal, caja 1.310, exp. 25.

las capitulaciones matrimoniales y bienes del Real Patrimonio" como consecuencia de su matrimonio con Fernando VII[16]. Como se puede deducir de estos cargos, la relación que tenía con Muñoz y su entorno era muy estrecha. En su abundante correspondencia con Fernando se puede observar cómo el real sitio de Vista Alegre ya no era un real sitio cortesano, sino una explotación agraria empresarial, que se administraba como un negocio, equiparable a los que la familia real poseía en La Habana o hacía con las diferentes diputaciones españolas[17].

EL REAL SITIO DE ARANJUEZ UNA EMPRESA AGRARIA ORGANIZADA POR EL "CLAN DE TARANCÓN"

Aunque resulta ya conocido, es importante recordar que Fernando Muñoz fue un personaje que procedía de origen humilde, natural de Tarancón, sin contactos con la alta sociedad y con escasos conocimientos cortesanos[18]. El ascenso a la élite social le vino por su matrimonio con la Reina Regente, que provocó las burlas de muchos personajes de la época[19], buen ejemplo de ello fue la sátira que escribió Fermín Caballero en su periódico:

> Una sensualidad estragada y de baja ralea ha infeccionado los salones de palacio; una familia sin educación ni saber se ha

[16] AHN. Diversos-títulos_familias, 3356, leg. 13, exp. 3.

[17] Serafín le enviaba a Muñoz listas de los beneficios de las producciones y de las ventas de objetos que no se usaban: "Entrada del mes anterior: 29.802 reales; Id. Venta de tinajas rotas, aves y legumbres: 179 r; total: 29.981r. Entradas: 29.981 r; salidas: 13.779 r 12 m; existencias: 16.201 r 22 mrs", AHN. Diversos-títulos_familia, 3390, leg. 93, exp. 7. Cabe señalar que la correspondencia no solo era con Fernando Muñoz, sino también con Luis Paradela, visitador general de los reales sitios.

[18] Benito Pérez Galdós, *Bodas Reales*, Madrid, impresor de Cámara de S. M., 1900, p. 188; Trinidad Ortúzar Castañer, "Voz Fernando Agustín Muñoz Sánchez", en *Diccionario Bibliográfico Español. http://dbe.rah.es/biografias/6588/agustin-fernando-munoz-y-sanchez*

[19] María Ángeles Casado Sánchez, "María Cristina de Borbón. Una regente cuestionada", en Emilio La Parra López (coord.), *La imagen del poder. Reyes y Regentes en la España del siglo XIX,* Madrid, Síntesis, 2011, pp. 148-156; Isabel Burdiel, *Isabel II,* Madrid, Taurus, 2011, pp. 177-178.

> apoderado de la voluntad de la reina, y la camarilla ha degenerado hasta lo más vil y estúpido de la sociedad. La inocente Isabel no sabe ni tiene más maestros a la edad de diez años que de leer y escribir y con el trato y el aprendizaje de los Muñozes habrá de casarse de aquí a dos años[20].

Es decir, Fernando Muñoz no era bien visto en la corte y se hallaba aislado políticamente sin más poder que el otorgado por ser consorte de la reina regente[21]. Conseguir influjo en las élites políticas y económicas de la nación le resultaba muy difícil dado que los personajes, que era capaz de apadrinar, no podían tener rancia genealogía ni grandes caudales económicos; es decir, no podían ser miembros destacados de la élite social, pues lo consideraban inferior[22]. En su intento de buscar seguridad social y política, Fernando Muñoz recurrió a sus familiares y conocidos de Tarancón y pueblos vecinos, personas ajenas al conocimiento de las formas de servir un oficio en la casa real o de comportamiento cortesano, pero que le mostraban una fidelidad ciega. El núcleo original de este grupo ya estaba formado en 1833-1834, como señalaba despectivamente el progresista Fermín Caballero, quien reducía la facción a:

---

[20] Fermín Caballero, *La cuestión de la Regencia y el Casamiento de María Cristina de Borbón,* Madrid, Imprenta del Nuevo Rezado, 1840, p. 22.

[21] Valga como ejemplo este menosprecio que le hacen los hermanos Bermúdez a Muñoz como cuenta su hermana Alejandra Muñoz en una carta a un amigo: "[…] Todo se reduce a que veo a mi hermano muy poco satisfecho de los Zea, y aunque tal vez sea algo de cavilosidad por su parte, lo sabía según lo poco que lo he oído a él y lo mucho que me ha dicho su compañero, no dejo de tener razones muy poderosas para fundar sus quejas. La principal de todas es el no haber sido considerado por los Zea hasta el punto de que se merece, pues siendo el primer motor en la marcha de las cosas se le presenta a los ojos de alguna alta persona en París y generalmente ante todo el mundo no ya como en segundo sino como en tercer lugar y término, quedándose los tres Zeas el primero y segundo para sí. Esta idea le tiene muy mortificado y de mal humor y con mucha razón, y es lo que le ha traído aquí en perjuicio tal vez de los intereses generales pues a la Señora no la mueve nadie sino él […]", 11 de mayo de 1841. AHN. Diversos-títulos_familia, 3537, leg. 1, exp. 13.

[22] Cristina Bienvenida Martínez García, "Corte y Casa Real durante la regencia de María Cristina de Borbón (1833-1840): la formación del "clan de Tarancón", *Librosdelacorte,* 19 (2019), pp. 58-81.

> La camarilla interior de Cristina la componen estos elementos: los padres de [Fernando] Muñoz; su hija Alejandra, camarista; D. José Muñoz, administrador del real heredamiento de Aranjuez, contador del patrimonio y apoderado de los bienes de Luisa Fernanda[23]; D. Marcos Antonio González, confesor de S. M., capellán de honor, administrador del Buen Suceso, prebendado de Lérida y deán de La Habana[24]; D. Juan González Cabo-Reluz, afrancesado, ayo de la reina Isabel[25]; D. Serafín Valero, hijo del dómine de Tarancón, administrador de Vista-alegre y apoderado de los bienes de la infanta Luisa Fernanda[26]; D. Miguel López Acebedo, director de la Casa de la Moneda[27]; D. Antonio García del Castillo, afrancesado, administrador que ha sido de la Casa de Campo, del alcázar de Sevilla, etc.; el exjesuita Muñoz[28], y otros de esta jaez.

A partir de este grupo, Fernando Muñoz se esforzó por articular un grupo o facción, que fuese uno de los más ricos e influyentes de la nación. Muñoz inició (lo que podríamos denominar) la "educación

[23] Fermín Caballero, *La cuestión de la Regencia…*, p. 22.

[24] AGP. Personal, caja 458, exp. 44.

[25] AGP. Personal, caja 462, exp. 13.

[26] AGP. Personal, caja 1.310, exp. 25.

[27] Testigo del casamiento en secreto de Muñoz: "[…] testigos el marqués de Herrera y D. Miguel López de Acevedo, y haciendo de asistente el presbítero don Acisclo Ballesteros […]" (Fermín Caballero, *La cuestión de la Regencia…*). Amigo y hombre de negocios de Muñoz. Nació en Madrid en 1789. Fue nombrado por el conde de Toreno en 1834 en calidad de oficial en la secretaria del Ministerio y en el Consejo Real de España e Indias. Dos años más tarde, n julio 1836, se le nombró superintendente en la casa de la Moneda y fue nombrado gentil hombre de cámara el 8 de octubre de 1839 (AGP. Personal, caja 559, expediente 15). Como señala Sonesson en su libro, su carrera está manchada por un hecho relacionado por la política. Parece ser que fue elegido de manera fraudulenta como diputado de Chinchón en diciembre de 1846, Archivo del Parlamento, signatura: ACD. Serie documentación Electoral: 26 núm. 10, ya que se usaron amenaza e intimidación. Finalmente se anuló la votación. El siete de diciembre de 1849, Bravo Murillo nombra a Acevedo como sustituto de Núñez como intendente de la real hacienda. El periodo que estuvo desempeñando este cargo destacó por su permisividad con el contrabando y omisión del nuevo arancel. Birgit Sonesson, *La real hacienda en Puerto Rico: administración, política y grupos de presión (1815-1868),* Madrid, Instituto de Cooperación Iberoamericana, 1990, pp. 125-126. También AHN. Ultramar, leg. 1.120, exp. 46.

[28] Por cierto, el exjesuita Muñoz, al que despectivamente se refiere Fermín Caballero, se llamaba Gregorio Muñoz (1813-1851), natural de Tarancón y hermano de Fernando Muñoz, *Catálogo de Jesuitas de la Provincia de España* (Archivo de la Compañía de Jesús de Alcalá de Henares). No aparece clara la evolución personal de este jesuita,

cortesana" de su grupo o "clan", introduciendo a sus miembros componentes como administradores de los sitios reales[29]; con ello cumplía diferentes objetivos: por una parte, llevaban a cabo la explotación y organización de tales propiedades reales de acuerdo a las nuevas estructuras económicas[30]; por otra parte, se iniciaban en el aprendizaje de las primeras etiquetas y a relacionarse con gente cortesana[31]; finalmente, proporcionaba recursos financieros a sus familiares y clientes, no solo con el pago de sus salarios, sino también con algunas ganancias no contabilizadas que recogían de los productos agrícolas.

Donde primero ensayó esta transformación fue en el real sitio de Aranjuez (modelo de los sitios reales), dada su gran extensión geográfica y su cercanía a Tarancón, ya que de esta villa y colindantes Fernando Muñoz empleó a sus familiares y conocidos en los trabajos agrarios y administrativos, hasta el punto de formar un auténtico "clan".

El real sitio de Aranjuez había nacido como un cazadero real en la época de los Trastámara (siglo XV) y se fue ampliando paulatinamente durante el siglo XVI y XVII, como testimonia la *Recopilación de las Reales Ordenanzas y cédulas de los bosques reales del Pardo, Aranjuez, Escorial, Balsain y otras glosas* de los Cervantes[32]. Cayó bajo la jurisdicción de la Junta de Obras y Bosques, que fundó el emperador Carlos V en 1545, y así se mantuvo hasta la reforma hacendística que llevó a cabo el marqués de la Ensenada a mitad del siglo XVIII; Garma y Durán

que fue enviado a Venezuela y expulsado de la corte, lo que lleva a Fermín Caballero a mencionarlo con menosprecio.

[29] Félix Labrador Arroyo, "Naturaleza y esencia de los artículos productivos". La situación del patrimonio real entre 1814-1820", en *Tiempos Modernos. Revista electrónica de Historia Moderna*, 9-39 (2019), pp. 488-512.

[30] Para un estudio detallado de este tema véase los estudios realizados por el grupo de Félix Labrador Arroyo, tales como: Félix Labrador Arroyo y Koldo Trápaga Monchet, "La configuración del espacio y la explotación forestal de un enclave singular el Real Sitio del Soto de Roma durante la dinastía Habsburgo", en *Studia Histórica. Historia Moderna*, 39-2 (2017), pp. 293-327; Félix Labrador Arroyo, "Los Sitios Reales durante el Trienio Liberal: la cesión de una parte del patrimonio real a la nación", en *Vínculos de Historia*, 10 (2021), pp. 298-321.

[31] Pierre Bourdieu, *La distinción. Criterio y bases sociales del gusto*, Madrid, Taurus, 1988.

[32] Pedro de Cervantes y Manuel de Cervantes, su sobrino, alcaldes de casa y corte y jueces de las reales obras y bosques: *Recopilación de las Reales Ordenanzas y cédulas de los bosques reales del Pardo, Aranjuez, Escorial, Balsain y otras glosas*, Madrid, en la oficina de Melchor Álvarez, 1687.

describía los diferentes sitios reales, haciendo una especial relación de Aranjuez por su extensión e importancia[33]. La separación entre los bienes del patrimonio nacional de los del patrimonio real (que ya se estaba produciendo a finales del siglo XVIII como consecuencia de la descomposición de la Monarquía del Antiguo Régimen) llevó a Álvarez Quindós a escribir (en 1804) una vasta obra en la que trataba de poner en claro los bienes que pertenecían al rey en Aranjuez[34]. Finalmente, Cos-Gayón hacía una historia detallada de los bienes que pertenecían al patrimonio real, una vez ya separados del patrimonio nacional[35]. Los estudios sobre la corte y casa real que han surgido en las últimas décadas han motivado que el tema haya recobrado actualidad y el real sitio de Aranjuez haya sido objeto de estudio con excelentes resultados, como los del profesor Labrador Arroyo y su equipo de la Universidad Rey Juan Carlos[36] o la archivera municipal de Aranjuez, Magdalena Merlos[37]. Si bien, cabe destacar los trabajos realizados con anterioridad por el profesor Virgilio Pinto (y su equipo) en la Universidad Autónoma de Madrid[38].

Lo que pretendo estudiar ahora es la importancia que tuvo el real sitio de Aranjuez en la transformación que experimentaron los

---

[33] Francisco Javier Garma y Durán, *Theatro Universal de España. Descripción eclesiástica y secular de todos sus reynos y provincias*, Madrid, Mauro Martí, 1751.

[34] Juan Antonio Álvarez de Quindós y Baena, *Descripción histórica del real bosque y casa de Aranjuez*, Madrid, Imprenta Real, 1804 (reproducción facsímil en Doce Calles de 1993).

[35] Fernando Cos-Gayón, *Historia jurídica del patrimonio real*, Madrid, imprenta de Enrique de la Riva, 1881.

[36] José Eloy Hortal Muñoz, "Los sitios reales como elementos clave de las Monarquías Europeas de la Edad Moderna: una aproximación", *Studia Histórica. Historia Moderna*, 42 (2020), pp. 197-217.

[37] Véase entre otros: Mª Magdalena Merlos Romero, "Representación plástica y escrita de Aranjuez (España) en el manuscrito de *Hieronimus Gundlach Nova Hispaniae Regnorum Descriptio* (1606). La idealización de un real sitio", en *Quintana: Revista de estudios do departamento de Historia del Arte*, 17 (2018), pp. 279-300; "Aranjuez, la imagen de España en tiempos de Carlos III", en *Madrid Histórico*, 66 (2016), pp. 74-79 y *Aranjuez y Felipe II. Idea y forma de un Real Sitio*, Madrid, Dirección General de Patrimonio Cultural de la Comunidad de Madrid-Concejalía de Educación y Cultura del Ayuntamiento de Aranjuez, 1998.

[38] Entre los muchos trabajos del profesor Virgilio Pinto y su equipo véanse Virgilio Pinto Crespo y José Luis Herranz Elvira, "El real sitio y heredamiento de Aranjuez en tiempos de Felipe IV", en José Martínez Millán y José Eloy Hortal Muñoz (dirs.), *La reconfiguración de la Monarquía Católica. La Corte de Felipe IV*, Madrid, Polifemo, 2015, vol. III, pp. 2233-2282 y "Los espacios de la corte, territorio y jurisdicción: el

sitios reales y su repercusión en la casa real hasta adaptarse dentro de las estructuras del nuevo Estado nacional. El proceso comenzó en 1834, cuando José Antonio Muñoz, hermano de Fernando Muñoz, fue nombrado administrador del real sitio de Aranjuez, cargo que ostentó hasta 1837, fecha en la que pasó a ser nombrado contador de la real casa y patrimonio. Durante los tres años en que José Antonio estuvo como administrador de este real heredamiento consiguió transformar el real sitio en una empresa agraria que se guiaba por las estructuras económicas del modelo liberal burgués. Para lograrlo, comenzó por realizar un informe (que envió a la reina regente) en el que presentaba un proyecto de reforma de la planta del personal del real sitio, haciendo una exhaustiva relación del personal que trabajaba allí, indicando si era leal o no a la reina, al mismo tiempo que señalaba los defectos de explotación que existían y la forma que había para ahorrar en gasto y hacerlo rentable.

Este celo, no quedaba reducido a este real sitio, sino que, el 21 de mayo 1834, José Antonio Muñoz escribía otro informe a la reina regente con las reformas que, según él, debían realizarse en todos los reales sitios para su mejor aprovechamiento y negocio. En la carta, José Antonio señalaba los cinco puntos en los que había basado su análisis[39]:

1. El estado actual de la administración económica de "este Real Sitio".
2. Los defectos inherentes a cada uno, independientes de la persona a quien estaba confiada su administración.
3. Mejoras de que eran susceptible.
4. Los medios que eran necesarios de llevar a efecto.
5. La imposibilidad de obtenerlos mientras no se centralizase la administración de todos sus ramos bajo la dirección y responsabilidad de un solo individuo de saber y probidad y con el auxilio de las atribuciones y los deberes del Administrador, evitase –a partir

Real Sitio de Aranjuez a mediados del siglo XVI", en Concepción Camarero Bullón y Félix Labrador Arroyo (dirs.), *La extensión de la corte: los sitios reales,* Madrid, UAM, 2017, pp. 133-158.

[39] AHN. Diversos-títulos_familia, 3356, leg. 13, exp. 1.

de entonces– los efectos de la negligencia o de la malversación en que se hallaban.

Tres meses después, se ponía en práctica las ideas presentadas por Muñoz en el real sitio del Buen Retiro. Todos estos cambios dieron lugar a que José Antonio Muñoz redactase unas ordenanzas adaptadas a cada real sitio (en esencia eran la misma, si bien, señalando algunas medidas por las peculiaridades de cada centro) con el fin de que se aplicasen las reformas señaladas para su explotación y gobierno[40]. Por su parte, María Cristina, seis meses después de la sugerencia de José Antonio Muñoz y un mes después de su aplicación en el Buen Retiro, el 12 noviembre de 1834, promulgaba el siguiente decreto relacionado con los sitios reales, que manifestaba la nueva mentalidad económica con la que eran mirados, incluso por la reina regente:

> S.M. la reina gobernadora se ha servido prevenirme diga a V. como lo ejecuto de su expresa real orden, que si S.S.A.A. reales los Sermos. Señores infantes, se presentan alguna vez a ese real sitio, o en alguno de los términos de su demarcación, para entretenerse en el ejercicio de la caza o a dar alguna batida, como han solido hacerlo en años anteriores, costeen de su cuenta todos los gastos que ocasionen; en la inteligencia que con esta fecha doy orden a las oficinas de cuenta y razón de la real casa, participe no se abone a V. ninguna partida de gastos hechos con el indicado objeto en las cuentas que presentarse correspondientes a esa administración[41].

[40] Sirva como ejemplo el extracto de la siguiente carta donde se lleva a cabo dichos cambios: "Tengo el honor de poner en las augustas manos de V.M. el nuevo arreglo del sitio del Buen Retiro. Me parece haber acertado con las intenciones de V.M. No me ha sido dable más antes su remisión. Lleva la fecha en blanco para que V.M. se digne marcar la que guste [...]. Palacio 1 de octubre de 1834. Juan Francisco Fontán. AHN. Diversos-títulos_familia, 3356, leg. 13, exp. 1. Las reformas (sobre todo en regadíos) realizadas en los distintos reales sitios y la mejora de explotación de estos se puede ver en AGP. Registros, libro 6.622.

[41] AHN. Diversos-títulos_familia, 3356, leg. 13, exp. 1.

EL EQUIPO DE JOSÉ ANTONIO MUÑOZ

Para implantar y coordinar estas reformas era preciso crear una figura de nuevo cuño, que articulase la administración y funcionamiento de casa uno en una evolución general: el visitador general. Dicho cargo, fue inventado y reclamado a la reina madre por José Antonio Muñoz cuando le envió el proyecto reformista de los sitios reales. La creación de dicho oficio se justificaba de la siguiente manera: "para precaver los males que tardíamente se reconocen y no siempre pueden remediarse cuando repetidas quejas o faltas muy notables obligan a disponer una visita extraordinaria[42]".

Para desarrollar sus actividades económicas, José Antonio Muñoz tomó como asesor a Luis Piernas, personaje que ya nunca se separaría durante toda su vida de su protector. Piernas, era natural de Coronil[43]. Fue asesor del real sitio de San Idelfonso, cargo que ostentó del 22 de febrero de1834 hasta el 26 de marzo del mismo año, fecha en la que pasó a tener el mismo trabajo en el real heredamiento de Aranjuez, formando equipo con José Antonio Muñoz. El 2 de enero de 1835 fue nombrado alcalde mayor de dicho real sitio y un año más tarde, consultor del real heredamiento. En 1837 ascendió a administrador patrimonial del mismo y el 22 de mayo de 1838 se le nombró secretario de mayordomía e intendente interino de la real casa y patrimonio, cargo que se le dio en propiedad por un real decreto desde Valencia de la reina madre, fechado el 18 de mayo de 1840[44]. El 25 de marzo de 1849 fue nombrado gentilhombre de cámara con ejercicio[45]. Tan solo dos meses después, el 10 de mayo, fue nombrado director de

[42] AGP. AG, leg. 942.

[43] Falleció en Madrid el 26 de noviembre de 1861.

[44] S. M. la reina gobernadora se ha servido dirigirme con fecha de 18 del actual el Real decreto: "En consideración al celo, inteligencia y lealtad con que D. Luis Piernas secretario excedente de la antigua mayordomía mayor, ha desempeñado la intendencia general de la Real Casa y Patrimonio, que interinamente puse a su cargo por mi Decreto de 12 de agosto de 1838, vengo, en nombre de mi excelsa hija la Reina doña Isabel II en nombrarle en propiedad Intendente general de la Real Casa y Patrimonio. El mismo lo tendrá entendido y lo comunicará a quien corresponda". Madrid, 27 de mayo de 1840. AGP. Personal, caja 830, exp. 14.

[45] *Lista de gentiles hombres de cámaras con ejercicio y de entrada de la reina Nª Sª existentes en 1 de enero de 1861, colocados por orden de antigüedad,* Madrid, Aguado, Impresor de cámara de S.M y de su real casa, 1861, p. 22

las reales cabañas lanar trashumante[46]. Durante los años 1851-1852 fue alcalde corregidor de Madrid. Durante su periodo se mejoró el abastecimiento de las aguas gracias a la construcción del Canal de Isabel II (1851)[47]. También fue uno de los concejales que participó significativamente en el proyecto del ensanche del nordeste[48].

El personaje que ocupó el cargo de visitador general debía de ser de máxima confianza de la familia real, dado que de él dependía la rentabilidad económica de los sitios reales. Dicho encargo (después de José Antonio Muñoz) se le otorgó a Luis Paradela Medina[49], personaje que había sido administrador de El Pardo (y de La Florida), hasta su nombramiento como visitador general en 1840, justamente durante la regencia de Espartero; de hecho, el cargo lo ocupó hasta 1844 (cuando María Cristina y Fernando Muñoz retornaron de su exilio de París). En este año le sucedió Antonio Navacerrada Muñoz, primo de Fernando Muñoz[50]. Navacerrada, antes de llegar a ser nombrado visitador general del patrimonio, pasó por numerosos cargos relativos a los sitios reales: por un real decreto del 13 de agosto de 1834, se le nombró conserje de la quinta del real sitio de El Pardo. Tan solo un mes después, por un real decreto especial, 4 septiembre de 1834, se le nombró conserje del real palacio de La Florida e inspector de labores

---

[46] AGP. Personal, caja 830, exp. 14.

[47] José María Mena, *Episodios históricos en Madrid,*

[48] Clementina Díez de Baldeón, *Arquitectura y clases sociales en el Madrid del siglo XIX,* Madrid, Siglo XXI, 1986.

[49] Nació en Medina del Campo (Valladolid). Fue gentilhombre de cámara. El 15 de noviembre de 1822 fue nombrado subteniente de milicias provinciales de Toro, ostentando dicho cargo durante diez años y medio. En 1833 asciende a teniente del mismo cuerpo y un año después, en 1834, ascendió a capitán. Su estrecha amistad con Fernando Muñoz le llevó a ser nombrado, el 6 de agosto del mismo año, administrador del real sitio de El Pardo (y La Florida). Estuvo encargado de dicho real sitio hasta su nombramiento el 2 de junio de 1840 como visitador general del real patrimonio. Se le separó de dicho cargo durante la regencia de Espartero, el 29 de marzo de 1842. Cargo que volvería a ejercer el 12 de enero de 1844, cuando la reina "se sirvió nombrarle apoderado y encargado general de los intereses de la Infanta Luisa Fernanda" (AGP. Personal, caja 787, exp. 30). La relación con Fernando Muñoz no solo se reducía a asuntos palaciegos o políticos, sino también económicos. Prueba de ello es el acta notarial que firmaron sus sobrinos, uno de ellos Ángel Antonio Álvarez (también gentilhombre de cámara), tras la muerte de Luis donde le entregan al duque de Riánsares una cantidad de dinero que le debía por un negocio, AHPN, referencia 25020.

[50] Nació en Guadalajara en 1802. Estudió latinidad y comenzó su carrera en la Universidad de Alcalá.

en dicho real sitio. El 24 de febrero de 1835, la reina gobernadora, decretó que se le nombrase oficial segundo en la administración del real patrimonio de Cataluña. Tres años después, ascendió a primer secretario de dicha administración. Ese mismo año, 1839, fue nombrado general interventor de la máquina del embarcadero del puerto de dicha ciudad. Con la llegada de Espartero a la regencia, y la instauración de la nueva planta, quedó de excedente a las órdenes de baile. En septiembre de 1844, María Cristina le nombró administrador de la acequia del Jarama y, tan solo un mes después, en noviembre del mismo año, visitador general del real patrimonio[51].

Ahora bien, para controlar el real sitio de Aranjuez y su administración se requería un amplio equipo de fieles servidores, por ello recurrió a los miembros de su familia o de su pueblo, para que ocupasen diversos puestos mecánicos para conseguir llevar a cabo la explotación agraria, tales como Gorgonio Domínguez, natural de Tarancón[52] y, presumiblemente familiar de Muñoz, fue nombrado inspector de labores y arboledas de Aranjuez el 21 de diciembre de 1834; cuatro años más tarde era director de la real yeguada de dicho real sitio[53], caballerizo de campo honorario y, finalmente, se le nombró administrador del real heredamiento el 13 de junio de 1849[54]. Como todos los miembros del "clan", durante la regencia de Espartero había quedado separado de su oficio. Cuando en 1840, en las Cortes de Valencia, María Cristina renunció a la regencia y, tras la llegada al poder del nuevo regente, hubo varias plazas que se

---

[51] AGP. Personal, caja 734, exp. 31.

[52] Nació el 9 de septiembre de 1789, hijo legítimo de Francisco Domínguez y Antonio Muñoz, labradores y ganaderos. Después de estudiar gramática se dedicó a la dirección de la labranza y ganador de su casa. Ha desempeñado en su pueblo varios cargos concejiles.

[53] Este puesto no resulta una opción baladí pues, tanto Muñoz como su familia tenían negocio con la cría de caballos, véase: AHN. Diversos-titulos_familias, 3539, leg. 3, exp. 16 y 3404, leg. 125, exp. 1.

[54] AGP. Personal, caja 16.856, exp. 29. Para ver la importancia de la yeguada de Aranjuez me remito a Félix Labrador Arroyo, "La real yeguada de Aranjuez durante la segunda mitad del siglo XVIII", en Juan Aranda Doncel y José Martínez Millán (coords.), *Movilidad cortesana y distinción: coches, tiros y caballos*, Madrid-Córdoba, IULCE-Córdoba Ecuestre, 2019, pp. 189-217.

suprimieron, cuyos encargados cesantes eran familiares o amigos de Muñoz. Todos los oficios quedaron en manos de Argüelles:

> [...] Se declararon cesantes a Francisco del Real, primer encargado del guardarropa, a Dionisio Arias, encargado del guardamuebles, a Andrés López, mozo de oficio y recados del cuarto de S.M. y a José Sáez, colgador de tapicería. Fueron igualmente declarados cesantes el Contador general de la Real Casa Juan Villaronte, el oficial mayor de la Secretaría de la Estampilla, Ángel Juan Álvarez, el Abogado de la Real Casa, José María Monreal, el administrador del real sitio de San Ildefonso, Agustín López, el de la Casa de Campo, Nicasio Guijarro y el de San Fernando Juan Baquero; el oficial segundo de la administración de San Ildefonso Camilo Navacerrada, el Director de la yeguada de S.M. en Aranjuez Gorgonio Domínguez, el guarda-materiales Julián Muñoz y Funes, y el portero del Real Museo Andrés Pericas, habiéndosele admitido la dimisión con arreglo a ordenanza al escribiente de la administración de dicho Sitio Julián Domínguez[55].

Como no podía ser de otra manera, la reforma también afecto al real heredamiento de Aranjuez, donde Argüelles y Martín de los Heros intentaron promover una mejora en el real sitio, teniendo como objetivo prioritario el incremento de la yeguada. Para ello introdujeron 761 cabezas entre yeguas, potros, mulos, garañones, burras y buches. En ese mismo año, Aranjuez había suministrado a las reales caballerizas 43 potros y 16 mulas de cuatro años. En el año anterior se había declarado cesante al director de esa yeguada (Gorgonio Domínguez, puesto por Muñoz) y nombrado en su lugar, a instancias de Argüelles, el teniente coronel de caballería retirado Luis Perceval. Una de las medidas adoptadas para mejorar la caballería fue cruzar caballos ingleses con los de Aranjuez, pero resultó un fracaso[56].

[55] AGP. AG, leg 865

[56] Estíbaliz Ruiz de Azúa y Francisco Martínez de Ezquerecocha, "Martín de los Heros y la Casa Real durante la Regencia de Espartero", *Real sociedad vascongada de los amigos del País, boletín*, 68/1-2 (2002), p. 285.

Otro hombre de confianza de José Antonio Muñoz fue Antonio Madariaga de González, depositario de granos en Aranjuez. Había nacido en Puertolarrá, pero vivió en Ocaña. Su nombramiento fue solicitado por el mismo José Antonio Muñoz, quien lo calificaba como "sujeto de toda responsabilidad y honradez y de decidida adhesión a Vuestra Majestad", emplazando al propietario don Nicasio Guijarro[57], que pasó a servir su nuevo destino como oficial primero de la administración de la real Casa de Campo[58].

Por su parte, José del Prado[59] fue nombrado –el 16 de febrero de 1834– tesorero del real heredamiento de Aranjuez. Solo ocupó cuatro años dicho puesto ya que, por real orden del 29 de diciembre de 1838, la reina gobernadora[60] tuvo a bien nombrarle mayordomo mayor de semana[61].

Otro primo de Fernando Muñoz, José García Parada, natural de Tarancón, fue nombrado inspector de labores del real sitio de Aranjuez. Había comenzado su labor como celador y fiel de romana del real sitio de San Lorenzo del Escorial, muy pronto se trasladó a Aranjuez. No obstante, dos meses y medio después se le trasladó como inspector de labores del real sitio del Buen Retiro. Finalmente, el 27 marzo de 1846, volvía a Aranjuez como inspector de labores del real heredamiento[62].

Julián Muñoz Funes, tío de Fernando Muñoz, fue nombrado, el 31 de octubre de 1834, depositario de maderas y materiales del real sitio Aranjuez y encargado de la real casa de mulas. Posteriormente (por otra real orden del 29 de marzo de 1845) se le nombró administrador del real sitio de la Isabela[63].

---

[57] AGP. Personal, caja 485, exp. 45. AHN. Diversos-títulos_familia, 3390, leg. 93, exp. 7.

[58] AGP. Personal, caja 603, exp. 15.

[59] Nació en Jaén, falleció 17 de abril de 1867.

[60] Estuvo poco tiempo ocupando el puesto de tesorero pues, en marzo de 1834, se le nombra capitán del real cuerpo de guardias de la Real Persona de S.M. En septiembre de ese mismo año pasa a ocupar el cargo de administrador del Real Casino. Posteriormente, el 17 de junio de 1837 se le asigna la administración de la real Casa de Campo.

[61] AGP. Personal, caja 847, exp. 38.

[62] AGP. Personal, caja 415, exp. 27.

[63] AGP. Personal, caja 729, exp. 8. Ni que decir tiene que, como el resto de los miembros de este grupo, durante la regencia de Espartero se le cesó de su oficio.

En lo referente a la seguridad y cuidado tanto del palacio como de los bosques que conformaban el real heredamiento de Aranjuez, José Antonio Muñoz también se lo confió a paisanos o amigos suyos. Este es el caso de Vicente Guijarro, natural de Tarancón, guarda de a pie de los reales bosques de este real sitio. Posteriormente se le confirió la misma plaza, pero a caballo[64]. Por su parte, Sebastián García Olmillos, natural de Tarancón, fue nombrado (el 1 de enero de 1836) guarda montado interino de los reales bosques de Aranjuez. Por otra real orden del 1 de agosto de 1846, se le nombró portero de la casa de la reina (Aranjuez)[65].

No todo se refería al ámbito rústico pues, en las actividades administrativas, José Antonio Muñoz también precisaba de gente de su confianza. Este fue el caso de Pedro Guijarro, ya mencionado, natural de Ocaña y escribano de la administración de este real sitio[66]. Aunque, sin duda, el personaje de mayor relevancia, que mantuvo una relación estrecha y fiel a lo largo de su vida, fue León Lillo, natural de Ocaña, hijo de Francisco Silvestre (catedrático de latinidad y humanidades en Ocaña) y de Tomasa Arán y Molina; estudió en Ocaña gramática latina, retórica y poética, después, tres años de filosofía en el Colegio Imperial de la Compañía de Jesús en Madrid, y uno de lengua griega. Perteneció a las filas de la milicia de número de infantería de este real sitio desde su creación habiendo obtenido siempre empleo y cargos honoríficos. Por una real orden del 10 de octubre de 1834 fue nombrado escribiente del real sitio de Aranjuez. Con la regencia de Espartero, Lillo presentó su dimisión el 11 de agosto de 1841[67]. Tras esto, se instaló en París donde se convirtió en banquero y en uno de los baluartes en los negocios de la familia y del "clan" en dicha ciudad.

En el ámbito religioso de Aranjuez se llevó a cabo también una depuración de los oficiales no afectos a María Cristina de Borbón. Sus cargos fueron ocupados por personas fieles a Fernando Muñoz y a la reina regente. Para ello, se comenzó por introducir a don

---

[64] AGP. Personal, caja 486, exp. 3.
[65] AGP. Personal, caja 415, exp. 5.
[66] AGP. Personal, caja 485, exp. 46.
[67] AGP. Personal, caja 550, exp. 3.

Rafael Muñoz y Funes, tío de don Fernando Muñoz, fue nombrado rector de la Iglesia de San Pascual en el real sitio de Aranjuez y, posteriormente, teniente de la real capilla parroquial de San Antonio de la Florida[68]. Por su parte Roque Pantoja, natural de Campo de Criptana, fue nombrado capellán de la iglesia de San Pascual de Aranjuez. Lo curioso de este caso y, lo que nos demuestra hasta qué punto estaba unido el grupo, es que quién le ayudó a solicitar su plaza no fue otro que José Antonio de Madariaga, el depositario de granos de este real sitio[69]. Aquí también se notó el cambio cuando Espartero llegó a la regencia, que nombró a su hermano, Antonio Fernández Espartero, administrador del hospital del Buen Suceso y capellán de honor en 1841[70].

En lo referente a las visitas que entraban a Aranjuez, cabe decir, analizando los registros diarios de la policía, que apuntaban todas las personas que entraban en el real sitio de Aranjuez, durante los meses de mayo a junio de 1835, con su origen y objetivo de la visita, se observa que una buena parte de ellas procedían de pueblos manchegos (Tarancón, Ocaña, Yepes, Torrijos, Horcajo, Hinojosa, Villarrobledo, etc.) que venían a resolver diligencias, a trabajar o hacer negocios (compra de productos) [71], y en algunos casos, a divertirse (cazar).

LAS REFORMAS AGRARIAS Y GANADERAS

La actividad de este grupo en el campo de Aranjuez fue frenética y la documentación existente, tanto en la producción como en la venta de productos y control de los asalariados, resulta muy abundante. Su estudio sobrepasaría el espacio del que dispongo para este trabajo, pero considero necesario señalar, al menos, los logros más relevantes que tuvieron gran trascendencia en el futuro. En este sentido, me parecen especialmente relevantes, el establecimiento del regadío en

[68] AGP. Personal, caja 729, exp. 9.
[69] AGP. Personal, caja 787, exp. 11. El 15 de julio de 1852 se le adjudicó la canonjía de las Palmas.
[70] AGP. Personal, caja 16.899, exp. 46.
[71] AHN. Diversos-títulos_familia, 3357, leg. 15, exp. 1.

los cultivos del real sitio desde el denominado mar de Ontígola y las reformas en la cabaña ganadera, fuente de pingües ingresos[72].

LA UTILIZACIÓN DEL MAR DE ONTÍGOLA PARA REGADÍO

El denominado mar de Ontígola se sitúa en una llanura seminatural ubicada en lo que actualmente es el límite de la provincia de Madrid, entre Aranjuez y Ontígola (Toledo)[73]. La masa de agua que contiene dicha llanura es de seis metros de profundidad y se halla a dos kilómetros al sur de Aranjuez. En un primer momento (durante el siglo XIII), dicho lugar se conocía como el Fondón, pues en él confluían numerosos manantiales. En 1494 se construyó un caz con el fin de canalizarlos, para regar los cercanos prados del Regajal[74]. Ya en el siglo XVI, Felipe II, se percató de su importancia y construyó un muro en la zona sureste para controlar el agua de la lluvia, con el fin de que sirviera de desagüe y se utilizara para el riego de los huertos de dicho heredamiento[75]. Dicha obra, supuso un desarrollo tanto desde el punto de vista técnico como de ingeniería pues permitió un aumento significativo del abastecimiento de agua que se podía embalsar. Esto provocó que los vecinos de aquellas tierras comenzasen a denominar a dicho embalse con el nombre de mar de Ontígola[76].

La presa de Ontígola no puede comprenderse si se aísla de la idea que los Austrias concibieron para la vega del Tajo. Esto es, construir una finca de recreo a las orillas del río Tajo, próximo de su unión con el Jarama y, en conexión con esto desarrollar una serie de jardines,

[72] AGP. Registros, libro 6.622, se encuentran las reformas realizadas en los distintos sitios reales.

[73] José Luis Velasco, Miquel Colomer y Aida Rubio, "El «mar de Ontígola»: características limnológicas", *Anales de Biología*, 21 (1996), pp. 93-104. Recuperado a partir de https://revistas.um.es/analesbio/article/view/32171

[74] Juan Antonio Álvarez de Quindós y Baena, *Descripción histórica del real …*, p. 335. Antonio López Gómez, *Antiguos riegos marginales de Aranjuez ("mares, azudas, minas y canales")*, Madrid, Real Academia de la Historia, 1988.

[75] Isabel Velázquez, "Sotos, Paseos y Huerta. Un Proyecto Life en Aranjuez", *Urban*, 2 (1998), pp. 153-160. Mª Magdalena Merlos Romero, *Aranjuez y Felipe II…*

[76] Javier Rivera Blanco y Nicolás de García Tapia, "Juan Bautista de Toledo, Jerónimo Gili y Juan de Herrera: autores de la «Mar de Ontígola»", *Boletín del Seminario de Estudios de Arte y Arqueología*, 51 (1985), pp. 319-344.

huertas, bosques, etc.[77] Las obras de dicha empresa corrieron en un primer momento a cargo Juan Bautista de Toledo quien, tenía a su cargo a Juan de Castro y Adrián Van der Mulee. Durante la construcción de produjeron varios imprevistos lo que provocó que la obra se dilatara en el tiempo. Tanto es así que Juan Bautista de Toledo falleció (1567) sin haber podido terminarla. Fue sustituido por su discípulo Jerónimo Gili. Con todo, los problemas respecto a su construcción continuaron, ya por grietas aparecidas en los diques construidos, ya por desacuerdos entre los constructores de dicho embalse[78]. Finalmente, en 1573 se terminó dicho complejo hidráulico. Con todo, el embalse no solo sirvió para abastecer de agua al real heredamiento, sino que, como apunta Álvarez Quindós, en 1692, se levantó en la isleta central del Mar de Ontígola una plaza de toros[79], dotada de aposento y balcón para los reyes, en la que se celebraron, al menos, dos fiestas de toros "y una de camellos"[80].

Durante el reinado de Fernando VII, las jornadas en Aranjuez quedaron reducidas a un trimestre lo que permitió realizar en este real heredamiento una serie de reformas y reparaciones ocasionadas en los años anteriores tales como: las de la Casa de Villamejor o la Casa de las Vacas, entre otras[81]. En lo referente a las obras hidráulicas se construyó un ramal del canal de Manzanares (1814) cuyo desarrollo se ubica en Vaciamadrid dirección Aranjuez[82]. Asimismo, se intentó un proyecto privado para la navegación del Tajo, en 1829, pero fracasó. En resumen, como se puede observar, para poder explotar toda esta gran masa hidráulica y abastecer los plantíos y huertas del

---

[77] Javier Rivera Blanco, *Juan Bautista de Toledo y Felipe II. La implantación del Clasicismo en España,* Valladolid, Universidad de Valladolid, 1984.

[78] Para un estudio minucioso de la construcción de la presa de Ontígola véase Javier Rivera Blanco y Nicolás de García Tapia, "Juan Bautista de Toledo, ...".

[79] José Luis García Grinda, *Guía de Aranjuez. El paisaje construido,* Madrid, Comunidad de Madrid, 2008, pp. 33-35. José Luis Sancho Gaspar, *Guía de visita: Real sitio de Aranjuez,* Madrid, Patrimonio Nacional, 1997.

[80] Citado por Carlos Gómez Centurión Jiménez, "Exótico pero útiles: los camellos reales de Aranjuez en el siglo XVIII", *Cuadernos Dieciochistas,* 9 (2008), pp. 155-180. Virgilio Pinto Crespo y José Luis Herranz Elvira, "El real sitio y heredamiento de Aranjuez en tiempos de Felipe IV", en *La corte de Felipe IV...,* pp. 2233-2282.

[81] Juan C. García Rodríguez, *Conocer Aranjuez y su real sitio,* Madrid, Everest, 1990.

[82] Marta Díaz, *Las obras hidráulicas en España: Aranjuez,* Aranjuez, Fundación Puente Barcas-Doce Calles, 1997.

real heredamiento era necesario realizar una reforma. Este hecho no pasó desapercibido para José Antonio Muñoz que, a los pocos días de llegar al cargo, el 4 de enero de 1834, se informó del número de tierras que podrían regarse tras limpiar la presa:

En contestación al oficio que V.S. se sirvió mandarme con fecha de 25 de diciembre último para que le informe que posesiones y número de fanegas de tierra podrán regarse en el caso de hacer la limpia total de la laguna denominado el mar de Ontígola, digo: que en el caso de verificarse la referida limpia, son regables las posesiones y fanegas de tierra siguientes:

	Fanegas de tierra
En el regajal un trazón de	009
En el Deleite	206
Entre el Deleite y el Caz.	050
En la Buitrera	032
En la Huerta de Secano o Valenciana	141
Cuyas cinco partidas suman a una	438

Y en cuanto a las mayores ventajas que pueden sacarse son las que resultan en la diferencia que hay de ser de secano a ser de regadío que se puede graduar a cuarenta reales en cada fanega de tierra de aumento. Aranjuez, 4 de enero de 1834. Pablo Ochoa"[83].

Durante los tres años que estuvo al cargo del real heredamiento, José Antonio fue un firme defensor del derecho de dicha posesión a la utilización y disfrute de las aguas del referido embalse por parte de la corona[84]. La ejecución de su proyecto no resultó fácil a causa de las discrepancias que surgieron con el ayuntamiento de dicha localidad

[83] AGP. AP, Aranjuez, caja 2.265.

[84] 20 de agosto de 1835. "Conformándose S.M. con lo informado por V. acerca de una instancia del Ayuntamiento de la villa de Ontígola, en solicitud de que se alcen las trabas impuestas hasta aquí para el aprovechamiento de las aguas cuyos manantiales están situados en el término de aquella villa, sin prejuicio de que las sobrantes vayan a depositarse en el mar titulado de Ontígola, se ha servido S.M. acceder a ello bajo la precisa condición de que el referido Ayuntamiento pase todos los años una nota de los vecinos que tienen tierras regables y su cabida y que no puedan proceder al riego hasta que esa administración haya verificado los que necesite en sus siembras y demás que de inmemorial se

por el uso de sus aguas, por lo que la culminación de su obra no se culminó hasta un año después de su marcha de Aranjuez, en 1838, y se firme un convenio entre el alcalde de Ontígola y el administrador del real sitios para el uso y disfrute completo de las aguas por parte del real heredamiento[85]. Pero el promotor y realizador de dicho convenio fue, sin duda, José Antonio Muñoz como muestran los documentos emitidos, firmados por él mismo, hasta el último año de su administración[86]. José Antonio no solo consiguió el convenio regularizador de las aguas de dicha localidad, sino que (a cambio) también obtuvo por parte de la reina el favor para que se levantase el veto que tenían los habitantes de ese real sitio de cazar en Ontígola[87].

LA RENOVACIÓN DE LA CABAÑA GANADERA

La otra gran actividad que desarrolló José Antonio Muñoz fue la organización de la cabaña ganadera, especialmente de los caballos, vinculada con la caballeriza real. El 30 de enero de 1834 procedió a la limpieza de la yeguada de Aranjuez, exigiendo al director la cuenta relativa a la venta y entrega de las yeguas desechadas[88]. Esta acción típica de control fue seguida por una renovación de cargos y servidores de la caballeriza ante las irregularidades que existían en la venta y desaparición de caballos[89]. La reforma la culminaba con el envío de una carta a todos los oficiales de la cabaña ganadera de Aranjuez en la que ordenaba que todos los asuntos de la yeguada debían estar bajo su control y conocimiento[90], al mismo tiempo que

riegan, y hayan obtenido de la misma el correspondiente permiso. De real orden le comunico a V. para su inteligencia" AGP. AP, Aranjuez, caja 2.265 y Registros, libro 6.621.

[85] Aranjuez, 6 de julio de 1838. AGP. AP, Aranjuez, caja 2.265.

[86] AGP. Registros, libro 6.623.

[87] Aranjuez, 28 de enero de 1836. Carta de José Antonio Muñoz al ayuntamiento de Ontígola. AGP, Registros, libro 6.622.

[88] "Venta de diez yeguas de Aranjuez y una entregada a D. Francisco Gutiérrez Dávila, todas desechadas en el presente año, en Vrd. De orn. De S. E. 7 de marzo de 1834 y habiéndose reconocido y examinado para esta contaduría general de mi cargo, se halla conforme y arreglada en todas partes con los documentos justificativos que a ella se acompañan". AGP. AG, caja 14.322.

[89] AGP. AP, Aranjuez, caja 2.303.

[90] Ibidem.

enumeraba nominalmente la sustitución de personas en los trabajos realizados a los caballos:

> Por Real orden de 14 de diciembre último se me ha hecho cargo de la real yeguada de este real sitio: en su consecuencia y con arreglo a las facultades que me están concedidas tanto con anterioridad a esta real orden por el Excmo. Sr. Caballerizo mayor cuanto posteriormente he nombrado para el servicio de dicha real yeguada a los sujetos siguientes: para mayoral a Jerónimo Fernández Checa y Balbino Fernández Checa, para yegüero a Lucas Rodríguez Alto, Rafael Marín, Pedro Fernández, José García Ortimo, José Martínez, Ignacio Jiménez, Calisto Orcajada, Galo Díaz, Anacleto Díaz y Facundo López. Para la Real caballeriza Pedro Tomás de Medina, Benancio Calvo, Eustaquio Gómez, Felipe Fuentes, Luis Rodríguez y Manuel Blanco, cuyos sujetos agregados al mismo servicio de la Real yeguada y que lo son Gregorio Enea y Manuel Soto Mariscales, Pedro Hijosa, Antonio Fernández, Ángel Ortega, Pablo Gómez, Luis Magán y Pedro Robles yegüeros, Cándido Badino, Francisco López, Manuel Rico y Anastasio Ochoa, peones agregados a las Reales praderas, componen hoy día los individuos destinados a dichos servicio, bajo cuyo concepto ha formado el referido sobrestante mayor Gregorio Enea Mauro la revista de todos los dependientes existentes desde el 14 de diciembre último fecha de la Real Orden en que se me encargó en la dirección[91].

Muy pronto los ingresos por venta de caballos aumentaron[92]. El mayoral de esta real yeguada, perito nombrado por esta Administración para el justiprecio en unión con el que ha nombrado la de su

> digno cargo para los pastos de los agostaderos de Barciles Lagunazo y Parados de Aceca me ha hecho presente haber ascendido su

[91] Fechado el 13 enero de 1836. José Antonio Muñoz= Sr. Interventor de este Real Heredamiento. Ibidem.

[92] "S.M. la reina gobernadora por Real orden de fecha de ayer se ha servido mandar que los diez y seis mil novecientos setenta y cuatro reales y diez maravedíes que V. conserva en su poder de ventas de ganado los ponga en la tesorería general de la Real Casa donde se le expedirá a su favor el correspondiente finiquito". Aranjuez 13 enero

> total valor a 12.600r en la forma siguiente: el 1º en 6.000r, el 2º en 3.250r, y el 3º 3.350 r y con el objeto de saber si para esa administración se está conforme se lo noticio a V. para su inteligencia y en la de que diciendo así desde luego queda esta administración responsable a satisfacer las insinuadas cantidades en el modo y forma que tenga a bien S.M. resolver y se me comunique por el Excmo. Sr. Mayordomo mayor para cuyo conducto he dado cuenta de lo que he dispuesto sobre los agostaderos[93].

Asimismo, se avisaba de que pasaría a presentarse en esa administración y privativo juzgado el mayoral interino de esta real yeguada Julián Soto, con el objetivo de aceptar en debida forma el cargo de perito para la tasación de los agostaderos del cargo y convenir en el día en que esta haya de evacuarse conforme se expresa en oficio de 7 del corriente[94]. Ciertamente, la búsqueda de pastos para la yeguada era uno de los problemas más acuciantes y también más complicados de resolver por cuestión de su valor[95].

1836. José Antonio Muñoz= Sr. Sobrestante mayor de la Real yeguada (Gregorio Enea y Mauro). Ibidem.

[93] Aranjuez, 15 de junio de 1836. José Antonio Muñoz al Admo. Real Acequia del Jarama. AGP. AP, Aranjuez, caja 2.303.

[94] Junio de 1836. José Antonio Muñoz al administrador de la Real Acequia. Ibidem.

[95] "La contrata que V. ha celebrado con D. Joaquín Fagoaga sobre los pastos del Negralejo para el disfrute de la yeguada de S.M. no está en mis atribuciones darle la aprobación que V. solicita, pues la real orden que cite a V. en mi oficio de 23 de actual marca que el arriendo se haga desde 1º de noviembre último a mediados de feérero de 1837 y como V. lo ha hecho hasta fin de febrero no puedo yo darle mi aprobación, y solo si puede hacerlo S.M. Me parece que V. ha podido evadirse de tal celebración porque bien claro y terminante le manifesté que el contrato era reducido a tomar en arriendo el Negralejo desde 1º de Noviembre último a mediados de febrero próximo sin que me admitiese separación de pastos porque en la Real orden de 28 de octubre no se expresaba. El estado en que se halla la dehesa según V. me manifiesta en su oficio de 27 y corrobora el (Mariscal) dijo el mayoral D. Julián Soto de dicho día de ayer refiriéndose a lo que le dice con fecha de 25 del mismo el Sr. Mariscal desde San Fernando me imposibilita el poder y solicitar de S.M. la prórroga del contrato de los pastos por el medio mes más a que V. se ha obligado porque como está administración ha de solicitar de S.M. que el arriendo de los pastos se prorrogue por medio más, cuando se tiene que ver en la precisión de mandar venir el ganado a estas dehesas sin concluir el tiempo porque se ha arrendado por falta de pastos? Penétrese V. de esta reflexión y verá cómo tanto por ella como por no expresar la Real orden en que se manda arrendar el Negralejo se hiciese más que hasta mediados de febrero no se debe ni se puede por esta Administración acceder a la aprobación del contrato que V. ha celebrado. El sábado 31 hago conducir al Real Sitio de San Fernando cuatro carros

Con todo, la explotación ganadera de este real sitio no solo se centró en la cría de caballos[96], sino que también se aplicó a la ganadería ovina. Antonio Gónzalez Madroño[97] escribía a Antonio María Rubio, secretario de María Cristina de Borbón, lo siguiente:

> Por conducto de este Sr. Capitán general he recibido cuatro entre carneros y ovejas y un cajón con rótulo a S.M. la Reina madre, al parecer que contiene cuadros. Este lo mandaré por la mensajería acelerada y remitiré a V. la papeleta para que se sirva disponer sea recogido. Por lo que hace a los referidos carneros solo hay la proposición del conductor Pedro Gil[98] que con un carro destinado al objeto los llevará con el mayor cuidado (como lo ha hecho en más ocasiones con la Gaceta y demás animalitos que he remesado a esa) hasta el Quintanar en 6 días por 800r y allí darán razón suya en la posada de Antonio Amorós donde pasa la mensajería de Valencia. Por 1.100r los pondrá en Aranjuez y por 1.200 en Madrid. En vista de lo dicho, que no hay otra proposición, pues que solo este se compromete a ello y que lo entiende, dispondrá V. lo que le parezca, en la inteligencia que espera a vuelta de correo la orden pues de no ser así emprenderá otro viaje. En el punto donde los entregué los gastos que han ocasionado en esta ciudad donde su desembarco, que los reintegrará aquí a la persona que ha cuidado los carneros y ha llevado su cuenta que con mi Vª Bª entregaré al conducto[99].

de alfalfa y sus conductores pasarán a esa caballeriza el domingo 1º de enero próximo con el objeto de que se traigan todos los efectos de esta Real Caballeriza y demás que ocurra y sea indispensable. El mismo día se presentarán a V. tres jornaleros para que asistan a la conducción del ganado. He dado orden al contratista de los conejos de estos reales bosques para que le entregue a V. los maravedíes precisos al abono de herrajes, botica y aceite que haya consumido. Prevenga V. al Mariscal Moreno que haga las más exquisitas diligencias hasta averiguar el motivo que haya causado el envenenamiento de los perros, pues que en ello se interesa sobremanera esta Administración y hará un servicio a S.M. Aranjuez, 29 diciembre de 1836. J. A. Muñoz". Ibidem.

96 Jara Muñoz Hernández, "El origen de la Escuela de Agrónomos en La Flamenca", en *Anales de Estudios Madrileños,* 57 (2017), pp. 81-103.

97 AGP. Personal, caja 467, exp. 15.

98 Pedro Gil compartía negocios con Fernando Muñoz y su grupo, véase: AHN. Diversos-títulos_familia, 3576, leg. 44, exp. 3. Gil compró varios terrenos inmediatos a Barcelona, pertenecientes al real patrimonio, AHPN, referencia 25012.

99 Carta de José Antonio Madariaga a Antonio María Rubio, Valencia, 11 de mayo de 1848. AHN. Diversos-títulos_familias, 3413, leg. 147, exp. 1.

No obstante, las mayores ganancias procedentes de la ganadería ovina se debían a la venta de lana. La lana se exportaba a Londres, a Federico Huth y Cª. El 3 de diciembre de 1834 se avisaba a dicho comerciante[100]:

> Adjunta hallarán Ustedes factura de 210000 de lana lavada y añinos que están en camino para Santander a la consignación de D. Dionisio Aguirre, a quien encargamos las reexpida enseguida en el primer buque inglés a la orden de Viudes, cuidando de avisarles con tiempo para que puedan ustedes asegurarlas por el valor de 25 libras cada (cero tachado) de lana, y por el de 18 libras cada (cero tachado) de añinos. El buque o buques en que van con las demás noticias necesarias. A la llegada de las (cero tachado) verán ustedes cuan hermosos son los 5 surtidos en que van distribuidas, sobre todo los dos últimos que son de la Curiel, o por mejor decir de mezcla de ovejas curieles elegidas y padres legítimos sajones. Esto nos hace esperar que no les será difícil conseguir una venta ventajosa, y respectivamente lo mismo con los surtidos de la Hinojosa. El beneficio está hecho con esmero y la igualdad de pelo lo más perfecto posible. Sobre todo, no dudamos que los añinos llamarán muy particularmente la atención de Ustedes, por su blancura, finura y limpieza. Interín que con vista de las (c tachada) puedan ustedes ratificar nuestro juicio sobre la bondad de las lanas de Vª[101].

En 1837, José Antonio Muñoz dejaba la administración del real heredamiento de Aranjuez para instalarse en Madrid con el puesto de contador de la real casa y patrimonio e iniciar así la reforma de la casa real. Con todo, la influencia y control de Muñoz no cesó[102], salvo

[100] AGP. Registros, libro 2.504.

[101] AGP. Registros, libro 2.504.

[102] Carta de José Antonio Muñoz a María Cristina fechada el 16 de agosto de 1845: "[...]Me dice Fernando hable a V.M. sobre las propuestas de San Pascual y Palacio de Aranjuez y en su virtud digo a V.M. que D. Roque Pantoja es el mismo por quien Madariaga habló al Sr. Patriarca y D. Tomás Manuel Corcuera por quien yo hablé para teniente 1º de palacio, pero según me dice Fernando va propuesto para 2º. Esto a Corcuera no le puede tener cuenta porque pierde en interés y categoría y yo lo siento porque no admitiendo pierde Aranjuez un buen párroco de que tanta necesidad

en el periodo de 1840-1843, regencia del general Espartero, en que la reina gobernadora nombró a Manuel Jacomé, coronel graduado y teniente coronel mayor del 1º de caballería de línea, administrador de Aranjuez; este nombramiento fue del gusto de la nueva regencia, por lo que continuó hasta 1843. Durante este periodo se produjeron las cesantías de los diversos componentes del grupo formado por José Antonio en este real sitio. En 1842, Jacomé fue denunciado, entre otras cosas, por la corta de arboladas y venta de frutales de este real sitio, denuncia de la que quedó absuelto en el mismo año. El 19 de junio de 1843, el nuevo tutor, el duque de Bailén, ordenó que "a consecuencia de cierto expediente en vista instruido sobre varios abusos en la administración se le dispensaron las faltas que había cometido, pero apercibiéndole para que en lo sucesivo fuese más exacto en el cumplimiento de sus obligaciones", tomó la decisión de declararle cesante[103].

tienen aquellos vecinos. Me dice también Fernando que nuestro tío D. Rafael Muñoz, teniente 1º de San Antonio de la Florida, le había manifestado grandes deseos de trasladarse a Aranjuez por serle nocivo este clima de Madrid, y en este caso me dice Fernando que podría pasar D. Rafael Muñoz a Aranjuez en la plaza de Corcuera y este quedar en la de aquel en San Antonio de la Florida. Por consiguiente, si a V.M. le parece así, podría S.M. resolverlo y que se comunicase la orden a D. Rafael para pasar a Aranjuez y que Corcuera llevase su vacante en San Antonio". AHN. Diversos-títulos_familia, 3397, leg. 107, exp. 1.

[103] El propio Jacomé se defendió alegando la falsedad de esas acusaciones y achacándoselas a sus enemigos: "[...] Manuel Jacomé expone que sus enemigos han puesto en juego cuantos medias han podido para desacreditar su administración en Aranjuez habiéndose propuesto su ruina desde un principio, que nada se ha mandado en las podas y limpias del arbolado de ni en el señalamiento de leña para la consignación de empleados consumo de la población y cualquiera otro uso que la única cosa en que ha tenido parte en el derribo de dos plantos sanos para no apareciesen entre los árboles nuevos que deberían ponerse en camino de Andalucía de lo cual se ha echado mano para prevenir en su contra a V.M. son que se haya hecho mención de ellos adelantos y mejoras que ha realizado ni de su celo, autoridad y sobre todo pureza [...]". Con todo, en 1855, coincidiendo con el bienio progresista, se le nombró administrador del real sitio de El Pardo. AGP. Personal, caja 589, exp. 1.

LA REFORMA DE LA CASA REAL EN EL ESTADO LIBERAL REALIZADA POR EL GRUPO FORMADO EN ARANJUEZ

Las reformas de los sitios reales precedieron en el tiempo al cambio de la casa real[104]. La labor realizada en Aranjuez por José Antonio Muñoz fue efectiva y del agrado de la reina regente. En 1837 era llamado a Madrid y la regente le encomendó la reforma de la casa real, en la que era nombrado contador general de la real casa y poco después gentilhombre de *cámara y* apoderado general de la infanta Mª Luisa Fernanda. Ciertamente, la responsabilidad y celo con que desempeñó su nuevo oficio estuvo fuera de duda; no solo denunció la corrupción que existía entre algunos oficiales, sino que hasta realizó una reducción de salarios en diversos departamentos para ahorrar gastos. El servicio prestado por José Antonio Muñoz a la Regente no solo fue en la economía, sino que intervino activamente en purga de personas dentro de palacio, al mismo tiempo que proponía personas para ser colocadas en las vacantes producidas[105]. De esta manera, creó una red clientelar (ya en Aranjuez) que le permitió reunir el apoyo suficiente para cambiar la estructura de la casa real a pesar de la oposición existente. La reforma comenzó por reducir y limitar el poder del mayordomo mayor, instancia superior de la casa real. En 1838, José Antonio Muñoz propuso la división administrativa de la casa real en dos ramos, el de la etiqueta y el económico-administrativo.

---

[104] Vanesa Benito Ortega, Isabel Garzón Guzmán, Juan Antonio González Pañero y María del Mar Mairal Domínguez, "La Jefatura de Oficios y Aposentamiento de la Real Casa y Patrimonio (1814-1931)", *Reales Sitios*, 174 (2007), pp. 48-50. Ángel Menéndez Rexach, "La separación entre la casa del rey ...". Antonio Manuel Moral Roncal, "Reformismo y tradición en la corte española bajo el reinado de Fernando VII", *Aportes*, 41 (1999), pp. 26-48. Mariano Esteban de Vega, "El Estado y la administración central durante el reinado de Fernando VII", *Historia Contemporánea*, 17 (1998), pp. 81-117.

[105] "La utilidad se tocará precisamente al ver el servicio hecho con más exactitud y regularidad que hasta aquí, la economía ya se ve por el ahorro que queda demostrado, y la oportunidad de las reformas consiste, Señora, en que debiendo todos los funcionarios públicos ser de conocida adhesión a los legítimos derechos de vuestra excelsa Hija la Reina de las Españas, es indispensable remover de los empleos del Real Patrimonio a todos aquellos que avezados cuando menos con el indiferentismo, no se pronuncian por nuestra reina soberana Dª Isabel II; por lo que también va acompañado el estado de empleados con sus notas y sueldos que deben gozar según la nueva planta". AGP. Personal, caja 731, exp. 1.

Este organigrama fue el que permaneció durante el reinado de Isabel II; el primero quedó encomendado al mayordomo mayor y, el segundo, a una figura de nuevo cuño, el intendente general de la real casa y patrimonio[106]. La real orden de María Cristina decía así:

> Queriendo yo que en lo sucesivo corran separadas y ejercidas por distintas personas las funciones de etiqueta y ceremonia de palacio y las económico-administrativas de la Real Casa, Patrimonio y todas sus dependencias, vengo en decretar lo siguiente: 1º. El Mayordomo mayor, Sumiller de Corps y Caballerizo mayor no tendrán en adelante más facultades ni ejercerán más funciones que las concernientes a la etiqueta, ceremonia y servicio de las Reales Personas, así en la Cámara como fuera de Palacio con sujeción a lo que se estableciere en los reglamentos que para ello se formaren. 2º. De las facciones económico-administrativas se encargará la persona que yo nombrare con título de Intendente general de la Real Casa y Patrimonio. 3º. Con las de igual clase de la Reales Caballerizas y con entera dependencia de aquel, correrá el sujeto que con la denominación de director general de las Reales Caballerizas tuviere yo a bien nombrar. 4º. La Junta de Gobierno de la Real Casa pondrá en armonía con estas disposiciones los reglamentos de cuya formación esté encargada, así como los formados ya [...][107].

A partir de entonces, el intendente y el contador (cargos ocupados por Luis Piernas y José Antonio Muñoz, respectivamente) fueron los oficios más influyentes y decisivos de la real casa en perjuicio del mayordomo mayor, mientras que la Junta de Gobierno de la

[106] AGP. AG, leg. 466; Vanesa Benito Ortega, Isabel Garzón Guzmán, Juan Antonio González Pañero y María del Mar Mairal Domínguez, "La Jefatura de Oficios ...", pp. 50-51.

[107] "De Real orden lo traslado a V. S. para inteligencia de la Junta de Gobierno de la Real Casa y cumplimiento en la parte que le toca. Dios guarde a V. S. muchos años. Palacio 10 de junio 1858 (*sic*). Pero es 1838 a juzgar por otros documentos). Luis Piernas". Al presidente de la Real Junta de Gobierno de la Real Casa. AGP. AG, leg. 942. Además, "Lo tendréis entendido y cuidaréis de su cumplimiento. Esta rubricado por S. M. la Reina Gobernadora. Palacio, 10 de junio de 1838. A D. Luis Piernas. Es copia del original". AGP. AG, leg. 466.

casa real se encargó de separar las "distintas personas las funciones de etiqueta y ceremonia de palacio y las económico-administrativas de la real casa y patrimonio y todas sus dependencias". Bajo estos cambios tan revolucionarios no hay duda de que también existía una clara intencionalidad de relevo social, pues, paralelamente también despojaban de poder a los grandes jefes que tradicionalmente habían gobernado la casa real:

> tuvo a bien decretar el 10 junio siguiente que los jefes de la casa, Cámara y Caballerizas no tuviesen en adelante más facultad ni ejecutasen más funciones que las primeras, que de las segundas se encargase la persona que iba a nombrar con el título de Intendente general de la Real Casa y Patrimonio y bajo su entera dependencia el director general que igualmente había de nombrarse para las reales caballerizas.

También fue cesado Salvador Calvet, oficial mayor de la mayordomía[108]. Es preciso recordar que el caballerizo mayor era el marqués de Cerralbo y el sumiller de corps era el duque de Híjar; es decir, los nobles tradicionales eran expulsados por el empuje de "gente nueva", que no conocían la tradición del comportamiento palaciego y que –en opinión de la nobleza tradicional– solo buscaban ascender socialmente. La reducción de influencia y poder de los tres jefes de la casa real se hizo evidente cuando la Reina Regente ordenó reunir sus actividades en una sola secretaría[109].

El resultado de todos estos cambios se reflejó en las Ordenanzas de 1840, que constituyeron un auténtico código de la composición

[108] Salvador Enrique Calvet fue nombrado el 24 de diciembre de 1833 secretario oficial mayor de la mayordomía mayor de la real casa y patrimonio con el sueldo de 4.400 reales y honores de consejero supremo de hacienda (compuesta por Marín, Cavanilles, Modet, Catalán y Cortina). Fue nombrado gentilhombre de cámara el 9 de octubre de 1834. Por orden de 18 de julio de 1835 se le encargó el cuidado de la biblioteca particular del monarca. AGP. Personal, 16.712, exp. 17.

[109] "Condescendiendo S. M la Reina Gobernadora con lo que por mi conducto tuvieron el honor de proponerla los jefes de Palacio en la parte de etiqueta y ceremonial del mismo, en 16 del corriente, se ha servido resolver: Que se forme una dependencia, con el nombre de secretaria de los ramos de Mayordomía Mayor, Sumillería de Corps y Reales Caballerizas. Que el personal de esta Secretaría se componga de una secretaria, un oficial 1º, uno id. 2º, un Portero y un mozo. Que esta Secretaría entienda

y funciones de los oficiales de la casa real contemporánea. Dichas ordenanzas fueron el resultado de un proceso, dirigido y ejecutado esencialmente por los miembros del "clan de Tarancón" y sus allegados[110], que buscaron mantener el influjo de la corona en el gobierno de la nación, mientras utilizaron el patronazgo de Fernando Muñoz para conseguir ventajas políticas y económicas al poseer una información privilegia por el puesto que ocupaba dentro de la familia real[111]. Aunque las ordenanzas de 1840 experimentaron algunos retoques posteriores, la división de funciones en que estructuraba la casa pervivieron durante todo el reinado de Isabel II[112], según se lee en su artículo 1º: "El servicio de la Real Persona, Casa y Patrimonio, se divide en funciones de etiqueta, y de gobierno y administración, conforme a lo establecido en real decreto de 10 de junio 1838" (Art. 1º)[113]. Me apresuro a señalar que esta división de funciones se rompió en dos ocasiones por espacio breve de tiempo. En 1847 la nueva figura del gobernador de palacio asumió durante apenas un año la jefatura de los ramos de Etiqueta y Administración, a cuyas

---

en la instrucción y despacho general de los asuntos correspondientes a los expresados tres ramos con sujeción al Reglamento interior que apruebe S. M." Palacio, 20 de septiembre de 1838. AGP. Reinados, Isabel II, caja 8.674, exp. 2.

110 AHN. Diversos-títulos_familias, 3477, leg. 369, exp.1. "Estándose, discutiendo el reglamento General de la Casa y siendo necesario para esto que haya un secretario en propiedad de mayordomía nombro para dicho destino a D. Luis Piernas quedando muy satisfecha del modo con que lo ha desempeñado en comisión el consultor D. Tomás Cortina que quedaría desempeñando su destino". Solo pone el lugar donde está escrita esta nota: "Torrejón", pero no tiene firma; pero por lógica parece ser de Mª Cristina.

111 *Ordenanza general para el gobierno y administración de la Real Casa y patrimonio expedida en 29 de mayo de 1840*, Madrid por D. Eusebio Aguado, impresor de cámara del rey y de su casa real, 1840. Los gabinetes que se sucedieron han sido minuciosamente estudiados por Juan Ramón Urquijo Goitia, *Gobiernos y ministros españoles en la Edad Contemporánea*, Madrid, CSIC, 2008, pp. 33-44.

112 Menéndez Rexach califica a dichas Ordenanzas como "auténtico código de la Casa Real" en *La jefatura del Estado en el derecho …*, p. 298.

113 "S. M. pide que se separe la parte económica y administrativa que hasta ahora había desempeñado el mayordomo mayor con el auxilio de la Secretaría, Contaduría y Tesorería de la Real Casa como primer Jefe que era de ella y si bien el sumiller de corps tenía alguna parte en las mismas atribuciones económicas y administrativas y el caballerizo mayor con mucha más extensión por lo vasto de su ramo, puede decirse que solo a la mayordomía mayor se le quita dicha atribución, porque al fin las del sumiller y caballerizo mayor venían a parar para su resolución y ejecución al centro común de dicha mayordomía mayor". Madrid 2 de septiembre 1838. José Antonio Muñoz a todos los jefes de sección de la casa real. AGP. Reinados, Fernando VII, caja 13, exp. 11.

órdenes se sometió el alcaide[114], y entre febrero y octubre de 1849 la intendencia pasó a denominarse Secretaría de Cámara de la Real Casa y Patrimonio, aunque manteniendo las mismas funciones[115].

La separación entre la economía y la etiqueta supuso, como he dicho, una gran revolución en la organización de la casa porque despojaba a los tres jefes de la casa real (mayordomo, sumiller y caballerizo) de las atribuciones que tradicionalmente les competían, reduciendo a los jefes de palacio (ocupados por la nobleza tradicional) a un título casi vano. Ante las quejas de éstos, se les recordaba que no era algo nuevo, sino que ya antes se había producido una situación similar, por lo que se aconsejaba que "los jefes, a saber, el mayordomo mayor, sumiller y caballerizo mayor, quedarían con el título de jefes para solo los actos de etiqueta o ceremonia. Los jefes seguirían cobrando los mismos sueldos y gajes, pues lo único que se exigía era que abandonasen su jurisdicción en las cuestiones económicas del patrimonio y casa real". La justificación de que perviviesen los jefes de palacio y la demostración que dichos cargos no estaban vacíos de poder se hacía a través de la distinción entre las funciones de jurisdicción y las de gobierno[116]. Los mismos argumentos se utilizaban para defender los oficios de Sumiller de corps y Caballerizo mayor, añadiendo que, con una secretaría se podrían servir los tres[117].

Esta organización (proyectada por José Antonio Muñoz) era realmente una novedad porque rompía formalmente la tradicional primacía del mayordomo mayor, relegándole a un puesto puramente protocolario y limitado. Pero, además, obligó a trazar terminantemente la línea de separación que debía existir entre las funciones de etiqueta y ceremonia de palacio y las económico-administrativas de la real casa y patrimonio[118]. Ello supuso una auténtica revolución

---

[114] AGP. AG, caja 8.653.

[115] AGP. AG, caja 8.653 y leg. 616.

[116] Alfredo Gallego Anabitarte, "Los cuadros del Museo del Prado (I). Reflexiones histórico y dogmático-jurídicas con ocasión del artículo 132 (y 133.1) de la Constitución española de 1978", en *Administración y Constitución: estudios en homenaje al profesor Mesa-Moles*, Madrid, Presidencia de Gobierno, 1982, pp. 190 y ss. y *Poder y derecho: Del Antiguo Régimen al Estado Constitucional en España, siglos* XVIII *a* XIX, Madrid, Marcial Pons, 2009, cap. 2º.

[117] AGP. Reinados, Isabel II, caja 8.674, exps. 2 y 4.

[118] Ángel Menéndez Rexach, *La jefatura del Estado …*

palaciega, que no sería pacíficamente aceptada. La etiqueta quedó en manos de los "políticos", los tradicionales personajes nobles, que buscaban el medro a través de la relación con el monarca, mientras que el patrimonio (asignación anual de las Cortes y administración de los bienes y sitios reales) quedó en manos de los administradores (intendente). Si Fernando Muñoz se ocupó de tejer sus redes clientelares entre los "políticos", contribuyendo a crear el Partido Moderado, ocupando las labores de etiqueta de la casa real, el campo de la economía fue ocupado por José Antonio Muñoz, quien fue nombrado contador mayor de la real casa, al mismo tiempo que se llevaba el equipo que había forjado en la administración del real sitio de Aranjuez: a Luis Piernas, quien fuera su asesor en el real sitio de Aranjuez, lo nombraba intendente de la casa real y patrimonio, mientras a Luis Paradela lo ascendía al cargo de visitador general de los reales sitios.

Para llevar a cabo estas polémicas reformas y disimular su participación, José Antonio Muñoz se valió de la Junta de Gobierno, órgano supremo de gobierno de la real casa, que actuó a su dictado y al de su hermano Fernando cuando había dificultades[119]. Así, la Junta reiteraba que, en orden particular, dada el 16 de septiembre, la Regente "tuvo a bien trazar terminantemente la línea de separación que debe existir entre las funciones de etiqueta y ceremonia de palacio y las económico administrativas de la real casa y patrimonio". Como resulta lógico, el marqués de Villaverde, que ocupaba el cargo de mayordomo[120], no se mostró de acuerdo y recurrió a presentar la inconveniencia de la reforma alegando cuestiones de jurisdicción.

Para que su reforma quedase legalmente aprobada y no hubiera posibilidad de "contrarreforma" o "marcha atrás", José Antonio Muñoz se esforzó por conseguir lo antes posible la realización de unas ordenanzas nuevas para la casa real[121]. El 26 diciembre de 1837

[119] Vanesa Benito Ortega, Isabel Garzón Guzmán, Juan Antonio González Pañero y María del Mar Mairal Domínguez, "La Jefatura de Oficios…", pp. 48-50. Dolores del Mar Sánchez González, "El tránsito de la casa de Fernando VII…".

[120] AGP. Personal, caja 1.312, exp. 1. María del Carmen López Sánchez, *La mano del Rey: el mayordomo mayor en la Casa Real del Siglo XIX*. (Tesis doctoral) Madrid, Universidad Carlos III, 2017, pp. 149-164.

[121] AGP. AG, leg. 945, caja. 1

mandaba una orden desde la contaduría de la casa real y patrimonio a todos los jefes de oficios en la que se solicitaba información[122]. Al mismo tiempo que implicaba a la Junta de Gobierno para que –en dichas ordenanzas (se publicaron en 1840), que también tuvieron en cuenta a los sitios reales- se determinasen con claridad "las atribuciones y facultades del jefe principal de la administración, o sea, el Intendente general, modo de ejercerlas, reglas y obligaciones que cada cual de los dichos empleados en la parte económico-administrativa había de guardar y cumplir, elevándolos luego que los hubiese cometido a las reales manos de V. M. para su regio aprobación o resolución que fuese de su soberano agrado[123]". Asimismo, la Junta proponía que hubiera un visitador general del real patrimonio por

> haber demostrado la experiencia cuan necesario es un empleado caracterizado que desempeñe esta comisión sin distraer a los que tienen ya cargos fijos cada vez que se ofrece residenciar o visitar alguna administración o posesión y aun sin esta necesidad ha creído la Junta que debe ejercerse una continua vigilancia sobre las operaciones y subalternos por medio de la inmediata y repetida inspección personal de un alto empleado de toda confianza.

Finalmente, una vez que la Junta, con su autoridad y prestigio, había realizado todas las reformas, fue disuelta; de esta manera, Muñoz no tenía institución que le hiciera competencia en el gobierno de la casa real: "La Junta ha creído que ella misma debía también variar de nombre dejando el título de Junta de Gobierno y recibiendo el de consultiva que cuadra más bien a las funciones que debe ejercer y que de hecho ejerce"[124].

Cuando se leen las ordenanzas de 1840, relativas a la recién creada Junta Consultiva, entendemos el cambio de estructuras en la casa real y el poder que había adquirido José Antonio Muñoz. El título II de

---

[122] AGP. AG, leg. 942.
[123] *Ordenanza general para el gobierno y administración de la Real Casa y patrimonio expedida en 29 de mayo de 1840*, Madrid por D. Eusebio Aguado, impresor de cámara del rey y de su casa real, 1840.
[124] Ibidem. Palacio. 14 de febrero 1840.

dichas ordenanzas está dedicado a la Junta Consultiva y se observa que los cargos que componían dicha junta estaban ocupados por el "clan de Tarancón": "Habrá una Junta Consultiva de la Casa Real y Patrimonio de la que serán vocales natos el Intendente, el Contador, el Tesorero, el Alcaide y el Consultor (art. 124)". La Junta estará presidida por el Intendente y en su ausencia por el Contador y será secretario el de la Intendencia general (art. 125).

CONCLUSIÓN

En conclusión, el real sitio de Aranjuez constituyó el núcleo inicial donde se forjó la nueva estructura de la casa real dentro de la nueva organización estatal. Este proceso estuvo dirigido bajo el control oculto de Fernando Muñoz, quien lo aprovechó también para conseguir su grandeza política y económica y la de su familia. No solo transformaron el sitio real en una empresa agropecuaria dentro del sistema liberal, sino que, en su transformación, utilizaron personajes fieles, en buena parte familiares y amigos, que le permitieron conseguir su proyecto con éxito. El concepto de sitio real cambió por completo en relación con la que se tenía en el Antiguo Régimen; ya no era un lugar de "recreo cortesano" sino que se convirtió en una explotación a la que poder sacar beneficio para la familia real. Esta nueva mentalidad y concepto fue la que la familia Muñoz trasladó a la organización de la casa real para adaptarla a las estructuras del Estado liberal durante las regencias de María Cristina y Espartero (1834-1844), llevadas a cabo –en buena parte- por muchos de los personajes que habían participado en la reforma del real sitio de Aranjuez.

BIBLIOGRAFÍA

Álvarez de Quindós y Baena, Juan Antonio, *Descripción histórica del real bosque y casa de Aranjuez,* Madrid, Imprenta Real, 1804 (reproducción facsímil en Doce Calles de 1993).

Benito Ortegà, Vanesa, Garzón Guzmán, Isabel, González Pañero, Juan Antonio y Mairal Domínguez, María del Mar, "La Jefatura de Oficios y Aposentamiento de la Real Casa y Patrimonio (1814-1931)", *Reales Sitios,* 174 (2007), pp. 48-64.

Bobbio, Norberto, *Estado, gobierno, Sociedad. Contribución a una teoría general de la política,* Barcelona, Plaza & Janés, 1987.

Bonet Correa, Antonio, "El Real Sitio y Villa de Aranjuez en el siglo XVIII", en *El Real Sitio de Aranjuez y el arte cortesano del siglo XVIII: exposición celebrada en salas de exposiciones del Palacio Real de Aranjuez,* Madrid, Patrimonio Nacional, 1987, pp. 17-32.

Bourdieu, Pierre, *La distinción, Criterio y bases sociales del gusto,* Madrid, Taurus, 1988.

Burdiel, Isabel, *Isabel II,* Madrid, Taurus, 2011.

—, *La política de los notables (1834-1836),* Valencia, Edicions Alfons el Magnànim, 1987.

Caballero, Fermín, *La cuestión de la Regencia y el Casamiento de María Cristina de Borbón,* Madrid, Imprenta del nuevo rezado, 1840.

Camarero Bullón, Concepción y Labrador Arroyo, Félix (dirs.), *La extensión de la corte: los Sitios Reales,* Madrid, Ediciones de la Universidad Autónoma, 2017.

Camarero Bullón, Concepción, "Los planos de los sitios reales españoles formados por la Junta General de Estadística, 1861-1869", *Scripta Nova: Revista electrónica de geografía y ciencias sociales,* 18 (2014), pp. 463-499.

Casado Sánchez, María Ángeles, "María Cristina de Borbón. Una regente cuestionada", en Emilio La Parra López (coord.), *La imagen del poder. Reyes y Regentes en la España del siglo XIX,* Madrid, Síntesis, 2011, pp. 133-176.

Cervantes, Pedro de y Cervantes, Manuel de, *Recopilación de las Reales Ordenanzas y cédulas de los bosques reales del Pardo, Aranjuez, Escorial, Balsain y otras glosas,* Madrid, en la oficina de Melchor Álvarez, 1687.

Chías González, Pilar, "Mapas y dibujos del entorno de los sitios reales en la sierra de Guadarrama", *EGE, Revista de expresión gráfica en la edificación,* 11 (2019), pp. 44-63.

Cos-Gayón, Fernando, *Historia jurídica del patrimonio real,* Madrid, imprenta de Enrique de la Riva, 1881.

Díaz, Marta, *Las obras hidráulicas en España: Aranjuez,* Aranjuez, Fundación Puente Barcas-Doce Calles, 1997.

Díez de Baldeón, Clementina, *Arquitectura y clases sociales en el Madrid del siglo XIX*, Madrid,

Esteban de Vega, Mariano, "El Estado y la administración central durante el reinado de Fernando VII", *Historia Contemporánea*, 17 (1998), pp. 81-117.

Fernández Sanz, Jesús y Faucha Pérez, Francisco Javier, "Vista Alegre, siglos XIX-XXI, Parque público, real sitio, quinta de recreo y "ciudad de beneficencia", *Madrid histórico*, 51 (2014), pp. 44-59.

Gallego Anabitarte, Alfredo, *Poder y derecho: Del Antiguo Régimen al Estado Constitucional en España, siglos XVIII a XIX*, Madrid, Marcial Pons, 2009.

—, "Los cuadros del Museo del Prado (I). Reflexiones histórico y dogmático-jurídicas con ocasión del artículo 132 (y 133.1) de la Constitución española de 1978", en *Administración y Constitución: estudios en homenaje al profesor Mesa-Moles*, Madrid, Presidencia de Gobierno, 1982, pp. 227-310.

García Grinda, José Luis, *Guía de Aranjuez. El paisaje construido*, Madrid, Comunidad de Madrid, 2008.

García Monerris, Carmen y García Monerris, Encarnación, "La nación y su dominio: el lugar de la Corona", *Historia Constitucional*, 5 (2004), pp. 161-190.

García Monerris, Encarnación y García Monerris, Carmen, *Las cosas del Rey: historia política de una desavenencia (1808-1874)*, Madrid, Akal, 2015.

García Pelayo, Manuel, *Las transformaciones del Estado contemporáneo*, Madrid, Alianza Universidad, 1987.

García Rodríguez, Juan C., *Conocer Aranjuez y su real sitio*, Madrid, Everest, 1990.

Garma y Durán, Francisco Javier, *Theatro Universal de España. Descripción eclesiástica y secular de todos sus reynos y provincias*, Madrid, Mauro Martí, 1751.

Gómez Centurión Jiménez, Carlos, "Exótico pero útiles: los camellos reales de Aranjuez en el siglo XVIII", *Cuadernos Dieciochistas*, 9 (2008), pp. 155-180.

Hortal Muñoz, José Eloy, "Los sitios reales como elementos clave de las Monarquías Europeas de la Edad Moderna: una aproximación", *Studia Histórica. Historia Moderna*, 42 (2020), pp. 197-217.

Labrador Arroyo, Félix, "Los Sitios Reales durante el Trienio Liberal: la cesión de una parte del patrimonio real a la nación", *Vínculos de Historia*, 10 (2021), pp. 298-321.

—, "La gestión del patrimonio real en tiempos de José I (1808-1812): cambios y continuidades", en José Martínez Millán y David Quiles Albero (coords.), *Crisis y descomposición del sistema cortesano (siglos XVIII-XIX)*, Madrid, Polifemo, 2020, pp. 243-290.

—, "La real yeguada de Aranjuez durante la segunda mitad del siglo XVIII", en Juan Aranda Doncel y José Martínez Millán (coords.), *Movilidad cortesana y distinción: coches, tiros y caballos*, Madrid-Córdoba, IULCE-Córdoba Ecuestre, 2019, pp. 189-217.

—, "Naturaleza y esencia de los artículos productivos". La situación del patrimonio real entre 1814-1820" en *Tiempos Modernos. Revista electrónica de Historia Moderna*, 9 (2019), pp. 488-512.

Labrador Arroyo, Félix y Trápaga Monchet, Koldo, "La configuración del espacio y la explotación forestal de un enclave singular el Real Sitio del Soto de Roma durante la dinastía Habsburgo", en *Studia Histórica. Historia Moderna*, 39-2 (2017), pp. 293-327.

—, *Lista de gentiles hombres de cámaras con ejercicio y de entrada de la reina Nª Sª existentes en 1 de enero de 1861, colocados por orden de antigüedad*, Madrid, Aguado, Impresor de cámara de S.M y de su real casa, 1861.

López Gómez, Antonio, *Antiguos riegos marginales de Aranjuez ("mares, azudas, minas y canales")*, Madrid, Real Academia de la Historia, 1988.

López Sánchez, María del Carmen, *La mano del Rey: el mayordomo mayor en la Casa Real del Siglo XIX*. (Tesis doctoral) Madrid, Universidad Carlos III, 2017.

López Rodó, Laureano, *El Patrimonio Nacional*, Madrid, CSIC, 1954.

Martínez García, Cristina Bienvenida, "La administración de los sitios reales por «el clan de Tarancón» durante la Regencia de María Cristina", en José Martínez Millán y David Quiles Albero (coords.), *Crisis y descomposición del sistema cortesano (siglos XVIII-XIX)*, Madrid, Polifemo, 2020, pp. 291-308.

—, "Corte y Casa Real durante la regencia de María Cristina de Borbón (1833-1840): la formación del "clan de Tarancón", *Librosdelacorte*, 19 (2019), pp. 58-81.

Martínez Millán, José, "Crisis y descomposición del Sistema Cortesano", en José Martínez Millán y David Quiles Albero (coords.), *Crisis y descomposición del sistema cortesano (siglos XVIII-XIX)*, Madrid, Polifemo, 2020, pp. 13-190.

Martínez Millán, José y Hortal Muñoz, José Eloy (coords.), *La reconfiguración de la Monarquía Católica. La Corte de Felipe IV*, Madrid, Polifemo, 2015.

Martínez Millán, José, González Heras, Natalia y Valido-Viegas, Filipa (coords): "Casas y Sitios Reales en España y Portugal", *Librosdelacorte*, 17 (2018), número monográfico.

Mena, José María, *Episodios históricos en Madrid*,

Menéndez Rexach, Ángel, "La separación entre la casa del rey y la administración del estado (1814-1820)", *Revista de Estudios Políticos. Nueva época*, 55 (1987), pp. 55-122.

—, *La jefatura del Estado en el Derecho público español.* (tesis doctoral) Madrid, Universidad Autónoma de Madrid, 1978.

Merlos Romero, Mª Magdalena, "Representación plástica y escrita de Aranjuez (España) en el manuscrito de *Hieronimus Gundlach Nova Hispaniae Regnorum Descriptio* (1606). La idealización de un real sitio", en *Quintana: Revista de estudios do departamento de Historia del Arte,* 17 (2018), pp. 279-300.

—, "Aranjuez, la imagen de España en tiempos de Carlos III", *Madrid histórico,* 66 (2016), pp. 74-79.

—, *Aranjuez y Felipe II. Idea y forma de un Real Sitio,* Madrid, Dirección General de Patrimonio Cultural de la Comunidad de Madrid-Concejalía de Educación y Cultura del Ayuntamiento de Aranjuez, 1998.

Moral Roncal, Antonio Manuel, "Reformismo y tradición en la corte española bajo el reinado de Fernando VII", *Aportes,* 41 (1999), pp. 26-48.

Moya Valgañón, José, "El Patrimonio Nacional. Museos Vividos", *Arbor,* 169 (2001), pp. 12-24.

Muñoz Hernández, Jara, "El origen de la Escuela de Agrónomos en La Flamenca", en *Anales de Estudios Madrileños,* 57 (2017), pp. 81-103.

Nieto, Alejandro, *Mendizábal. Apogeo y crisis del progresismo civil. Historia política de las Cortes constituyentes de 1836-1837*, Barcelona, Ariel, 2011.

—, *Ordenanza general para el gobierno y administración de la Real Casa y patrimonio espedida en 29 de mayo de 1840*, Madrid, por D. Eusebio Aguado, impresor de cámara del rey y de su casa real, 1840.

Ortúzar Castañer, Trinidad, "Voz Fernando Agustín Muñoz Sánchez", en *Diccionario Bibliográfico Español. http://dbe.rah.es/biografias/6588/agustin-fernando-munoz-y-sanchez*

Pérez Galdós, Benito, *Bodas Reales*, Madrid, Impresor de Cámara de S. M., 1900.

Pinto Crespo, Virgilio y Herranz Elvira, José Luis, "Los espacios de la corte, territorio y jurisdicción: el Real Sitio de Aranjuez a mediados del siglo XVI", en Concepción Camarero Bullón y Félix Labrador Arroyo (dirs.), *La extensión de la corte: los sitios reales,* Madrid, UAM, 2017, pp. 133-158.

—, "El real sitio y heredamiento de Aranjuez en tiempos de Felipe IV" en José Martínez Millán y José Eloy Hortal Muñoz (coords.), *La corte de Felipe IV*

(1621-1665): reconfiguración de la Monarquía Católica, Madrid, Polifemo Ediciones, 2015, pp. 2233-2282.

Pro, Juan, *La construcción del Estado en España. Una historia del siglo XIX*, Madrid, Alianza Editorial, 2019.

—, "El Estado grande de los moderados en la España del siglo XIX", *Historia y Política*, 36 (2016), pp. 19-48.

—, "Poder político y poder económico en Madrid de los moderados (1844-1854)", *Ayer*, 66 (2007), pp. 27-55.

—, "La formación de la clase política liberal en España (1833-1868)", *Historia Contemporánea*, 23 (2001), pp. 445-481.

Rivera Blanco, Javier y de García Tapia, Nicolás, "Juan Bautista de Toledo, Jerónimo Gili y Juan de Herrera: autores de la «Mar de Ontígola»", *Boletín del Seminario de Estudios de Arte y Arqueología*, 51 (1985), pp. 319-344.

Rivera Blanco, Javier, *Juan Bautista de Toledo y Felipe II. La implantación del Clasicismo en España*, Valladolid, Universidad de Valladolid, 1984.

Ruiz de Azúa, Estíbaliz y Martínez de Ezquerecocha, Francisco, "Martín de los Heros y la Casa Real durante la Regencia de Espartero", *Real Sociedad Vascongada de los Amigos del País, boletín*, 68/1-2 (2002), pp. 261-292.

Sánchez González, Dolores del Mar, "El tránsito de la casa de Fernando VII a la de Isabel II: la Junta de Gobierno de la Casa Real y Patrimonio (1815-1840)", en Dolores del Mar Sánchez González (coord..), *Corte y Monarquía en España*, Madrid, Centro de Estudios Ramón Areces, 2003, pp. 29-66.

Sánchez Molledo, José María, "Reales sitios de Carabanchel", *Anales del Instituto de Estudios Madrileños*, 38 (1998), pp. 261-282.

Sancho Gaspar, José Luis, *La arquitectura de los Sitios Reales. Catálogo Histórico de los Palacios, Jardines y Patronatos Reales del Patrimonio Nacional*, Madrid, Patrimonio Nacional, 1995.

—, *Guía de visita: Real sitio de Aranjuez*, Madrid, Patrimonio Nacional, 1997.

Sancho, José Luis y Martínez Leiva, Gloria, "¿Dónde está el rey? El ritmo estacional de la corte española y la decoración de los Sitios Reales (1650-1700)", en *Cortes del Barroco. De Bernini y Velázquez a Luca Giordano*, Madrid, Sociedad Estatal para la Acción Cultural Exterior, 2003, pp. 85-98.

Schilling, Heinz, "The Reformation and the Rise of the Early Modern State", en James D. Tracy (ed.), *Luther and Modern State in Germany*, Kirksville, Sixteenth Century Journal Publishers, 1986, pp. 21-30.

Sonesson, Birgit, *La real hacienda en Puerto Rico: administración, política y grupos de presión (1815-1868)*, Madrid, Instituto de Cooperación Iberoamericana, 1990.

Urquijo Goitia, José Ramón, *Gobiernos y ministros españoles en la Edad Contemporánea*, Madrid, CSIC, 2008.

Velasco, José Luis, Colomer, Miquel, y Rubio, Aida, "El «mar de Ontígola»: características limnológicas", *Anales de Biología*, 21 (1996), pp. 93-104.

Velázquez, Isabel, "Sotos, Paseos y Huerta. Un Proyecto Life en Aranjuez", *Urban*, 2 (1998), pp. 153-160.

Weber, Marx, *Economía y Sociedad*, México, Fondo de Cultura Económica, 1979.

CARTOGRAFIAR PARA CONOCER, DESLINDAR Y DESAMORTIZAR: LA CARTOGRAFÍA DEL REAL SITIO DE ARANJUEZ LEVANTADA POR LOS GEÓMETRAS DE LA JUNTA GENERAL DE ESTADÍSTICA (1864-1866)[1]

Ana Luna San Eugenio
Concepción Camarero Bullón
Universidad Autónoma de Madrid

INTRODUCCIÓN

Como muy acertadamente han puesto de manifiesto Chías y Abad, puede elevarse a la categoría de norma general que los reales sitios y su entorno, tanto en España como en el resto de Europa, se encuentran entre los espacios más cartografiados, pintados y dibujados, junto con enclaves militares de carácter fronterizo, con fuerte peso geoestratégico, como son, por ejemplo, los casos de Badajoz, Ciudad Rodrigo o Puebla de Sanabria en la frontera luso-española[2]. Ahora

[1] Esta investigación ha realizado en el marco Proyecto de investigación competitivo de la Convocatoria I+D+i 2019 del Ministerio de Ciencia e Innovación de España: *Avanzando en el conocimiento del Catastro de Ensenada y otras fuentes catastrales: nuevas perspectivas basadas en la complementariedad, la modelización y la innovación.* (PID2019-106735 GB-C21) y del Proyecto de Transferencia del Conocimiento de la Dirección General del Catastro de España y la Fundación de la Universidad Autónoma de Madrid: *Nuevos métodos y enfoques para la transferencia en ciencias sociales y humanidades en materia Catastral: una historia que merece ser contada.* (DGC-FUAM 465026).

[2] Pilar Chías y Tomás Abad, "Maps and drawings of the Royal Sites around the Guadarrama Mountain", *EGE - Revista de Expresión Gráfica en la Edificación*, 1 (2019), pp. 44-63. De los mismos autores, "Landscapes of the Spanish Royal Sites: A Complex Contradictory Historic Development", en Fabio Bianconi y Marco Filippucci (eds.), *Digital Draw Connections, Representing Complexity and Contradiction in Landscape*, Berlín, Springer, 2021, pp. 429-456. Laura García Juan y Alejandro Vallina Rodríguez, "Dos proyectos para el conocimiento de una plaza militar en la Raya (Ciudad Rodrigo, 1750/1753)", en Juan Jiménez Castillo y Manuel Rivero Rodríguez (coords.), *De Reinos a Naciones. Espacios, territorios y mentalidades*, Madrid, Polifemo, 2021, pp. 193-222.

bien, generalmente, en el caso de los reales sitios esa cartografía es muy heterogénea, pues la gran mayoría responde a finalidades y técnicas muy diversas, lo que dificulta enormemente el trabajo de los investigadores. Solo en casos muy excepcionales esa cartografía responde a un mismo proyecto técnico de levantamiento cartográfico. Uno de esos casos es el levantamiento topográfico-parcelario llevado a cabo entre 1864 y 1868 por los geómetras de la Junta General de Estadística en los Reales Sitios españoles de jornada y los ubicados en la provincia de Madrid[3]. Se trata de un proyecto de gran calidad técnica, cuyo objetivo era levantar un catastro general para todo el país. A pesar de que el proyecto nace abocado al fracaso por los avatares políticos del momento y por esa gran calidad técnica de los trabajos, lo que suponía unos costes altísimos en tiempo y dinero, allá donde se llevó a cabo el levantamiento, la cartografía y la documentación generadas son de altísimo valor. Este es el caso del real sitio de Aranjuez, cuya cartografía, especialmente las denominadas hojas kilométricas que recogen el núcleo de población se han reproducido con cierta prolijidad, sobre todo para documentar aspectos urbanísticos. A pesar de ello, el magnífico conjunto cartográfico-documental, su realización y sus autores están todavía faltos de un estudio general de conjunto. Con este trabajo abordamos un primer acercamiento a ese estudio general en el que venimos trabajando desde hace algún tiempo.

LOS AVATARES DEL REAL PATRIMONIO EN EL SIGLO XIX

El patrimonio real fue objeto, desde la Edad Media, de diversas modificaciones jurídicas que delimitaron la titularidad de los bienes personales del rey y de los bienes de la corona como institución. Estos cambios, impulsados por las circunstancias políticas y por

---

[3] La Junta catastró los reales sitios de Aranjuez, El Pardo-Viñuelas, San Lorenzo de El Escorial, San Ildefonso y el Bosque de Riofrío, el Buen Retiro, el Palacio Real, la Casa de Campo, La Florida, San Fernando y Gózquez. Luis Urteaga González y Concepción Camarero Bullón, "Los planos de los Sitios Reales españoles formados por la Junta General de Estadística, 1861-1869", *Scripta Nova. Revista electrónica de Geografía y Ciencias Sociales*, 18 (2014), pp. 463-499. http://www.ub.edu/geocrit/sn/sn-482.htm.

las necesidades económicas del Estado y de los monarcas, fueron configurando paulatinamente el estatus de este patrimonio hasta nuestros días.

A mediados del siglo XIII, en Las Partidas, quedó bien reflejada la división entre los bienes que pertenecían al rey y aquellos que pertenecían al reino. A pesar de la claridad de la norma, durante los siguientes años fue habitual la confusión respecto a la naturaleza de este patrimonio. En el ordenamiento de Alcalá, promulgado en año 1348, se estableció que el rey podía disponer plenamente de todos los bienes del reino[4]. De este modo, el titular de la corona podía, a través de la concesión de mercedes, enajenar el patrimonio en favor de terceros.

Sin embargo, fue durante el reinado de Carlos IV, en los albores del siglo XIX, cuando se perfiló la primera gran enajenación contemporánea del patrimonio real. Así, a través de la real cédula del 21 de octubre de 1800, se estableció un procedimiento de desamortización de los bienes raíces pertenecientes, entre otros, a la corona. La postrera invasión napoleónica paralizó, en cierto modo, el camino que se había iniciado. Con los vientos liberales de Cádiz y el establecimiento de la soberanía nacional como base fundamental del naciente Estado, en 1810 se comenzó a tomar conciencia de cuáles debían ser los límites de este patrimonio[5]. Las necesidades económicas de la guerra impulsaron meses después la aprobación del decreto de 22 de marzo de 1811, cuyo fin era el de habilitar la enajenación y venta de una parte del patrimonio real, a excepción de palacios, cotos y sitios reales[6].

Los principios liberales que inspiraron el control de este patrimonio por parte del naciente estado fueron definitivamente establecidos con la promulgación de la Constitución de Cádiz[7]. Así, en el artículo 214 del capítulo quinto de la norma suprema gaditana se estableció

[4] Antonio Pau, "El régimen jurídico de los bienes del Patrimonio Nacional", *Anuario de la Facultad de Derecho de la Universidad Autónoma de Madrid*, 19 (2015), p. 373.

[5] Véase Encarnación García Monerris y Carmen García Monerris, *Las cosas del rey: Historia política de una desavenencia (1808-1874)*, Madrid, Akal, 2015.

[6] Félix Labrador Arroyo, "Naturaleza y esencia de los artículos productivos. La situación del patrimonio real entre 1814-1820", *Tiempos Modernos*, 39 (2019), p. 490.

[7] Véase Encarnación García Monerris y Carmen García Monerris, "Monarquía y patrimonio en tiempos de revolución en España", *Diacronie, Studi di Storia Contemporanea*, 16 (2013). Disponible: https://journals.openedition.org/diacronie/855

que "pertenecen al Rey todos los palacios reales que han disfrutado sus predecesores, y las Cortes señalarán los terrenos que tengan por conveniente reservar para el recreo de su persona". No obstante, la redacción del artículo planteó dudas sobre el alcance exacto de estas propiedades. Serían algunos decretos posteriores los encargados de matizar esta cuestión: el del 13 de septiembre de 1813, por el cual se preveía la venta de fincas de la corona; el del 11 de octubre de 1813, sobre la dotación presupuestaria del rey y, finalmente, el del 28 de marzo de 1814, en el cual se reconocía y delimitaba el patrimonio del monarca[8].

En este sentido, el decreto delimitaba la naturaleza patrimonial de estos bienes de forma muy precisa: "El Patrimonio del Rey, en su calidad de tal, se compone…". Con esta redacción quedó claro, por tanto, que el patrimonio pertenecía al titular de la corona, y no a la persona particular que ocupara aquella dignidad. Además, emplazaba a una comisión la misión de señalar al Congreso "las fincas que deben pertenecer al dominio privado del Sr. D. Fernando VII y de los Sres. Infantes, las cuales quedarán reservadas como de su propiedad privada, y deslindadas para que jamás se confundan con las que la Nación señala para recreo del Monarca"[9].

El regreso de Fernando VII a España trajo algunos cambios en la consideración del patrimonio real. El 4 de mayo de 1814, mediante el comúnmente conocido como Decreto de Valencia, fue derogada la Constitución de Cádiz, así como todos los decretos anteriormente mencionados. Si bien el camino de separación del patrimonio personal del rey y del Estado que se había esbozado durante los años anteriores no fue deshecho por completo, debido a que se dio continuidad a la idea de la existencia de una esfera pública y privada respecto al patrimonio real, Fernando VII se aseguró el control y la recuperación de los bienes que se habían declarado como nacionales en Cádiz. A partir de entonces, toda la administración de aquel patrimonio le fue encargada al mayordomo real. El 22 de mayo de 1814 se promulgó un decreto para restituir los bienes reales que se

---

8 Félix Labrador Arroyo, "Naturaleza y esencia de los artículos productivos…", p. 492.
9 Antonio Pau, "El régimen jurídico de los bienes del Patrimonio Nacional", p. 374.

habían enajenado en los años anteriores. Respecto a los sitios reales, se ordenó ejecutar un inventario de todos los bienes y rentas pertenecientes a estos lugares, con el fin de asegurar que su destino fuera el del patrimonio privado del rey.

Ante la paupérrima situación en que se encontraban los bienes inventariados, así como la necesidad acuciante de poner orden en el conjunto patrimonial, el 9 de agosto de 1815, a través de decreto, se pusieron en marcha dos nuevos órganos: la Junta Gubernativa de la Real Casa y la Junta Suprema Patrimonial de Apelaciones. La primera nacía con la vocación de mejorar la administración de los bienes reales y apoyar la labor del mayordomo, con el fin de sacarlos de su estado ruinoso; la segunda se constituiría con el fin de resolver los litigios que se generasen durante este proceso de reversión de la desamortización gaditana. Respecto a los reales sitios, pese a las voluntades de equilibrar gastos e ingresos, la situación no mejoró.

Los postreros intentos por afianzar el patrimonio real y equilibrar sus cuentas quedaron suspendidos por el triunfo del pronunciamiento de Riego a comienzos de 1820 y la entrada en vigor, de nuevo, de la Constitución de Cádiz. En este nuevo periodo se retomaron los impulsos desamortizadores de la década anterior y, en la primavera de 1820, se listaron los bienes exclusivos de la corona y comenzaron a venderse los demás[10].

Con el final del trienio liberal y el regreso de la monarquía, en 1823, se ordenó revertir este camino, al igual que sucediera nueve años atrás. El proceso terminó por confirmarse el 8 octubre de aquel año cuando, mediante real decreto, se declararon "nulos y de ningún valor todos los actos del gobierno llamado constitucional". Respecto a los reales sitios, y con el fin de conocer el estado de este patrimonio, el 8 de febrero de 1825 se ordenó a sus responsables confeccionar un "extracto general comprensivo" para conocer los ingresos, gastos y cargas, así como también se solicitó una propuesta para mejorar su rentabilidad[11]. Durante los siguientes años, se implementaron

[10] Ibídem.
[11] Véase Félix Labrador Arroyo, "Extracto general comprensivo del Real Patrimonio de 1825", *CT Catastro*, 96 (2019), pp. 43-70.

medidas para mejorar la producción de estos lugares y se reforzó el control de este patrimonio por parte de la Corona.

A mediados de siglo, ya reinando Isabel II, el patrimonio real reentró de lleno en el debate público a causa de las graves necesidades económicas del Estado. Finalmente, el 12 de mayo de 1865, fue aprobada una ley que designaba qué bienes constituían el patrimonio de la corona y regulaba el tratamiento que debía darse a los bienes que se deslindaran de este patrimonio.

A partir de entonces, tal y como se dispuso en el artículo primero de la ley, el patrimonio de la corona quedaría conformado por: el Palacio Real de Madrid con sus caballerizas, cocheras, parques, jardines y demás dependencias; la Armería Real; el Real Museo de pinturas y escultura; los reales sitios del Buen Retiro, la Casa de Campo y La Florida, El Pardo y San Ildefonso con sus pertenencias; Aranjuez con sus pertenencias y la yeguada existente en el mismo; el real sitio de San Lorenzo con su biblioteca y pertenencias; la real fortaleza de la Alhambra y el alcázar de Sevilla con sus pertenencias; el Jardín del Real de Valencia, los palacios reales de Valladolid, Barcelona, Palma de Mallorca y el castillo de Bellver; el patronato del monasterio de las Huelgas de Burgos con el Hospital del Rey; el patronato del convento de Santa Clara de Tordesillas y los demás patronatos y derechos honoríficos que pertenecieran a la corona. Asimismo, el artículo segundo estableció que todos los muebles y semovientes contenidos en los lugares enumerados en el artículo anterior también formaran parte del patrimonio de la corona[12].

De los reales sitios quedarían segregados los cuarteles destinados al aposento de tropas, así como la parte del real sitio del Buen Retiro destinada a vía pública y a nuevas construcciones. La ley previó, a continuación, que se formara un inventario detallado de todos los bienes enumerados, así como ordenó el levantamiento de planos topográficos de todas las fincas rústicas del patrimonio de la corona. Finalmente, y tras delimitar el uso que se podría hacer

---

[12] *Ley designando los bienes que forman el Patrimonio de la Corona, su carácter y conservación, así como el del caudal privado del Rey, y la aplicación que debe darse al producto en venta de los bienes segregados de dicho Real Patrimonio. 12 de mayo de 1865*, publicada en la *Gaceta de Madrid*, n.º 138, 18 de mayo de 1865.

de este patrimonio, se declararon en venta todos los bienes del real patrimonio que no estuvieran comprendidos en la relación declarada. El artículo 24 estableció que el 75 por ciento de lo ingresado iría a las arcas del tesoro público y el 25 por ciento a la real casa.

Para llevar a cabo la labor de inventariado se previó la formación de una comisión mixta presidida por el presidente del Consejo de Ministros[13], la cual decidió que el catálogo de bienes inmuebles debía comprender la situación, medida y linderos de todo el real sitio, palacio o establecimiento; los edificios que contuviera, con expresión de la situación, clase, medida y número de plantas de cada uno; los terrenos pertenecientes al real patrimonio, con expresión de la situación, clase, medida, distribución y productos de cada uno, y, finalmente, los edificios y terrenos de particulares o de corporaciones o establecimientos públicos, incluidos en las posesiones del real patrimonio. La aprobación de la ley y el comienzo de los trabajos topográficos previstos en ella no solo tenía un carácter práctico, sino también, como se ha apuntado ya, una dimensión simbólica derivada de la presencia de los técnicos del Estado en los lugares que hasta entonces habían sido exclusivamente privativos de la corona[14].

Posteriormente, tras el triunfo de la revolución en 1868, se elaboró una nueva ley que regulaba el patrimonio de la corona y se subastaron sus bienes. La cartografía levantada por la Junta General de Estadística fue, con seguridad, herramienta fundamental para conocer en detalle todo "lo no enajenable y lo enajenable" y proceder a la subasta de las fincas e inmuebles enajenables. Con la Restauración, se dictaron leyes, de nuevo, para revertir tal situación[15].

---

[13] Para dirimir las cuestiones pendientes o que pudieran suscitarse entre la casa real y el Estado e inventariar el patrimonio, se formó una comisión mixta presidida por el presidente del Consejo de Ministros, en la que estaban representados el Gobierno, los Cuerpos Colegisladores, la Administración de Justicia, la Hacienda pública y el Real Patrimonio.

[14] Luis Urteaga González y Concepción Camarero Bullón, "Los planos de los Sitios Reales españoles...", *passim*.

[15] Un panorama muy completo de cómo la política respecto al real patrimonio y la normativa decimonónica afectaron al real sitio de Aranjuez, puede verse en Mª. Magdalena Merlos Romero, "El patrimonio inmueble de Aranjuez. Su evolución en el siglo XIX", *Espacio, Tiempo y Forma, Serie VII, Historia del Arte*, 8 (1995), pp. 273-304. Sus trabajos sobre Aranjuez son lectura obligada para conocer la evolución y el hoy de dicho real sitio.

CARTOGRAFIAR LOS REALES SITIOS: CATASTRAR EL TERRITORIO Y CUMPLIR CON LA LEY DE DESLINDE DEL PATRIMONIO DE LA CORONA (1865)

Volvamos a 1865. Cumplir con los requisitos establecidos para elaborar el inventario del patrimonio regio y cartografiarlo era una tarea ingente, de muy difícil, por no decir imposible, realización en un tiempo razonable. Solo los reales sitios de jornada y los ubicados en la capital y su entorno cercano ocupaban algo más de 67.000 ha. Sin embargo, en estos espacios, realmente importantes para la corona y para la hacienda, vendría a facilitar la tarea el hecho de que, a partir de la promulgación, en noviembre de 1859, de la Ley de Medición del Territorio, se había ordenado el levantamiento de un catastro nacional, cuyos trabajos se habían iniciado, precisamente, en la provincia de Madrid. Así, en la primera reunión de la mencionada comisión mixta, celebrada el 20 de mayo de 1865, se informó de que la Junta General de Estadística acababa de levantar el plano de la real Casa de Campo y que tenía adelantados ya los levantamientos de La Florida, El Pardo, Aranjuez y El Escorial[16]. Esta información no era del todo exacta, pero tenía algo de cierto. Los geómetras de la Junta llevaban años trabajando en la realización de un catastro topográfico-parcelario en la provincia de Madrid y, a la altura de 1865, habían logrado catastrar aproximadamente un tercio de los municipios de la provincia[17]. El levantamiento catastral había progresado en forma de mancha de aceite desde la capital y sus alrededores hasta los confines provinciales. Por entonces ya se habían concluido los trabajos en la Casa de Campo y en La Florida, y estaban muy avanzados en El Pardo. En Aranjuez y en San Lorenzo de El Escorial acababan de iniciarse las operaciones. Asimismo, se estaba trabajando en Madrid, Villa y Corte,[18] donde se ubican el Buen Retiro y el Palacio Real; en el real

---

[16] Fernando Cos-Gayón, *Historia jurídica del patrimonio real*, Madrid, Imprenta de Enrique de la Riva, 1881.

[17] José Ignacio Muro, Francesc Nadal y Luis Urteaga, *Geografía, estadística y catastro en España, 1856-1870*, Barcelona, Ediciones del Serbal, 1996, pp. 33-59. Se trata de la obra de referencia en el tema.

[18] Francisco Marín Perellón y Concepción Camarero Bullón (eds.), *La planimetría de Madrid en el siglo XIX. Levantamientos topográficos del Instituto Geográfico Nacional*,

sitio de San Fernando –un término con características propias al ser un espacio agro-industrial– y en el real sitio de Gózquez, propiedad del monasterio de El Escorial.[19] En consecuencia, hubiera sido más preciso decir que la Junta General de Estadística tenía en marcha un levantamiento, que, en un futuro, permitiría acometer la representación cartográfica de los reales sitios. Un futuro que sería cercano en el caso de los situados en la provincia de Madrid y su entorno, y tanto más lejano cuanto más alejados de la capital se ubicasen. De hecho, en julio 1868, sin haber concluido la provincia de Madrid, se ordena catastrar el Real Sitio de San Ildefonso y el real bosque de Riofrío, rompiendo el continuo territorial que venían siguiendo los trabajos catastrales, pues, en la provincia de Segovia, no se habían emprendido operaciones catastrales de ningún género[20].

Como es sobradamente conocido, tanto el Estado, a través de la hacienda pública, como la casa real, por razones prácticas y económicas, tenían gran interés en que esos trabajos se realizasen con rapidez. Por su parte, la Junta General de Estadística pugnaba por sacar adelante el proyecto de un catastro general para todo el país, tarea compleja y controvertida, pues su labor se enfrentaba a una fuerte oposición política y a las sempiternas dificultades financieras, en una empresa que había que concebir a largo plazo, algo difícil

Madrid, Ministerio de Fomento, 2011.

[19] Concepción Camarero Bullón y Jesús Campos Delgado, "El Real Sitio de Gózquez y el mantenimiento de los jardines del Escorial", en Alberto Marcos Martín (ed.), *Hacer historia desde Simancas. Homenaje a José Luis Rodríguez de Diego,* Valladolid, Junta de Castilla y León, 2011, pp. 187-215 y Concepción Camarero Bullón y Luis Urteaga, "Planos para un proyecto ilustrado: la cartografía del Real Sitio de San Fernando de la Junta General de Estadística (1864-1867)", en Concepción Camarero Bullón y Juan Carlos Gómez Alonso (coords.), *El dominio de la realidad y la crisis del discurso. El Nacimiento de la conciencia europea,* Madrid, ediciones Polifemo, 2017, pp. 13-64.

[20] En consecuencia, los geómetras de la Junta de Estadística debieron desplazarse a la vertiente septentrional de la sierra de Guadarrama y acometer los trabajos de campo desde cero. Por este hecho y por lo tardío de la orden, San Ildefonso-Riofrío fue uno de los últimos trabajos de la Junta y quedó inacabado: se inició en un momento de gran incertidumbre política y en plena agonía del régimen isabelino, que trajo consigo una reorganización institucional, que acabaría aparcando el proyecto catastral para centrarse en el levantamiento del mapa de España. Luis Urteaga y Concepción Camarero Bullón, "Planimetría del Real Sitio de San Ildefonso de la Junta General de Estadística, 1868-1869", *Treballs de la Societat Catalana de Geografia,* 77 (2014), pp. 299-317; de los mismos autores, "Geómetras en el paraíso: el levantamiento topográfico del Real Sitio de Riofrío (1868-69)", *Anales de Geografía,* 34-1 (2014), pp. 179-195.

de comprender por los políticos del momento fuesen del color que fuesen. En ese contexto, el encargo del gobierno respecto a los reales sitios suponía un reto, pero también una excelente oportunidad para esta institución: por fin podría demostrar la utilidad de su labor técnica y conseguir la publicidad y los apoyos políticos y económicos que tanto necesitaba[21].

Contextualicemos la situación y el proyecto: a mediados de la centuria decimonónica, España era un país sin mapa, sin catastro y sin censo... Dotarse de tales instrumentos era ya, en ese momento, algo ineludible para el Estado liberal, máxime cuando pocos años antes, en 1833, se había llevado a cabo una reorganización territorial, cuyo resultado fue la distribución provincial actual. Para solventar tan importantes carencias, el 3 de noviembre de 1856, el gobierno presidido por Ramón María Narváez (1800-1868) crea la Comisión de Estadística General del Reino como un organismo de carácter consultivo, cuyo cometido sería, únicamente, coordinar y dar unidad a las operaciones de carácter estadístico y cartográfico que llevaban a cabo distintos organismos de la administración. Las tareas que se le encargan se estructuran en cuatro secciones: territorio (levantamientos cartográficos), población (censo y estadísticas demográficas), producción (catastro, estadísticas de producción, comercio y transporte) e impuestos (rentas e impuestos públicos, etc.). Un proyecto de tal calado y envergadura exigía la colaboración de todos los organismos implicados, algo a lo que no parecían estar dispuestos muchos de ellos, pues consideraban que iría acompañado de una importante pérdida de su autonomía. En esta compleja tesitura, muy pronto la comisión orienta su labor hacia aquellas tareas en las que no entra en competencia con otros organismos: el censo, el catastro y el levantamiento del mapa topográfico.

Estos tres cometidos presentan características muy distintas: el censo es una empresa estrictamente estadística, fácil de ejecutar, como pronto se pondrá de manifiesto; el levantamiento de cartas topográficas es una tarea geográfica, técnica, que incluye operaciones

[21] Luis Urteaga González y Concepción Camarero Bullón, "Los planos de los Sitios Reales españoles...", *passim.*

geodésicas, topográficas y de representación cartográfica muy complejas, mientras que el catastro es un trabajo mixto que combina la medición y representación parcelaria con la estadística fiscal. La realización del censo fue la tarea más sencilla y rápida, pues carecía de las complicaciones técnicas del mapa y políticas y técnicas del catastro. Así, en 1857 se acometió y realizó el primer censo moderno, cumpliéndose plenamente el objetivo propuesto. No ocurre lo mismo con los otros dos cometidos. La puesta en marcha del proyecto topográfico-catastral puso inmediatamente de manifiesto la complejidad de la empresa y la necesidad de encomendarlo a una institución con mayor capacidad ejecutiva que la que tenía la comisión. Así, el 21 de abril de 1861, esta es sustituida por la Junta General de Estadística, que hereda su personal y sus competencias, al tiempo que refuerza notablemente su capacidad ejecutiva. La responsabilidad de los trabajos recaerá sobre su vicepresidente, Alejandro Oliván, y la de las operaciones topográfico-catastrales, sobre Francisco Coello (1822-1898), ingeniero militar, cartógrafo y geógrafo. Hasta 1866, Coello dirigió el ambicioso proyecto catastral que él mismo había diseñado, del que es resultado el conjunto cartográfico de los reales sitios madrileños y los de San Ildefonso y Riofrío.

EL PROYECTO CARTOGRÁFICO-CATASTRAL DE LA JUNTA GENERAL DE ESTADÍSTICA

En los aspectos cartográfico-catastrales, el proyecto de la Comisión –Junta General de Estadística a partir de 1861– pasó por cuatro fases[22]. En la primera, entre 1857 y 1859, el objetivo fue levantar un catastro de masas de cultivo, con planos a escala 1:5.000, y solo excepcionalmente 1:2.000, que recogían los usos del suelo, pero carecían de las nivelaciones y de las acotaciones topográficas. Este período estuvo protagonizado por una brigada topográfica, formada por personal militar, al mando del ingeniero militar Celestino del Piélago y

[22] El proyecto catastral de la Junta y su desarrollo puede verse en detalle en José Ignacio Muro, Francesc Nadal y Luis Urteaga, *Geografía, estadística*..., pp. 105 y ss.

Fernández de Castro (1792-1880). En la segunda, que abarca hasta 1866, bajo la dirección de Francisco Coello, el objetivo fue levantar un catastro topográfico-parcelario. Estuvo caracterizada, además de por la orientación parcelaria de las operaciones, por la amplitud de los trabajos de campo: se cartografiaron más de 200.000 hectáreas. La mayor parte de tales trabajos se realizó por la administración, con el personal técnico formado en la Escuela del Catastro, que había sido creada en 1859[23]. Otra parte, menor, sin embargo, se efectuó por contrata. Es en este período, y bajo este proyecto cartográfico en el que se catastran los reales sitios, salvo San Ildefonso y Riofrío, que se iniciarán más tarde, aunque con este mismo proyecto. Así, veremos cómo la gran mayoría de los geómetras que trabajan en Aranjuez han salido de las aulas de la Escuela del Catastro, habiendo sido varios de ellos compañeros de promoción. La tercera se inicia a mediados de 1866. En ese momento se reorienta el proyecto catastral, por un lado, hacia un *Avance catastral*, técnicamente mucho más pobre que el anterior, que incluye el deslinde de términos municipales, es decir, la determinación de los mismos, reconocer los principales accidentes geográficos y obtener unos croquis topográficos de las masas de cultivo, por otro lado, hacia la colaboración con algunos ayuntamientos para el levantamiento de sus planos urbanos según el proyecto cartográfico de Coello[24]. Finalmente, la cuarta y última etapa, cubre desde finales de 1868 hasta la creación del Instituto Geográfico (1870): se vuelve al proyecto de Coello y es en este período en

[23] Sobre la escuela del catastro, véase: Luis Urteaga, "La Escuela del Catastro", en *150 aniversario de la creación de la Comisión de Estadística General del Reino*, Madrid, Instituto Nacional de Estadística, 2007, pp. 267-286; del mismo autor, "El profesorado de la Escuela del Catastro (1859-1869)", *CT Catastro*, 71 (2011), pp. 29-53.

[24] Las ciudades en las que se llevan a cabo trabajos de levantamiento cartográfico por geómetras de la Junta en el marco de colaboración con los ayuntamientos y de las que ha quedado cartografía: Almería, Granada, Soria, Cartagena, Murcia, Cuenca, Huete y la villa de Valdeolivas. Salvo este último, el resto de levantamientos quedaron inconclusos. A pesar de ello, la cartografía conservada es espléndida. Tenemos documentado que también se llevaron a cabo en Toledo, pero no hemos hallado cartografía ni documentación alguna, salvo un plano con la triangulación, en un estado de conservación deficiente en el Archivo Municipal de Toledo. Sobre los trabajos realizado por los geómetras de la Junta en estas localidades y sus resultados cartográficos y documentales. La profesora Camarero tiene varias publicaciones en colaboración con otros investigadores.

el que se catastran San Ildefonso y Riofrío. En esta etapa, el trabajo fundamental había de ser la edición de la cartografía levantada en años anteriores y el levantamiento del mapa topográfico de España a escala 1:50.000. A este cometido se decidió dedicar la mayor parte de los recursos humanos, técnicos y económicos. Con la creación del Instituto Geográfico (1870), se abandona definitivamente el proyecto catastral[25] y habrá que esperar al siglo XX para que se levante un catastro en España[26]. A pesar del fracaso de la empresa, la realidad es que los trabajos desarrollados por los geómetras de la Junta nos han legado un conjunto documental y cartográfico de primer orden para conocer los municipios catastrados y, a lo que aquí nos interesa, el real sitio de Aranjuez[27].

Como se ha adelantado, la cartografía y documentación del real sitio de Aranjuez responden al segundo periodo y el proyecto catastral es el de carácter parcelario, diseñado por Coello. El presupuesto técnico básico de ese proyecto, iniciado en 1861, era la realización simultánea de la base del mapa topográfico y la cartografía parcelaria del catastro. Cada municipio habría de contar con dos tipos de mapas topográfico-catastrales:

---

[25] La tumba del proyecto catastral había empezado a cavarse años antes, pues, ante las reticencias y oposición que muy pronto empezaron a aflorar y las que se avecinaban, pronto se decide posponer la finalidad fiscal del levantamiento catastral hasta quince años después de concluidos los planos. A partir de ese momento, se dará prioridad a los trabajos cartográficos, obviando los objetivos fiscales, que eran el objeto de controversia, pero que, sin embargo, eran la razón que justificaba la enorme inversión económica necesaria para hacer realidad un levantamiento catastral técnicamente muy complejo. La recuperación de esa inversión debía, pues, plantearse a muy largo plazo. Esta realidad, unida a la oposición al catastro de los grandes propietarios, que eran los más beneficiados con el sistema de recaudación de la contribución territorial, explican el carpetazo que, 1870, se da al proyecto. José Ignacio Muro, Francesc Nadal y Luis Urteaga, *Geografía, estadística...*

[26] Tomás Moreno Bueno, "Breve crónica de un siglo de catastro en España (1906-2002)", *CT Catastro*, 63 (2008), pp. 163-172.

[27] Muy interesante para conocer la tipología y variedad de la documentación generada en esta década, así como sus posibilidades para la investigación hoy en diferentes campos, es la tesis doctoral de Andrés Arístegui Cortijo titulada *El levantamiento del Mapa de España: trabajos geodésicos, topográficos y catastrales (1853-1883). Análisis actuales aplicando Tecnologías de la Información Geográfica*, defendida en la Universidad Complutense de Madrid, en 2021. En la misma se reproduce gran cantidad de cartografía. Disponible en red: https://eprints.ucm.es/id/eprint/65256/1/T42268.pdf.

1. Las llamadas *hojas kilométricas*, a escala 1:2.000, tanto para el espacio rústico como para el urbano (figs. 1a-b).

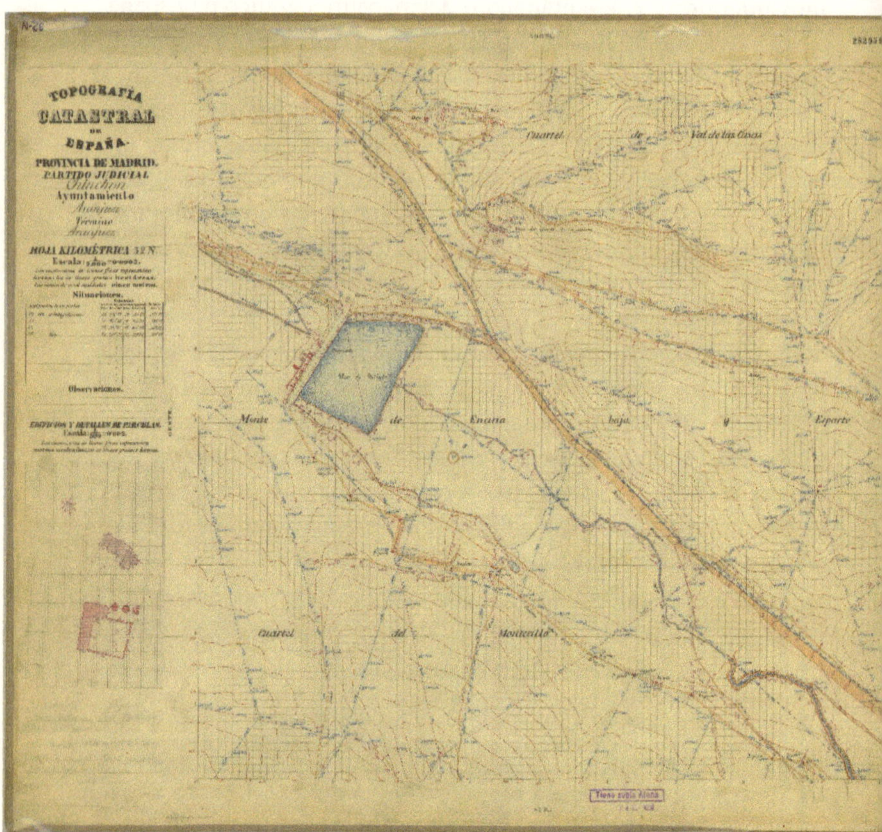

Figura 1a. Hoja *kilométrica* del término de Aranjuez, 32N. Escala 1:2.000. Curvas de nivel de cinco en cinco metros. Se trata de un espacio rústico. Recoge un elemento importante del real sitio: el mar de Ontígola, pieza clave del sistema de riegos del real sitio, la "cañería de agua dulce" que lleva líquido elemente a Aranjuez, sus registros, el arroyo de Ontígola, etc. Aparece el nombre de los pagos: cuarteles de Val de las Casas y del Montecillo; las vías de comunicación, referencias a la vegetación (monte de encina y esparto) y los edificios e instalaciones industriales localizados en ese espacio: una cantera, varios hornos de yeso, la casa de la yesería, la casa del guarda de la cantera. Los edificios que, por sus dimensiones, se reproducen a un tamaño

muy reducido a la escala de la hoja, se recogen en la margen derecha a escala 1:500. (Fuente: Archivo Topográfico del IGN)

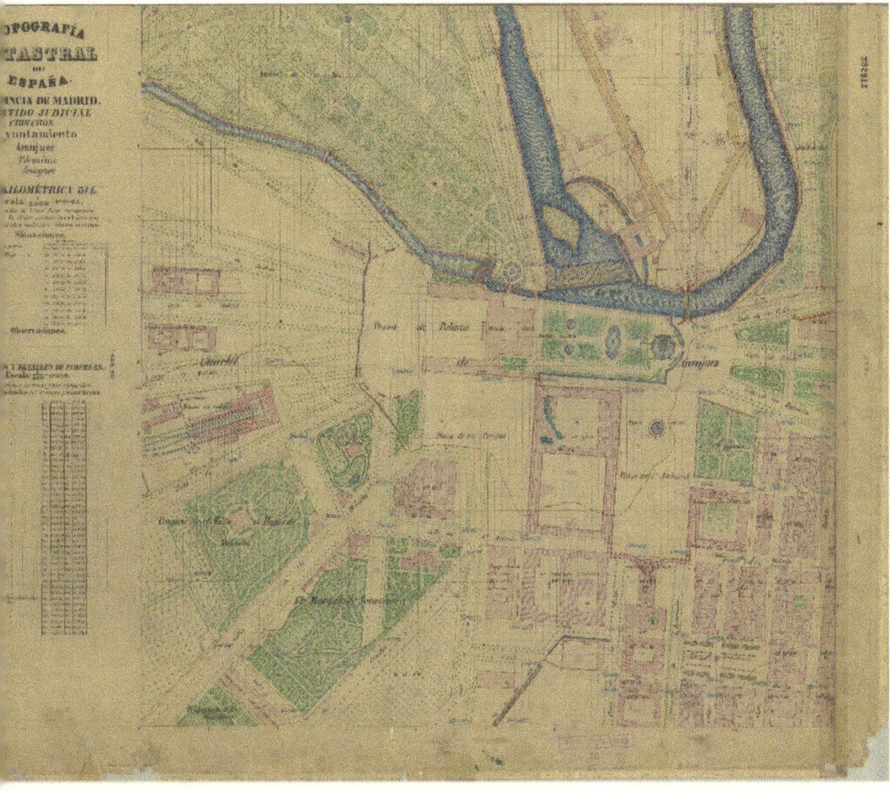

Figura 1b. Hoja *kilométrica* del término de Aranjuez, 31L. Escala 1:2000. Curvas de nivel de cinco en cinco metros. Representa el corazón del espacio urbano: el palacio y su entorno y el río Tajo. Es la hoja más conocida. Puede apreciarse, la trama urbana, los jardines de la Isla y del Parterre, el palacio, la casa los oficios, los cuarteles de guardias españolas y walonas, la estación del ferrocarril, el teatro, la plaza de la Constitución… (Fuente: Archivo Topográfico del IGN)

2. las de *parcelario urbano*, a escala 1:500 para el núcleo de población

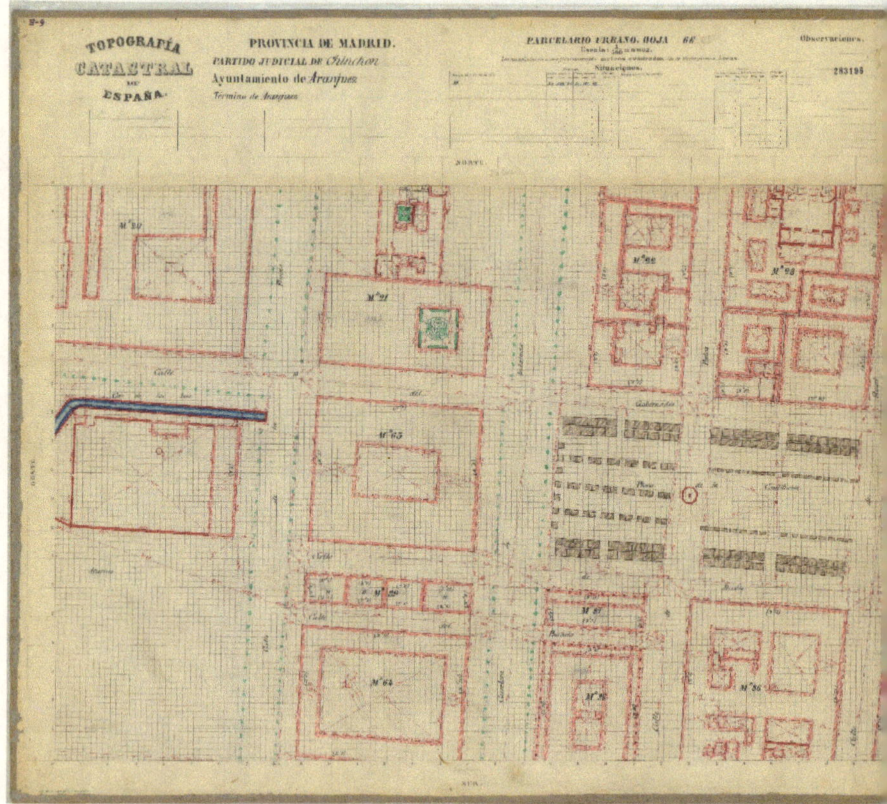

Figura 2. Hoja del *parcelario urbano* de Aranjuez E6. Escala 1:500. Recoge parte del parcelario de la hoja kilométrica 31L, pero a mayor escala. Puede verse, parte de la plaza de la Constitución y las manzanas de su entorno: la número 22 que es la casa del correo, la 23 que es el teatro, etc. Se identifican las manzanas con un número, se recoge la planta de los edificios, con sus patios y jardines, el callejero, el arbolado urbano… (Fuente: Archivo Topográfico del IGN)

3. un *plano director* para el conjunto del término, a escala 1:20.000. Este se obtendría mediante la reducción de aquéllas.

Para llegar a las hojas kilométricas y a las de parcelario urbano, se levantarían previamente planos del parcelario rústico (*polígonos*, también nominados a veces, *minutas*) a escala 1:2.000 (fig. 3) y planos de detalle del parcelario urbano (*minutas*) con las distintas manzanas del núcleo de población, a escala 1:500 (fig. 4). Para llegar a todo ese gran conjunto cartográfico, antes debían realizarse complejas tareas de triangulación, nivelación, delimitación del término, de los polígonos y de las manzanas y un largo etcétera.

Figura 3. *Polígono de rústica* (cuadrilátero 34-39-42-46). Escala 1:2000. Levantamiento de Juan Gutiérrez, 25 de septiembre de 1864. Comprobado, 30 de septiembre de 1864 por José Sánchez Tirado. Recoge parte del espacio de la hoja kilométrica 32N. El geómetra dibuja de manera diferencia la masa de vegetación al que refiere como: "monte de tomillo, romero, esparto y carrascas muy espeso. (Fuente: Archivo Topográfico del IGN)

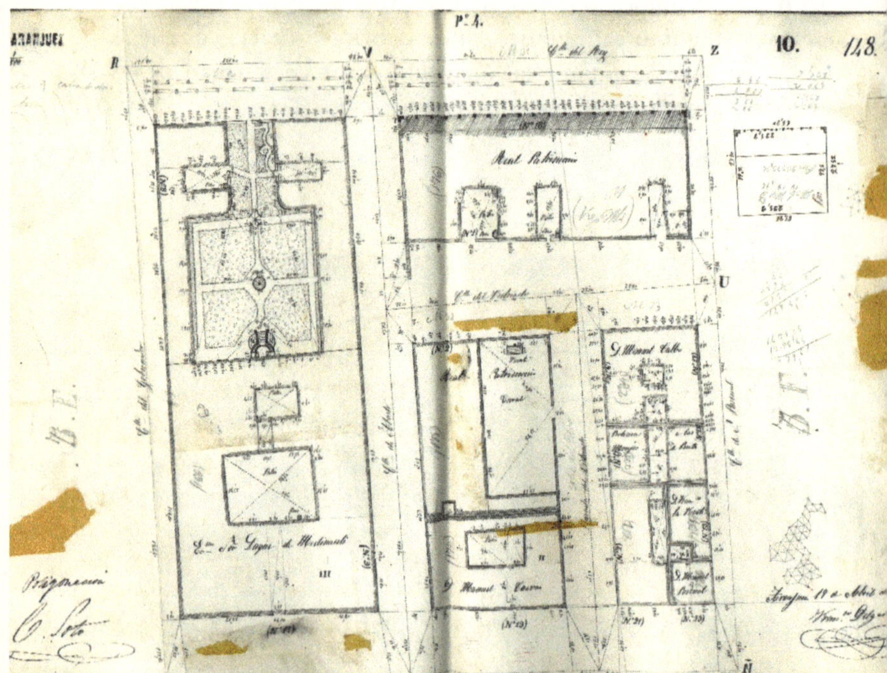

Figura 4. *Hoja de detalle del parcelario urbano* (minuta). Escala 1:500. Aranjuez 8 de abril de 1865. Levantamiento de Francisco Delgado. Poligonación de Camilo Soto. Recoge la trama urbana, las manzanas, los propietarios de los edificios (Duque de Medinaceli, Real Patrimonio, don Manuel Cuevas, don Manuel Pascual, don Francisco de la Fuente, Monjas de Pinto....), los espacios de corral, jardines, las fuentes... algunas de estas hojas conservan adherido el papel vegetal o restos del mismo, como en este caso, utilizado para calcar las manzanas. (Fuente: Archivo Topográfico del IGN)

La cartografía iría acompañada de las correspondientes cédulas de propiedad (*cédulas catastrales*) para cada uno de los inmuebles y fincas. La cédula catastral de cada finca urbana recogería, en el verso, la identificación de la finca, su ubicación, materiales de construcción, superficie, alturas y uso del edificio, zona cubierta y descubierta, número de viviendas si ese era su uso, y la identificación del propietario: su nombre, edad, estado civil, profesión, lugar de nacimiento y vecindad y las firmas del alcalde y del propietario. En el dorso, el dibujo exacto de la misma a escala 1:500 y las firmas del encargado del levantamiento y del inspector catastral. La de cada finca rústica, además de los datos del propietario y las firmas igual que en las fincas de urbana, debía incorporar el dibujo de parcela, el pago en el que se localiza, sus aprovechamientos y superficie. La escala podía ser menor de 1:500 si así lo aconsejaba su tamaño (fig. 5).

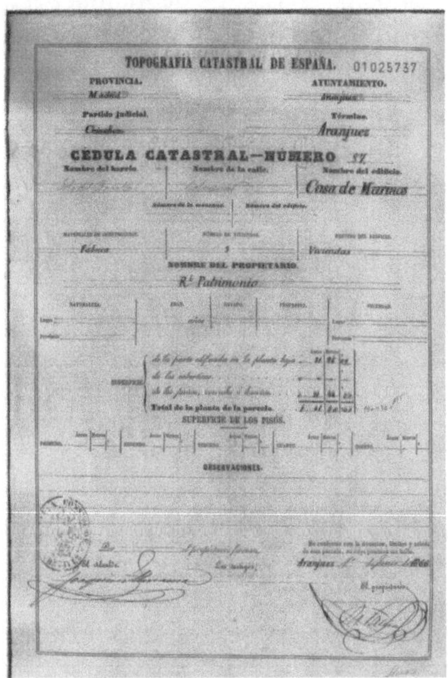
TOPOGRAFÍA CATASTRAL DE ESPAÑA. 01025737

PROVINCIA. AYUNTAMIENTO.

Partido judicial. Término.

Aranjuez

CÉDULA CATASTRAL—NÚMERO 57

Nombre del barrio. Nombre de la calle. Nombre del edificio.

Casa de Marinos

NOMBRE DEL PROPIETARIO.

Rl Patrimonio

Figura 5. Cédula catastral de la Casa de Marinos. Aranjuez, 1 de mayo de 1868. Planta levantada por Olegario Álvarez. Es propiedad del real patrimonio. Las cédulas de Aranjuez están incompletas al abandonarse el proyecto de catastro topográfico-parcelario, por ello falta la firma del inspector catastral y algunos datos no se han pasado a tinta. El edificio es de fábrica y está destinado a vivienda (3 viviendas). (Fuente: Archivo Topográfico del IGN)

Se elaborarían también listas de propietarios y de parcelas, actas de deslinde del término municipal firmadas por los representantes de los términos colindantes, además de por los del catastrado, una memoria del levantamiento, etc. Además, todo el material relativo a la triangulación, poligonación, azimuts, nivelación del término, cálculos para todo ello… y un largo etcétera.

EL LEVANTAMIENTO DEL REAL SITIO DE ARANJUEZ

A mediados del siglo XIX, el real sitio de Aranjuez el de mayor extensión de los de jornada tras el del Pardo-Viñuelas y ofrecía un paisaje intensamente humanizado (tabla 1). Localizado en la vega del río Tajo, a cincuenta kilómetros al sur de la Villa y Corte, muy cerca de su confluencia con el Jarama, Aranjuez es un vergel, un oasis en medio de un paisaje plano y estepario (fig. 6).

Tabla 1. Ejecución del levantamiento en los sitios reales y superficie catastrada (1861-1869)[28]

Real Sitio	Años	Superficie Levantada (en ha)
Casa de Campo	1861-1864	1.720
Real Posesión de La Florida	1861-1864	526

[28] El dato de la superficie de Aranjuez lo hemos elevado ligeramente sobre el ofrecido por estos autores, 18.913 ha, a partir de la información del *Plano del Real Sitio* levantado por la Junta General de Estadística e impreso. A esa superficie hay que añadir 118 ha de espacio urbano cubierto y descubierto, lo que hace una superficie total de 19.042 ha 93 a y 19 m^2. La pequeña diferencia se debe a la consideración o no de los valores de áreas y metros cuadrados de los distintos bloques. Urteaga y Camarero (2014).

El Pardo y Viñuelas	1861-1866	19.807
San Lorenzo de El Escorial	1862-1867	12.520
Aranjuez	1864-1867	18.924
San Ildefonso	1868-1869	13.846
Real Bosque de Riofrío	1868-1869	634
Total		67.966

Figura 6. (fragmento) *Vista general del Real Sitio de Aranjuez*, siglo XIX, Fernando Brambilla, (Fuente: Patrimonio Nacional)

Desde el siglo XVI fue un lugar de recreo para la familia real, asociado a los placeres de la primavera, con un referente espacial propio: el Tajo, que proporcionará el aporte hídrico necesario para regar el espacio agrario y los extensos jardines y constituirá un elemento de deleite y disfrute para el monarca y su corte (escuadra del Tajo, naumaquias, etc.). El levantamiento topográfico ejecutado por la Junta General de Estadística proporciona una imagen exacta de los usos del suelo en aquel lugar, que tenía una superficie agraria útil de unas las 19.000 hectáreas. Dos tercios del terreno estaban ocupados por sotos arbolados y monte bajo. Ahora bien, los cultivos y tierras de labor tenían una presencia mucho más importante que en las otras posesiones reales. En 1865, según los datos recogidos en el plano del real sitio de Aranjuez, levantado y estampado por la Junta, se dedicaban 2.211 hectáreas a tierras de labor (cereal), 1.453 a pastos y 605 a olivar y viñedos. Y todavía más significativo, los jardines ocupaban 152 hectáreas, y los ríos, arroyos y acequias otras 979 hectáreas, un 5% de la superficie total. No había nada semejante en los alrededores de Madrid.

No entraremos en detalle en la gestación de este espacio, puesto que se trata en otros capítulos de esta obra y hay abundante bibliografía al respecto, pero sí daremos unas pinceladas que nos permitan enmarcar la cartografía levantada y sus peculiaridades, que van ligadas a las especiales características del lugar[29].

Los orígenes del real sitio se remontan a la Baja Edad Media, cuando los maestres de la orden de Santiago, señores del lugar, construyeron un pequeño palacio dotado de huertas y jardines. El palacio y la posesión pasaron a dominio real con los Reyes Católicos. Posteriormente, bajo el reinado de Carlos I, se inició el programa constructivo para dotar al lugar de una espaciosa residencia real, y se acometieron importantes obras para diseñar y construir la red hidráulica que transformó el espacio situado entre el Tajo y el Jarama en un vergel. Los Borbones reformaron y ampliaron los jardines palaciegos y el área edificada, igual que hicieron en los demás sitios reales, en este caso, por ejemplo, con la ampliación del palacio, la construcción del Jardín y la Casa del Príncipe, el Real Cortijo de San Isidro, etcétera.

Un cambio decisivo se produjo a mediados del siglo XVIII, cuando Fernando VI autorizó el libre establecimiento de personas en Aranjuez. Así, a partir de 1752 se inició la construcción de una población

[29] Para el estudio de los reales sitios son de referencia los trabajos de José Luis Sancho, muy especialmente, *La arquitectura de los Sitios Reales. Catálogo histórico de los Palacios, Jardines y Patronatos Reales del Patrimonio Nacional*, Madrid, Patrimonio Nacional, 1995. Como mínima muestra, recogemos en bibliografía algunas obras que consideramos interesantes sobre el Real Sitio de Aranjuez.

de trazado regular, al sur y al este del Palacio Real, que creció con vigor en pocas décadas. Con todo, la presión sobre el patrimonio inmobiliario seguía siendo muy potente, sobre todo en los periodos en los que la corte residía en el real sitio. Es muy significativo el testimonio que nos ha legado el embajador ruso, Iván Matvéievich Muravyov-Apóstol, que ostentó la representación diplomática de su país en España entre 1802 y 1805: en varias de sus cartas a San Petersburgo se quejó amargamente de lo complicado que le resultaba seguir al rey en sus desplazamientos a Aranjuez, por lo difícil que era encontrar un alojamiento digno y decoroso en el real sitio y el alto coste que ello suponía[30].

El levantamiento topográfico del real sitio de Aranjuez se inició en la primavera de 1864. Tomaron parte en los trabajos de campo nada menos que veintidós geómetras, de los que tenemos localizados a José Acebo Carcelada, Olegario Álvarez, Jorge Arca Burgos, Fernando Álvarez de la Puerta, Manuel Argilés y Gabás, Ciriaco Béjar Sturzla, Francisco Delgado Valencia, Fernando Gombau, Juan Gutiérrez Pellús, Cipriano Hernández Ramos, Manuel Méndez, Luis Mínguez y Moya, Francisco Oliver Bonaval, Fernando Quesada, Eugenio Ramilo Díaz, José Sánchez Tirado y Prados, Pedro Sánchez Tirado y Prados, Camilo Soto y Muñiz, Martín Villar y Lorenzo de Uría Basabé.

Las operaciones trigonométricas fueron dirigidas por José del Acebo Carcelada, que en unos pocos años alcanzaría el cargo de jefe del Cuerpo de Topógrafos. Las labores topográficas quedaron bajo la responsabilidad del jefe de brigada Lorenzo de Uría Basabé. El proyecto de triangulación fue realizado por José del Acebo Carcelada y Fernando Gombau Olivé[31]. El curso de los ríos Tajo y Jarama fue objeto de una triangulación específica, diferenciada del resto del territorio del término, observada por Luis Mínguez Mayo.

---

[30] Olga Volosyuk (coord.), *Diplomáticos rusos en España*, Moscú, Medzhdunarodnye Itnosheia, 2016, pp. 391 y ss.

[31] *Proyecto de la triangulación de Aranjuez. Triangulación de segundo orden*. Fernando Gombau y José Acebo. 20 hojas (Fernando Gombau 1 a la 16 y José Acebo (4 hojas). Escala 1:50.000. IGN, Archivo Topográfico. Aranjuez, Caja 2.

Los trabajos de campo para formar el parcelario tanto rústico como urbano de Aranjuez se iniciaron con fuerza en el mes de mayo de 1864. En este trabajo, centramos nuestro análisis en el estudio del trabajo realizado en el núcleo urbano, pues todavía hemos de avanzar y profundizar algo más en el rústico, con todo, daremos unas pinceladas al respecto. Pues bien, del levantamiento del espacio urbano ocupó a los geómetras más de un año. Fue necesario el concurso de catorce técnicos, Juan Gutiérrez, Francisco Delgado, Camilo Soto Muñiz, Jorge Arca Burgos, Francisco Oliver, Olegario Álvarez, Cipriano Hernández, Ciriaco de Béjar, Manuel Argilés, Fernando Álvarez de la Puerta, José Sánchez Tirado, Pedro Sánchez Tirado, Luis Mínguez y Manuel Méndez, para completarlo, cuidándose muy especialmente, como era de esperar dadas las características de este real sitio, la representación de los jardines.

En el mes de junio de 1865 la Junta de Estadística informaba quizás con un punto de optimismo sobre la marcha de los trabajos: "En Aranjuez –decía la nota hecha pública– se han parcelado 202 hectáreas en algunas porciones inmediatas a la población, levantándose con toda minuciosidad el plano de sus jardines y el de la mayor parte de la población, después de practicar la poligonación correspondiente, de suerte que los trabajos de campo pueden darse casi por terminados: los de gabinete han avanzado también notablemente, dibujándose de lápiz en las hojas kilométricas la mayor parte de su extenso término, y más de un tercio de tinta. Han concluido también los cálculos de algunas triangulaciones parciales que se hallaban pendientes"[32].

En los trabajos efectuados en el casco urbano de Aranjuez el geómetra más destacado fue Camilo Soto Muñiz, activo desde el principio hasta el final, y que además se encargó de las operaciones de poligonación y determinación exterior de las manzanas. Eso explica que participara en 79 de los 114 planos (minutas) que se levantaron y se han conservado, seguido de Juan Gutiérrez, con 21 (gráfico 1)[33].

---

[32] *Gaceta de Madrid*, 24 de junio de 1865: Junta General de Estadística, "Operaciones facultativas ejecutadas en el primer trimestre de 1865".

[33] Obviamente, los datos de planos, ya sean minutas de urbana ya de rústica, necesariamente son de las que se han conservado. Es seguro que algunas se han perdido. En el caso de las hojas kilométricas y las de parcelario urbano sí sabemos todas las que levantaron, aunque alguna puede faltar.

Los trabajos de comprobación y rectificación fueron realizados por los geómetras Olegario Álvarez Esteve,[34] Fernando Álvarez de la Puerta y Francisco Delgado Valencia. Este último regresó a Aranjuez, en febrero y abril de 1866, con el fin de efectuar el dibujo de la estación de ferrocarril, del perímetro de la plaza de toros y de las cocheras. La conclusión del parcelario urbano requirió de un nuevo viaje de Olegario Álvarez en 1867. Asimismo, conocemos que los planos en los que, de un modo u otro, participa más de un geómetra, ya sea porque son comprobados o porque el geómetra que realiza la poligonación de las manzanas es distinto del que las dibuja, son 58, frente a los 56 que aparecen referenciados con una sola firma.

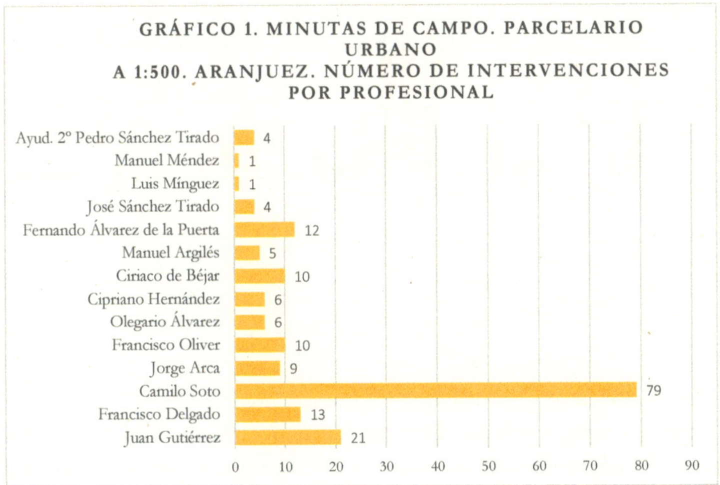

Fuente: Elaboración propia

[34] Olegario Álvarez rectifica, con fecha 1869, por segunda vez la hoja *P2. 141-3. Escala 1:500. Ms., una hoja de 44 x 32 cm. 21 de abril de 1865. Fernando Álvarez de la Puerta. Rectificada el 29 de noviembre de 1866 por Olegario Álvarez. Rectificada el 16 de noviembre de 1869 por Olegario Álvarez,*

El estudio de las fechas de los planos de las manzanas y edificios urbanos conservados permiten conocer la evolución de los trabajos: en 1864, los meses de mayor actividad son mayo, junio y noviembre, destacando enormemente febrero, marzo y abril de 1865, que es cuando se realiza el grueso del trabajo (gráfico 2).

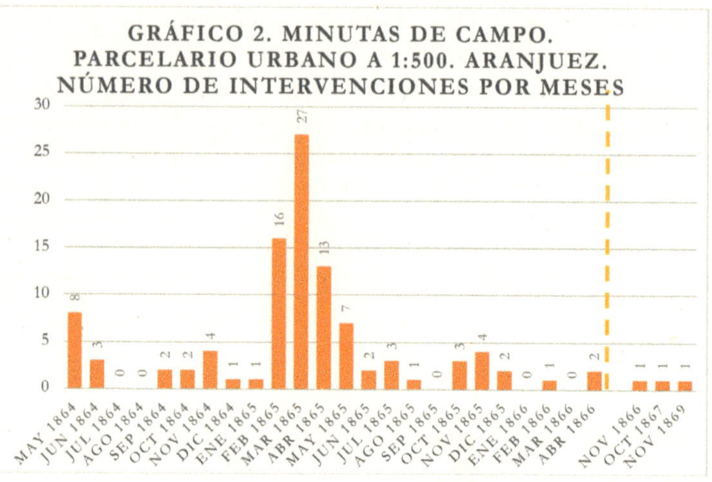

Fuente: Elaboración propia

Los planos de edificios urbanos comprenden 114 hojas manuscritas dibujadas a tinta y lápiz. La mayoría de los planos se dibujó sobre hojas de papel Canson de 44x32 cm. Solo en un pequeño puñado de casos se emplearon hojas de mayor formato, con una superficie de 64x44 cm. (figs. 7 y 8).

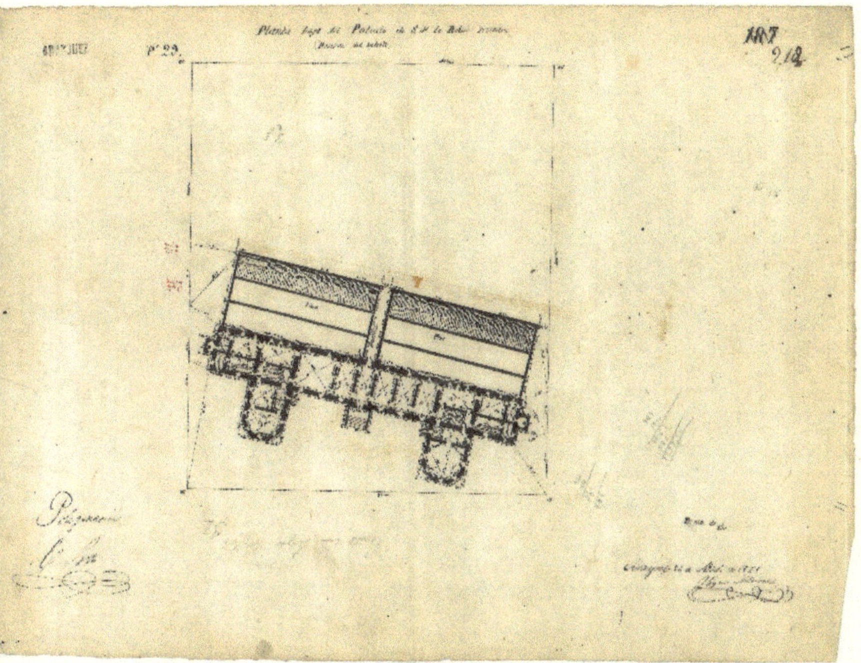

Figura 7. *Hoja de detalle del parcelario urbano* (minuta). *Planta baja del Palacio de S.M. la Reina Madre (Posesión de deleite).* Escala 1:500. Aranjuez 26 de abril de 1865. Levantamiento de Francisco Delgado, poligonación de Camilo Soto. (Fuente: Archivo Topográfico del IGN)

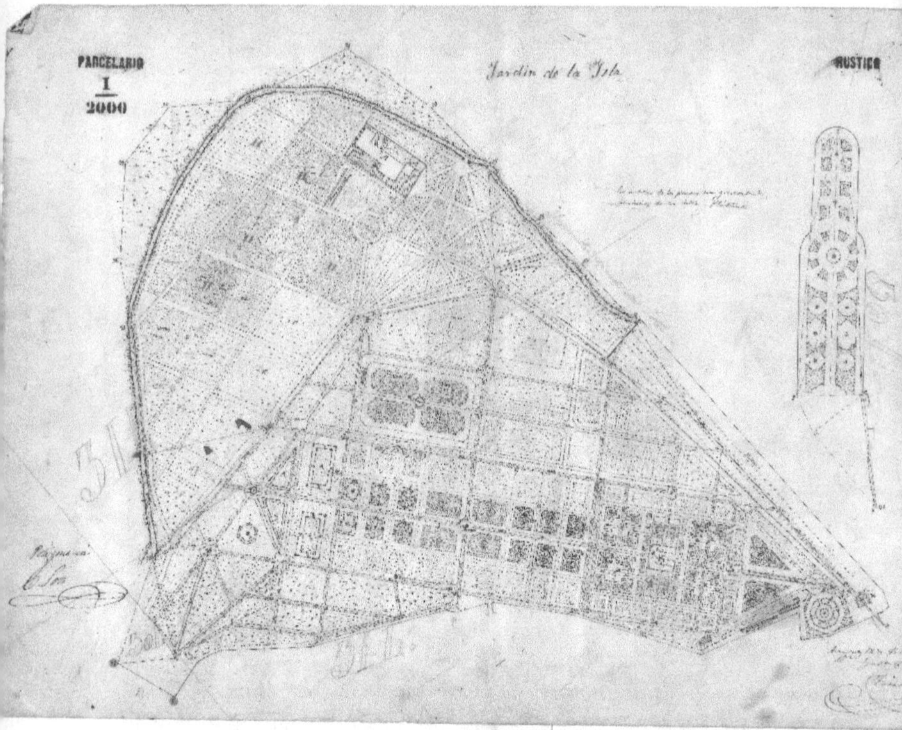

Figura 8. *Hoja de detalle del parcelario urbano* (minuta). *Jardín del Príncipe.* Escala 1:500. Levantamiento de Sánchez Tirado, ayudante 2º. Poligonación Camilo Soto. Aranjuez, 12 de febrero de 1865. (Fuente: Archivo Topográfico del IGN)

El levantamiento del extenso parcelario de rústica consumió el esfuerzo de seis geómetras desde mayo de 1864 hasta junio de 1867: Olegario Álvarez, Ciriaco Béjar, Lorenzo Uría, Francisco Delgado, Francisco Oliver, Camilo Soto, que levantaron los planos de 1.153 *polígonos de rústica* a escala 1:2.000 hoy conservados. Las operaciones de comprobación y rectificación de los trabajos de campo fueron efectuadas por Fernando Álvarez de la Puerta, Jorge Arca Burgos y Lorenzo Uría Basabé, que también era autor de algunos de los planos (fig. 9).

Figura 9. *Polígono de rústica* (cuadrilátero 35-36-42-37). Escala 1:2000. Levantamiento de Juan Gutiérrez, 21 de agosto de 1864. Comprobado, 23 de agosto de 1864 por José Sánchez Tirado. En el lateral izquierdo, a escala 1:500, la "Casa de guarda titulada de los huebos". (Fuente: Archivo Topográfico del IGN)

Un aspecto singular de los trabajos efectuados en Aranjuez es el levantamiento de un detallado itinerario fluvial de los ríos Tajo y Jarama a escala 1:2.000. Los trabajos se llevan a cabo entre mayo de 1864 y enero de 1865 (fig. 10).

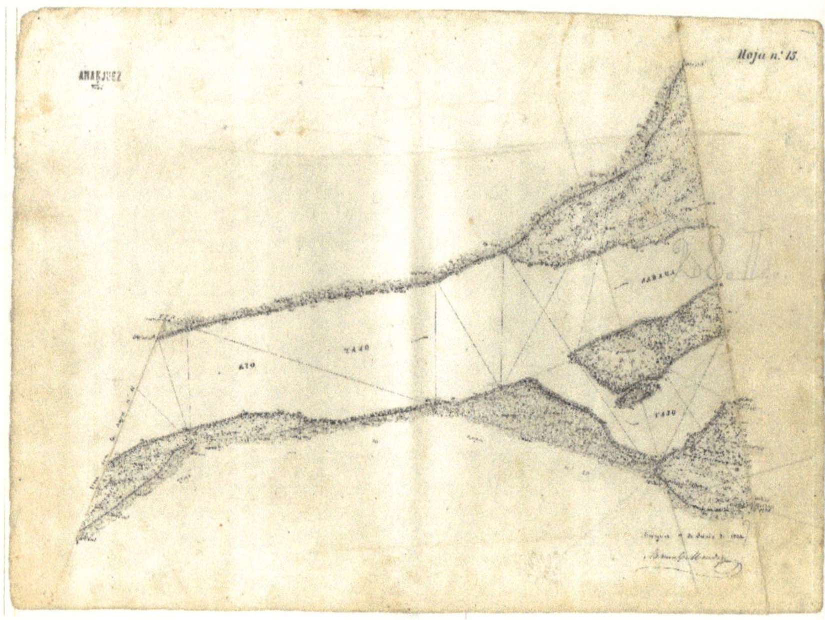

Figura 10. *Itinerario fluvial.* Hoja 15: confluencia de los ríos Tajo y Jarama. Escala 1:2.000. Aranjuez, 19 de junio de 1864. Manuel Méndez. (Fuente: Archivo Topográfico del IGN).

Los meses que presentan una mayor actividad, a tenor de las fechas de los planos conservados, son julio y octubre de 1864 (Gráfico 3). Del citado itinerario se conservan 64 hojas manuscritas, de 44 x 32 cm, cuarenta de las cuales están dedicadas al río Tajo y el resto al curso del Jarama, y aparecen firmadas por Camilo Soto, Luis Mínguez, Jorge Arca, Manuel Méndez y Fernando Álvarez de la Puerta, (Gráfico 4). Una vez más, Camilo Soto es una pieza importante en este trabajo. El valor geohistórico de este conjunto cartográfico es muy notable, pues permite conocer con exactitud el curso y lecho de ambos ríos, las islas, los meandros, el material de las márgenes y su vegetación (algunas minutas incluyen, notas muy interesantes a este respecto) y conocer y analizar las variaciones que dichos cursos fluviales han experimentado.

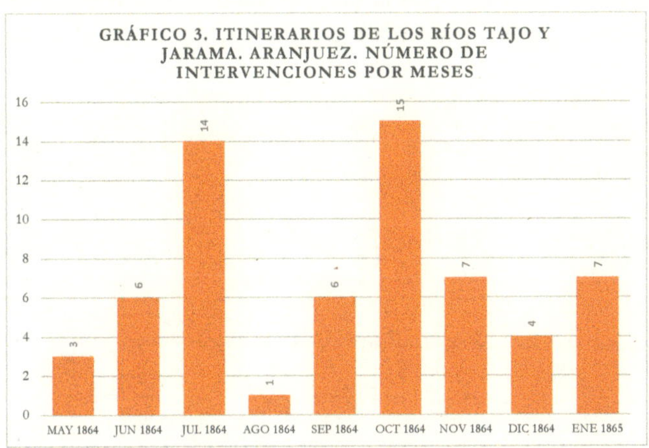

Fuente: Elaboración propia

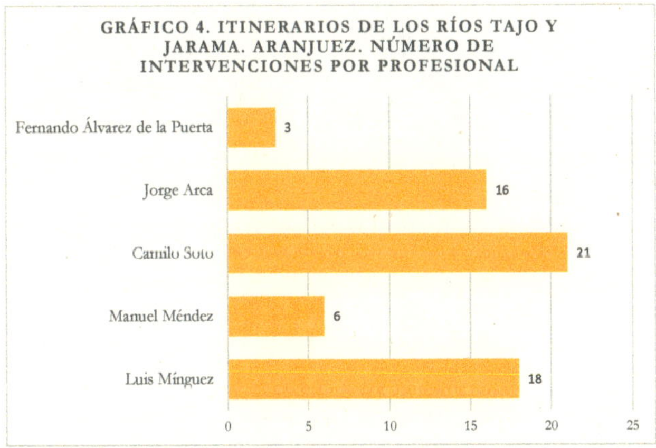

Fuente: Elaboración propia

Una vez concluidos los trabajos de campo, en el verano de 1867, pudo pasarse a la fase de gabinete. Dada la envergadura del trabajo a realizar, nada menos que el dibujo a color de 313 hojas kilométricas a escala 1:2.000 y 76 hojas del parcelario urbano a escala 1:500, lo más probable es que colaborasen en esta labor la docena de dibujantes que tenía en plantilla la Junta de Estadística. En conjunto, la documentación conservada del levantamiento de Aranjuez es la más completa y abundante de todos los reales sitios (figs. 11 y 12).[35]

Figura 11. Hoja *kilométrica* del término de Aranjuez, 36K. Escala 1:2.000. Curvas de nivel de cinco en cinco metros. Se trata de un espacio rústico. Recoge algunos

[35] Se custodia en el Archivo Topográfico del Instituto Geográfico Nacional. La documentación de todo tipo, las cédulas catastrales y las minutas de urbana y rústica en 11 cajas, identificadas como Aranjuez, y las hojas kilométricas las de planimetría urbana en los maperos de dicho Archivo. Estas y las cédulas están digitalizadas, no así el resto de la documentación ni las minutas.

elementos importantes del Real Sitio: el río Tajo, la presa y el puente del Embocador con sus desaguaderos y varios caces y caceras, toponimia, vías de comunicación, referencias a la vegetación (álamos blancos, zarzas, taray, tomillo, esparto). En el margen, a escala 1:500, planta del cobertizo, situado a la derecha, en la parte baja de la hoja, y otros edificios dispersos por la misma. A escala 1:2000 en la hoja, la Real Casa de la Monta (Fuente: Archivo Topográfico del IGN)

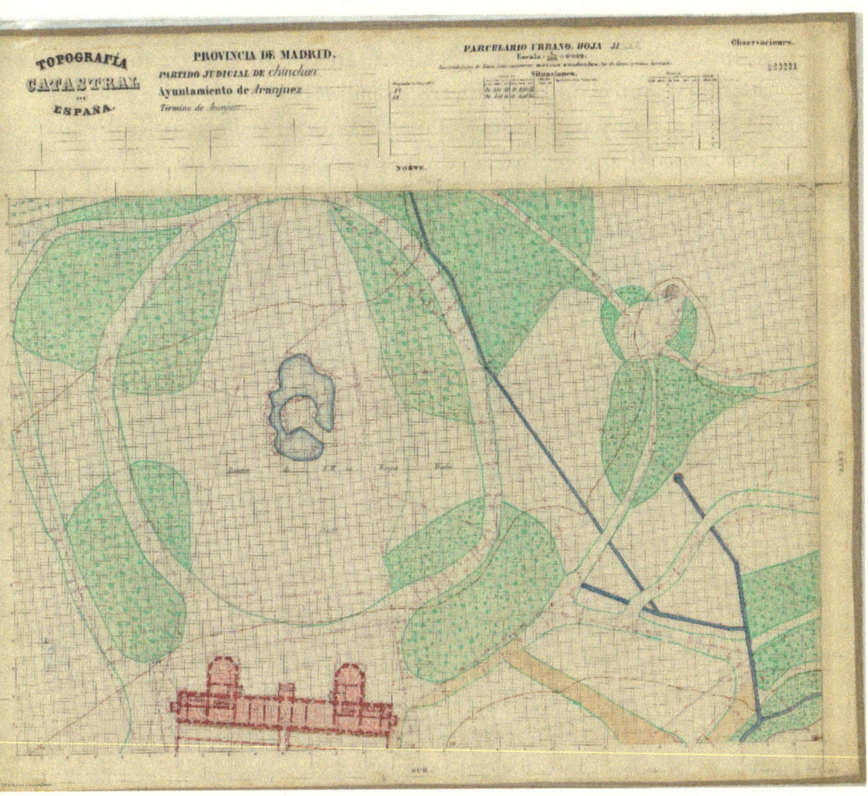

Figura 12. Hoja del *parcelario urbano* de Aranjuez 51. Escala 1:500. *Posesión de S.M. la Reyna Madre.* Recoge parte de los jardines y de dicha posesión y el parte del palacio. (Fuente: Archivo Topográfico del IGN)

A partir de este extraordinario conjunto documental se publicó un magnífico plano del conjunto del real sitio: *Plano del Real Sitio de Aranjuez.* Levantado por la Sección de Trabajos Catastrales de la Junta General de Estadística. Mandado estampar por la Administración General de la Real Casa y Patrimonio. [Madrid]. Dibujado y grabado por Pedro Peñas. Litografía de N. González. [1868]. Escala 1:40.000. Un mapa de 112 x 79 cm. Orientado con flecha al norte. El relieve está representado mediante curvas de nivel. Incluye un resumen de superficies en hectáreas, áreas y metros cuadrados y, distribuidas en el documento, trece plantas pertenecientes a edificios de la real casa y patrimonio, a escala 1:1.000: el Palacio Real y los Jardines del Parterre, la Casa de las Infantas, la Casa de Villamejor, el convento de San Pascual, la Real Casa del Labrador, el Palacio de S.M. la Reina Madre, el Teatro, la Real Casa de Marinos, la iglesia de San Antonio, la Real Casa del Cortijo, la Real Casa de la Monta y la Casa de la Flamenca[36]. (fig. 13).

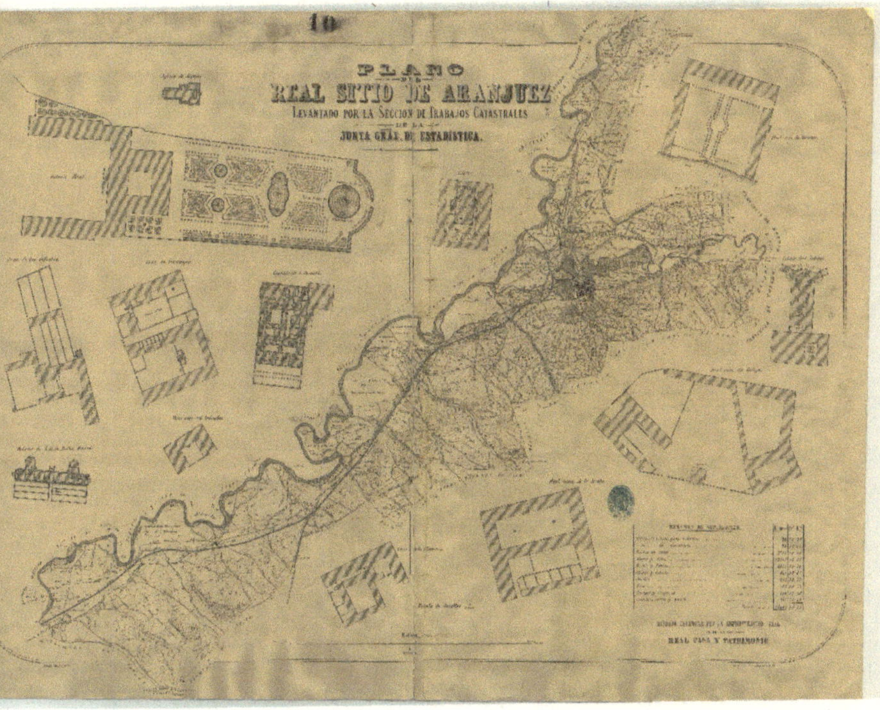

Figura 13. *Plano del Real Sitio de Aranjuez. Levantado por la Sección de Trabajos Catastrales de la Junta General de Estadística.* Dibujado y grabado por Pedro Peñas. Litografía de N. González. [1868]. Escala 1:40.000. (Fuente: Archivo General Militar de Madrid)

En el caso de este real sitio, entre finales del siglo XVIII y principios del XIX, se levantaron también dos excelentes mapas de conjunto: en 1775, el titulado *Topografía del Real Sitio de Aranjuez*, de Domingo de Aguirre, compuesto por dieciséis hojas[37], y el *Atlas* manuscrito de

[37] *Topografía del Real Sitio de Aranjuez*, por Don Domingo de Aguirre, Capitán de Infantería, ingeniero ordinario de los Reg. P. y F.; Don Juan Salvador Carmona de la Real Academia de San Fernando gravó el plano y la orla; Dn. Josef Castillo inventó la Compcion. de la Figura y la Orla Dn. Manl. Salvor Carmona, Pensionado de S.M. y Gravador del Rey de Francia, gravó la compon. de la Figura. Escala [ca. 1:3.000]. 800 Varas Castellanas [= 16,2 cm]. Sobre este mapa y el de Loup, véase Pilar Chías y

Santiago Loup, en 1810, levantado durante la guerra de la Independencia y compuesto por veintidós hojas y once mapas manuscritos y custodiado en el Instituto Geográfico Nacional. Estos tres mapas generales del real sitio, junto con el resto de la cartografía de la Junta, permiten estudiar en detalle, hasta el momento en el que empieza a deshacerse esa gran propiedad real, el espacio arancetano, auténtico vergel en medio de la meseta castellana. Parafraseando a Heródoto: Aranjuez es un don del Tajo y, añadimos nosotros, un gran logro de la mano del hombre y por los deseos de los monarcas.

BIBLIOGRAFÍA

Álvarez de Quindós y Baena, Juan, *Descripción histórica del Real Bosque y Casa de Aranjuez.* Madrid, Imprenta Real, 1804.

Bonet Correa, Antonio, "El Real Sitio y Villa de Aranjuez en el siglo XVIII: Arquitectura y Urbanismo", en *El Real Sitio de Aranjuez y el Arte Cortesano del siglo XVIII*, Madrid, Patrimonio Nacional, 1987, pp. 17-31.

Camarero Bullón, Concepción y Campos Delgado, Jesús, "El Real Sitio de Gózquez y el mantenimiento de los jardines del Escorial", en Alberto Marcos Martín (ed.), *Hacer historia desde Simancas. Homenaje a José Luis Rodríguez de Diego*, Valladolid, Junta de Castilla y León, 2011, pp. 187-215.

Camarero Bullón, Concepción y Urteaga González, Luis, "*Planos para un proyecto ilustrado: la cartografía del Real Sitio de San Fernando de la Junta General de Estadística (1864-1867)*", en Concepción Camarero Bullón y Juan Carlos Gómez Alonso (coords.), *El Dominio de la realidad y la crisis del discurso. El nacimiento de la conciencia europea,* Madrid, ediciones Polifemo, 2017, pp. 13-60.

Chías, Pilar, "Los Reales Sitios en España: de cazaderos reales a poblaciones consolidadas", en Miguel Ángel Chaves Martín (ed.), *Ciudad, Arquitectura y Patrimonio,* Madrid, Universidad Complutense de Madrid-CSIC, 2016, pp. 29-42.

—, "Territorio y paisaje en el entorno del Monasterio de San Lorenzo de El Escorial: planos y vistas desde el dibujo de Hatfield House a Guesdon", *Revista EGA*, 22 (2013), pp. 38-49.

Tomás Abad, "Fuentes cartográficas para el conocimiento de los Reales Sitios...", pp. 256 y ss.

Chías, Pilar y Abad, Tomás, "Fuentes cartográficas para el conocimiento de los Reales Sitios. El caso de Aranjuez, 1775-1912", en Juan Jiménez Castillo y Manuel Rivero Rodríguez (coords.), *De Reinos a Naciones. Espacios, territorios y mentalidades,* Madrid, Polifemo, 2021, pp. 251-299.

—, "Landscapes of the Spanish Royal Sites: A Complex Contradictory Historic Development", en Fabio Bianconi y Marco Filippucci (eds.), *Digital Draw Connections, Representing Complexity and Contradiction in Landscape,* Berlín, Springer, 2021, pp. 429-456.

—, "Maps and drawings of the Royal Sites around the Guadarrama Mountain", *EGE - Revista de Expresión Gráfica en la Edificación*, 1 (2019), pp. 44-63.

Cos-Gayón, Fernando, *Historia jurídica del patrimonio real,* Madrid, Imprenta de Enrique de la Riva, 1881.

García Juan, Laura y Vallina Rodríguez, Alejandro, "Dos proyectos para el conocimiento de una plaza militar en la Raya (Ciudad Rodrigo, 1750/1753)", en Juan Jiménez Castillo y Manuel Rivero Rodríguez (coords.), *De Reinos a Naciones. Espacios, territorios y mentalidades,* Madrid, Polifemo, 2021, pp. 193-222.

García Monerris, Encarnación y García Monerris, Carmen, "Monarquía y patrimonio en tiempos de revolución en España", *Diacronie, Studi di Storia Contemporanea*, 16 (2013). Disponible en https://journals.openedition.org/diacronie/855

—, *Las cosas del rey: Historia política de una desavenencia (1808-1874),* Madrid, Akal, 2015.

Labrador Arroyo, Félix, "Extracto general comprensivo del Real Patrimonio de 1825", *CT Catastro*, 96 (2019), pp. 43-70.

—, "Naturaleza y esencia de los artículos productivos. La situación del patrimonio real entre 1814-1820", *Tiempos Modernos*, 39 (2019), pp. 488-512.

López Gómez, Antonio, *Antiguos riegos marginales de Aranjuez ("mares", azudas, minas y canales),* Madrid, RAH, 1988.

Marín Perellón, Francisco y Camarero Bullón, Concepción (eds.), *La planimetría de Madrid en el siglo* XIX*. Levantamientos topográficos del Instituto Geográfico Nacional,* Madrid, Ministerio de Fomento, 2011.

Merlos Romero, Mª Magdalena, "Se busca en Aranjuez. Jardines que fueron y ya no están", en VV. AA., *Cultura y naturaleza en Madrid. Estrategias para un mañana,* Madrid, Instituto de Estudios Madrileños, 2019, pp. 265-308.

—, "Ingeniería hidráulica, tradición agrícola y gestión del agua durante el reinado de Carlos II: La Real Acequia del Jarama y los proyectos de Miguel Osorio, Melchor Luzón y José de Zaragoza", *Anales del Instituto de Estudios Madrileños,* LVIII (2018), pp. 265-307.

—, *Aranjuez y Felipe II: Idea y forma de un Real Sitio,* Madrid, Dirección General del Patrimonio de la Consejería de Educación y Cultura-Comunidad de Madrid, 1998.

—, "El patrimonio inmueble de Aranjuez. Su evolución en el siglo XIX", *Espacio, Tiempo y Forma, Serie VII, Historia del Arte,* 8 (1995), pp. 273-304.

Moreno Bueno, Tomás, "Breve crónica de un siglo de catastro en España (1906-2002)", *CT Catastro,* 63 (2008), pp. 163-172.

Muro, José Ignacio, Nadal, Francesc y Urteaga González, Luis, *Geografía, estadística y catastro en España, 1856-1870,* Barcelona, Ediciones del Serbal, 1996.

—, "Los trabajos topográfico-catastrales de la Junta General de Estadística (1856-1870)", *Ciudad y Territorio,* 94 (1992), pp. 33-59.

Pau, Antonio, "El régimen jurídico de los bienes del Patrimonio Nacional", *Anuario de la Facultad de Derecho de la Universidad Autónoma de Madrid,* 19 (2015), pp. 372-392.

Pinto Crespo, Virgilio y Hernanz Elvira, José Luis, "El real sitio y heredamiento de Aranjuez en tiempos de Felipe IV", en José Martínez Millán y José E. Hortal Muñoz (dirs.) *La corte de Felipe IV (1621-1665): reconfiguración de la Monarquía católica,* Madrid, Polifemo, 2015, vol. 3, pp. 2233-2282.

Rabanal Yus, Aurora, "Los jardines del Renacimiento y el Barroco en España", en *Jardines del Renacimiento y el Barroco,* Madrid, Nerea, 1989, pp. 325-405.

Terán Álvarez, Manuel de, "Huertas y jardines de Aranjuez", *Revista de la Biblioteca, Archivo y Museo Municipales de Madrid,* 58 (1949), pp. 7-42.

Urteaga González, Luis, "*El profesorado de la Escuela del Catastro (1859-1869)*", *CT Catastro,* 71 (2011), pp. 29-53.

—, "La Escuela del Catastro", en *150 aniversario de la creación de la Comisión de Estadística General del Reino,* Madrid, Instituto Nacional de Estadística, 2007, pp. 267-286.

Urteaga González, Luis y Camarero Bullón, Concepción, "Geómetras en el paraíso: el levantamiento topográfico del Real Sitio de Riofrío (1868-69)", *Anales de Geografía,* 34-1 (2014), pp. 179-195.

—, "Los planos de los Sitios Reales españoles formados por la Junta General de Estadística, 1861-1869", *Scripta Nova. Revista electrónica de Geografía y Ciencias Sociales*, 18 (2014), pp. 463-499. http://www.ub.edu/geocrit/sn/sn-482.htm

—, "Planimetría del Real Sitio de San Ildefonso de la Junta General de Estadística, 1868-1869", *Treballs de la Societat Catalana de Geografia*, 77 (2014), pp. 299-317.

Volosyuk, Olga (coord.), *Diplomáticos rusos en España*, Moscú, Medzhdunarodnye Itnosheia, 2016.